최신정보기술

컴퓨터의 이해

강병영 · 박철제

Understanding of COMPUTERS

탑북스

머리말

오늘날 우리 사회는 혁신적인 정보통신기술(ICT Information and Communication Technology)의 발달로 모든 것이 연결되고 지능화되고 공유되는 스마트생태계로 진입하고 있다. 산업, 정보혁명에 이는 제4차 산업혁명이 사회를 주도하는 새로운 패러다임 시대가 되었다.

모든 세상이 네트워크로 연결되는 새로운 정보화 사회인 유비쿼터스 컴퓨팅(Ubiquitous Computing)에서 모든 사물을 연결하는 사물 인터넷(IoT, Internet of Things) 시대로 급속히 변화하고 있다. 사물 인터넷은 단순히 사물 간 연결에만 국한되지 않고 사물과 사물, 사람과 사물의 연결로 진화하고 있다. 또한 페이스북으로 촉발된 소셜 네트워크의 확산은 우리 사회의 생산방식과 소비방식에 혁신을 일으키고 있다. 이러한 소셜 네트워크의 확산은 엄청난 데이터와 정보의 생산으로 이어져 빅데이터 분석과 활용을 통한 새로운 비즈니스 기회가 창출되고 있다.

1946년 최초의 디지털 컴퓨터 에니악(ENIAC)이 등장한 이후 컴퓨터는 눈부신 발전을 하였다. 오늘날 손바닥보다 작은 스마트폰은 에니악 수천 대를 합친 것보다 많은 일을 더 빠르게 많은 일을 처리할 수 있다.

현재의 컴퓨터는 0과 1이라는 이진법 신호로 작동한다. 미국 MIT에서는 2017년 10대 혁신기술로 양자(quantum) 컴퓨터 출시를 내다봤다. 4~5년 뒤에는 수퍼컴퓨터 보다 수십만 ~ 수백만 배의 속도를 가진 컴퓨터가 우리 생활에 스며들면서 인공지능 · 암호 · 재료과학 · 시약개발 등 모든 분야에서 상상할 수 없는 세상이 열릴 것이라고 발표하였다.

PC의 핵심인 CPU나 스마트폰의 두뇌 역할을 하는 AP(모바일용 중앙처리장치) 반도체칩은 코어(core)라는 처리 장치를 이용해 한 번에 한 가지 연산을 수행하도로 설계돼 있다. 삼성전자의 음성 비서 빅스비(Bixby)나 애플 시리(Siri)의 경우 사용자가 음성으로 내린 명령을 완벽하게 처리하기 위해서는 스마트폰 AP 연산량의 1000배에 이르는 속도가 필요하다. 이런 문제를 해결하기 위해 인공지능(AI, Artificial Intelligence)칩인 NPU(Neural Processing Unit, 신경망 처리장치)가 등장했다.

똑똑한 농장 스마트팜(smart farm)은 ICT(정보통신기술)를 접목한 자동화 농장이다. 재배시설의 온도와 습도를 센서로 측정하고, 결과에 따라 환풍기 · 냉난방기 같은 기기를 가동해 작물이 가장 잘 자랄 수 있는 환경을 유지하는 시스템이다. 스마트팜에는 IoT(사물 인터넷), AI(인공지능), 빅 데이터(Big data) 기술이 총망라돼 4차 산업혁명의 주목받는 분야이다.

본서는 4차 산업혁명, 스마트 사회, 모바일 혁명으로 정보통신기술이 우리 삶을 주도하는 시대에 이해를 돕기 위하여 출판하게 되었다. 대학의 모든 전공을 공부하고 시대에 맞추어 살아가기 위해서는 컴퓨터와 정보기술에 대한 기본적인 이해가 필요하다.

컴퓨터의 기본적인 표현 방법과 컴퓨터 구조에 대한 이해를 시작으로 컴퓨터 작동원리, 데이터베이스와 정보통신에 대한 기초적인 이론을 습득하고, 인터넷과 SNS, 유비쿼터스와 인공지능, 사물 인터넷 등의 최신정보기술을 쉽게 이해할 수 있도록 예제와 함께 저술하였다.

2017년 12월

공동저자

차 례

제1장 컴퓨터 기초

제2장 컴퓨터 자료 표현

제3장 컴퓨터 구조

제4장 운영체제

제5장 프로그래밍 언어

제6장 데이터베이스

제7장 정보통신

제8장 인터넷과 SNS

제9장 유비쿼터스와 사물 인터넷

제10장 빅데이터와 인공지능

제 1 장

컴퓨터 기초

제1장

컴퓨터 기초

1.1 컴퓨터의 등장

1.1.1 컴퓨터란?

라틴어 'Computare'에서 유래된 컴퓨터(Computer)는 초기의 계산한다는 의미에서 변화해 왔지만, 본래 기계적인 도움의 유무에 관계없이 수학 계산을 수행하는 사람을 가리키는 말로 사용되었다. 컴퓨터는 1897년에 처음으로 계산을 수행하는 기계를 일컫는 말로 사용되었으며 1946년까지 여러 수식어가 소개되었는데, 결국 여러 종류의 컴퓨터를 구별하기 위한 것이었다. 따라서 컴퓨터의 근원은 계산기를 의미한다. 'compute'라는 말부터 '계산'을 뜻하는 것으로 전자계산기를 의미하는 단어이다. 초기의 컴퓨터는 막대한 계산을 빠르게 실시하였고, 당시 컴퓨터의 최대 관심은 수학상 문제를 고속으로 해결하는 것이었다. 실제로 슈퍼컴퓨터와 같은 대형 컴퓨터는 우리가 일반적으로 사용하는 것과는 달리 오로지 막대한 분량의 계산을 수행하는 용도로 사용되고 있다. 최초의 컴퓨터로서 많이 알려져 있는 에니악(ENIAC: Electronic Numerical Integrator And Computer)도 복잡한 수식을 계산하는 용도로 발명된 것이며, 일반적인 PC 역시 그 뿌리는 계산기이다. 그 이유는 간단한 문자 입력부터 시작해서 고사양 3D 게임 실행에 이르기까지 컴퓨터의 모든 동작은 0과 1로 이루어진 이진수의 사칙연산 및 논리연산을 통해 수행되기 때문이다.

1.1.2 컴퓨터의 기원

1) 계산기의 발명

인류 문명에 있어 가장 오래된 계산 도구는 손이며, 그 후로 긴 시간에 걸쳐 주판이나 계산자와 같은 계산을 돕는 보조 도구들이 나타나기 시작했다.

그림 1-1 주판

1642년 파스칼(Blaise Pascal, 1623~1662)에 의해 최초로 덧셈, 뺄셈이 가능한 최초의 기계식 계산기가 출현하였고 라이프니츠(Gottfried Wilhelm von Leibniz, 1646~1716)에 의해 곱셈, 나눗셈까지 가능한 계산기가 나왔다.

그림 1-2 파스칼의 계산기(좌)와 라이프니츠의 계산기(우)

2) 베비지의 분석엔진

본격적인 현대 컴퓨터의 개념을 최초로 제시한 이는 찰스 배비지(Charles Babbage, 1791~1871)이다. 그는 차분기관이라는 기계식 계산기를 만든 뒤 오늘날의 컴퓨터와 개념적으로 같은 기계인 해석기관을 설계하였다. 오거스터 에이다(Augusta Ada, 1815~1852)는 배비지가 고안한 분석엔진에 계산과정을 기술하는 프로그램을 고안하여 현대 컴퓨터 프로그래밍 역사의 기원이 되었다.

그림 1-3 베비지 사후 제작한 차분기관(좌)과 해석기관(우)

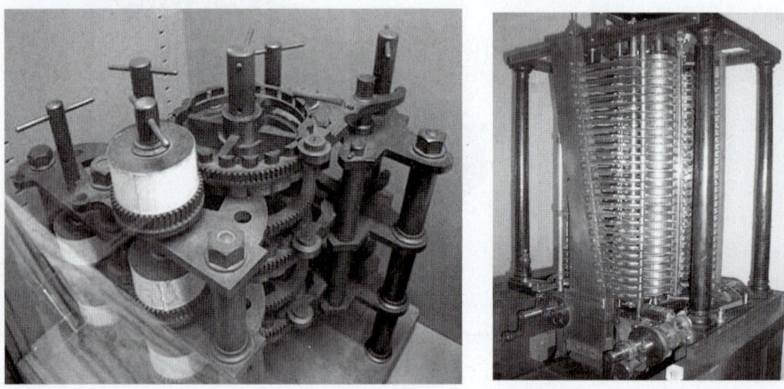

이후 에이다의 업적은 세계 최초의 프로그래머로서 기술되었으며, 1978년 미 국방부에서 새로운 컴퓨터 프로그래밍 언어를 개발하였는데 그 프로그래밍 언어 이름이 에이다(Ada)로 명명되었다.

표 1-1 오거스터 에이다(Augusta Ada, 1815~1852)

	1815년 영국 런던에서 저명한 낭만파 시인 바이런의 외동딸로 태어나 백작부인이 된 귀족여성이다. 이학적 관심과 타고난 지능을 바탕으로 인상적인 발자취를 남겼다. 에이다는 찰스 베비지가 고안한 해석기관을 위한 공동작업을 수행한 것으로 널리 알려져 있다. 해석기관에 계산과정을 기술하는 프로그램을 만들어 '세계 최초의 프로그래머'로 인정받고 있다.

3) 천공카드 시스템

1893년에 홀러리스(Herman Hollerith, 1860~1929)에 의한 천공카드 시스템이 개발되어 인구통계 및 국세 조사에 이용되었고 자동계산의 실용성이 확인되었다. 그 당시 시용하던 기차표에 착안한 아이디어를 잘 활용해서 발전시킨 사람이 홀러리스이다. 그 당시 미국에서는 인구조사 문제 때문에 상당한 고민을 하고 있었다. 인구조사는 수작업으로 진행되는데, 이민자를 무한히 흡수하였던 미국이었기 때문에 인구수를 정확하게 측정하는게 매우 힘들었다. 이때 정부에서 인구조사 문제를 해결할 수 있는 해결책을 공모하고 있었고, 홀러리스의 방법이 채택되었다.

그림 1-4 홀러리스의 천공카드 및 천공카드 시스템

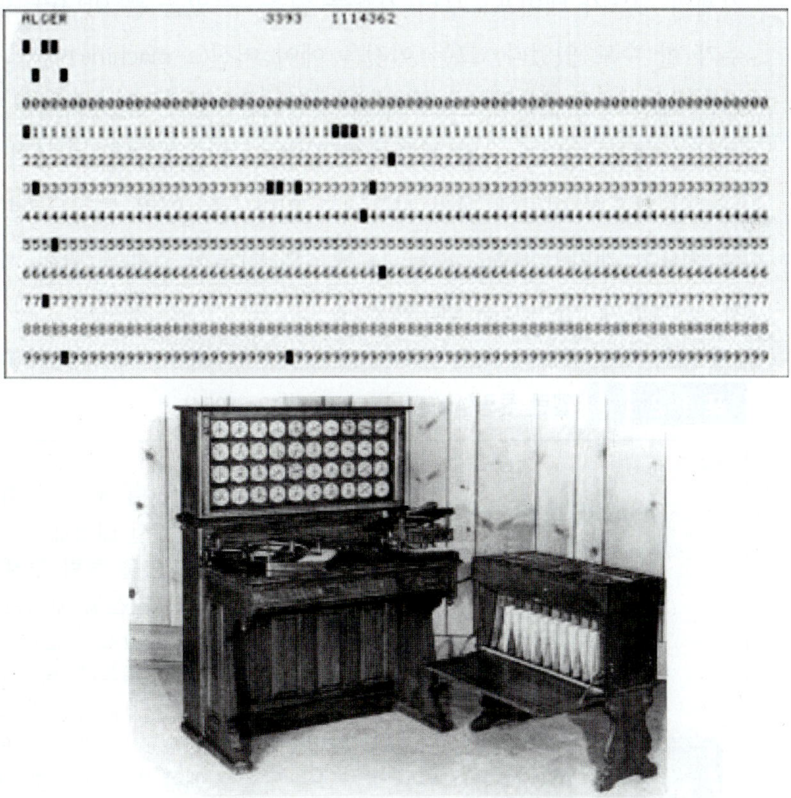

홀러리스는 천공종이를 활용, 기계적인 방법으로 인구조사를 하여 10년이나 걸리던 인구조사를 2년으로 단축시켜버렸다. 홀러리스는 인구 조사를 위해 CTR(Computing Tabulating Recording Co.)이란 회사를 차리게 되는데, 이후 이 회사는 오늘날 IBM(International Business Machine)의 모태가 된다.

1.1.3 기계식 계산기

1) 튜링머신

1937년 제2차 세계대전 직전에 영국의 수학자 앨런 튜링(Alan M. Turing, 1912~1954)은 추상적 계산기의 모형이 되는 튜링 머신을 고안했고 이는 추상적 계산기의 모형으로서 컴퓨터의 논리적 모델이 된다. 그는 일련의 기호를 포함한 무한하게 긴 테이프 조각을 사용하는 이론적인 연산을 논문에서 설명했다. 기계의 헤드가 테이프로부터 기호를 읽을 수 있을 뿐 아니라 자체적인 기호를 추가 할 수도 있었다. 그는 이것을 에이 머신(a-machine)이라 불렀다. 튜링머신은 계산이 무엇이며 프로그램을 갖는다는 것이 어떤 의미인지에 관한 아이디어를 제공하였다. 이는 컴퓨터의 실행과 저장에 관한 추상적인 모델로서 오늘날의 컴퓨터 이론에 널리 사용되고 있다. 즉, 앨런 튜링은 현대 컴퓨터의 가장 중요한 개념인 Fetch-Execute 방식의 이론적 토대를 만든 사람으로서 기계가 생각할 수 있는지를 연구하였다.

표 1-2 앨런 튜링(Alan M. Turing, 1912~1954)

1912년 영국 런던에서 태어나 케임브리지 대학에서 수학을 전공하고 미국 프린스턴 대학에서 박사학위를 받았다. 알고리즘과 계산 개념을 튜링 머신을 통해 형식화함으로써 컴퓨터 과학의 발전에 지대한 공헌을 했으며, 컴퓨터 과학의 아버지라고도 불린다. 한편 1951년 영국에서 범죄로 인식되던 동성애 혐의로 체포된 후, 1954년 독이든 사과를 먹고 자살하였다. 애플 컴퓨터의 로고인 '한입 베어먹은 사과'는 튜링을 연상시키지만, 뉴턴의 사과를 모델로 애플 컴퓨터를 창립했다고 한다.

2) ABC

1942년에 아이오와 주립대학의 아타나소프(John Atanasoff) 교수와 조교인 베리아(Clifford Berry)가 제작한 ABC(Atanasoff-Berry Computer)가 순수 전자식 컴퓨터의 효시이다. 이후 앨런 튜링(Alen Turing)이 1943년 제2차 세계대전에서 독일군의 암호 체계인 에니그마(Enigma)를 깨기 위해 만들어낸 컴퓨터인 콜로서스(Colossus)가 있다.

그림 1-5 전자식 컴퓨터의 효시인 ABC(위)와 콜로서스(아래)

3) 마크-Ⅰ

1944년 미국 하버드 대학의 에이킨(Howard Aikin, 1900~1973)은 IBM공학자들과 마크-Ⅰ(Harvard Mark-Ⅰ)이라는 세계 최초의 전기기계식 계산기를 완성했다. 마크-Ⅰ은 베비지의 설계를 실현시킨 것으로, 과학기술 계산을 목적으로 제작되었으며, 미국 해군의 탄도 계산에 사용되었다.

그림 1-6 마크-Ⅰ

1.2 컴퓨터의 발전

1.2.1 제1세대 컴퓨터(1946년~1958년)

이 시기에는 정보를 저장하기 위한 소자로 진공관을 사용한다. 주 기억장치는 자기 드럼을 사용했고, 프로그램은 기계어로 작성하였다. 컴퓨터 시대의 스타트 세대로서 무겁고 거대하며, 전기 사용량이 엄청나면서 대단히 많은 비용이 소모되었다.

그림 1-7 진공관

1) 에니악(ENIAC)

제2차 세계대전 이후인 1946년 미국의 펜실베니아 대학에서 모클리(J. W. Mauchly, 1907~1980)와 에커트(J. P. Eckert)는 미 국방성의 지원을 받아 에니악(ENIAC: Electronic Numerical Integrator And Computer)이란 컴퓨터를 만들었다. 진공관의 개수 약 18,000개와 1,500개의 릴레이가 사용된 에니악은 현재와 같은 프로그램 기억식이 아니라, 프로그램을 일일이 배선하는 외부 프로그램 방식이었다. 또한 현재의 컴퓨터는 2진수로 계산하지만 에니악의 내부 구조에는 10진수를 채용했다. 대포의 탄도계산을 목적으로 개발된 에니악은 기억용량이 적고 내장 프로그램이 아니라 외부 프로그래밍 방식이어서 사용에 제약이 많았다. 어마어마한 전력소모량, 엄청난 열과 소음, 잦은 고장 등으로 불편하였지만 1955년까지 10년간 사용되었으며, 현재는 스미소니언 박물관과 펜실베니아 대학에 분산해 보관되고 있다.

그림 1-8 에니악(ENIAC)

2) 프로그램 내장방식(Stored-program)

지금까지의 컴퓨터는 [그림 1-8]의 에니악 사진에서처럼 컴퓨터에 달린 수많은 스위치와 전선의 배치를 바꿈으로써 프로그램을 입력해야만 했다. 이런 식으로 외부에서 해주는 프로그래밍은 매우 힘들고 비효율적인 방식이다. 어떤 프로그램을 쓰다가 다른 프로그램으로 바꿔야 할 필요가 있을 때 교실만한 사이즈를 가진 기계에 엄청나게 많이 달린 전선과 스위치를 조작해야만 했다.

에니악이 개발되기 1년 전, 헝가리 출신 수학자 존 폰 노이만(John von Neumann, 1903~1957)이 프로그램과 데이터를 주기억장치에 두고 주기억장치에 있는 프로그램 명령어를 하나씩 수행해 나가는 방식을 제안하고, 또 오늘날까지 사용되는 2진법을 컴퓨터에 채택할 것을 주장하는데, 이때까지만 해도 프로그램은 하드웨어 개념의 일부분일 뿐이었다. 바로 그 때 폰 노이만이라는 수학자가 프로그램 내장방식을 주장하였다. 컴퓨터에 메모리라는 장치를 구현하여 사용할 프로그램을 메모리에 올려서 쓰는 방식이다. 프로그램을 구현할 때 필요한 명령어는 메모리 상에 전자식으로 기록될 수 있도록 구현을 한다. 이렇게 함으로써 프로그램이 하드웨어를 조작해서 구현하는게 아니라 순수한 명령어의 집합으로써 오늘날의 소프트웨어 개념을 가질 수 있게 되었다.

표 1-3 폰 노이만(John von Neumann : 1903~1957)

1903년 헝가리의 부다페스트에서 태어나 23세의 나이로 부다페스트 대학에서 수학 박사학위를 받았다. 1930년에 미국으로 건너가 프린스턴 고등연구소 최초 4명의 교수진 중에 한 명이 된다. 현재와 같은 CPU, 메모리, 프로그램 구조를 갖는 범용 컴퓨터 구조를 확립하였으며, 제2차 세계대전 중 핵무기를 만들기 위한 맨해튼 프로젝트에 참여할 당시 프로그램 내장 방식 컴퓨터의 아이디어를 처음 제시하였다. 현재 순차적으로 작업이 수행되는 컴퓨터를 흔히 '폰 노이만 컴퓨터'라고도 한다.

3) 에드삭(EDSAC)과 에드박(EDVAC)

프로그램 내장 방식이 적용된 최초의 컴퓨터인 에드삭(EDSAC)은 1949년 영국 케임브리지 대학의 모리스 윌키스(Maurice Wilkes)에 의해 개발되었다. 또한 에니악을 개발한 모클리(Mauchly)와 에커트(Eckert) 역시 폰 노이만의 제안을 받아들여 1950년 에드박(EDVAC)을 개발하였다. 이는 프로그램 내장방식을 이용한 최초의 컴퓨터이며, 동시에 기존 10진수 방식을 쓰던 컴퓨터와는 달리 2진수 방식을 사용한 최초의 컴퓨터이기도 하다. 이로부터 현대적인 컴퓨팅이 시작되었다고 볼 수 있다.

그림 1-9 에드박(EDVAC)

1.2.2 제2세대 컴퓨터(1958년~1963년)

1947년 미국의 벨 연구소에서 월터 브래튼(Walter Brattain), 윌리엄 쇼클리(William Shockley), 존 바딘(John Barden)에 의해 개발된 트랜지스터(transistor)는 전자공학의 대변혁을 일으켰다. 이들은 이 탁월한 업적을 바탕으로 1957년 노벨 물리학상을 수상하게 되었다.

제1세대 컴퓨터에 사용되었던 진공관은 전력을 많이 소모하고 발열로 인해 계산기가 과열되어 수시로 타버리는 문제가 있었다. 이에 트랜지스터의 발명은 진공관을 대체하였고 제2세대 컴퓨터에서는 회로소자가 진공관에서 트랜지스터로 바뀌었다. 트랜지스터는 작고 빠르며 열 발생이 적을 뿐만 아니라 가격이 저렴했기 때문에 컴퓨터 기술의 진보에 많은 발전을 가져왔다. 트랜지스터가 발명되고 10년 후인 1958년 컴퓨터에도 트랜지스터를 이용하게 되었다. 이 시기부터 1963년까지 대부분의 컴퓨터에 트랜지스터가 사용되었는데, 이를 제2세대 컴퓨터라 한다.

그림 1-10 트랜지스터

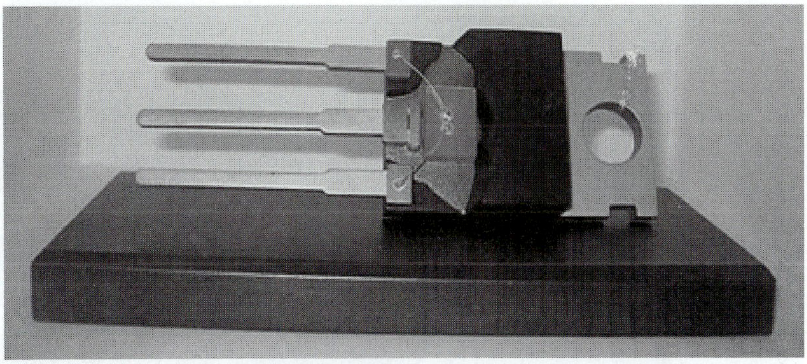

이 시기에는 처음으로 소프트웨어가 발전하기 시작하였고 운영체제(OS: Operating System)의 개념이 도입되었으며, 포트란(FORTRAN), 코볼(COBOL)과 같은 프로그래밍 언어가 개발되어 이용되었다. 주기억장치에는 자기 코어(magnetic core)를 사용하였고 기억용량이 큰 자기 드럼, 자기 디스크가 보조 기억장치로 사용되었다.

1.2.3 제3세대 컴퓨터(1964년~1970년)

1964년 IBM사는 집적회로(IC : Integrated Circuit)를 기억소자로 사용한 IBM S/360 시스템을 발표하였는데 이때 부터를 제3세대라 한다. IBM S/360은 1978년 까지 출하한 메인프레임 컴퓨터 시스템 계열로서 상업용, 과학용 목적을 포함한 초기의 다목적 컴퓨터이다. IBM은 S/360 컴퓨터 시리즈의 성공으로 대형 컴퓨터 시장의 60% 이상을 점유하여 전 세계 전산 환경의 표준이 되었다.

그림 1-11 IBM S/360

잭 클레어 킬비(Jack St. Clair Kilby)에 의해 발명된 집적회로(IC)는 많은 전자회로 소자를 하나의 칩(chip)으로 통합한 전자회로이다. 여러 독립된 요소를 집적해서 하나의 칩으로 만든 것인데, 각각의 트랜지스터 칩을 이용해서 만들 때 보다 훨씬 작게 만들 수 있다. 세계 최초로 탄생한 집적회로(Intergraged circuit: IC)는 길이 1cm의 얇은 게르마늄 기판이었다. 이 장치는 그리 우아했던 것은 아니다. 5개의 부품은 I, U자 모양으로 만들어져 서로 절연되어 있었고 부품과 부품, 그리고 전원을 연결하는 전선은 투박하게 납땜질되어 있었다. 그리고 표면은 밀랍으로 처리되었다. 하지만 훌륭하게 작동했다. 현재, 집적회로는 손톱수준의 크기에 수십억 개의 트랜지스터나 다른 전자부품이 들어 갈 수 있을 정도로 조밀하게 만들 수 있다. 이로 인해서 컴퓨터의 크기는 줄이면서 성능은 향상되었으며 가격은 낮추어 졌다.

그림 1-12 1958년 킬비가 처음으로 만든 집적회로

자료 : [인사이드IT]

이 시기에는 집적회로를 사용함으로써 컴퓨터 내부 장치는 소형화되고 기억 용량은 커져 다양한 소프트웨어를 구사할 수 있는 환경이 갖추어졌다. 컴퓨터가 동시에 여러 작업을 수행할 수 있는 다중프로그래밍(Multiprogramming), 각 사용자들에게 컴퓨터 자원을 시간적으로 분할하여 사용할 수 있게 해주는 시분할(Time Sharing) 시스템 등의 운영 시스템이 실현되었다.

1.2.4 제4세대 컴퓨터(1971년~현재)

고밀도 집적회로(Large Scale Integration: LSI), 초고밀도 집적회로(Very Large Scale Integration: VLSI)를 기억소자로 사용한다. 고밀도 집적회로(LSI)와 초고밀도 집적회로(VLSI) 기술로 인해 하나의 칩으로 된 중앙처리장치인 마이크로프로세서(microprocessor)가 개발되었다. 이 마이크로프로세서의 개발은 개인용 컴퓨터를 대량으로 생산할 수 있는 획기적인 계기가 되었다. 1975년 MITS (Micro Instrumentation and Telemetry Systems)에서 인텔의 마이크로프로세서 8080을 탑재한 최초의 개인용 컴퓨터 알테어(Altair)를 출시했다. 1977년에는 스티븐 잡스(Steven Jobs)에 의해 애플(Apple) 컴퓨터를 만들면서 애플 컴퓨터사가 탄생하였다. 1981년 IBM도 PC시장에 진출하여 IBM PC/XT를 발표하였다.

그림 1-13 알테어 8800

자료 : 전자신문

그림 1-14 애플 Ⅱ(좌)와 IBM PC(우)

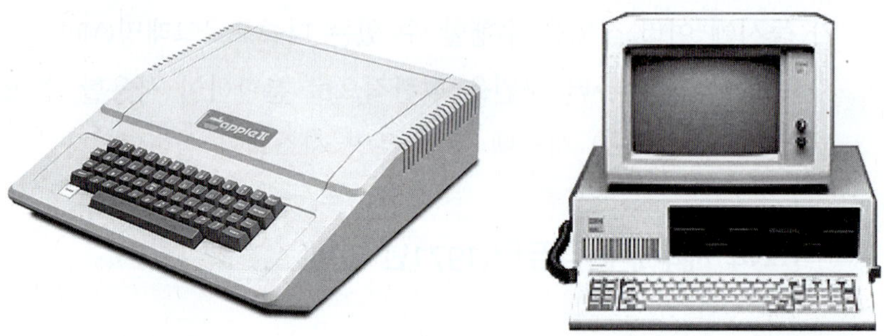

애플 II와 달리 운영체제 MS-DOS를 장착한 IBM PC는 설계에 대한 사양을 공개하여 다른 많은 회사에서 IBM PC와 호환이 되는 컴퓨터들을 생산하기 시작했다. 그 결과 IBM은 개인용 컴퓨터 시장의 주도권을 잡게 되었다. 이에 애플사는 MS-DOS와 달리 마우스와 그래픽을 이용하는 사용자 환경을 제공한 매킨토시(Macintosh)를 시판하여 출시 1년 만에 30만 고객을 확보하였으며, 현재까지 GUI(Graphical User Interface) 분야에서 기술을 선도하고 있다.

그림 1-15 맥킨토시

1.2.5 제5세대 컴퓨터(미래)

미래세대의 컴퓨터를 제5세대 컴퓨터라고 한다. 일반적으로 인공지능 컴퓨터 시대를 제5세대 컴퓨터라고 한다. 즉 앞으로의 시대는 인공지능에 의해 움직이는 시대로 예측하고 있다. 예전의 컴퓨터가 인간이 부여한 명령에 따라서 주어진 데이터를 처리 할 뿐이라면, 제5세대 컴퓨터는 어떤 데이터가 들어왔는지를 스스로 판단하여 그에 적합한 처리를 실행할 것이다. 자연언어로 명령을 처리하며, 인간과 같이 생각하고 창의적인 작업을 수행할 수 있을 것이다.

또한, 여러 개의 처리 요소를 이용하여 복잡한 문제를 작게 나눠 동시에 병렬적으로 해결하는 병렬컴퓨팅(Parallel Computing), 중첩(Superposition) 같은 양자역학적인 현상을 이용하여 자료를 처리하는 양자컴퓨팅(Quantum Computing) 등이 일반화될 것이라고 예측할 수 있다.

1.3 컴퓨터의 분류

1.3.1 처리 능력에 따른 분류

1) 슈퍼컴퓨터

일반적인 컴퓨터에 비해 월등한 연산 능력을 보유한 컴퓨터를 말한다. 어느 정도 연산 능력을 가져야 슈퍼컴퓨터라고 불릴 수 있는지는 논란의 여지가 많다. 연산량의 증가 속도가 매우 빠르기 때문에 10년 전 세계 최고 수준의 컴퓨터라도 현재에는 보통의 컴퓨터에 불가하다. 일반적으로 그 당시의 가장 우수한 범용 컴퓨터 보다 한 두 단계 앞선 최첨단 컴퓨터를 지칭한다. 일반인이 슈퍼컴퓨터를 가장 가까이서 접해볼 수 있는 매체는 단연 일기예보이다. 그 외에도 핵물리 실험 같이 계산량이 엄청난 분야에는 꼭 필요하다. 요즘에는 전투기, 헬리콥터, 미사일 등의 무기를 개발할 때 다수의 시제품을 만드는 대신 시뮬레이션으로 대체하는 추세이므로 이 슈퍼컴퓨터가 국력의 척도가 될 날도 머지 않았다. 우리나라에서도 무기뿐만이 아닌 대기업에서 휴대폰, 각종 전자제품, 자동차 등을 설계할 때에도 슈퍼컴퓨터를 이용한 시뮬레이션을 하고 있다. 이미 슈퍼컴퓨터가 한 나라의 국력과 과학, 기술력의 척도로 어느 정도 자리매김 하고 있다. 현재 세계에서 최신 고성능 슈퍼컴퓨팅 기술 개발과, 장비 도입을 경쟁적으로 시행하는 나라는 미국, 중국, 일본 정도다. 세계 슈퍼컴퓨터 성능 순위가 발표될 때 마다 세 나라에서 새롭게 개발한 장비들이 1위를 서로 탈환하고 있는 상황이다. 반면 우리나라에서 가장 좋은 슈퍼컴퓨터는 세계 30위권 정도에 위치해 있다. 슈퍼컴퓨터도 이미 조 단위의 가격을 가지고 있다. 국가 슈퍼컴퓨팅 연구소의 자료에 따르면 일본 이화학연구소의 슈퍼컴퓨터 'K'는 1조 5천억 원을 들여 구축하였다.

그림 1-16 기상청 슈퍼컴퓨터

2) 메인프레임

프로세싱 능력을 극대화한 대형 컴퓨터로서 대규모의 이용자가 동시에 이용할 수 있으며, 주로 은행, 병원, 정부 기관 등에서 사용한다. 슈퍼컴퓨터의 경우에는 계산 능력을 극한으로 끌어 올린 계산기라면, 메인프레임의 경우에는 계산과 함께 광범위한 컴퓨팅 능력을 극한으로 끌어올린 범용 컴퓨터이다. 그만큼 메인프레임의 활용 분야는 매우 다양하다. 또한, 인류가 가진 컴퓨터 기술의 최첨단에 서 있는 컴퓨터이기 때문에 성능뿐만 아니라 안정성, 보안 역시 대단히 우수하며, 이 때문에 은행이나 정보기관과 같은 보안이 중요한 곳에서 많이 사용되고 있다. 다만, 최신 컴퓨터 기술력이 총동원된 만큼 도입 비용이 엄청나게 비싼데, 메인프레임의 도입 비용은 조 단위로 올라가는 경우가 허다하다. 특히, 전국에 분포한 영업망을 전용 통신망으로 연결하여 금융 데이터를 처리해야 하는 은행에서 도입하는 메인프레임의 경우는 수 조원을 상회하는 것으로 알려져 있다. 2013년 금융위원회는 은행에 메인프레임을 팔고 있는 IBM에게 메인프레임 도입 비용을 공개할 것을 요구하였지만, 영업 비밀을 이유로 고지를 거부하였고, 은행들도 공개를 거부하였다.

보통 컴퓨터 기술이 발달할수록 대중 컴퓨터의 가격은 하락하지만, 메인프레임의 경우에는 오히려 가격이 치솟고 있는데, 이에 대한 대안으로 클라우딩 메인프레임의 개념이 제안되기도 하였다. 이는 일정 단위의 컴퓨터들을 네트워크로 연결하여 메인프레임에 준하는 성능을 뽑아내자는 개념이다. 하지만 메인프레임의 도입 목적은 성능뿐만 아니라 보안과 안정성이기 때문에 메인프레임하면 여전히 고전적 메인프레임을 지칭하고 있다. 또한, 상황이 역전되어 클라우딩 시스템이 메인프레임을 구성하는 것이 아니라, 메인프레임이 압도적인 성능을 내세워 클라우딩 컴퓨팅의 주전산기로 부상하고 있는 상황이다. 1970년 메인 프레임 컴퓨터 시대는 IBM 7090, IBM 360 및 IBM 370으로 등장하기 시작했다.

그림 1-17 IBM 7090

3) 미니 컴퓨터

중형 컴퓨터로서 학교, 연구소 등의 업무 처리나 과학기술 계산 등에 사용되는 종류를 뜻한다. 1960년대에 비교적 소규모 사업장이나 대학에서 인기가 높았으나 성능이 급격히 향상된 PC에 밀려 수요가 급감하였다. DEC사의 PDP-7, PDP-11, VAX-11/780 등이 대표적인 미니컴퓨터라고 할 수 있다.

그림 1-18 PDP 7

4) 워크스테이션

고속, 고성능의 그래픽 처리가 필요한 설계 분야나 공학 시뮬레이션 분야에 사용하는 고성능 개인용 컴퓨터이다. 1981년 미국 아폴로 사에서 만든 DN100과 1982년 썬 마이크로시스템즈에서 만든 Sun-1이 시초가 된다. 워크스테이션은 미니 컴퓨터와 개인용 컴퓨터의 중간 단계에 위치하는 컴퓨터를 통칭하는데, 이후 PC기술의 비약적인 발전으로 점차 고성능 PC와 워크스테이션의 경계가 모호해졌다.

그림 1-19 SUN 워크스테이션

5) 마이크로 컴퓨터

소형 컴퓨터로서 마이크로프로세서를 CPU로 사용하는 컴퓨터다. 개인용 컴퓨터(PC: Personal Compter) 또는 데스크탑 컴퓨터(Desktop Computer)라고도 부른다. 요즘 컴퓨터는 커다란 하나의 기계로 구성하는 게 아니라 다수의 컴퓨터를 네트워크로 묶어 사용하는 것이 대세이기 때문에 마이크로 컴퓨터 방식을 이용한 서버 컴퓨터의 묶음이 위에 언급한 미니 컴퓨터, 메인프레임 등을 거의 대체한 상태다.

그림 1-20 개인용 컴퓨터(PC)

6) 휴대용 컴퓨터(Portable Computer)

가볍고 크기가 작아 휴대가 가능한 개인용 컴퓨터를 뜻한다. 노트북 컴퓨터(가방에 넣고 다닐 수 있는 컴퓨터), 랩탑 컴퓨터(무릎 위에 놓고 사용 가능), 팜탑 컴퓨터(손바닥 위에 놓고 사용하는 컴퓨터로 PDA가 팜탑의 일종) 등으로 나뉘며 최근에는 스마트폰과 태블릿 PC가 발전하면서 이런 구분이 희미해지고 있다.

그림 1-21 팜탑 컴퓨터, 스마트 폰

1.3.2 데이터 취급에 따른 분류

1) 디지털 컴퓨터

문자와 숫자화된 비연속적이고 구분되어 있는 이산적인 데이터를 처리하는 컴퓨터로서, 일반적으로 사용되는 컴퓨터다. 범용성을 가진 범용 컴퓨터라고도 불린다. 현대의 컴퓨터는 모두 디지털 컴퓨터이다.

2) 아날로그 컴퓨터

온도, 전류, 속도 등과 같이 연속적으로 변화하는 데이터를 처리하기 위한 특수 목적용 컴퓨터를 뜻한다. 수치를 연속적인 물리량, 즉 길이나 전압의 크기 따위로 변환하여 계산하는 컴퓨터이다. 이 컴퓨터는 기억장치가 없고 계산 속도가 빠르지만 정확도가 디지털 컴퓨터 보다 떨어진다. 이런 특성을 이용하여 자동제어 등의 실험실에서 많이 이용된다. 전용성을 가진 전용 컴퓨터라고도 불린다. 요즘에는 센서 장비를 제외하면 거의 사라진 종류이다.

그림 1-22 아날로그 컴퓨터

3) 하이브리드 컴퓨터

디지털 컴퓨터와 아날로그 컴퓨터의 융합형 컴퓨터를 말한다. 디지털 신호를 입력하여 아날로그 형태의 신호로 출력하든가, 아날로그 신호를 입력하여 디지털 형태의 신호로 결과를 얻고자 할 때 유용하다. 디지털 컴퓨터와 아날로그 컴퓨터의 장점을 모아 만든 컴퓨터로서, 디지털 컴퓨터만으로 이루어진 컴퓨터 보다 속도가 빠르며 아날로그 컴퓨터 만을 사용해서 얻을 수 있는 정확도 보다 훨씬 정확하다.

1.3.3 사용 목적에 따른 분류

1) 특수용 컴퓨터

특수용 컴퓨터는 컴퓨터가 해야 할 일을 미리 정하여, 그 작업만 효율적으로 처리하는 특수 분야의 문제를 해결하기 위하여 설계된 컴퓨터를 말한다. 예를 들어 카메라 내부의 초점 조절을 위한 장치, 자동 공정의 제어 장치, 선박 및 항공기의 자동 조정 장치, 유도탄의 자동 유도 장치 등은 제한된 목적으로 특수한 분야에 이용하기 위하여 설계된다. 일반적으로 전용 기계에 장착되어 고정된 프로그램에 의해 일정한 데이터를 받아들여 자료를 처리한다.

2) 범용 컴퓨터

범용 컴퓨터는 여러 분야의 다양한 업무를 처리할 수 있도록 설계된 컴퓨터를 말한다. 범용 컴퓨터는 기억 용량이 크고 처리속도가 빠를 뿐만 아니라 입출력 장치가 다양하다. 일반 사무용은 기업체나 공공기관 등에서 사용되며, 주로 많은 양의 자료를 다루므로 입력과 저장, 검색 등의 효율성에 중점에 둔다. 반면, 과학 기술용은 연산 기능과 처리 속도가 빠르도록 설계하는 것이 일반적이다. 범용 컴퓨터와 개인용 컴퓨터를 구분하기도 하지만, 일반적으로 우리가 사용하고 있는 개인용 컴퓨터는 가정이나 학교, 사무실 등에서 문서를 작성하거나 개인의 사무 처리, 교육, 오락 등에 사용하는 것으로 범용 컴퓨터에 속한다.

1.4 컴퓨터의 구성

컴퓨터 시스템은 하드웨어와 소프트웨어로 구성되어져 있다. 하드웨어는 컴퓨터를 구성하는 물리적인 요소를 말하며 소프트웨어는 인간의 두뇌에 축적되어 있는 지식, 경험에 해당하는 부분이다. 소프트웨어와 프로그램은 유사한 의미로 사용되고 있으나 다수의 사람들이 반복적으로 사용하는 프로그램 또는 제품을 소프트웨어라 한다. 하드웨어와 비교해서 소프트웨어가 갖는 특징은 논리적으로 복잡하며 변경하기 쉽고 복사하기 쉬운 점이 있다.

1.4.1 하드웨어(Hardware)

1) 하드웨어 개요

하드웨어는 컴퓨터를 구성하는 장치로서 인간의 정보처리 기능을 대신하는 각종 기기들로 구성되어 있다. 인간이 5대 감각기관(시각, 청각, 후각, 촉각, 미각)을 이용하여 외부로부터 정보를 받아들여 중추신경의 지시 및 제어에 의하여 사물을 판단하고 행동하는 것과 같이 컴퓨터도 입력, 제어, 연산, 기억, 출력을 행하는 각각의 장치(하드웨어)로 구성되어 있다.

그림 1-23 컴퓨터 하드웨어 구성

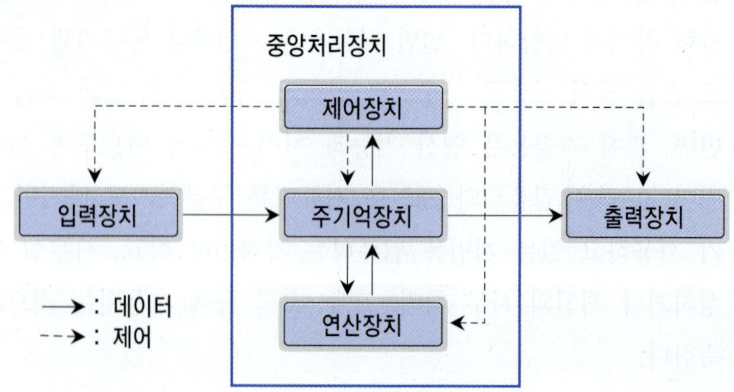

- **입력장치**(Input Unit)는 필요한 정보를 컴퓨터가 이해할 수 있는 전기적 신호로 변환하여 주기억장치에 보내는 역할을 한다. 인간이 귀를 통한 소리, 눈을 통한 문자/그림, 손을 이용한 감각 등 여러 가지 입력 기능을 가지고 있는 것과 같이, 컴퓨터는 특수한 기기를 사용하여 전기적 신호로 변환하여 입력을 행한다.

- **기억장치**(Memory Unit)는 주기억장치와 보조기억장치가 있다. 주기억장치는 인간의 두뇌와 같은 역할을 수행하기 위해 입력된 정보를 저장시켜 두는 기기로 보조기억장치에 비해 처리 속도가 빠르나, 기억 가능한 정보량이 적으며 전원이 꺼지는 경우 저장된 정보가 지워진다. 반면, 인간 정보 활동에서 메모나 노트에 해당하는 보조기억장치는 전원이 꺼지더라도 저장된 정보는 지워지지 않으므로 장기간 보존할 필요가 있는 데이터를 저장하며, 주기억장치에 비해 대량의 정보 저장이 가능하다.

- **중앙처리장치**(CPU: Central Processing Unit)는 **제어장치**와 **연산장치**로 구성되어 있다. 제어장치는 프로그램을 구성하는 명령들을 하나씩 해독하여 각 장치에 필요한 동작을 지시하는 역할을 하며, 연산장치는 기억된 정보의 계산, 비교 판단을 제어장치의 지시에 따라 행한다. 중앙처리장치에서 처리하는 프로그램과 데이터는 주기억장치에 일시적으로 저장하여 처리하며 분류 방법에 따라 주기억장치를 중앙처리장치에 포함시키기도 한다.

- **출력장치**(Output Unit)는 컴퓨터가 실행한 결과를 인간이 이해할 수 있는 형태 즉, 종이에 문자나 그림의 형태로 인쇄하는 프린터, 화면에 표시하는 디스플레이와 같은 장치를 말한다. 일반적인 매체들이 입력과 출력의 기능을 겸하고 있기 때문에 입력장치와 출력장치를 통용하는 의미로 **입출력장치**라고 한다.

2) 기억장치

기억장치는 정보를 기억시키는 매체로서 전기 또는 자기적 성질을 이용한 기억소자로 구성되어 있으며 기본적으로 모든 정보는 2진수로서 취급되어 진다. 0과 1로서 구성된 2진수의 최소 단위를 비트(bit)라고 하며, 8개 비트의 묶음 즉, 바이트(byte)가 컴퓨터의 기본처리 단위로서, 기억장치 내의 모든 정보를 참조하는 단위로서 이용되고 있다. 기억장치는 크게 주기억장치와 보조기억장치로 구분되어지는데 컴퓨터 기술의 발전과 더불어 기억용량 및 처리속도가 비약적으로 발전되어 왔다.

컴퓨터 내부에서 모든 정보는 0과 1의 2진수로서 표현된다. 물리적으로 2진수를 표현하기 위해서는 일반적으로 전류의 흐름 상태나 자화의 회전 방향과 같은 물리적 성질을 이용하고 있다. 이러한 물리적 기억소자에 저장 가능한 0과 1을 비트라 하며, 8개의 비트를 묶어 하나의 바이트로서 데이터를 표현한다. 또한, 기억장치에는 각각의 위치를 나타내는 주소(Address)가 할당되어 있다. 주소는 컴퓨터가 가지고 있는 기억장치의 각 위치에 부여된 고유의 숫자로 표현하는 절대주소(Absolute Address)와 기준주소(Base Address)에 대하여 상대적인 위치를 나타내는 상대주소(Relative Address)가 있다. 상대주소는 기준주소를 정하여 그 주소로부터 몇 번째인가를 정해서 기억장치의 절대주소를 지정하는 방식이다. 많은 프로그램에서는 하드웨어의 물리적인 번지에 대응한 절대주소가 아닌 상대주소로 프로그램을 코딩하는 것이 가능한데 상대주소는 자동적으로 절대주소로 변경된다.

컴퓨터 기억용량을 나타내는 단위로서는 킬로 바이트(KB = 1,024 byte), 메가 바이트(MB = 1,024 KB), 기가 바이트(GB = 1,024 MB), 테라 바이트(TB = 1,024 GB)를 사용한다. 주기억장치는 다른 기억장치에 비하여 고가이므로 대량의 기억용량을 가지기가 어렵기 때문에 실제 컴퓨터가 작업을 수행할 때에는 모든 프로그램과 데이터를 주기억장치에 기억시키지 않고 보조기억장치에 저장하였다가 필요시 일정 부분을 주기억장치로 옮겨 실행한다.

3) 중앙처리장치

인간의 두뇌에 해당하는 중앙처리장치는 컴퓨터의 성능을 좌우하는 가장 중요한 요소로서 산술 및 논리 연산을 수행하는 연산장치와 제어 기능을 수행하는 제어장치로 구성되어 있다. 연산장치나 제어장치는 작업 수행 도중 또는 중간 계산 결과를 저장할 필요가 있을 때는 중앙처리장치 전용 메모리인 레지스터(Register)를 사용하여 작업을 수행한다.

(1) 연산장치

연산장치가 행하는 연산에는 사칙연산과 논리연산이 있다. 연산장치는 이러한 연산을 수행하기 위한 각종 회로로 구성되어 있으며 가장 기본적인 것으로 논리회로와 연산회로가 있다. 논리회로는 논리곱(AND), 논리합(OR), 논리부정(NOT)을 회로로 표현한 것으로 이러한 논리회로를 조합하여 계산이나 판단을 행한다.

연산회로는 논리회로를 조합하여 실제 계산회로를 구성한 것이다. 오늘날 대부분의 컴퓨터는 연산처리를 빠르게 수행하기 위해 여러 가지 연산회로를 가지고 있으나 대표적인 것이 가산기(Adder)이다. 컴퓨터에서는 보수를 사용하여 뺄셈도 가산기를 이용하여 수행하며 곱셈은 덧셈의 반복으로, 나눗셈은 뺄셈의 반복으로 수행한다.

두개의 입력 A와 B에 대한 2진수 한자리의 덧셈에서는 ① 0 + 0 = 0, ② 0 + 1 = 1, ③ 1 + 0 = 1, ④ 1 + 1 = 10 의 4가지 경우가 있다. 이때 하위의 자리로부터 올라오는 경우를 자리올림(Carry)이라 하는데 가산기는 자리올림의 고려 여부에 따라 반가산기(Half Adder)와 전가산기(Full Adder)로 구분된다.

- **반가산기**는 하위의 자리로부터 올라오는 자리올림(Carry)을 고려하지 않은 불충분한 가산기로서 2 자리수 이상의 덧셈을 수행할 수 없다. [그림 1-24]

그림 1-24 반가산기의 회로와 진리표

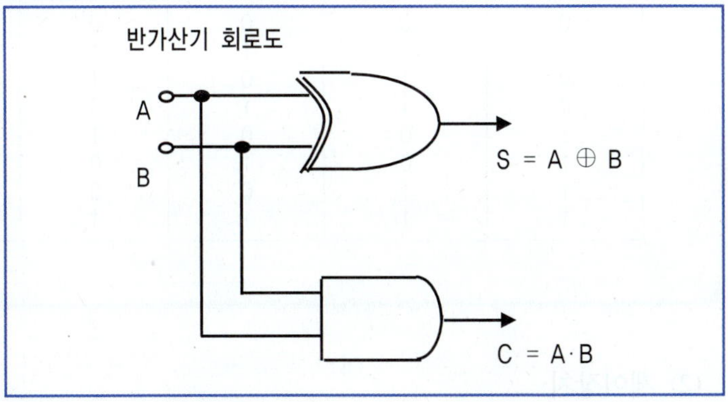

입 력		출 력	
A	B	S	C
0	0	0	0
0	1	1	0
1	0	1	0
1	1	0	1

에서 보는 것과 같은 두개의 입력 A, B에 대하여 출력 S(Sum)와 C(Carry)의 진리표대로 논리회로를 조합한 연산회로가 반가산기이다.

- **전가산기**는 반가산기의 취약점을 보완하기 위하여 자리올림도 입력으로서 고려한 것으로 두 개 이상의 반가산기를 조합하여 구성된다. [그림 1-25]에 나타난 것과 같은 진리표대로 회로를 구성한 것이 전가산기인데 이러한 전가산기와 반가산기를 조합하여 2진수의 가산회로를 만든다.

그림 1-25 전가산기의 회로와 진리표

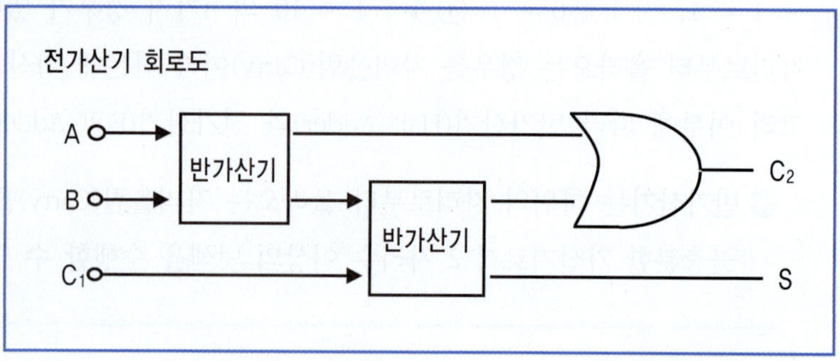

입 력			출 력	
A	B	C_1	S	C_2
0	0	0	0	0
0	0	1	1	0
0	1	0	1	0
0	1	1	0	1
1	0	0	1	0
1	0	1	0	1
1	1	0	0	1
1	1	1	1	1

(2) 제어장치

제어장치는 명령어를 읽고 해독하여 수행하도록 지시하며 컴퓨터의 다른 각 장치에 대하여 제어신호를 보내어서 각각의 기능을 수행하도록 한다. 결국 제어장치는 컴퓨터 시스템 전체의 동작을 지시하고, 조정 및 감독을 하는 장치로서 컴퓨터의 성능을 좌우한다. 제어장치는 프로그램 카운터, 어드레스 레지스터, 명령 레지스터, 명령 해독기, 제어 신호 발생기 등으로 구성되어 있다.

제어장치는 프로그램 명령어를 순차적으로 실행하기 위하여, 프로그램이 저장되어 있는 기억장치의 몇 번지에서 실행할 명령어를 읽을 것인지를 알 필요가 있다. 제어장치 중에서 이 값을 저장하고 있는 것이 프로그램 카운터이다. 기억장치로부터 명령어를 읽기 위한 프로그램 카운터의 내용은 어드레스 레지스터에 옮겨진다. 어드레스 레지스터가 지정한 기억장치의 번지에 있는 명령어는 일시적으로 명령 레지스터에 저장되며 명령 레지스터에 저장된 명령은 명령 해독기에 의해서 해독된다. 이때 명령 해독기가 보내는 신호를 받아서 명령어를 실행하기 위한 신호를 각 장치로 보내는 역할을 제어 신호 발생기가 수행한다.

그림 1-26 제어장치의 구성

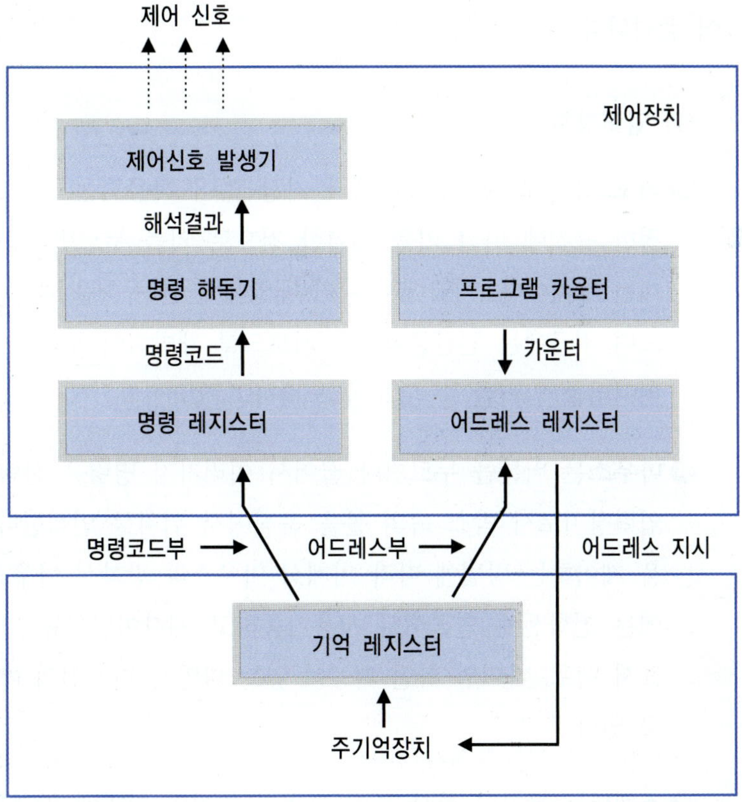

제어장치의 작동은 일정한 시간 간격(Interval)으로 발생하는데 하나의 명령을 기억장치로부터 읽어서 해독되는 사이클을 명령 사이클(Instruction Cycle)이라 하고 해독된 명령을 관련된 장치들에 전달하여 실행되는 사이클을 실행 사이클(Execution Cycle)이라고 한다.

4) 입출력 장치

컴퓨터에서 데이터 입력에 사용되는 입력장치는 키보드, 마우스, 스캐너, 광학식 데이터 판독기, 터치 스크린, 음성 인식 장치 등 다양한 종류가 있으며 처리된 결과를 출력시키는 출력장치로는 화면표시장치, 프린터 등이 널리 사용되고 있다. 외부로부터의 데이터는 입력제어장치에 의해 컴퓨터가 인식할 수 있는 내부 코드로 변환되어 저장된다. 데이터 출력은 제어장치의 제어신호에 따라 출력제어장치에 보내어져서 출력장치에 적합한 코드나 신호로 변환되어 출력된다

(1) 입력장치

- **키보드**는 개인용 컴퓨터에서 가장 많이 사용되는 표준입력장치이다. 일정한 규칙에 따라 키를 배열한 것으로 키를 누르면 대응되는 신호를 보내는 장치이다. 각국에서는 키 배열에 관한 규칙을 제정하여 권장하고 있으며 최근에는 인간공학적인 키보드를 개발하여 보다 신속하고 편리하게 데이터를 입력할 수 있도록 노력하고 있다.

- **마우스**는 버튼을 누르거나 끌어서 여러가지 명령을 선택하거나 수행하는 입력장치로서 박스 속의 볼을 움직여서 위치를 인식한다. 이동량과 방향을 제어하는 방법에 따라 기계식 마우스와 광학식 마우스가 있으며 최근에는 전화선에 연결해서 사용가능하고 재다이얼기능 착신 램프, 동작중 표시 램프, 다이얼 확인 기능이 있는 다양한 디자인의 마우스가 제품화되고 있다.

- **스캐너**는 문자나 화상 등이 그려진 종이의 전면에 광선을 주사하여 컴퓨터가 이해할 수 있는 데이터로 입력하는 장치이다. 데이터 판독방법과 대

상원고에 따라 드럼형, 핸디형, 필름 전용형 등으로 구분되며 최근에는 3차원 데이터를 입력할 수 있는 스캐너도 개발되고 있다.

- **광학식 데이터 판독기**는 인쇄된 문자나 손으로 쓴 글자를 광학적으로 판독하는 장치로서 OMR(Optical Mark Reader)과 OCR(Optical Character Reader)이 있다. OMR은 종이의 정해진 위치에 연필이나 수성사인펜으로 그은 마크를 광학적으로 판독하여 입력하는 장치이다. 판독방식이 단순해서 신뢰성이 높고 가격도 저렴하다. OCR은 인쇄된 문자나 손으로 쓴 글자를 특수한 소프트웨어를 사용해서 디지털 데이터로 변환해서 입력한다. 인공지능의 발달로 영문, 한글, 숫자, 기호 문자의 판독 성능이 급속히 향상되어 우편번호 인식 등 여러 분야에서 활용되고 있으며 다양한 형태의 글씨체를 인식할 수 있다.

- **터치스크린**은 화면의 메뉴를 손가락으로 눌러서 명령을 실행하도록 고안된 입력장치이다. 다양한 데이터 입력에는 부적합하지만 모니터만으로 간단한 명령을 실행할 수 있으므로 은행의 입출금 업무, 지하철 안내 서비스 등 다양한 분야에서 이용되고 있다.

- **음성인식장치**는 우리들이 일상 생활에서 사용하는 음성을 인식하여 데이터 입력에 이용하는 입력장치이다. 다양한 억양을 인식할 수 없으므로 현재 제한된 범위 내에서 실용화가 진행되고 있다. 최근 들어 자동통역기, 음성 예약 시스템 등의 개발이 진행되고 있으며 궁극적인 목적은 컴퓨터가 사람의 일상 언어를 이해할 수 있도록 하는데 있다.

(2) 출력장치

- **화면표시장치**는 문자나 도형 등의 코드 데이터를 화상 데이터로 변환시켜 화면에 출력하는 장치로서 음극선관(CRT: Cathod Ray Tube), 액정 디바이스(LCD: Liquid Crystal Device), 플라즈마 디스플레이(PDP: Plasma Display Panel) 등 여러 가지 종류가 있다. 또한 컴퓨터 단말의 조작 환경을 향상시키기 위한 윈도우 시스템이 보급되어 영화, 게임 등의 엔터테인먼트 분야를 중심으로 3차원 영상표시가 실용화되어 있다.

- **프린터**는 종이에 문자나 도형 등을 인쇄하는 출력장치로서 인쇄하는 방식에 따라 충격식 프린터(impact printer)와 비충격식 프린터(nonimpact printer)가 있다. 충격식 프린터는 잉크 리본을 타격하여 종이에 인쇄하는 방식으로 속도가 느리고 소음이 심하다. 비충격식 프린터는 열이나 광선을 이용하여 타격없이 인쇄하는 방식으로 소음이 적고 속도가 빨라 널리 이용되고 있다. 인쇄 장치와 제어장치의 발달로 인하여 프린터의 고성능화, 고기능화가 이루어져 최근 수많은 종류의 프린터가 판매되고 있다.

1.4.2 컴퓨터 소프트웨어

1) 소프트웨어 개요

소프트웨어는 크게 시스템 소프트웨어와 응용 소프트웨어로 나눌 수 있는데 현재 기본적인 시스템 소프트웨어로서는 운영체제(OS: Operating System), 언어번역 프로그램 등이 있고 응용 소프트웨어로서는 보고서 작성을 위한 워드 프로세스, 데이터 베이스 관리 소프트웨어, 통신 소프트웨어 등 많은 종류가

그림 1-27 소프트웨어의 분류

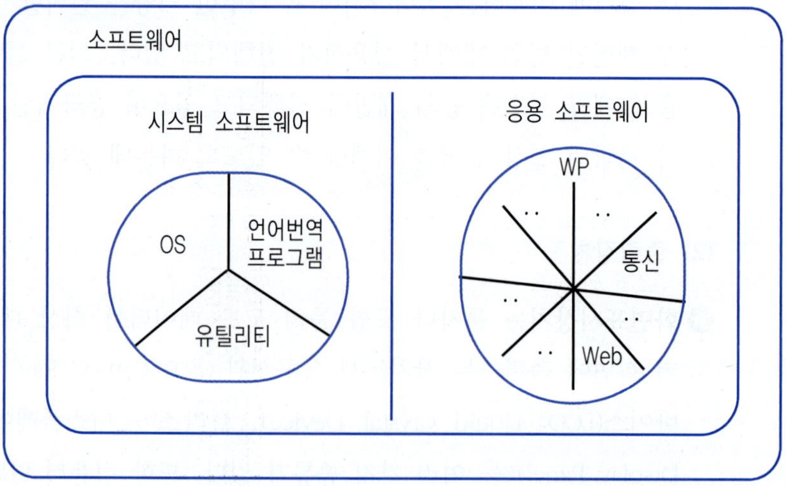

사용되고 있다. 또한 공학, 의학, 경영, 교육 등 여러 분야에서 응용 소프트웨어가 개발되어 이용되고 있다.

2) 시스템 소프트웨어

시스템 소프트웨어는 컴퓨터 사용자가 쉽게 컴퓨터 시스템을 이용할 수 있도록 하기 위한 기본적인 소프트웨어이다. UNIX, WINDOWS와 같은 운영체제, 프로그램 언어를 기계어로 바꾸어 주는 언어 번역 프로그램, 시스템의 보수/운용 및 일상적인 작업의 수행을 지원하는 각종 유틸리티 프로그램 등이 있다. 컴퓨터 메이커 측에서 시스템 프로그램을 개발하여 제공하는 경우가 많았으나 최근에는 대학, 연구소, 소프트웨어 하우스 등에서 풍부한 기능을 갖춘 시스템 소프트웨어 개발이 활발해 지고 있다.

(1) 운영체제(OS)

컴퓨터 사용자에게 풍부한 기능을 제공하기 위하여 하드웨어 자원의 할당, 기억장치의 관리, 컴퓨터 작업의 통제 등을 수행하는 가장 중요한 소프트웨어이다. 운영체제는 컴퓨터 시스템의 성능을 최대한 발휘하도록 하기 위하여 고도의 인터페이스 기능을 제공하며 급속히 발전하고 있는 하드웨어 의존성을 줄이면서 데이터 처리의 생산성을 향상시키는 것을 목적으로 한다. 하드웨어 가격이 높았던 1970년대의 운영체제는 계산 능력을 최대로 발휘하게 하는데 중점을 두었으나 최근에는 사용자에게 편리한 이용환경의 제공을 목표로 하고 있다.

운영체제의 역사

초기의 운영체제는 각 컴퓨터나 용도에 따라 달리 개발되었으나 1960년대 중반 IBM사가 OS/360을 개발함으로써 운영체제도 상용, 과학계산용 등 다용도로 사용되어졌다. OS/360의 개발로 인하여 운영체제의 개념이 명확해 졌으며 기능도 체계화되었으나 소프트웨어 개발비용의 폭발적인 증가로 인하여 소프트웨어 위기를 불러왔으며 이는 소프트웨어 공학을 탄생시키는 계기가 되었다. OS/360은 그 후 IBM의 메인프레임에서 사용하는 운영체제인 MVS(Multiple Virtual Storage)로 발전하였다.

1960년대 후반에는 컴퓨터에 여러 대의 단말을 연결하여 대화형으로 사용하는 시분할 시스템(TSS: Time Sharing System)이 개발되었다. 또한 소형 컴퓨터 PDP-11의 시분할 시스템으로서 UNIX가 개발되어 급속히 보급되었다. 반도체 기술의 급속한 발전으로 인하여 1970년대 중반에는 고성능 슈퍼 미니 컴퓨터가 개발되었고 마이크로 프로세서의 개발로 인하여 개인이 사용하는 퍼스널 컴퓨터가 발표되어 컴퓨터에 관한 일반의 사고가 혁명적으로 변화되었다. 이러한 퍼스널 컴퓨터 운영체제로서 1980년대에는 MS-DOS가 개발되어 전세계적으로 수천만 본이 판매되었다. 또한 DEC사의 VAX 미니 컴퓨터 운영체제인 VMS, IBM의 OS/2 등의 상용 운영체제가 개발되었다.

1980년대 후반부터는 윈도우와 아이콘에 의해서 프로그램을 기동시키는 그래픽 유저 인터페이스(GUI)가 개발되었으며 퍼스널 컴퓨터 운영체제도 GUI 기능을 갖게 되었다. 대표적인 것으로는 마이크로소프트사의 Windows, 매킨토시용 System 7 등이 있다.

운영체제의 기능

운영체제는 컴퓨터의 작업을 제어하고 관리하는 작업관리, 효율적인 기억영역의 할당을 행하는 기억관리, 입출력장치의 관리, 파일 시스템의 실현을 행하는 데이터 관리 및 네트워크 환경 제공 등의 기능을 가지고 있다.

작업관리는 다수의 작업을 연속적으로 컴퓨터가 처리할 수 있도록 한다. 스케줄이나 작업의 할당을 관리하며 사용자에게 각 작업의 처리 상황을 알려주는 기능을 한다. 예외적인 상황의 발생에 따른 대처, 긴급히 처리해야 하는 작업 등으로 현재 실행중인 프로그램을 중단하고 그 사건에 대응하는 프로그램을 먼저 실행하도록 하는 기능도 수행한다.

기억관리는 컴퓨터가 작업을 수행하기 위해서 필요한 주기억장치의 할당 및 복수의 작업에 대해서 어떤 주기억 영역을 할당할 것인가를 결정하는 것으로 시스템 전체의 효율에 큰 영향을 미친다. 컴퓨터를 실제의 기억 용량과는 관계없이 다른 기억영역이 있다고 가정하여 사용할 수 있는 기억방식을 가상기억 방식이라고 하는데, 이러한 방식을 채택하고 있는 컴퓨터 시스템에서는 각 작업에 대한 기억용량과 할당된 기억 영역에 배치할 프로세서 등을 실행시 결정해야 하므로 기억관리의 역할은 매우 중요하다.

그 이외에도 여러가지 입출력장치를 제어하는 기능을 수행하는 입출력관리, 대용량 파일의 효율적 저장과 빠른 검색 및 중요한 정보의 유지/관리/운용 기능을 담당하는 데이터 관리, 다른 컴퓨터나 단말과 데이터를 주고받는 네트워크 환경을 제공한다.

(2) 유틸리티 프로그램

유틸리티 프로그램은 운영체제의 하부에 독립적으로 존재하는 서브 시스템으로서 제공되며 시스템의 보수/운용에 필요한 기능이나 일상적인 작업의 수행을 지원하는 기능을 한다. 운영체제에 사용되는 명령어와 동일하며 일반적으로 사용빈도가 높은 작업을 수행할 수 있는 기능을 제공하고 있다. 유틸리티 프로그램은 컴퓨터에 의해 지원되는 프로그램으로서 파일의 복사, 삭제, 특정 항목별 정렬 또는 주기억장치나 파일의 내용을 사용자가 이해하기 쉬운 형태로 출력하는 기능 등 사용자에게 있어서는 운영체제의 일부로 인식된다.

3) 응용 소프트웨어

컴퓨터를 이용하여 작업을 수행할 때 우리들 일상생활에서 가장 밀접하게 사용되고 있는 것이 응용 소프트웨어이다. 대표적인 응용 소프트웨어로서는 문서 작성을 위한 워드프로세스, 데이터 관리를 위한 데이터 베이스용 소프트웨어, 인터넷 이용과 같은 컴퓨터간 통신에 사용되는 통신 소프트웨어 등 패키지 형태로 다수의 사용자를 대상으로 판매되고 있는 것을 들 수 있다. 또한 기업에서 자사의 업무 형태에 맞게 개발하여 사용되고 있는 응용 소프트웨어도 수없이 존재한다. 여기에서는 대표적인 응용 소프트웨어인 워드프로세스, 데이터베이스 관리 소프트웨어 및 웹 브라우저에 대하여 간단히 소개한다.

- **워드프로세스**는 컴퓨터를 이용하여 문서의 작성 및 편집을 하기 위한 소프트웨어이다. 문서를 체계적으로 관리할 수 있기 때문에 가장 널리 보급되어 사용되고 있다. 일반 컴퓨터의 범용 소프트웨어로서 제작된 것과 전용 워드프로세싱 기기로서 제작된 두 가지 형태가 있다. 문자의 추가, 삭제, 수정 등의 기본 기능과 수식, 도형, 목차작성 등의 고급 기능을 갖추

고 있다. 현재 국내에서 가장 널리 사용되고 있는 제품으로는 한글(HWP), Microsoft Word 등이 있다.

- **데이터베이스 관리 소프트웨어**는 데이터의 유용한 관리를 목적으로 하는 데이터베이스를 실현하기 위한 소프트웨어이다. 1960년대 후반 데이터베이스를 중심으로 한 경영정보 시스템 구축에 관한 기술적 제안이 있었으나 본격적인 시스템 구축은 1980년에 이르러서야 실현되었다. 일반적인 데이터베이스 관리 소프트웨어는 데이터의 검색 및 갱신 기능을 제공한다. 현재 국내에서 가장 널리 사용되고 있는 데이터베이스 관리 소프트웨어는 Oracle사의 Oracle, DB 2, Access, dBase IV 등이 있다.

- **웹 브라우저**는 인터넷에 연결해 주는 소프트웨어로서 웹 상의 주소만 입력하면 해당 홈 페이지를 검색하여 보여준다. 브라우저는 원래 프로그래밍 툴로서 프로그램 내의 모듈 구조를 관리해서 전체중의 일부분을 표시해 주는 시스템이다. 브라우저는 책의 여기저기를 읽다라는 의미로 필요한 부분을 간단히 검색 가능하도록 목차나 상호참조기능, 모듈의 계층이나 관계를 볼 수 있도록 메뉴 형태로 표시한다. 최근 인터넷 사용자의 폭발적인 증가와 함께 웹을 이용한 자료검색 소프트웨어로서 웹 브라우저가 널리 사용되고 있으며 대표적인 웹 브라우저로서는 익스플로러(explorer)가 있으며, 현재 많이 이용되는 인터넷 검색시스템으로는 구글(Google), 네이버(Naver) 등이 있다.

토론과제 – 미래 사회는 어떠한 모습이라고 예측하는가?

- 체력, 근면, 자급자족, 공동체 문화를 중심으로 하는 농업사회
- 산업기술, 노동집약, 폐쇄적, 관료적인 산업사회
- 지식, 정보, 지식집약, 공유, 개방의 정보사회

⇒ 네트워크 연결, 지식 공유, 협력, 유연성, 창의성, 인간중심의 미래사회는 어떠한 모습으로 우리 곁으로 다가올지 예측해 보자?

01 연습 문제

1 현대 컴퓨터의 개념을 최초로 제시한 사람은?

① 찰스 배비지 ② 오거스타 에이다
③ 앨런 튜링 ④ 존 폰 노이만

2 프로그램 내장 방식이 적용된 최초의 컴퓨터는?

① 마크- I ② 에드삭(EDSAC)
③ 에니악(ENIAC) ④ ABC

3 제3세대 컴퓨터에 쓰인 기억소자는 무엇인가?

① 진공관(Vacuum Tube) ② 트랜지스터(Transistor)
③ 집적회로(IC) ④ 고밀도집적회로(LSI)

4 컴퓨터 세대에 대한 다음 설명 중 옳지 않은 것은?

① 1세대 컴퓨터의 주기억장치는 자기 드럼을 사용하였다.
② 2세대 컴퓨터는 진공관을 이용하였고 소프트웨어가 발전하기 시작하였다.
③ 3세대 컴퓨터에서 다중프로그래밍, 시분할 시스템 등이 실현되었다.
④ 4세대 컴퓨터에서 개인용 컴퓨터를 대량으로 생산할 수 있게 되었다.

5 광범위한 컴퓨팅 능력을 극한으로 끌어올린 범용컴퓨터로서 IBM 360/370으로 대표되는 것은?

① 수퍼컴퓨터 ② 메인프레임
③ 미니컴퓨터 ④ 워크스테이션

6 다음 중 컴퓨터 제어 장치(Control Unit)의 구성 요소로 옳지 않은 것은?

① 부호기(Encoder) ② 프로그램 카운터(Program Counter)
③ 보수기(Complementor) ④ 명령 해독기(Instruction Decoder)

01 주관식 문제

1. 디지털 컴퓨터와 아날로그 컴퓨터를 비교 설명하시오.
2. 컴퓨터 하드웨어 구성요소에 대하여 설명하시오.
3. 주기억장치와 보조기억장치를 비교 설명하시오.
4. 연산장치와 제어장치의 역할에 대하여 간단히 설명하시오.
5. 소프트웨어는 시스템소프트웨어와 응용소프트웨어로 나눌 수 있는데 각각의 종류 및 특징에 대하여 간단히 설명하시오.
6. 운영체제의 기능에 대하여 간단히 서술하시오.

박미희 작

제 2 장

컴퓨터 자료 표현

제2장

컴퓨터 자료 표현

2.1 컴퓨터 자료 구성의 단위

2.1.1 비트와 바이트

컴퓨터에서 사용하는 자료는 컴퓨터 내부에서 사용하는 비트, 바이트, 워드와 사람이 인식하여 사용할 수 있는 필드, 레코드, 파일, 데이터베이스로 구성되어 있다.

컴퓨터 자료(정보) 표현의 최소 단위는 비트(Bit, Binary Digit)이다. Bit는 Binary Digit의 합성어이다. Binary는 2를 의미하고, Digit는 아라비아 숫자를 뜻한다. 따라서 Bit는 2진수를 의미한다. 컴퓨터 내부에는 전기가 흐르거나(On) 흐르지 않는(Off) 두 가지 전기 신호로 자료를 처리하고 저장한다. 전기의 On, Off는 두 가지 상태(0 또는 1)를 표시하며 이는 2진수 1자리가 된다.

표 2-1 비트의 표현 가짓수

비트	표현 가짓수	표현 범위
1 Bit	2^1 = 2가지	0,1
2 Bit	2^2 = 4가지	00, 01, 10, 11
3 Bit	2^3 = 8가지	000, 001, 010, 011, 100, 101, 110, 111
4 Bit	2^4 = 16가지	0000, 0001, 0010, 0011, 0100, 0101, 0110, 0111, 1000, 1001, 1010, 1011, 1100, 1101, 1110, 1111
:	:	:
n Bit	2^n 가지	

여러 개의 비트를 조합하여 다양한 경우의 수를 만들 수 있다. 4개의 비트가 연속적으로 모인 4Bit를 니블(Nibble)이라 한다. 4비트는 16진수 1자리를 표현하기에 적합하다.

문자를 표현하는 최소 단위로 8개의 비트가 모인 것을 바이트(Byte)라 한다. 1Byte는 256(2^8)가지의 정보를 표현할 수 있다. 바이트는 컴퓨터 주소(Address) 지정의 단위로 사용된다. 일반적으로 영문자나 숫자는 1Byte로 1자를 표현하고 한글, 한자는 2Byte로 1자를 표현한다.

2.1.2 저장 용량

표 2-2 저장용량

명칭	기호	십 진 법			이 진 법		
kilo	KB	1000	10^3	1000^1	2^{10}	1024^1	1,024
mega	MB	1000000	10^6	1000^2	2^{20}	1024^2	1,048,576
giga	GB	1000000000	10^9	1000^3	2^{30}	1024^3	1,073,741,824
tera	TB	1000000000000	10^{12}	1000^4	2^{40}	1024^4	1,099,511,627,776
peta	PB	1000000000000000	10^{15}	1000^5	2^{50}	1024^5	1,125,899,906,842,624
exa	EB	1000000000000000000	10^{18}	1000^6	2^{60}	1024^6	1,152,921,504,606,846,976
zetta	ZB	1000000000000000000000	10^{21}	1000^7	2^{70}	1024^7	1,180,591,620,717,411,303,424
yotta	YB	1000000000000000000000000	10^{24}	1000^8	2^{80}	1024^8	1,208,925,819,614,629,174,706,176

1789년 프랑스 혁명 이후 과학자들에 의해 접두사와 글자를 이용하여 양을 측정하는 다양한 수치 활용을 발견하였으며 이후 킬로(K), 메가(M)가 사용되었다. 제2차 세계대전 이후 기가(G), 테라((T)가 추가되었다. 1975년 세계계량 측정위원회는 페타(P), 엑사(E)를 추가했다. 1990년 제타(Z), 요타(Y)도 추가되었다. 컴퓨터 기술의 발전과 더불어 컴퓨터 기억용량도 급증하여 GB 이상의 단위를 사용하는 시대가 되었다.

표 2-3 저장용량에 따른 데이터의 양

단위	데이터 양
Bytes	1 byte : 한 글자, 10bytes : 한 단어
Kilobyte	1Kilobytes : 짧은 이야기, 10Kilobytes : 백과사전 한 페이지 100Kilobytes : 저해상도 사진
Megabyte	1Megabyte : 짧은 소설 , 10Megabyte : 1분의 고음질 사운드 100Megabyte : 백과사전 2권
Gigabyte	1Gigabyte : 트럭 한 대 분의 종이, 20Gigabyte : 베토벤 전체 작품 모음 100Gigabyte : 아카데미 잡지 전집
Terabyte	1Terabyte : 5만 그루 나무로 만들어진 종이로 인쇄된 내용 10Terabyte : US의회 도서관의 모든 인쇄 자료들
Petabyte	1Petabyte : 3년 치의 EOS 데이터 20Petabyte : 1995년 하드디스크 생산품
Exabyte	5Exabyte : 인류가 지금까지 말한 모든 언어의 종합

2.1.3 필드와 레코드

파일	학번	소속	성명	본적	전화번호
레코드1:	1001	전산	홍길동	서울	531-2351
레코드2:	1002	전산	이순신	대구	652-3323
		:	:	:	:
레코드n:	XXXX	전산	곽재우	대전	471-8203
	필드	필드	필드	필드	필드

일반적 바이트가 4개 모이면 워드(Word)가 된다. 워드의 크기는 시스템에 따라 달라진다. 워드는 컴퓨터가 한 번에 처리할 수 있는 명령 단위이다. 4Byte는 전워드(Full-Word), 8Byte는 더블워드(Double-Word)라 한다.

자료 구성 단위의 크기

비트 < 니블 < 바이트 < 워드 < 필드 < 레코드 < 파일 < 데이터베이스

의미 있는 정보를 표현하는 최소 단위는 필드(Field)이다. 필드는 파일 구성의 최소 단위가 된다.

하나 이상의 관련된 필드가 모여서 레코드(Record)가 된다. 레코드는 컴퓨터 내부의 자료 처리 단위로서, 레코드에는 논리레코드와 물리레코드가 있다. 일반적으로 레코드는 논리레코드를 의미한다.

하나 이상의 논리레코드가 모여서 블록(Block), 물리레코드(Physical Record)가 된다. 각종 저장 매체와의 입・출력 단위를 나타낸다.

같은 종류의 여러 레코드가 모여서 파일이 된다. 위에 나타낸 것과 같이 레코드1 ㅡ 레코드 n개가 모여서 학생 파일이 된다. 파일은 프로그램 구성의 기본 단위이다. 여러 개의 파일이 모여서 데이터베이스가 된다.

양자 컴퓨터

MIT의 과학기술 전문지 '테크놀로지 리뷰'는 2017을 장식할 10대 혁신 기술로 '실용적 양자 컴퓨터'를 포함시킨 바 있다. 그동안 개발 중이던 양자 컴퓨터가 올해부터 현실에 적용되기 시작한다는 것이다.

양자 컴퓨터란 양자역학 원리에 따라 작동되는 미래형 첨단 컴퓨터를 말한다. 과학자들은 양자 컴퓨터가 양자역학적 특징을 살려 병렬처리가 가능해지면 지금으로서는 상상할 수 없는 능력을 선보일 것으로 보고 있다.

그리고 지금 캐나다에서 양자 컴퓨터를 대상으로 실용화를 위한 초기 실험이 진행되고 있다. 9일 '사이언스' 지는 캐나다 기업인 '디웨이브 시스템(D-Wave Systems)'에서 양자 컴퓨터 실용화를 위해 그 기능을 테스트하고 있다고 보도했다.

지상에 있는 나무 패턴 일일이 인지

디웨이브 시스템은 지난 2007년 세계 최초로 양자 컴퓨터를 개발한 기업이다. 현재 최신 모델인 'D-Wave 2X'에 복잡한 구조의 기계학습(Machine Learning) 프로그램을 설치하고, 강, 들판 등 지상에서 자라고 있는 나무들의 패턴을 인식시키고 있는 중이다.

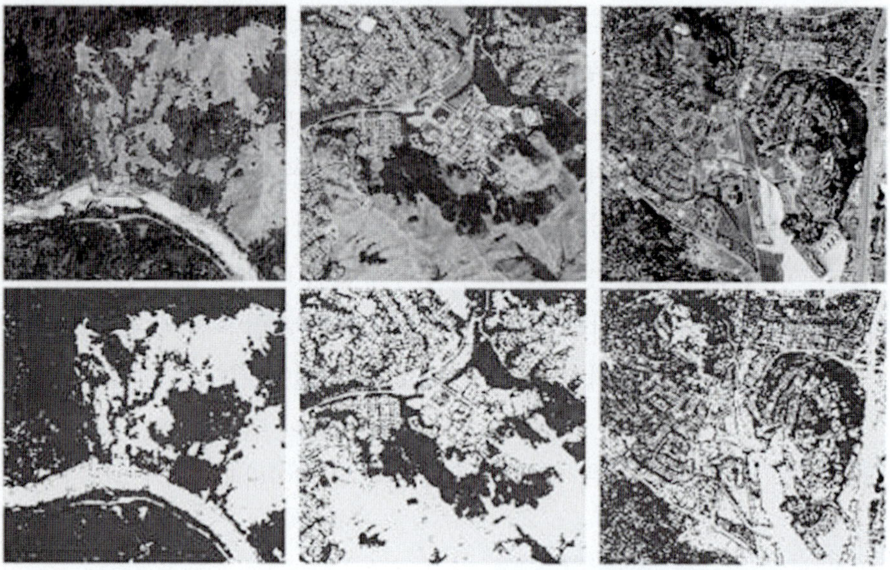

디웨이브 시스템에서 개발한 최신 양자 컴퓨터 모델인 'D-Wave 2X'이 위성 사진을 보고 지상에 있는 나무를 식별해내고 있다. 사진 윗 부분은 NASA 인공위성 영상. 아랫 부분은 'D-Wave 2X'가 인지한 나무들 영상. © E. Boyda

기존의 컴퓨터도 나무 패턴을 인식할 수 있다. 그러나 나무의 수가 워낙 많아 나무 하나하나를 정확히 인식하는데 한계가 있었다. 이 양적인 문제를 양자 컴퓨터가 해결하고 있다. 양자 컴퓨터의 놀라운 연산 능력으로 어려운 작업을 수행해내고 있다.

양자 컴퓨터는 이진법(Binary Bit)을 사용하는 기존 컴퓨터와는 달리 큐비트(Qubit : Quantum Bit)를 사용하고 있다. 이진법은 0과 1의 오직 두 숫자만 사용하는 계산법이다. 10 대신 2를 기본단위로 해 0+1이 되면 10으로 올라간다.

반면 큐비트는 0과 1의 상태를 동시에 가질 수 있다. 따라서 00, 01, 10, 11 등 4가지 상태를 기본 단위로 하고 있다. 그런 만큼 2개의 큐비트라면 4가지 상태(00, 01, 10, 11)를 중첩시키는 것이 가능하다.

또 n개의 큐비트라면 2의 n제곱만큼 중첩시키는 것이 가능하다. 이런 식으로 연산을 해나갈 경우 이진법과 비교가 안될 만큼 빠르게 일을 처리해나갈 수 있다. 큐비트가 512개라면 2의 512제곱 배 빠른 속도로 연산이 가능하다.

그동안 큐비트 프로그래밍을 가로막는 난제는 연산이 아닌 다른 곳에 있었다. 컴퓨터 상에 투시된 영상들로부터 주어진 장면에 관한 유용한 정보를 추출해내는 컴퓨터 시각(Computer Vision) 기술이 미비해 양자 컴퓨터를 가동할 수 없었다.

그러나 지금 양자 컴퓨터 'D-Wave 2X' 모델을 통해 그동안 못했던 일을 해내고 있는 중이다. 이 일을 수행하고 있는 사람들은 미국 캘리포니아의 세인트 메리 대의 물리학자 에드워드 보이다(Edward Boyda) 교수 연구팀이다.

기후패턴 분석해 6개월 전 예측 가능해

이들은 'D-Wave 2X'를 통해 NASA(미 항공우주국)에서 인공위성을 통해 촬영한 수백 장의 지구 사진들을 분석하고 있다. 이 양자 컴퓨터는 1152 큐비트의 연산 능력을 지니고 있다. 연구자들은 컴퓨터에 지상에 있는 나무들을 식별토록 요구하고 있다.

'D-Wave 2X'는 색상과 채도, 입사광과 반사광의 에너지 비율의 값인 LRV(Light Reflectance Value) 등 수 십 가지 나무의 특징들을 도로와 빌딩, 강과 평야 등 다른 특징들로부터 구분해 식별해내고 있는 중이다.

연구에 참여하고 있는 NASA 소속의 지구과학자 라마크리슈나 네마니(Ramakrishna Nemani) 박사는 "이 일이 매우 힘든 일"이라고 말했다. "나무 중에는 높이 자란 나무도 있지만 어린 나무도 있고 또한 빌딩 등과 섞여 있어 식별이 매우 어렵다"고 말했다.

"그러나 기계학습 프로그램을 통해 훈련을 받은 'D-Wave 2X'는 미 캘리포니아 밀 밸리(Mill Valley)에 자라는 나무들을 90% 정확하게 분석해내고 있다"고 말했다. 기존의 컴퓨터 능력과 비교해볼 때 약간 높은 비율이다.

그러나 'D-Wave 2X'에 있어서는 매우 중요한 의미를 담고 있다. 기존 컴퓨터와 마찬가지로 양자 컴퓨터 역시 이미지를 분석하기 시작했다는 것을 뜻한다. 그리고 엄청난 양의 데이터를 정확히 분석해낼 수 있다는 그 가능성을 보여주고 있다.

이와 관련된 논문은 미국의 공공과학도서관 온라인 학술지 'PLOS ONE'에 게재됐다. 네마니 연구원은 "양자 컴퓨터의 이런 능력을 다른 곳에 적용할 수 있다"고 말했다. 일기예보를 예로 들었다.

그동안 기상 관계자들은 정확한 기상예측을 위해 어마어마한 크기의 슈퍼컴퓨터를 가동시켜 왔다. 그러나 양자 컴퓨터를 활용할 경우 인공위성 영상을 이용해 지역별 기상상태를 정확히 분석할 수 있다.

2.2 수의 표현 및 진수의 변환

2.2.1 수의 표현과 연산

1) 10진법

일상생활에서 가장 많이 사용하는 진법이고, 10가지의 숫자로 표현하는 방법이다.

윗 자리의 하나는 아랫 자리의 10개를 의미한다.

수 표현의 기준이 되는 10을 밑수(Base)라 한다.

표현 방법

$$253 = (2\times10^2) + (5\times10^1) + (3\times10^0)$$
$$= 2\times100 + 5\times10 + 3\times1$$
$$= 200 + 50 + 3$$
$$= 253_{10}$$

2) 2진법

2개의 숫자로만 표현하는 방법이다.

전기적 형태로 표현하며 스위치가 off된 상태를 0, ON된 상태를 1로 표현하면 전자적 형태를 0과 1의 두 가지 수로 나타낼 수 있다.

10진수와의 변환

$$1101_2 = (1\times2^3) + (1\times2^2) + (0\times2^1) + (1\times2^0)$$
$$= 1\times8 + 1\times4 + 0\times2 + 1\times1$$
$$= 8 + 4 + 0 + 1$$
$$= 13$$

3) 8진법

0부터 7까지의 여덟 가지 숫자로 표기하는 방법이다.

10진수와의 변환

$$
\begin{aligned}
7560_8 &= (7\times8^3) + (5\times8^2) + (6\times8^1) + (0\times8^0) \\
&= 7\times512 + 5\times64 + 6\times8 + 0\times1 \\
&= 3584 + 320 + 48 + 0
\end{aligned}
$$

4) 16진법

16가지의 숫자로 표현하는 방법으로 숫자 0~9까지와 10~15까지는 A, B, C, D, E, F의 여러 가지를 사용한다.

10진수와의 표현

$$
\begin{aligned}
F15_{16} &= (F\times16^2) + (1\times16^1) + (5\times16^0) \\
&= 15\times256 + 1\times16 + 5\times1 \\
&= 3840 + 16 + 5
\end{aligned}
$$

2.2.2 진법 변환

표 2-4 진법 비교표

10진법	2진법	8진법	16진법
0	0000	0	0
1	0001	1	1
2	0010	2	2
3	0011	3	3
4	0100	4	4
5	0101	5	5
6	0110	6	6
7	0111	7	7
8	1000	10	8
9	1001	11	9
10	1010	12	A
11	1011	13	B
12	1100	14	C
13	1101	15	D
14	1110	16	E
15	1111	17	F
16	10000	20	10

1) 진법 체계의 기본

(1) 10진법 체계의 기본

① 10개로 구성된 숫자(0,1,2,3,4,5,6,7,8,9)의 조합으로 모든 수치 처리

② 소수점 기준으로 10의 누승 단위로 자리 올림, 마이너스 누승 단위로 자리 내림

(2) 2진법 체계의 기본

① 2개로 구성된 숫자(0,1)의 조합으로 모든 수치 처리

② 소수점 기준으로 2의 누승 단위로 자리 올림, 마이너스 누승 단위로 자리 내림

(3) 8진법 체계의 기본

① 8개로 구성된 숫자(0,1,2,3,4,5,6,7)의 조합으로 모든 수치 처리

② 소수점 기준으로 8의 누승 단위로 자리 올림, 마이너스 누승 단위로 자리 내림

(4) 16진법 체계의 기본

① 16개로 구성된 숫자(0,1,2,3,4,5,6,7,8,9,A,B,C,D,E,F)의 조합으로 모든 수치 처리

② 소수점 기준으로 16의 누승 단위로 자리 올림, 마이너스 누승 단위로 자리 내림

2) 진법 변환 방법

(1) 10진수를 2진수, 8진수, 16진수로 변환

▶ **정수부** : 해당 진수로 소인수 분해하여 나머지 값을 역순으로 나열
▶ **소수부** : 해당 진수로 곱하여 정수부 단 단위 값을 정순으로 나열

(예) 10진수 $(74.375)_{10}$를 2진수, 8진수, 16진수로 변환

10진수 → 2진수		10진수 → 8진수		10진수 → 16진수	
정수부	소수부	정수부	소수부	정수부	소수부
2) 74 …0	0.375	8) 74 …2	0.375	16) 74 …10	0.375
2) 37 …1	× 2	8) 9 …1	× 8	4	× 16
2) 18 …0	0.750	1	3.000		6.000
2) 9 …1	× 2			$(10)_{10}$ ⇒ $(A)_{16}$	
2) 4 …0	1.500				
2) 2 …0	× 2				
1	1.000				
$(1001010.011)_2$		$(112.3)_8$		$(4A.6)_{16}$	

(2) 10진법, 2진법, 8진법, 16진법 표기의 상호 변환

▶10진수와 2진수 : 10의 누승 및 2의 누승 체계로 상호 변환
▶2진수와 8진수 : 2^3=8의 원리에 의해 2진수 3단위와 8진수 1단위를 상호 변환
▶2진수와 16진수 : 2^4=16의 원리에 의해 2진수 4단위와 16진수 1단위를 상호 변환

▶ 2진수의 자리올림 및 자리내림 단위에 따른 십진수

2진 단위	…	2^9	2^8	2^7	2^6	2^5	2^4	2^3	2^2	2^1	2^0	.	2^{-1}	2^{-2}	2^{-3}	…
10진수	…	512	256	128	64	32	16	8	4	2	1	.	0.5	0.25	0.125	…

(예) 10진수 $(58.75)_{10}$를 2진수, 8진수, 16진수로 변환

10진수 → 2진수	32 16 8 4 2 1 . 0.5 0.25 1 1 1 0 1 0 . 1 1 $(32+16+8+0+2+0)+(0.5+0.25)=(58.75)_{10}$	$(111010.11)_2$
2진수 → 8진수	1 1 1 0 1 0 . 1 1 0 4 2 1 4 2 1 4 2 1 $4+2+1=(7)8^1$ $0+2+0=(2)8^0$. $4+2+0=(6)8^{-1}$	$(72.6)_8$
2진수 → 16진수	0 0 1 1 1 0 1 0 . 1 1 0 0 8 4 2 1 8 4 2 1 8 4 2 1 $0+0+2+1=(3)16^1$ $8+0+2+0=(A)16^0$. $8+4+0+0=(C)16^{-1}$	$(3A.C)_{16}$

2.3. 1의 보수와 2의 보수

2.3.1 보수란

보수(complement)는 음수를 표현하기 위해 개발된 것이다. 컴퓨터에서 내부적으로 수치를 표현할 때 +나 -기호를 사용하지 않고 0 또는 1을 사용하여 양수와 음수를 구분한다. 즉, 맨 왼쪽의 비트가 0이면 양수, 1이면 음수가 된다. 음수를 보수로 표현하면 반드시 맨 왼쪽의 비트에 1이 오게 된다.

보수를 왜 쓰는가에 대해서 예를 들어 설명하면, 100-75=25라는 결과가 나와야 한다. 8비트에서 255다음은 256이고 256은 0으로 카운트된다는 점을 먼저 알고 있어야 한다.

컴퓨터는 뺄셈을 못하므로 오버 카운트 이것을 이용한다.

그림으로 표현해보면

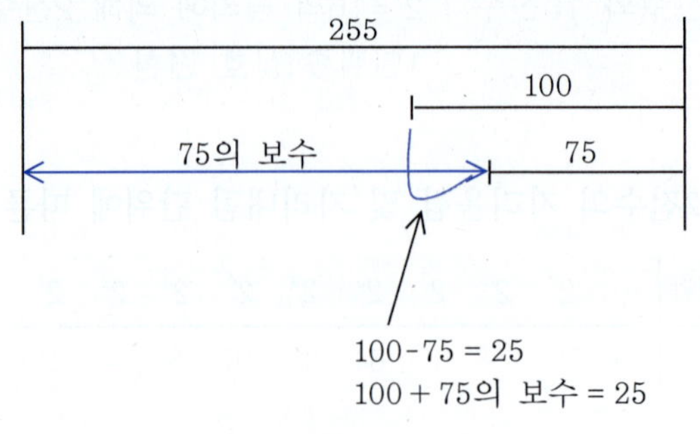

100에 75의 보수를 더하면 초과영역이 생기게 된다. 255 다음은 0으로 카운트 되기 때문에 자연스레 초과된 숫자가 뺄셈 결과로 나오는 것이다.

2.3.2 1의 보수

1의 보수는 1 ⇒ 0

0 ⇒ 1 뒤집어서 표현을 한다.

십진수 75의 1의 보수를 구해보자.

```
   1111 1111
 - 0100 1011
----------------
   1011 0100 ⇒ 십진수 75의 1의 보수
```

쉬운 방법으로 뒤집어서 표현해보면

0100 1011 (75)

1011 0100 (뒤집은 거)

기본적인 원리로 구한 값과 뒤집은 값은 같아진다.

여기서, 실질적인 데이터 값은 7비트만 사용이 되고 최상위비트는 + - 부호를 결정하는 부호비트로 사용 된다.

컴퓨터가 1의 보수를 쓰지 않고 2의 보수를 사용하는 이유는 1의 보수를 사용할 경우 +0 과 -0으로 0이 2개가 생긴다.

+ 0 ⇒ 0000 0000
- 0 ⇒ 1111 1111

컴퓨터에서 0은 중요한 숫자이기 때문에 이러한 문제가 발생하면 안되므로 2의 보수를 사용한다.

2.3.3 2의 보수

2의 보수는 1의 보수에서 +1를 한 것이다.

이렇게 연산을 하면

십진수	이진수	2의보수
0	0000 0000	0000 0000 (왜냐하면 1111 1111 +1)
1	0000 0001	1111 1111

1의 보수를 사용할 땐, 1111 1111 ⇒ -0 으로 계산 되는 것이
2의 보수를 사용하면, 1111 1111 ⇒ -1로 계산 되어 진다.

이로써, 0이 2개가 반복되는 것을 피할 수 있다. 대신, 범위는 -128 ~ +127 이 된다.

2.3.4 2의 보수로 뺄셈 연산

양수는 이진수로 표현하고 음수는 2의 보수로 표현해서 둘이 더하면 된다. (컴퓨터는 덧셈기 뿐)

Ex) 1

십진수	이진수/ 2의보수
9	0000 1001
-9	1111 0111
0	0000 0000

" 9 + (-9) " = 0

Ex) 2

십진수	이진수/ 2의보수
19	0001 0011
-10	1111 0110
9	0000 1001

" 19 + (-10) " = 9

Ex) 3

십진수	이진수/ 2의보수
3	0000 0011
- 5	1111 1011
-2	1111 1110

" 3 + (-5) " = -2

2.4. 자료의 내부적 표현

그림 2-1 자료의 표현 방식

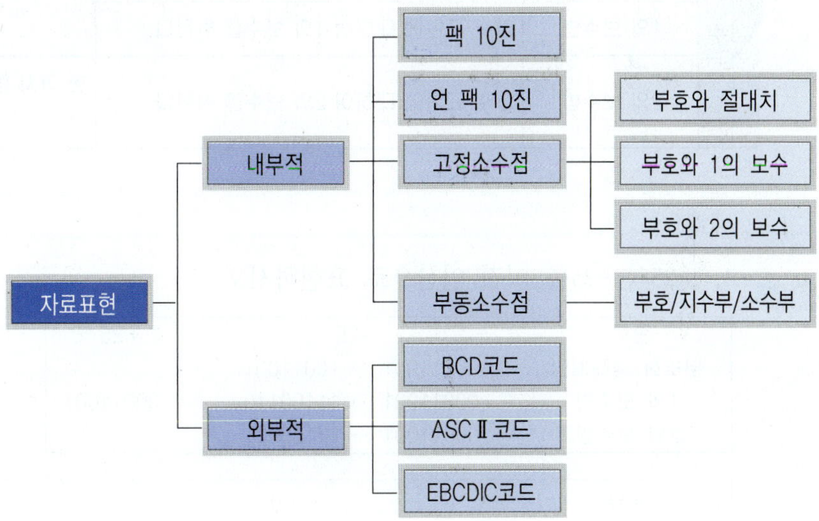

2.4.1 고정 소수점 표현

1) 2진 연산

n bit 크기의 워드가 있을 때 맨 처음 1 bit는 부호(sign) bit로 사용되고 나머지 n-1 bit에 2진수로 표현된 정수값이 저장.

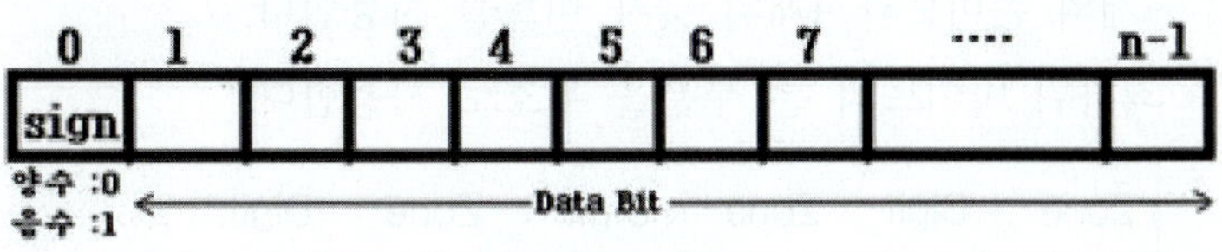

	종 류	표현방법	비 고
양수		부호 비트에 0을 넣고 변환된 2진수 값을 data bit의 오른쪽에서 왼쪽 순으로 차례로 채우고 남은 자리에 0을 채운다.	
음수	부호화 절대치법	양수 표현에 대하여 부호 비트의 값만 0을 1로 바꾼다.	두 가지 형태의 0 존재 (+0, -0)
	1의 보수법	양수 표현에 대하여 1의 보수를 취한다.	
	2의 보수법	양수 표현에 대하여 2의 보수를 취한다.	한 가지 형태의 0만 존재 (+0)

예제)

1. +25와 -25를 이진 연산으로 표현하시오

종류	-25	+25
부호화 절대치법	00011001 → 10011001	
1의 보수법	00011001 → 11100110	00011001
2의 보수법	00011001 → 11100111	

종류	-0	+0
부호화 절대치법	00000000 → 10000000	
1의 보수법	00000000 → 11111111	00000000
2의 보수법	00000000 → 00000000 (-0표현 불가)	

2) 10진 연산

(1) 언팩(unpack)연산

연산이 불가능하고 데이터의 입출력에 사용된다.

4개의 존비트와 4개의 숫자 비트를 사용한다.

최하위 바이트의 존 부분을 부호로 사용한다.

Zone	Digit	Zone	Digit	Zone	Digit	......	Sign	Digit

Zone부분은 무조건 1111을 넣는다.

Digit부분은 10진수 1자리를 4bit 2진수로 표현한다.

Sign부분은 양수는 C, 음수는 D, 부호 없는 양수는 F로 표현한다.

예제) +1234와 -1234를 언팩형식으로 표현하시오.

+1234

1111	0001	1111	0010	1111	0011	1100	0100
F	1	F	2	F	3	C	4

-1234

1111	0001	1111	0010	1111	0011	1101	0100
F	1	F	2	F	3	D	4

(2) 팩(pack)연산

연산이 가능하고 데이터의 입출력이 불가능하다.

최하위 바이트의 4 bit 부분을 부호로 사용한다.

Digit	Digit	Digit	Digit	Digit	Digit	......	Digit	Sign

Digit 부분은 10진수 1자리를 4bit 2진수로 표현한다.

Sign 부분은 양수는 C, 음수는 D, 부호 없는 양수는 F로 표현한다.

예제) +1234와 -1234를 팩형식으로 표현하시오.

+1234

0000	0001	0010	0011	0100	1100
0	1	2	3	4	C

-1234

0000	0001	0010	0011	0100	1101
0	1	2	3	4	D

2.4.2 부동 소수점 표현

부동 소수점 방식은 소수점이 포함된 실수 데이터의 표현과 연산에 사용하는 방식이다. 고정 소수점 방식보다 매우 큰 수나 작은 수, 매우 정밀한 수를 적은 비트로 표현할 수 있다. 지수부와 가수부를 분리하는 정규화 과정이 필요하다.

1) 부동 소수점 수의 연산 방법

(1) 덧셈, 뺄셈

0인지의 여부를 조사한다.

가수의 위치 조정

가수부 값끼리 더하거나 뺀다.

결과를 정규화한다.

(2) 곱셈

0인지의 여부를 조사한다.

지수를 더한다.

가수를 곱한다.

결과를 정규화 한다.

(3) 나눗셈

0인지의 여부를 조사한다.

부호를 결정한다.

피제수가 제수보다 작게 피제수의 위치를 조정한다.

지수의 뺄셈을 한다.

가수의 나눗셈을 한다.

2) 부동 소수점(floating point) 표현

소수점의 위치가 고정되어 있지 않은 수로 표현하는 컴퓨터 연산을 말한다. 1700이라는 숫자가 있다고 가정해 보자. 이 수는 $170 * 10 = 17 * 10^2 = 1.7 * 10^3 = 0.17 * 10^4$ 등 무수히 많은 숫자로 표현이 가능하다. 그래서 정규화된 수라는 것이 정의되었다. 정규화된 수란 선행하는 0이 없는 부동소수점 표기법으로 나타낸 수를 말한다. 따라서 $1700 = 1.7 * 10^3$으로 쓸 수 있다.

컴퓨터에서 부동소수점의 표현 방법은 1.xxxxxxx(two-이진수) $* 2^{yyyyy}$ 이런 식으로 나타 낼 수 있다. 여기서 xxxxxx는 유효숫자(소수부분)이고 yyyy는 지수 부분이다.

그림으로 나타내면 다음과 같다. (32bit)

부호 비트(1bit)	지수 비트(8bit)	소수 부분(23bit)

부호 비트 0 : 양수
부호 비트 1 : 음수

따라서 부호는 반대고 절대값이 같은 경우(예를 들면 -17.433을 17.433으로 바꾸고 싶을 때)는 최상위 비트인 부호비트를 반대로 바꾸어 주면 된다.

3) 부동 소수점의 비교

(1) 지수부가 같은 경우

→ 두 수의 지수가 같다면 유효 숫자(소수부분)를 비교해서 소수부분이 더 큰 쪽이 큰 수이다.

예를 들면, $1.345 * 10^2$ 과 $1.717 * 10^2$을 비교해보면 지수부가 같으므로 $345 < 717$이므로 $1.717 * 10^2$이 더 큰 수가 된다.

그렇다면 지수가 다를 경우는 어떻게 해줘야 될까?

→ 이 경우에 대해서는 2가지 방법을 생각해 볼 수 있다.

1. 지수가 큰 쪽을 작은 쪽에 맞추는 경우
2. 지수가 작은 쪽을 큰 쪽에 맞추는 경우

예를 들어, $1.77 * 10^2$과 $1.234 * 10^3$이 두 수의 크기를 비교해 보자.

먼저 1번 방법으로 한다면 $1.234 * 10^3$이 $12.34 * 10^2$ 된다. 그런데, 일반적으로 부동소수점의 표현은 앞서 말했던 정규화 된 수라는 형태를 따르므로 소수점의 왼쪽에는 한자리 수만 표시하게 되어있다. 따라서 이 방법으로는 표현할 수 없다.

2번 방법으로 한다면 $1.77 * 10^2$를 $0.177 * 10^3$로 바꿀 수 있다. 이제 두 수의 지수가 맞추어 졌으므로 비교가 가능하다. (이 부분에서 부동소수점의 오류가 생길 수 있다. 예를 들면 소수점 2째 자리까지 계산한다고 하면 마지막 자리 7에서 올림을 해야 하기 때문이다.)

결론은 지수가 다를 때는 2번 방법(지수가 큰놈에 맞춘다)을 사용한다.

(2) 지수부가 다를 경우

두 수의 지수가 양수일 경우 → 지수부가 큰 수가 더 큰 수이다.

두 수의 지수에 음수가 있을 경우 → 지수부가 더 큰 수가 큰 수라는 것에 모순이 생김 → 지수 값에 일정한 값을 더해줘서 모두 양수를 만든 후 비교한다(32bit의 경우는 127을 더해줌 - bias).

예를 들어보자.

$1.0 * 2^{-1}$ 과 $1.0 * 2^{1}$을 비교해보자. 그림으로 나타내면 다음과 같다.

$1.0 * 2^{-1}$

0 (1bit)	11111111(1의 2의 보수 = -1) (8bit)	0000000.... (23bit)

$1.0 * 2^{1}$

0 (1bit)	11111110 (8bit)	0000000.... (23bit)

두 수의 지수부를 비교해 보면 $1.0 * 2^{-1}$의 지수부가 더 큰 것을 볼 수 있다. 그렇다고 $1.0 * 2^{-1}$이 더 큰 수인가? 위와 같이 지수가 음수이면 모순이 생기게 된다. 따라서 지수에 127(32bit)를 더해서 지수를 양수로 만들어준다.

$(127 + (-1)) < 127 + 1$ 이므로 $1.0 * 2^{1}$이 더 큰 수가 된다.

2.5 자료의 외부적 표현

2.5.1 문자 코드

자료의 외부적 표현은 처리된 결과를 사람이 확인할 수 있도록 출력할 때의 문자를 표현하는 방식이다.

1) BCD(Binary Coded Decimal, 2진화 10진 코드)

6Bit 코드로 IBM에서 개발하였다.

1개의 문자를 2개의 Zone 비트와 4개의 Digit 비트로 표현한다.

1 비트의 parity bit를 추가하여 7 bit로 사용한다.

영문 소문자 표현이 불가능하다.

2) ASCII(American Standard Code for Information Interchange)

7Bit 코드로 미국 표준협회에서 개발하였다.

1개의 문자를 3개의 Zone 비트와 4개의 Digit 비트로 표현한다.

1 비트의 parity 비트를 추가하여 8 비트로 사용한다.

통신제어용 및 마이크로컴퓨터의 기본코드로 사용한다.

3) EBCDIC(Extended BCD Interchange Code, 확장 2진화 10진 코드)

8Bit 코드로 IBM에서 개발하였다.

1개의 문자를 4개의 Zone 비트와 4개의 Digit 비트로 표현한다.

1 비트의 parity 비트를 추가하여 9 비트로 사용한다.

2.5.2 기타 자료의 표현 방식

1) BCD 코드

문자코드인 BCD에서 Zone 부분을 생략한 형태이다.

10진수 입력, 출력이 간편하다.

대표적인 가중치 코드이다.

예제) 10진수 125를 BCD코드로 표현하시오

1 ⇒ 0001　　　2 ⇒ 0010　　　5 ⇒ 0101

2) Excess-3 코드

BCD + 3, 즉, BCD 코드에 3(0011)을 더하여 만든 코드이다.

대표적인 자기 보수 코드이며, 비가중치 코드이다.

예제) 10진수 6을 Excess-3코드로 표현하시오

6 ⇒ 0110 ⇒ + 011 ⇒ 1001

10진수	2진수	Excess - 3코드
0	0000	0011
1	0001	0100
2	0010	0101
3	0011	0110
4	0100	0111
5	0101	1000
6	0110	1001
7	0111	1010
8	1000	1011
9	1001	1100

위의 표에서 Excess-3코드를 보면 10진수 0의 값인 0011은 10진수 9의 값인 1100의 보수인 것을 확인할 수 있다.

(0,9),(1,8),(2,7),(3,6),(4,5) 이렇게 짝을 이뤄 서로 보수가 되므로 자기 보수 코드라고 한다.

3) Gray 코드

BCD코드의 인접하는 비트를 XOR 연산하여 만든 코드이다.

입・출력장치, A/D 변환기, 주변장치 등에서 숫자를 표현할 때 사용한다.

■ 2진수를 Gray Code로 변환하는 방법

첫 번째 그레이 비트는 2진수 비트를 그대로 내려쓴다.

두 번째 그레이 비트부터는 변경할 2진수의 해당 번째 비트와 그 왼쪽의 비트를 XOR 연산하여 쓴다.

예제) 2진수 1001을 Gray Code로 변환하시오

2진수	1	0	0	1
Gray Code	1	1 (1 xor 0)	0 (0 xor 0)	1 (0 x or 1)

■ Gray Code를 2진수로 변환하는 방법

첫 번째 2진수 비트는 그레이 비트를 그대로 내려쓴다.

두 번째 2진수 비트부터는 왼쪽에 구해 놓은 2진수 비트와 변경할 그레이

코드의 해당 번째 비트를 XOR 연산하여 쓴다.

예제) Gray Code 1101을 2진수로 변환하시오

Gray Code	1	1	0	1
2진수	1	0 (1 xor 1)	0 (0 xor 0)	1 (0 xor 1)

Gray code는 0~9까지 2진수로 표현했을 때 인접한 수끼리 딱 1 bit만 변화가 발생하기 때문에 Analog를 Digital로 변환할 때 많이 쓰인다. 비용도 적고 에러율도 적어지기 때문이다.

4) 패리티 검사 코드

패리티 검사 코드는 전송된 코드의 오류를 검사하기 위해서 데이터 비트 외에 1bit의 패리티 체크 비트를 추가하는 것으로 오류만 검출할 수 있다.

1의 개수에 따라 짝수 패리티와 홀수 패리티 방법이 있다.

- Odd parity

1인 비트의 수가 홀수가 되도록 0이나 1을 추가한다.

- Even parity

1인 비트의 수가 양수가 되도록 0이나 1을 추가한다.

5) 해밍코드

오류를 스스로 검출하여 교정이 가능한 코드이다.

2 bit의 오류를 검출할 수 있고, 1 bit의 오류를 교정할 수 있다.

오류 검출 및 교정을 위한 패리티 비트가 많이 필요하다.

해밍코드 중 1, 2, 4, 8, 16, 2^n번째는 오류 검출을 위한 패리티 비트이다.

2.6 논리 연산

2.6.1 부울 대수

부울대수는 1854년 George Boole의 논리체계에서 발전해왔다. 1938년 C.E. Shannon의 스위칭 이론이 부울대수로 표현될 수 있음을 증명하였다. 여기서 부울대수란 0과 1 또는 true와 false로 표현하는 이진 요소를 대상으로 한 수학을 뜻한다. 부울대수에 사용되는 요소는 논리변수와 논리연산자 및 공리로 정의된다. 먼저 부울대수의 기초 연산 법칙을 알아보도록 한다.

〈 부울대수의 공리 〉

공리 1	x + 0 = x	x * 1 = x
공리 2	x + x ′ = 1	x * x ′ = 0
정리 1	x + x = x	x * x = x
정리 2	x + 1 = 1	x * 0 = 0
보수법칙	(x ′) ′ = x	
교환법칙	x + y = y + x	x * y = y * x
결합법칙	x + (y + z) = (x + y) + z	x* (y * z) = (x * y) * z
분배법칙	x * (y + z) = x * y + x * z	x + y * z = (x + y) * (x + z)
드모르간의 법칙	(x + y) ′ = x ′ * y ′	(x * y) ′ = x ′ + y ′
흡수 법칙	x + x * y = x	x * (x + y) = x

예제) 다음 부울 함수를 간략화하시오

$$
\begin{aligned}
Y &= AB + AB' + A'B \\
&= A(A + B') + A'B \\
&= A(1) + A'B \\
&= A + A'B \\
&= (A + A')(A + B) \\
&= 1 * (A + B) \\
&= A + B
\end{aligned}
$$

2.6.2 기본적인 논리함수

1) OR 게이트

OR게이트는 부울대수의 OR 연산을 하는 게이트로, 두 개의 입력(A와 B라 가정)을 받아 A와 B 둘 중 하나라도 1이면 결과가 1이 되고, 둘 다 0이면 0이 된다. 이런 동작을 표로 나타내면 아래와 같은데 이런 형태의 표를 진리표(truthtable)라 한다.

A	B	A OR B
0	0	0
0	1	1
1	0	1
1	1	1

다음과 같은 스위치의 구성을 생각하면 OR 게이트 동작을 쉽게 이해할 수 있는데, A와 B 둘 중 하나만 연결되어도 전구의 불이 켜진다. 스위치가 연결되는 것을 1, 스위치가 끊어진 것을 0, 전구에 불이 들어온 것을 1, 불이 들어오지 않은 것을 0이라 하면 위와 같은 결과가 나오는 것을 알 수 있다.

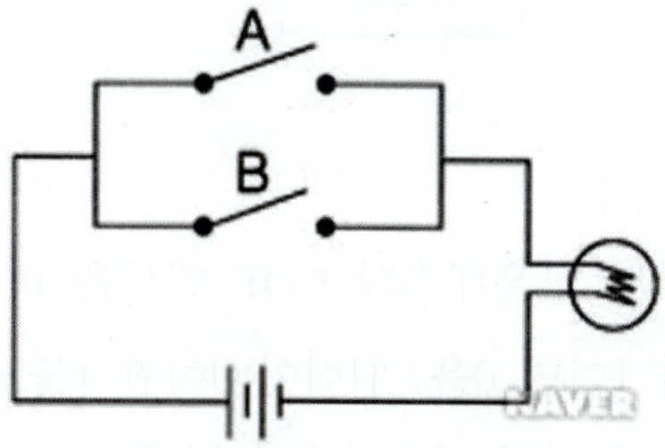

OR 연산의 논리식과 논리도는 다음과 같이 표현한다.

X=A+B

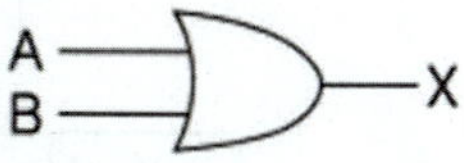

2) AND 게이트

AND 게이트는 부울대수의 AND 연산을 하는 게이트로, 두 개의 입력 A와 B를 받아 A와 B 둘 다 1이면 결과가 1이 되고, 나머지 경우에는 0이 된다.

AND 게이트의 진리표는 다음과 같다.

A	*B*	*A AND B*
0	0	0
0	1	0
1	0	0
1	1	1

AND 게이트 동작을 스위치로 비유하면 다음과 같은데, A와 B가 모두 연결되어야 전구의 불이 켜진다.

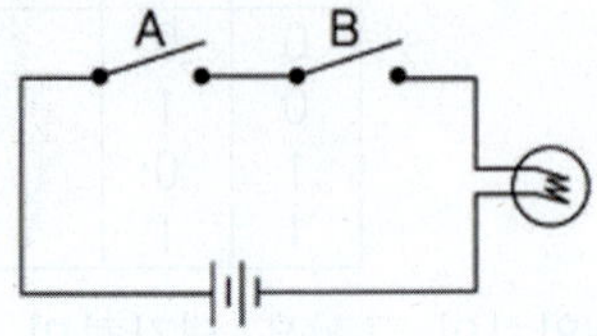

AND 연산의 논리식과 논리도는 아래와 같이 표현한다.

X=A·B
X=A*B
X=AB

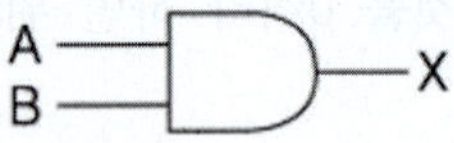

3) NOT 게이트

NOT 게이트는 부울대수의 NOT 연산을 하는 게이트로, 한 개의 입력 A를 받는데 입력이 1이면 0을, 입력이 0이면 1을 출력한다.

NOT 게이트의 진리표는 다음과 같다.

A	*NOT A*
0	1
1	0

X=A'

4) XOR 게이트

XOR(exclusiveOR) 게이트는 두 개의 입력 A와 B를 받아 입력 값이 같으면 0을 출력하고, 입력 값이 다르면 1을 출력한다.

XOR 게이트의 진리표는 다음과 같다.

A	*B*	*A XOR B*
0	0	0
0	1	1
1	0	1
1	1	0

$X=A\oplus B$

5) NOR 게이트

OR 게이트 오른쪽에 NOT 게이트를 연결하면 다음과 같은 논리도가 된다.

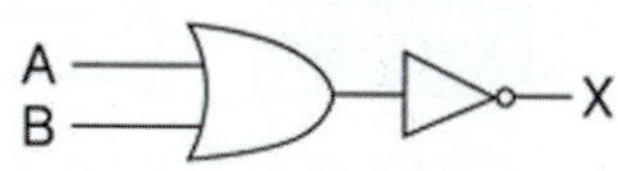

A에 0이, B에 0이 입력되면 OR 게이트 결과는 0이 된다. 그리고 이 값인 0이 NOT 게이트의 입력이 되어 결국 X는 1이 된다. 이와 같이 A와 B 각각에 0과 1을 대입해보면 결과 X에 어떤 값이 나오는지 알 수 있을 것이다. 이와 같이 OR 게이트와 반대로 동작하는 게이트를 NOR 게이트라 한다.

A	*B*	*A NOR B*
0	0	1
0	1	0
1	0	0
1	1	0

NOR 연산의 논리식과 논리도는 아래와 같이 표현한다.

$X=(A+B)'$

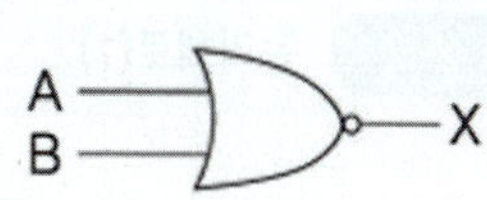

6) NAND 게이트

AND 게이트 오른쪽에 NOT 게이트를 연결하면 다음과 같은 논리도가 된다.

A에 0이, B에 0이 입력되면 AND 게이트 결과는 0이 되고, 이 0이 NOT 게이트를 거치게 되면 X는 1이 된다. 이와 같이 A와 B 각각에 0과 1을 대입해보면 어떤 결과 값이 나오는지 알 수 있을 것이다.

이와 같이 AND 게이트와 반대로 동작하는 게이트를 NAND 게이트라 하며, 진리표는 다음과 같다.

A	*B*	*A NAND B*
0	0	1
0	1	1
1	0	1
1	1	0

X=(A·B)'

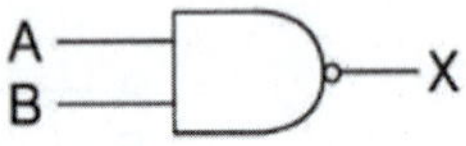

2.6.3 논리회로 예

다음과 같이 두 개의 OR 게이트와 한 개의 AND 게이트로 이루어진 논리회로를 살펴보자. 입력은 A, B, C 3개고, 두 개의 OR 게이트의 출력이 AND 게이트의 입력으로 사용된다. A에 0, B에 1 그리고 C에 1이 입력되면 첫 번째 OR 게이트와 두 번째 OR 게이트의 결과는 1이 된다. 이 두 값 1과 1이 AND 게이트의 입력이 되어 결국 결과 X는 1이 된다. 이와 같이 A, B, C 각각에 0과 1을 대입하면 〈표 2-5〉와 같은 진리표를 구할 수 있다.

그림 2-2 논리회로(1)

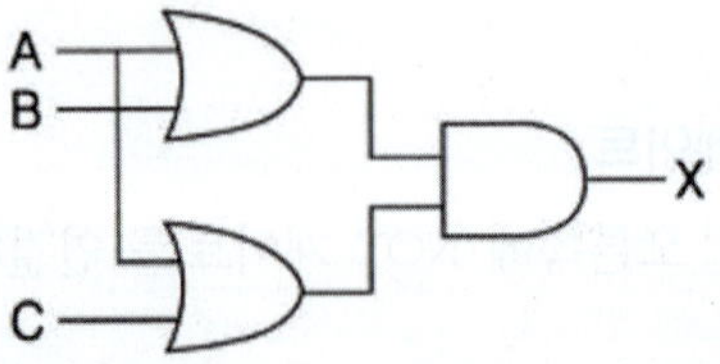

표 2-5 논리회로(1)의 진리표

A	B	C	A+B	A+C	X
0	0	0	0	0	0
0	0	1	0	1	0
0	1	0	1	0	0
0	1	1	1	1	1
1	0	0	1	1	1
1	0	1	1	1	1
1	1	0	1	1	1
1	1	1	1	1	1

이런 논리회로를 논리식으로 나타내면 다음과 같다.

$X = (A+B) \cdot (A+C)$

또 다른 논리회로를 살펴보자. 다음은 한 개의 AND 게이트와 한 개의 OR 게이트로 이루어진 논리회로다. 입력은 A, B, C 3개이고, B와 C를 AND 연산한 결과와 A가 OR 게이트의 입력이 된다. A, B, C 각각에 0과 1을 대입해보면 〈표 2-6〉과 같은 진리표를 구할 수 있다.

그림 2-3 논리회로(2)

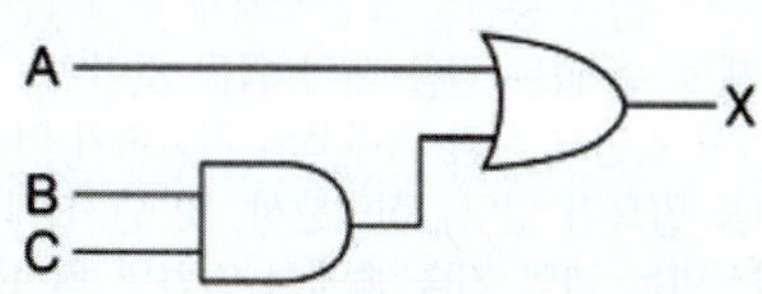

표 2-6 논리회로(2)의 진리표

A	B	C	B·C	X
0	0	0	0	0
0	0	1	0	0
0	1	0	0	0
0	1	1	1	1
1	0	0	0	1
1	0	1	0	1
1	1	0	0	1
1	1	1	1	1

위 논리회로를 논리식으로 나타내면 다음과 같다.

$$X = A+(B \cdot C)$$

〈표 2-5〉의 진리표와 〈표 2-6〉의 진리표를 비교해보면 같은 입력에 대해 같은 결과가 나오는 것을 알 수 있다. 즉, [그림 2-2]의 논리회로(1)과 [그림 2-3]의 논리회로(2)가 동일한 동작을 하는 회로라는 것인데, 논리회로(2)가 회로의 비용이 적게 드는 것을 알 수 있다.

두 회로의 논리식을 다시 나타내면 다음과 같다.

$$X = (A + B) \cdot (A + C)$$
$$X = A + (B \cdot C)$$

결국 다음과 같이 정리할 수 있는데, 이는 부울대수 분배법칙의 두 번째 성질임을 알 수 있다.

$$(A + B) \cdot (A + C) = A + (B \cdot C)$$

토론과제

▲ 인공지능과 로봇의 등장은 인류에 위협적인가?
▲ '우수한 인간'의 기준은 무엇인가?

- 기술의 발달이 많은 중산층 노동자에게 부정적인 영향을 미칠 것이다.
- 기계가 대체할 수 없는 일을 찾기 힘들 것이다. 컴퓨터는 2년마다 2배씩 성장한다. 이 힘이 어떤 것인지 사람 머리로는 가늠하기 어렵다. 컴퓨터가 할 수 없는 일을 찾으려고 애쓸 필요가 없다. 찾아봤자, 몇 년 뒤에 상황이 또 달라질 것이다. 놀라운 속도로 발전하는 과학 기술 속에서 인간의 가치를 찾으려면 기계를 이기려는 기존 접근 방식에서 벗어나 우리 스스로를 돌아봐야 한다. 컴퓨터가 습득할 수 없는 기술이 앞으로 가치가 높아진다는 주장이 있지만, 그런 기술이 어디 있겠는가?
- 사람의 일자리가 사라진다는 것은 불가능한 일이다. 자동화는 인류에게 축복이다.
- 기계가 대체 불가능한 일은 거의 없다. 하지만 상대를 진심으로 위로해주고, 같이 기뻐하는 공감 능력은 인간만이 갖고 있다. 어떤 사람도 장례식장을 방문한 로봇으로부터 위안을 얻진 못할 것이다. 화가 난 고객에게 진심으로 사과하고, 마음을 달래는 것도 인간만이 가능한 일이다.
- 영국과학 기술 평론가 벨린다 파머에 따르면 공감을 잘하는 웨이터들은 팁을 20% 가까이 더 받았으며, 공감 능력이 있는 채권 추심원들은 대출 채권을 두 배나 회수했다는 연구 결과가 있다. 실제로도 레스토랑에 가면, 뛰어난 웨이터는 손님이 짜증났는지, 피곤한지, 어리둥절해하는지, 신이 났는지 파악하고 그에 맞춰 응대하는 것을 볼 수 있다. 이것이야말로 영원토록 인간이 누릴 능력이다.

02 연습 문제

1 64가지의 각기 다른 자료를 나타내려고 하면 최소한 몇 개의 비트(bit)가 필요한가?

① 1 ② 3
③ 5 ④ 6

2 정보의 단위로 가장 적은 것은?

① Byte ② Word
③ Bit ④ Record

3 10진수 21.6을 2진수로 변환한 것은?

① 10111.1011 ② 10101.1101
③ 10101.1010 ④ 10101.1001

4 16진수 $(7C.D)_{16}$를 8진수로 변환하면?

① $(174.61)_8$ ② $(174.64)_8$
③ $(176.61)_8$ ④ $(176.64)_8$

5 2진수 $(1001011)_2$의 2의 보수는?

① 0110100 ② 1110100
③ 1110101 ④ 0110101

6 컴퓨터 내의 연산 시 숫자 자료를 보수(Complement)로 표현하는 이유는?

① 음수를 표현하기 쉽다.
② 실수를 표현하기 쉽다.
③ 덧셈과 뺄셈을 덧셈 회로로 처리할 수 있다.
④ 수를 표현하는 데 저장장치를 절약할 수 있다.

7 2의 보수 표현이 1의 보수 표현보다 더 널리 사용되고 있는 주요 이유는?
① 음수 표현이 가능하다.
② 10진수 변환이 더 용이하다.
③ 보수 변환이 더 용이하다.
④ 올림수(Carry)가 발생하면 무시하므로 연산이 간단하다.

8 다음에서 수치 자료에 대한 부동 소수점 표현의 특징이 아닌 것은?
① 고정 소수점 표현보다 표현의 정밀도를 높일 수 있다.
② 아주 작은 수와 아주 큰 수의 표현에는 부적합하다.
③ 수 표현에 필요한 자릿수에 있어서 효율적이다.
④ 과학이나 공학 또는 수학적인 응용에 주로 사용되는 수 표현이다.

9 실수 0.01101_2을 32비트 부동 소수점으로 표현하려고 한다. 지수부에 들어갈 알맞은 표현은? 단, 바이어스된 지수(biased exponent)는 01111111_2로 나타내며 IEEE54 표준을 따른다.
① 01111100_2 ② 01111101_2
③ 01111110_2 ④ 10000000_2

10 자료에 관한 설명 중 옳은 것은?
① EBCDIC 코드는 데이터 통신용으로 널리 사용되며, 특히 소형 컴퓨터용으로 쓰인다.
② ASCII 코드는 IBM 사에서 개발된 것으로 대형 컴퓨터용으로 쓰인다.
③ 자료의 가장 작은 단위를 Bit라 하며, Bit는 Binary Digit의 약자이다.
④ 부동 소수점 방식의 특징은 적은 Bit를 차지함과 동시에 정밀도가 낮다는 것이다.

11 2진수 11011을 그레이 코드로 변환한 것은?
① 11101 ② 10110
③ 10001 ④ 11011

12 패리티 비트(Parity Bit)에 관한 설명 중 옳지 않은 것은?
① 정보 표현의 단위에 여유를 두기 위한 방법이다.
② 기수(Odd) 체크에 사용될 경우도 있다.
③ 우수(Even) 체크에 사용될 경우도 있다.
④ Error 검출용 비트이다.

13 불 대수(Boolean Algebra)가 옳지 않은 것은?

① A + A′ · B = A ② A · A = A

③ A + A · B′′= A ④ A · (A+B) = A

14 논리식 Y = AB + AB′ + A′B를 최소화시킨 것은?

① AB ② A + B

③ A + B′ ④ AB′

15 다음에 표시된 진리표가 나타내는 회로는?[단, 입력은 A, B이고 출력은 S(Sum)와 C(Carry) 이다.]

A	*B*	*S*	*C*
0	0	0	0
0	1	1	0
1	0	1	0
1	1	0	1

① AND 회로 ② OR 회로

③ 전가산기 회로 ④ 반가산기 회로

박미희 작

02 주관식 문제

1. 컴퓨터 저장 용량 단위는 어떤 것이 있는지 설명하시오.

2. 아래를 진수 변환 하시오.
   ① $(1101001.1001)_2$ → $(\quad)_{16}$ $(\quad)_{10}$
   ② $(36.125)_{10}$ → $(\quad)_2$ $(\quad)_{16}$
   ③ $(A4.B)_{16}$ → $(\quad)_2$ $(\quad)_8$

3. 컴퓨터 내의 연산 시 숫자 자료를 보수로 표현하는 이유를 설명하시오.

4. $(36.125)_{10}$를 부동 소수점 방식으로 표현하시오(Base 2진수).

5. 해밍코드에 대하여 설명하시오.

6. 조합논리회로와 순서논리회로 특징과 대표적인 종류를 기술하시오.

7. 논리회로를 간소화시키는 부울대수 공리를 나열하시오.

8. 문자 코드 종류를 설명하시오.

제 3 장

컴퓨터 구조

제3장

컴퓨터 구조

3.1 중앙처리장치

3.1.1 중앙처리장치의 구성

중앙처리장치(CPU: Central Processing Unit)는 사람의 두뇌와 같이 컴퓨터 시스템에 부착된 모든 장치의 동작을 제어하고 명령을 실행하는 장치이다.

중앙처리장치는 자료의 연산을 수행하는 연산장치와 컴퓨터의 작동을 제어하는 제어장치, 연산에 필요한 자료를 임시로 저장하는 레지스터(Register)로 구성된다.

그림 3-1 중앙처리장치(CPU)의 구성

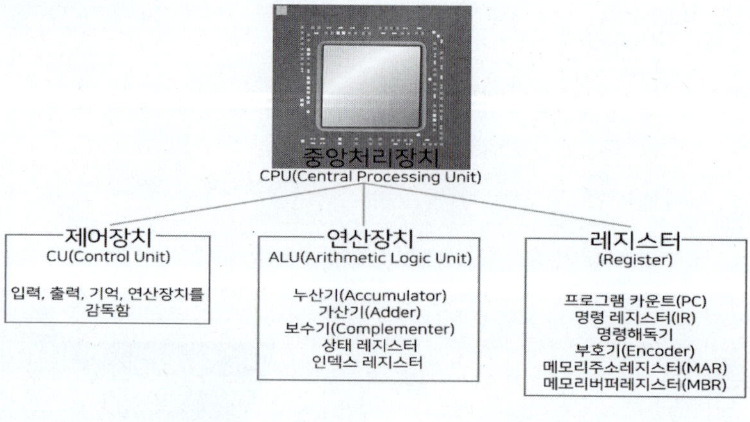

입출력장치와 기억연산장치를 관리 감독하는 제어장치는 CPU로부터 명령어를 읽어 들여 처리한다. 연산장치는 산술적이고 논리적인 일을 해서 ALU (Arithmetic Logic Unit, 산술논리장치)라고 한다.

누산기(Accumulator)는 산술논리의 결과 값을 일시 기억하고, 가산기(Adder)와 보수기(Complementer)는 덧셈과 뺄셈을 하는 장치이다. 상태 레지스터(Program Status Word, PSW)는 연산에서 발생하는 정보를 기억하는 역할을 한다.

레지스터(Register)는 연산의 중간 값을 일시적으로 기억하는 장치인데 메모리 중에서 가장 속도가 빠르다. 다음 명령어의 주소를 기억하는 레지스트는 프로그램 카운트(PC: Program Counter)이다. 현재 명령어의 내용을 기억하는 명령레지스터(IR: Instruction Register), 명령어를 해독하여 제어신호를 일으키는 명령해독기, 해독된 명령어를 신호로 바꾸어 각 장치에 보내는 부호기(Encoder), 기억장소의 주소를 기억하는 메모리 주소 레지스터(MAR: Memory Address Register), 기억장소의 내용을 기억하는 메모리 버퍼 레지스터(MBR: Memory Buffer Register) 등이 있다.

그림 3-2 중앙처리장치

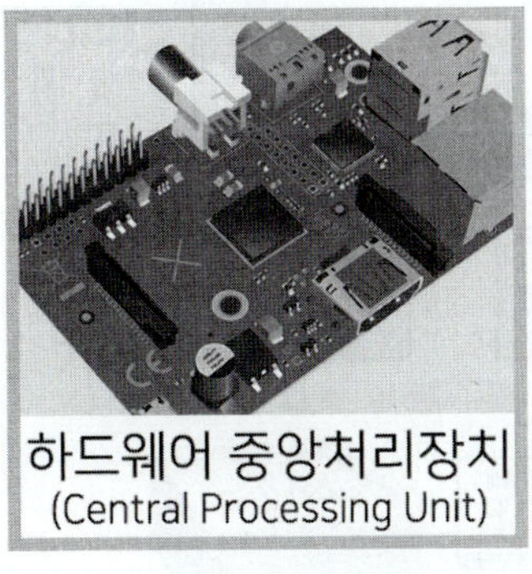

그림 3-3 Main board

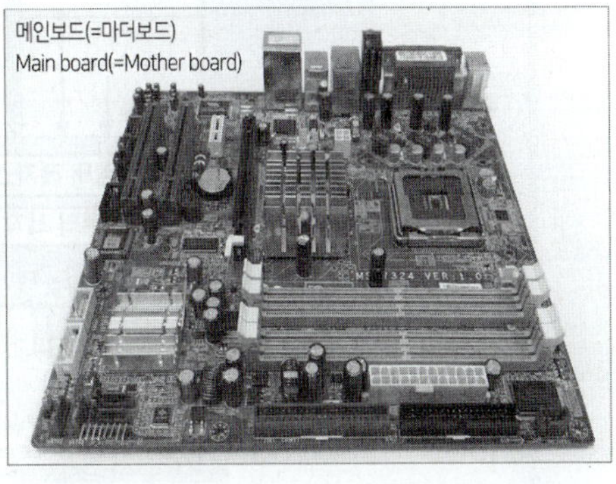

중앙처리장치 내부는 각종 버스(Bus)로 연결되어 있다. 버스는 시스템에 많은 장치를 공유하여 데이터, 주소, 제어 정보를 전달하는 전송 라인이다. 한정된 자원이므로 버스를 획득하기 위한 경합이 많이 발생하는 장치이기 때문에 사용하는 방식에 따라 입출력 성능에 영향을 준다.

버스는 메인보드 통로를 통해 CPU와 필요한 정보를 주고받을 수 있는 통로이다. CPU 내부에서 레지스터들을 연결하는 내부 버스와 CPU와 기억장치, CPU와 입출력 장치들을 연결하는 외부 버스가 있다.

외부 버스에는 데이터 버스, 제어 버스, 주소 버스가 있다. 데이터 버스(Data Bus)는 데이터 전달 통로로서, 중앙처리장치와 기억장치를 연결해주는 통로이며, 컴퓨터와 주변 장치에서 데이터 전달통로를 제공한다. 제어 버스(Control Bus)는 CPU와 기억장치 또는 입출력 장치 사이의 제어신호를 전송한다. 주소 버스(Address Bus)는 기억 장소의 위치 또는 장치 식별을 지정하기 위한 역할을 한다.

3.1.2 제어장치

그림 3-4 컴퓨터 구조

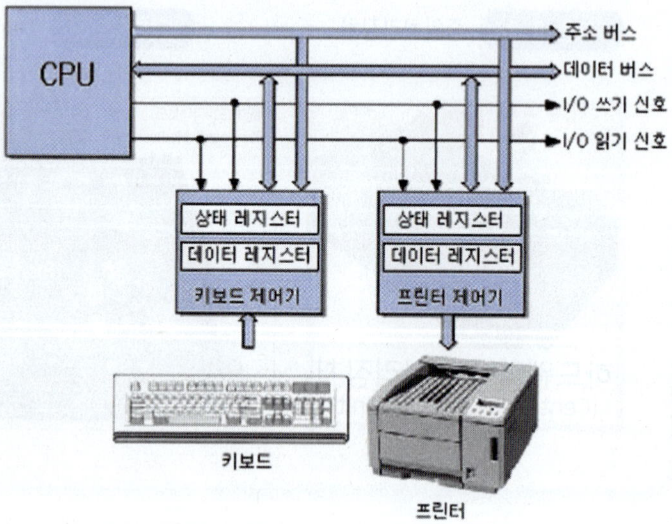

제어장치(Control Unit)는 컴퓨터에 있는 모든 장치들의 동작을 지시하고 제어하는 장치이다. 신체의 여러 부분을 제어하는 인간의 뇌와 같은 제어장치는 주기억장치에서 읽어 들인 명령어를 해독하여 해당하는 장치에게 제어신호를 정확하게 수행하도록 지시한다.

제어장치에는 현재 실행 중인 명령어의 내용을 기억하는 명령 레지스터, 명령 레지스터에 있는 명령어를 해독하는 해독기(decoder), 해독된 명령에 따라 각 장치로 보낼 신호를 생성하는 제어신호 발생기 등이 있다.

3.1.3 연산장치

연산장치(ALU: Arithmetic Logic Unit)는 제어장치의 지시에 따라 산술 연산 및 논리 연산을 하는 장치로서, 레지스터에 기억된 데이터들을 입력받아 연산한 후, 그 결과를 지정된 레지스터로 보낸다.

연산장치에는 누산기(Accumulator), 가산기(Adder), 데이터 레지스터(DR: data register), 상태 레지스터(Status Register) 등으로 구성된다.

누산기(AC)는 기억장치로부터 연산할 데이터를 제공받아 보관하거나 가산기로 부터 연산 결과를 다시 받아 보관하는 연산장치의 가장 핵심이 되는 레지스터이다.

데이터 레지스터는 기억장치에서 읽어 들인 데이터를 임시로 보관하고 있다가 필요할 때 전달한다.

가산기는 데이터 레지스터에 보관된 값과 누산기의 값을 더하는 기능을 수행하고, 그 결과 값을 다시 누산기로 보낸다.

상태 레지스터는 연산 결과가 양수(0) 또는 음수(1)인지, 자리 올림(carry)이나 넘침(overflow)이 발생했는지 등의 연산에 관계되는 상태와 외부 인터럽트 신호까지를 나타내 주는 레지스터이다.

그림 3-5 연산장치의 구성

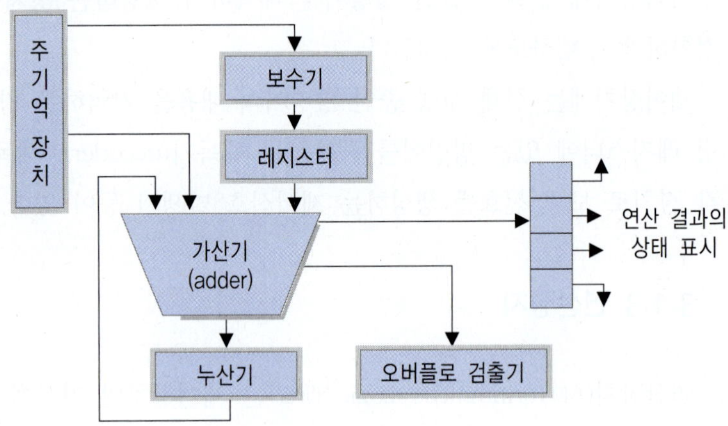

3.1.4 레지스터(Register)

레지스터는 CPU 내부에서 처리할 명령어나 연산의 중간 결과 값 등을 일시적으로 기억하는 임시기억장소이다. 레지스터는 컴퓨터 메모리 중에서 가장 속도가 빠르다.

레지스터는 플립플롭(Flip-Flop)이나 래치(Latch)들을 병렬로 연결하여 구성한다. 레지스터의 크기는 워드를 구성하는 비트 개수만큼의 플립플롭으로 구성된다. 워드의 크기가 16비트라면 레지스터는 16개의 플립플롭이나 래치로 구성된다. 플립플롭은 레지스터나 반도체 메모리 기본 구성 요소로서 2진수 1비트를 저장한다.

표 3-1 레지스터의 종류

레지스터	기 능
프로그램 카운터 (PC : Program Counter)	다음에 수행할 명령어의 시작주소를 저장하는 레지스터
명령 레지스터 (IR : Instruction Register)	현재 수행 중인 명령어를 기억하는 레지스터
번지 레지스터 (MAR : Memory Address Register)	주소를 기억하는 레지스터
기억 레지스터 (MBR : Memory Buffer Register)	내용(자료)을 기억하는 레지스터
누산기 (ACC : Accumulator)	연산된 결과를 임시적으로 저장하는 레지스터
프로그램 상태 워드 (PSW : Program Status Word)	명령어 실행 중에 발생하는 CPU의 상태 정보를 저장하는 상태 레지스터
인덱스 레지스터 (XR : Index Register)	유효 번지를 상대적으로 계산할 때 사용하는 레지스터
베이스 레지스터 (BR : Base Register)	유효 번지를 절대적으로 계산할 때 사용하는 레지스터

3.2 명령어와 주소지정방식

3.2.1 명령어(Instruction)

컴퓨터에서 실행되는 명령어(Instruction)는 크게 연산자가 표시되는 연산자부(Operation Code)와 연산의 수행에 필요한 자료의 정보가 표시되는 자료부(Operand)로 구성된다.

연산(OP Code)	주소 결정 방식(Mode)	주소 필드(Operand)

1) 연산 종류(OP Code)

수행할 연산자를 표시하며 Operation Code여서 OP Code라 한다. 함수 연산, 자료 전달 연산, 제어 연산, 입출력 연산으로 나눌 수 있다.

함수 연산은 ADD, SUB, MUL, DIV, 산술 쉬프트 등의 산술 연산과 AND,

OR, NOT, XOR, 논리 쉬프트, 로테이션 쉬프트, Complement, Clear 등의 논리 연산이 있다.

자료 전달 연산에는 Load, Store, Move, Push, Pop이 있다. 제어 연산에는 무조건 분기(GOTO, Jump, Jmp), 조건 분기(IF, SPA, SNA, SZA), 호출(CALL), 반환(Return)이 있다. 입출력 연산에는 INPUT과 OUTPUT이 있다.

2) 주소 결정 방식(Mode)

주소 필드의 주소를 결정하는 방식으로 모드 비트가 0이면 직접주소, 1이면 간접 주소이다.

3) 주소 필드(Operand) = 자료부

컴퓨터 명령어의 피연산자는 주소 필드이다. 기억장소의 주소, 레지스터 번호 및 사용할 데이터 등을 표시한다.

주소 필드의 크기는 메모리의 용량과 관계가 있다. 주소 필드의 크기가 n비트면 2의 n승의 메모리 용량을 사용할 수 있다.(주소 필드가 16bit이면 2^{16} = 65536 = 64K)

3.2.2 명령어 형식

CPU구조는 여러 기준으로 다양하게 분류될 수 있다. 명령어 처리방식 기준으로 분류하면, '단일 누산기 구조', '범용레지스터 구조', '스택 구조'로 나눌 수 있다.

명령어 형식은 다음의 4가지로 분류된다.

1) 0-주소 구조

연산코드(Operation Code)부

명령어는 보통 연산코드(OP-code)부와 자료(Operand)부(주소부라고도 한다)로 나뉘나 0-명령어 형식에서는 자료가 없고 오로지 연산코드 밖에 없다. 이런 명령어는 스택 구조에서 사용된다.

CPU구조 : 스택(Stack) 구조

사용 : 간단한 전자계산기, 전자시계 등의 소형 전자제품

2) 1-주소 구조

연산코드(Operation Code)부	자료(Operand)부

1-주소 명령어는 Operand부가 한 개로 구성되어 있다. 하나의 연산대상은 누산기(AC)에 있고 나머지는 주소에 있는 번지로 주기억장치에 있는 연산대상을 찾는다. 연산의 결과는 누산기에 저장된다.

CPU구조 : 단일 누산기 구조

사용 : 구형 PC, PDA, 모니터, 공학용 계산기 등 처리할 내용이 무겁지 않은 전자제품

3) 2-주소 구조

연산코드(Operation Code)부	자료(Operand)1	자료(Operand)2

명령어에 연산 대상 둘의 주소가 모두 저장되어 있다. 연산결과는 Operand1에 저장되므로 자료 중 하나는 소실된다.

CPU구조 : 범용레지스터 구조

사용 : 일반적인 PC, 태블릿, 스마트폰 등

4) 3-주소 구조

연산코드(Operation Code)부	자료(Operand)1-결과	자료(Operand)	자료(Operand)3

연산 대상 두 개와 연산결과를 저장할 수 있도록 구성되어 있다. 여러 개의 범용 레지스터를 가진 CPU에서 사용될 수 있다. 하나의 명령을 수행하기 위해 주기억장치에 4번이나 접근해야 하므로 명령어 수행시간이 길어진다. 그러나 전체 프로그램 실행 시 명령어 인출을 위한 주기억장치 접근 횟수가 줄어들어 프로그램 실행 속도를 단축시킬 수 있다. 특수한 목적의 컴퓨터에서 사

용된다. 자료의 소실이 없다.

CPU구조 : 범용 레지스터 구조

사용 : 서버 등 특수 목적 컴퓨터

❑ **CPU의 명령 실행 주기**(Instruction Cycle)

CPU의 명령어 처리(Instruction Cycle)는 하나의 명령어 실행이 끝난 후, 다음 명령어의 수행이 시작되어 끝날 때 까지 걸리는 시간을 말한다. 즉, 한 명령을 수행하는데 명령 인출, 해독, 피연산자 인출, 실행, 결과 저장 등의 여러 단계를 거쳐야 하는데, 이러한 단계를 거쳐 한 명령이 실행되고 다시 다음 명령의 인출이 반복되는 주기를 말한다.

3.2.3 주소지정방식

오퍼랜드의 주소가 지정되는 방법이다. CPU가 오퍼랜드에 접근하는 속도에 영향을 미친다. 오퍼랜드가 위치한 주소를 변경하는 것의 용이함에 영향을 준다.

EA(Effective Address) : 유효주소는 명령어 수행에 필요한 데이터가 저장되어 있는 기억장치의 실제 주소를 말한다.

A : 명령어 내의 오퍼랜드 필드가 기억장치를 나타내는 경우 주소 필드의 내용

R : 명령어 내의 오퍼랜드 필드가 레지스터를 나타내는 경우에 명령어 내의 레지스터 번호

(A) : 기억장치 A에 저장되어 있는 데이터를 나타낸다.

(R) : 레지스터 R에 저장되어 있는 데이터를 나타낸다.

1) 직접 주소지정 방식(Direct Addressing Mode)

명령어의 오퍼랜드 필드의 내용이 데이터의 유효주소이다.

유효주소 = A

장점 : 단 한 번만 필요하므로 간단하고 데이터를 CPU로 빠르게 가지고 온다.

단점 : 명령어 형식에서 정해진 오퍼랜드의 비트만을 사용하므로 메모리의 사용이 극히 제한적이다.

예 16비트의 명령어 중에서 연산코드 길이가 4비트인 경우, 오퍼랜드 필드의 길이는 16-4=12비트이므로, 직접 주소지정 방식을 통하여 지정할 수 있는 메모리의 크기는 2^{12} = 4096개 이다.

2) 간접 주소지정 방식(Indirect Addressing Mode)

오퍼랜드의 값 A가 유효 주소가 아니라, A에 저장되어 있는 값이 유효주소이다.

간접 주소지정 방식에서 유효주소 EA = (A)

장점 : 액세스되어지는 메모리의 범위가 명령어 형식의 오퍼랜드 필드의 길이에 제한을 받지 않고 확장할 수 있다.

단점 : 명령어 연산에 필요한 데이터를 얻는데 두 번의 메모리 액세스가 필요하다. 따라서 메모리를 가져오는 지연이 증가한다.

3) 즉시 주소지정 방식(Immediate Addressing Mode)

즉시 주소지정 방식에서는 명령어에 데이터가 포함되어 있다. 명령어의 오퍼랜드가 데이터의 기억장치 주소가 아니라, 명령어 수행에 필요한 데이터 그 자체이다. 프로그램의 수행에 있어서 레지스터 혹은 어떤 변수들의 초기 값을 정해 줄 경우에 주로 사용되어 진다.

EA = 현재 수행 중인 명령어가 저장되어 있는 기억장치 주소

```
PC = 1000
1000    LOAD 500
1001    ADD B
현재 수행 중인  명령어는 데이터 500을 누산기로 적재하라는 의미
따라서 유효주소는 1000이다.
```

장점 : 연산에 필요한 데이터를 가져오는데 기억장치를 액세스할 필요가 없으므로 인출 시간이 절약된다.

단점 : 사용되어지는 데이터의 표현이 오퍼랜드 필드의 비트에 제한을 받는다. 즉, 명령어 전체에서 연산명령 부분을 빼 나머지 필드로 데이터를 표현해야 하므로 표현되어지는 수의 범위에 제한을 받는다.

4) 레지스터 주소지정 방식(Register Addressing Mode)

명령어 수행에 필요한 데이터가 명령어의 오퍼랜드에 나타나는 레지스터에 저장되어 있다. 유효주소를 연산에 필요한 데이터가 들어있는 기억장치(메모리) 주소라고 할 때, 레지스터 주소 지정 방식에서의 유효 주소는 레지스터이므로 없다. 단, 레지스터를 저장장소로 생각한다면 유효주소는 레지스터 R이 된다.

장점 : 연산에 필요한 데이터가 CPU 내의 레지스터에 저장되어 있으므로 기억장치 액세스를 필요로 하는 다른 주소지정 방식에 비해 데이터 인출 시간이 적다. 뿐만 아니라 오퍼랜드 필드의 길이가 적다.

단점 : 데이터가 레지스터에 저장되어지기 때문에 데이터의 크기가 레지스터의 크기에 제한을 받는다.

5) 레지스터 간접 주소지정 방식(Register-Indirect Addressing Mode)

레지스터에 저장된 데이터가 명령어 연산에 필요한 데이터가 아니라, 그 데이터가 저장되어 있는 기억장치의 주소이다.

유효 주소 : EA = (R)

레지스터의 크기에 따라 지정되어지는 기억장치의 주소의 범위가 지정된다.

예 사용되어지는 레지스터의 길이가 16비트라면, 2^{16} = 64K 바이트까지의 주소를 지정할 수 있다.

장점 : 사용되어지는 레지스터의 길이에 따라 데이터 저장 영역이 확장되어질 수 있다.

단점 : 레지스터의 크기에 따라 지정되어지는 기억장치의 주소 범위가 제한되어질 수 있고, 레지스터 지정 방식과는 달리 데이터 인출을 위하여 한 번의 기억장치 액세스가 필요하다.

6) 상대 주소지정 방식(Relative Addressing Mode)

(1) 변위 주소지정 방식(Displacement Addressing Mode)

변위 주소지정 방식에서는 두 개의 오퍼랜드를 사용하는데, 하나는 레지스터를 나타내고, 다른 하나는 변위를 나타낸다. 상대 주소지정 방식은 PC를 사용하는 변위 주소지정 방식이다. 이 방식의 유효주소는 변위 D에 PC의 값을 더한 값이 된다. 즉, 유효주소 = D + (PC)

변위 값 D는 양수 혹은 음수 값을 가질 수 있다.

만약 D의 값이 양수이면 현재의 PC 값에서 D값만큼 앞으로 이동(Forwarding)한 주소가 바로 유효주소이고, 만약 D의 값이 음수이면 현재의 PC 값에서 D 값만큼 뒤로 이동(Backwarding)한 주소가 바로 유효 주소이다.

장점 : 사용되어지는 레지스터가 PC로 묵시적으로 정해지므로 명령어 형식에서 레지스터를 나타내는 필드가 필요하지 않다.

단점 : 변위의 길이(D) 혹은 범위가 오퍼랜드 필드의 비트 수에 제한을 받는다.

(2) 인덱스 주소지정 방식(Indexed Addressing Mode)

인덱스 레지스터를 사용하는 변위 주소지정 방식이다. 인덱스 레지스터는 인덱스(Index) 값을 저장하는 특수 레지스터이다.

유효주소 = A + (IX)

일반적으로 인덱스 주소지정 방식은 데이터의 배열(Data Array) 연산에 유용하다. 인덱스의 내용은 데이터 배열의 시작으로부터 배열 내의 데이터까지의 위치를 나타낸다. 따라서 루프 프로그램(loop program) 내에서 동일한 명령어를 사용하여 배열 내의 서로 다른 데이터를 액세스하여 연산하는데 효율적으로 사용될 수 있다.

(3) 베이스-레지스터 주소지정 방식(Base-Register Addressing Mode)

베이스 레지스터를 사용하는 변위 주소지정 방식이다. 베이스-레지스터 주소

지정 방식에서는 기준이 되는 주소 A가 저장되어진다. 베이스-레지스터 주소 지정 방식은 주로 기억장치 내의 프로그램의 위치를 지정하는데 사용된다.

베이스 주소지정 방식의 유효주소 : 유효주소 = A + (BR)

3.3 명령 실행과 제어

3.3.1 명령어 실행(기계 주기)

그림 3-6 CPU와 주기억장치 사이의 자료 교환

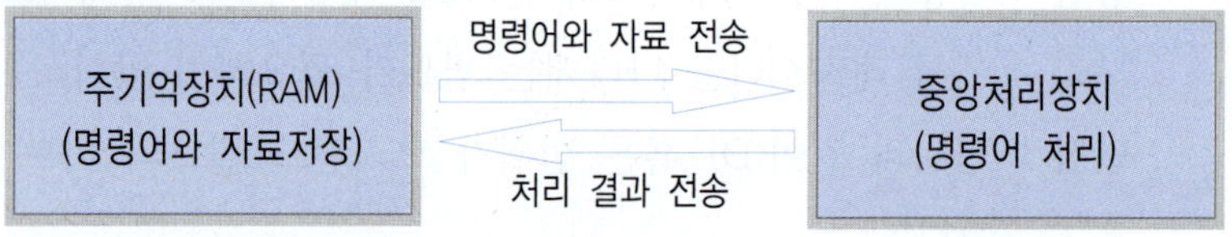

명령어 처리 과정에서 CPU와 주기억장치 간의 자료 전송이 발생한다. 명령어 한 개를 실행하기 위해서는 그 명령이 기억된 위치를 파악하고 그 곳을 찾아가서 명령을 꺼내온 후 무슨 명령인지 번역하고 그 명령을 처리할 장치를 동작시키는 등의 여러 동작 과정을 거치게 된다. 이때의 작은 동작 하나하나를 마이크로 오퍼레이션(Micro Operation)이라 한다.

마이크로 오퍼레이션은 명령어 실행 과정에서 한 단계씩 이루어지는 동작으로, 한 개의 명령어는 여러 개의 마이크로 오퍼레이션이 동작되어 실행된다.

중앙처리장치(CPU)는 명령어를 실행하기 위하여 인출(fetch), 해독(decode), 실행(execution)의 과정을 거친다. 명령어의 집합인 프로그램을 실행하려면 이러한 과정을 계속적으로 반복해야 한다. 이러한 과정을 기계주기(machine cycle)라 한다.

그림 3-7 기계 주기

또한 한 개의 마이크로 오퍼레이션을 수행하는 데 걸리는 시간을 마이크로 사이클타임(Micro Cycle Time)이라 한다. 마이크로 사이클 타임은 CPU 클럭 주기와 마이크로 사이클 타임의 관계에 따라 동기 고정식, 동기 가변식, 비동기식으로 구분된다.

3.3.2 메이저 상태

메이저 상태(Major State)는 현재 CPU가 무엇을 하고 있는 가를 나타내는 상태로서 CPU가 무엇을 위해 주기억장치에 접근하느냐에 따라 Fetch, Indirect, Excute, Interrupt로 나뉜다.

CPU는 메이저 스테이트의 4가지 단계를 반복적으로 거치면서 동작을 수행한다. 메이저 스테이트는 메이저 스테이트 레지스터를 통해서 알 수 있다. Major Cylce 또는 Machine Cycle이라고도 한다.

사이클 제어 : 00 = Fetch , 01 = Indirect, 10 = Execute, 11 = Interrupt

그림 3-8 메이저 스테이트의 변천 과정

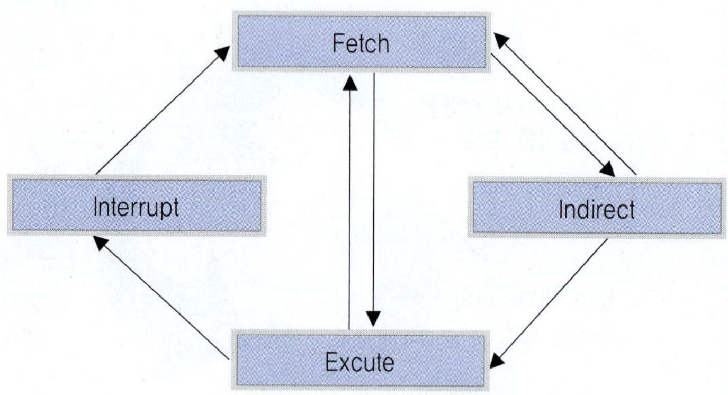

1) 인출 단계(Fetch)

① 명령어를 주기억장치에서 중앙처리장치의 명령 레지스터로 가져와 해독.

② 읽어와 해석된 명령어가 1Cycle 명령이면 이를 수행한 후 다시 Fetch Cycle로 변천.

③ 1Cycle 명령이 아니면 해석된 명령어의 모드 비트에 따라 직접주소와 간접주소를 판단.

- 모든 비트가 0이면 직접주소이므로 Execute 단계로 변천
- 모든 비트가 1이면 간접주소이므로 Indirect 단계로 변천

④ Fetch cycle의 동작 순서 :

Micro Operation	의 미
MAR ← PC	- PC에 있는 번지를 MAR에 전송
MBR ← M[MAR], = PC ← PC + 1	- 메모리에서 MAR이 지정하는 위치의 값을 MBR에 전송 - 다음에 실행할 명령의 위치를 지정하기 위해 PC의 값을 1 증가
IR ← MBR[OP]. I ← MBR[I]	- 명령어의 OP-Code 부분을 명령 레지스터에 전송 * 현재 MBR에는 주기억장치에서 읽어온 명령이 들어 있음 - 명령어의 모드 비트를 플리플롭 I에 전송
F ← 1 또는 r ← 1	- I가 0이면 F 플립플롭에 1을 전송하여 Excute단계로 변천하고, I가 1이면 R 플립플롭에 1을 전송하여 Indirect 단계로 변천함

2) 간접 단계(Indirect)

① Fetch 단계에서 해석된 명령의 주소부가 간접주소인 경우 수행.

② Fetch 단계에서 해석한 주소를 읽어온 후 그 주소가 간접주소이면 유효 주소를 계산하기 위해 다시 Indirect 단계를 수행.

③ 간접주소가 아닌 경우에는 명령어에 따라서 Execute 단계 또는 Fetch 단계로 이동할지를 판단.

- 분기 같은 1Cycle 명령이면 Fetch로 변천.
- 실행 명령이면 Execute로 변천.

④ Indirect Cycle의 동작 순서 :

Micro Operation	의 미
MAR ← MBR[AD]	- MBR에 있는 명령어의 번지 부분을 MAR에 전송
MBR ← M[MAR]	- 메모리에서 MAR이 지정하는 위치의 값을 MBR에 전송
NO Operation	- 동작 없음
F ← 1 R ← 0	- F에 1, R에 0을 전송하여 Excute 단계로 변천

3) 실행 단계(Execute Cycle)

① Fetch 단계에서 인출하여 해석한 명령을 실행하는 단계.

② 플래그 레지스터의 상태 변화를 검사하여 Interrupt 단계로 변천할 것인지를 판단.

③ Interrupt 요청 신호를 나타내는 플래그 레지스터의 변화가 없으면 Fetch 단계로 변천.

④ ADD 연산을 수행하는 Execute 단계

4) 인터럽트 단계(Interrupt)

① 인터럽트 발생 시 복귀주소(PC)를 저장시키고 제어 순서를 인터럽트 처리 프로그램의 첫 번째 명령으로 옮긴다.

② 인터럽트 단계를 마친 후에는 항상 Fetch 단계로 변천.

③ Interrupt의 동작 순서 :

Micro Operation	의 미
MAR[AD] ← PC, PC ← 0	- PC가 가지고 있는, 다음에 실행할 명령의 주소를 MBR의 주소 부분으로 전송 - 복귀주소를 저장할 0번지를 PC에 전송
MBR ← PC, PC ← PC + 1	- PC가 가지고 있는 값 0번지를 MAR에 전송 - 인터럽트 처리 루틴으로 이동할 수 있는 인터럽트 벡터의 위치를 지정하기 위해 PC의 값을 1증가시켜 1로 세트시킴
M[MAR] ← MAR, IEN ← 0	- MBR이 가지고 있는, 다음에 실행할 명령의 주소를 메모리의 MAR이 가리키는 위치(0번지)에 저장함 - 인터럽트 단계가 끝날 때까지 다른 인터럽트가 발생하지 않게 IEN에 0을 전송
F ← 0 R ← 0	- F에 0, R에 0을 전송하여 Fetch단계로 변천

3.3.3 주요 명령의 마이크로 오퍼레이션

1) ADD 연산

AC ← AC + M[AD] : AC(누산기)와 메모리의 내용을 더하여 결과를 AC에 저장하는 연산

Micro Operation	의 미
MAR ← MBR[AD]	- MBR에 있는 명령어의 번지 부분을 MAR에 전송
MBR ← M[MBR]	- 메모리에서 MAR이 지정하는 위치의 값을 MBR에 전송
MBR ← M[MBR]	- 메모리에서 MAR이 지정하는 위치의 값을 MBR에 전송
AC ← AC + MBR	- 누산기의 값과 MBR의 값을 더해 누산기에 전송

2) LDA(Load to Ac) 연산

AC ← M[AD] : 메모리의 내용을 AC로 가져오는 명령

Micro Operation	의 미
MAR ← MBR[AD]	- MBR에 있는 명령어의 번지 부분을 MAR에 전송
MBR ← M[MBR] AC ← 0	- 메모리에서 MAR이 지정하는 위치의 값을 MBR에 전송 - AC에 0을 전송하여 AC를 초기화
AC ← AC + MBR	- 메모리에서 가져온 MBR과 AC를 더해 AC에 전송 ※ 초기화된 AC에 더해지므로 메모리의 값을 AC로 불러오는 것이 됨

3) STA(Store AC) 연산

M[AD] ← AC AC의 내용을 메모리에 저장하는 명령

Micro Operation	의 미
MAR ← MBR[AD]	- MBR에 있는 명령어의 번지 부분을 MAR에 전송
MBR ← AC	- AC의 값을 MBR에 전송
M(MAR) ← MBR	- MBR의 값을 메모리의 MAR이 지정하는 위치에 전송

4) AND 연산 : AC ← AC · M[AD]

AC(누산기)와 메모리의 내용을 AND(논리곱)하여 결과를 AC에 저장하는 연산

5) BUN(Branch UNconditionally)

PC에 특정한 주소를 전송하여 실행 명령의 위치를 변경하는 무조건 분기 명령

6) BSA(Branch and Save Return Address)

복귀주소를 지정하고 부 프로그램을 호출하는 명령

7) ISZ(Increment and Skip if Zero)

메모리의 값을 읽어 그 값을 1증가 시킨 후 음수에서 시작한 그 값이 0이면 현재 명령을 건너 띄어 다음 명령으로 이동

3.4 기억장치

3.4.1 기억장치의 분류와 계층 구조

기억장치는 컴퓨터에서 사용하는 데이터나 프로그램을 저장하는 장치로서, 크게 주기억장치와 보조기억장치로 구분한다. DASD(Direct Access Storage Device)는 직접 접근 저장 매체, SASD(Sequential Access Device)는 순차 접근 저장 매체를 나타낸다.

그림 3-9 기억장치의 분류

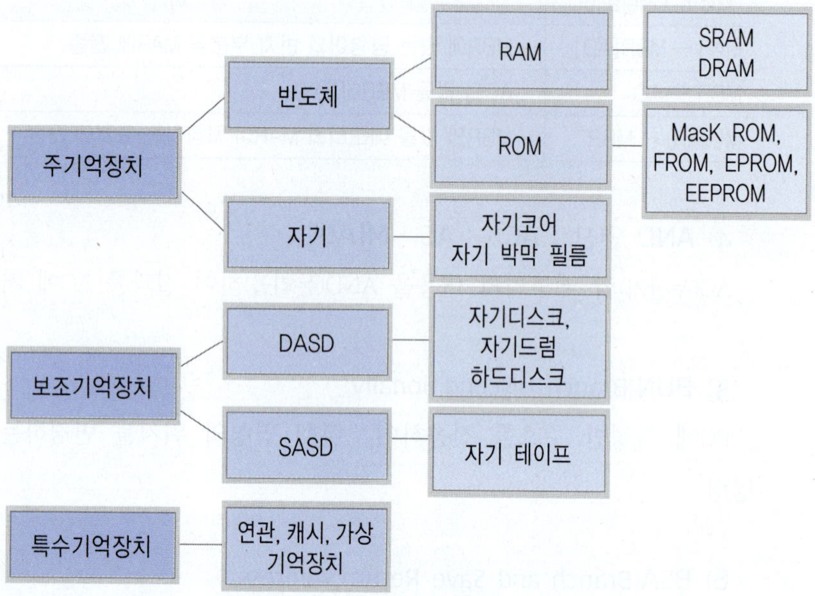

기억장치의 특성을 결정하는 요소는 용량과 성능이다. 기억장치는 무조건 기억 용량이 큰 것을 사용한다고 해서 좋은 것이 아니라, 사용 목적에 따라 성능당 경비 비율이 적은 것을 사용하는 것이 바람직하다.

Access Time(접근 시간)은 기억장치에 읽기 요청이 발생한 시간부터 요구한 정보를 꺼내서 사용 가능할 때까지의 시간이다. Access Time은 한 워드(word) 단위의 정보를 읽거나 기록하는 데 걸리는 시간이다.

$$\text{Access Time} = \text{Seek Time} + \text{Latency Time} + \text{Transmission Time}$$

Access Time은 트랙을 찾는 데 걸리는 시간(Seek Time), 섹터를 찾는 데 걸리는 회전 대기 시간(Latency Time), 트랙과 섹터를 찾은 후 해당 내용을 전송하는 데 걸리는 전송 시간(Transmission Time)을 합친 것이다.

사이클 타임(Cycle Time)은 기억장치에 읽기 신호를 보낸 후 다시 읽기 신호를 보낼 수 있을 때까지의 시간 간격으로 사이클 타임은 Access Time보다

같거나 길다.

대역폭(Bandwidth)은 메모리로부터 또는 메모리까지 1초 동안 전송되는 최대한의 정보량으로, 기억장치의 자료 처리 속도를 나타내는 단위이다. 대역폭은 하드웨어 특성상 주기억장치가 제공할 수 있는 정보 전달능력의 한계를 의미한다. 전송단위는 Baud(보) = bps(1초당 전송 가능한 비트 수)이다.

그림 3-10 기억장치의 계층 구조

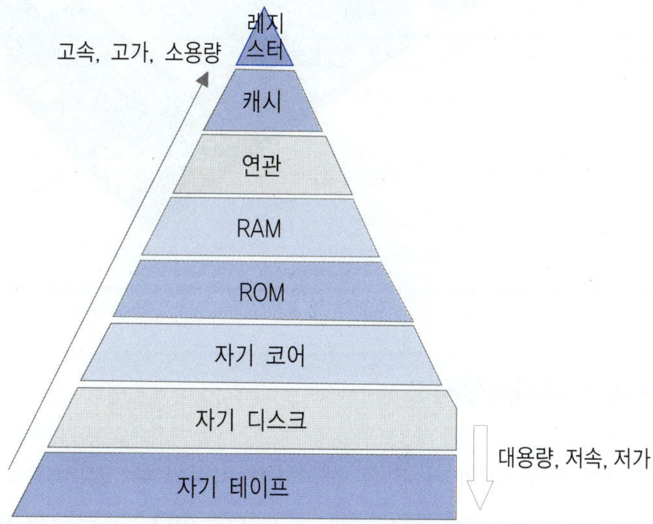

기억장치의 계층 구조란 여러 가지 기억장치를 속도, 용량, 성능에 따라 계층적으로 분류하는 것으로, 전체 메모리 시스템의 가격을 최소화하면서 가능한 한 최고의 평균 접근 속도를 달성하는 것이 기억장치 계층화의 목적이다. 중앙처리장치 안에 있는 레지스터가 가장 속도가 빠르며 보조기억장치가 가장 속도가 느리다.

그림 3-11 마더보드

3.4.2 주기억장치

주기억장치는 CPU가 직접 접근하여 처리할 수 있는 고속의 기억장치로, 현재 수행되는 프로그램과 데이터를 저장하고 있다. 종류에는 ROM과 RAM이 있다.

1) ROM

ROM(Read Only Memory)은 전원이 꺼져도 기억된 내용이 지워지지 않는 비휘발성 메모리다. 실제로 ROM은 주기억장치로 사용하기 보다는 주로 입・출력 시스템(BIOS), 자가 진단 프로그램(POST) 같이 변경 가능성이 희박한 시스템 소프트웨어를 기억시키는데 이용한다.

표 3-2 ROM의 종류와 특징

종 류	특 징
Mask ROM	제조공장에서 프로그램화 하여 생산한 ROM으로 사용자가 내용을 변경 시킬 수 없다.
PROM	PROM 프로그램 장치라는 특수 장비를 이용하여 비어 있는 ROM에 사용자가 한 번만 내용을 기입할 수 있으며, 이후엔 읽기만 가능하다.
EPROM	자외선을 쏘여서 기입한 내용을 지울 수도 있고, PROM 프로그램 장치로 내용을 기억할 수 있다. 사용자가 여러 번 반복해서 지우거나 기록할 수 있다.
EAROM	전기적 특성을 이용하여 기록된 정보의 일부를 바꿀 수 있는 ROM.
EEPROM	전기적인 방법을 이용하여 기록된 내용을 여러 번 수정하거나 새로운 내용을 기록할 수 있는 ROM.

2) RAM

RAM(Random Access Memory)은 자유롭게 읽고 쓸 수 있는 기억장치로, RWM(Read Write Memory)이라고 한다. RAM에는 현재 사용 중인 프로그램이나 데이터가 저장되어 있다. 전원이 꺼지면 기억된 내용이 모두 사라지는 휘발성 메모리이다.

일반적으로 주기억장치 또는 메모리 하면 RAM을 의미한다. 정보가 저장된 위치는 주소로 구분한다.

3) DRAM / SRAM의 특징

재충전 여부에 따라 동적 램(DRAM, Dynamic RAM)과 정적 램(SRAM, Static Ram)으로 구분한다. 정적 램은 플립플롭(flip-flop circuit)으로 구성되어 있고, 정적이며 안정한 기억이 가능한 소자. 동적 램(dynamic RAM)에 비해서 배 가까이 소비 전력이 크고, 작동도 늦지만, 재생(reflesh) 등의 염려가 없다는 이점이 있다. 그러나 항상 전류를 통해 두어야 하기 때문에 휘발성 램인 동적 램보다 전기료가 많이 드는 것이 단점이다.

4) 플래시 메모리

플래시메모리(Flash Memory)는 램(RAM)과 롬(ROM)의 특징을 고루 갖춘 메모리이다. 전원이 끊어져도 저장된 데이터가 지워지지 않는 비휘발성 메모리이며, 데이터를 넣었다 뺄 수 있기 때문에 USB 메모리 드라이브, MP3 플레이어, 디지털 카메라, 스마트폰 등 여러 분야에 사용되고 있다. 플래시 메모리는 낸드(NAND)와 노어(NOR) 방식으로 구분할 수 있으며, Nand는 고집적이 가능하여 큰 용량을 저장할 수 있다는 장점이 있고, NOR는 빠르고 데이터의 안정성이 확보된다는 장점이 있다.

그림 3-12 플래시 메모리 종류

3.4.3 보조기억장치

보조기억장치는 주기억장치에 비해 속도는 느리지만 전원이 차단되어도 내용이 그대로 유지되고, 저장용량이 크다는 장점이 있다.

1) 자기 디스크(Magnetic Disk)

보조 기억장치인(Secondary Storage) 자기 디스크는 자성 물질을 입힌 금속 원판을 여러 장 겹쳐서 만든 기억 매체로 용량이 크고 접근 속도가 빠르다. 자기 디스크는 순차, 비순차 처리가 모두 가능한 Direct Access Storage Device 방식으로 데이터를 처리한다. Disk, Access Arm, Head로 구성되어 있다.

그림 3-13 자기 디스크 구성

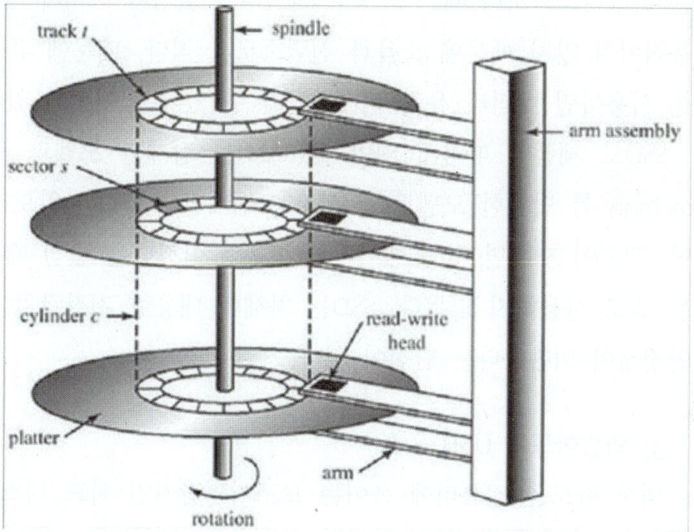

2) SSD(Solid State Disk)

그림 3-14 하드디스크와 SSD

SSD는 하드디스크와 유사한 점이 많지만 내부적으로는 하드디스크와 달리 자기디스크가 아닌 반도체 메모리를 내장하고 있다. 이러한 특성 때문에 SSD는 하드디스크보다 빠른 속도로 데이터의 읽기나 쓰기가 가능하고 물리적으로 움직이지 않기 때문에 소음과 전력소모가 적다. 때문에 휴대용 컴퓨터에 SSD를 사용하면 배터리 유지시간을 늘릴 수 있다는 이점이 있다.

SSD도 제품에 따라서 일반 램(RAM)을 탑재한 모델과 플래쉬 메모리(flash memory)를 탑재한 모델로 구분된다. 램기반의 SSD는 압도적 속도를 발휘하지만, 전원이 꺼지면 저장 데이터가 모두 날아간다는 단점 때문에 램기반의 SSD는 별로 사용하지 않는다. SSD는 차세대 대용량 저장장치이나 가격이 비싸고 안정성이 미흡하다는 단점이 있다.

3) 외장하드와 USB

외장 하드는 컴퓨터에 쓰이는 보조기억장치인 하드 디스크 드라이브(HDD)를 휴대하기 쉽게 만든 것으로 USB 단자를 사용, 컴퓨터에 연결해 쓸 수 있다. 2016년 현재 USB메모리가 1~128GB(기가바이트) 용량에 불과한 데 반해 외장 하드는 최저 500GB에서 8TB 용량으로 대용량의 정보를 저장할 수 있다. 수명도 USB 메모리보다 길어 영화, 음악파일, 각종 동영상 등을 오랫동안 보관할 수 있어 새로운 개인용 저장장치로 각광받고 있다.

그림 3-15 외장 하드

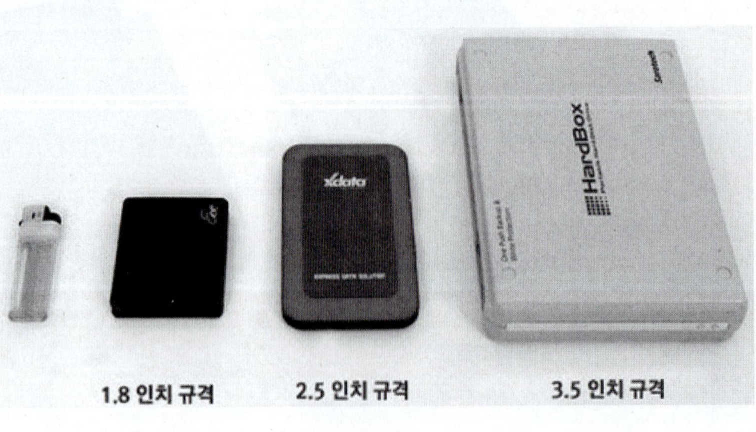

휴대용으로 가장 많이 사용되는 외장 저장장치는 USB 메모리이다.

USB(Universal Serial Bus)는 PC의 주변기기를 연결하기 위한 새로운 포트의 규격이다. 복잡한 PC 및 주변기기 설치작업을 플러그 하나를 꽂는 수준으로 단순화시킨 획기적인 PC 주변기기 포트 규격이다. PC 뒷면에는 키보드, 프린터 등 주변기기를 PC 본체와 연결하기 위한 시리얼, 패러럴, PS2 등 다양한 포트가 있다. 그러나 모양이 모두 달라, 새로운 주변기기를 PC 본체에 연결하기 힘든 경우가 있다. 이 문제를 해결하기 위해 1996년 컴팩, DEC, IBM, 인텔, 마이크로소프트, NEC, Nortel의 7개 회사에 의해 USB 규격이 합의, 개발되었다.

이후 이스라엘의 벤처 영웅 도브 모란(Dov Moran)이 노트북 고장으로 낭패를 겪었던 경험을 토대로 USB 메모리를 발명하기에 이른다. 2000년 이스라엘의 IT 업체인 M시스템(M-System)은 8MB와 16MB, 32MB 용량의 제품을 출시하는데, 이는 당시 저장장치의 대명사였던 플로피디스크(FDD)와 하드디스크(HDD)에 비해 상당히 넉넉한 용량을 갖추고 있었고, 휴대하기가 간편했다.

USB 메모리는 내부 구조가 간단하고 기계적으로 동작하는 부분이 없어 상대적으로 잔고장은 많지 않다. 다만, 저장된 데이터가 손상되거나 유실되는 문제가 자주 발생하는 단점이 있다. 또 윈도 운영체제에 USB 메모리를 꽂으면 대개 '이동식 디스크' 등으로 인식되는데, 이 역시 하나의 드라이브이기 때문에 파티션 인식 불가나 바이러스 감염 등 여러 가지 문제에 노출될 수 있다.

그림 3-16 USB

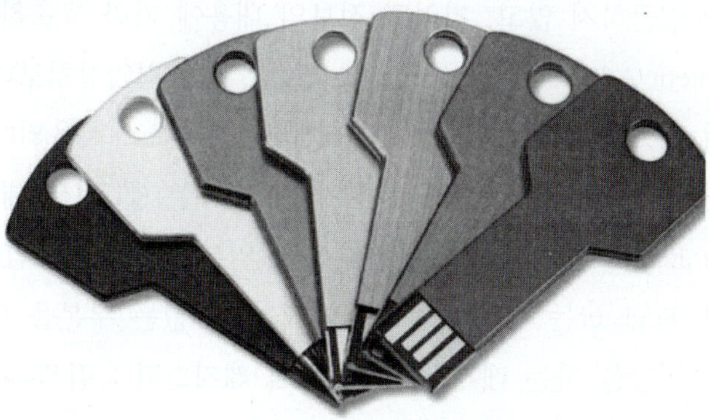

3.4.4 캐시 메모리

그림 3-17 캐시 메모리

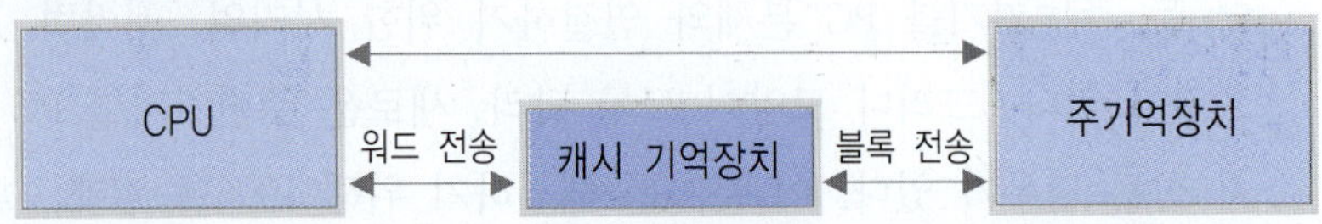

캐시 메모리(Cache Memory)는 CPU의 처리 속도와 주기억장치의 접근 속도 차이를 줄이기 위해 사용하는 고속 Buffer Memory이다.

캐시는 주기억장치와 CPU 사이에 위치하며 자주 사용하는 프로그램과 데이터를 기억한다. 캐시 메모리는 메모리 계층 구조에서 가장 빠른 소자이며 처리 속도가 거의 CPU의 속도와 비슷하다. 캐시를 사용하면 주기억장치에 접근하는 횟수가 줄어들어 컴퓨터의 처리 속도가 향상된다. 자주 참조되는 프로그램의 일부를 속도가 빠른 기억장치에 저장해 놓고 실행시키면 프로그램의 총 실행시간을 단축시키는 것이다.

3.4.5 연관기억장치

연관기억장치(Associative Memory)는 기억장치에서 자료를 찾을 때 주소에 의해 접근하지 않고, 기억된 정보의 내용에 따라 호출하는 기억 장치로, CAM (Content Addressable Memory)이라 한다. 주기억장치보다 속도가 빠르다. 많은 양의 정보를 검색할 때나 데이터베이스에 주로 사용된다.

연관기억장치를 구성하는 주요 레지스터는 ① 검색 데이터 레지스터 : Search Data Register는 찾고자 하는 내용의 일부분을 기억시킴, ② 마스크 레지스터 : Mask Register는 데이터에서 검색에 필요 없는 부분을 마스크 비트로 세트 시키는 역할을 하는 레지스터, ③ 매치 레지스터 : 검색하고자 하는 내용과 일치하는 단어를 포함하고 있는 내용이 있는 경우, 그것을 표시하는데 사용하는 레지스터가 있다.

3.4.6 복수 모듈 기억장치

메모리 인터리빙(Memory Interleaving)은 여러 개의 독립된 모듈로 이루어진 복수모듈 메모리와 CPU 간의 주소 버스가 한 개로만 구성되어, 같은 시각에 CPU로부터 여러 모듈들로 동시에 주소를 전달할 수 없기 때문에 CPU가 각 모듈로 전송할 주소를 교대로 배치한 후 차례대로 전송하여 여러 모듈을 병행 접근하는 기법이다.

CPU가 버스를 통해 주소를 전달하는 속도는 빠르지만 메모리 모듈 처리속도가 느리기 때문에 병행접근이 가능하다.

기억장치의 접근시간을 효율적으로 높일 수 있다. 캐시 기억장치, 고속 DMA 전송 등에서 많이 사용한다. 메모리 인터리빙 사용 목적은 메모리 엑세스 효율에 있다.

3.4.7 가상기억장치

가상기억장치(Virtual Memory)는 기억 용량이 작은 주기억장치를 마치 큰 용량을 가진 것처럼 사용할 수 있도록 하는 운영체제의 메모리 운영기법이다. 사용자는 프로그램의 크기에 제한 받지 않고 프로그램의 실행이 가능하다.

그림 3-18 가상기억장치의 매핑

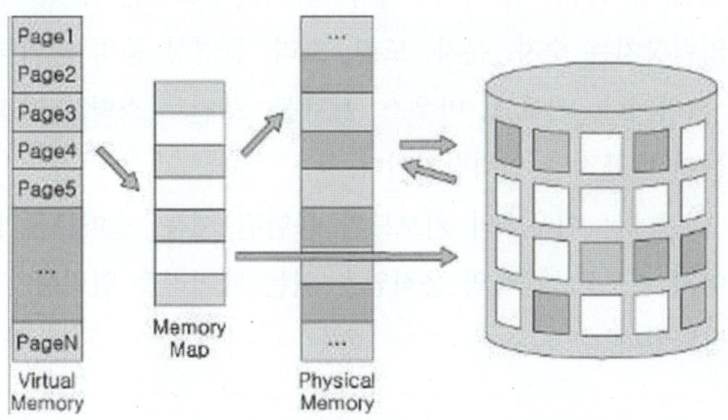

가상기억장치의 장점은 우선 어떠한 크기를 가진 프로세스도 실제의 물리적 기억 용량에 구애받지 않고 실행 가능한 것이다. 또한 우선순위를 고려하여 물리적 기억장치를 할당하여 실행 속도 조절이 가능한 점이다. 사용자 입장에서의 장점은 프로그래머들이 가상기억장치 관리를 위한 세부적 사항들을 고려할 필요가 없다는 것이다.

단점으로는 일반적으로 가상기억장치를 채택하지 않는 시스템에서의 실행 속도보다 느린 점이다.

가상기억장치의 관리 기법으로는 OS가 보조기억장치에 있는 프로그램을 동일한 크기의 블록으로 나누어 관리하는 페이징(Paging) 기법과 사용자가 보조기억장치에 있는 프로그램을 가변적인 크기의 블록으로 나누어서 관리하는 세그먼트(Segment) 기법이 있다.

3.5 입력과 출력장치

3.5.1 입력장치

입력장치와 출력장치는 컴퓨터가 컴퓨터 외부의 세계와 소통하게 해주는 역할을 한다. 대표적인 입력장치에는 키보드, 마우스가 있고, 대표적인 출력장치에는 모니터, 프린터 등이 있다. 이러한 입출력 장치는 입출력 버스(I/O 버스)를 통해 중앙처리장치, 기억장치와 정보를 주고받는다.

입력장치는 숫자, 문자, 도형, 소리, 동영상 등의 데이터를 컴퓨터로 입력하는 장치이다. 키보드, 마우스, 트랙볼, 포인트 스틱, 터치패드, 조이스틱. 스캐너들이 대표적인 입력장치이다.

최근에는 마우스와 키보드가 통합된 제품, 스마트폰과 무선으로 연결하는 레이저 키보드, 근육의 움직임을 읽는 웨어러블 입력장치 등 새로운 제품들이 개발되었다.

그림 3-19 최신 마우스

그림 3-20 웨어러블 입력장치

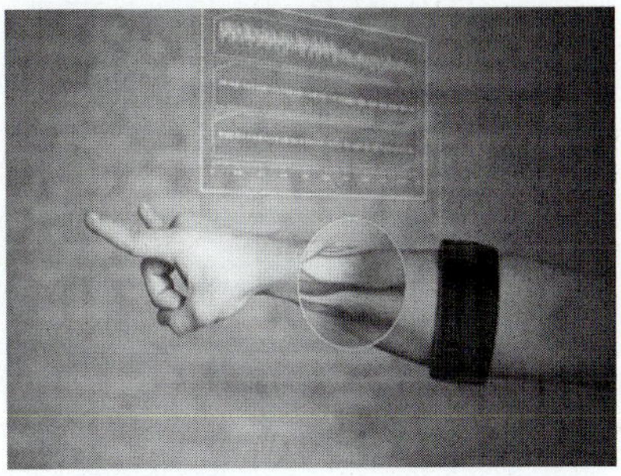

애플의 씨리(Ciri)나 페이스북의 딥페이스(DeepFace) 기능은 사람과 기계 사이의 소통하는 방법을 타이핑이나 클릭을 넘어 다양하게 확장하기 위하여 만들어진 기술이다. 스마트 기기가 우리 생활에 스며들면서 사람-기계 사이의 소통 방식을 자연스럽고 편하게 만들기 위한 연구들이 세계 곳곳에서 진행되고 있는데, 캐나다 워털루에서 탄생한 탈믹 랩(Thalmic Labs)은 팔의 근육 움직임으로 기계와 소통할 수 있는 기술을 선보였다.

3.5.2 출력장치

가장 많이 이용하는 출력장치는 프린터와 디스플레이(display)이다. 프린터는 충격식과 비충격식이 있으며, 화면 디스플레이로는 CRT(음극선관 표시 장치), LCD(액정 표시 장치), PDP(플리즈마 표시 장치)가 대표적이다.

플로터(Ploter)는 용지의 크기에 제한을 받지 않고 처리 결과를 그래프나 도형으로 출력하는 장치이다. X-Y 플로터는 정밀도는 높지만, 속도가 영상 표시 장치보다 늦은 단점이 있다. 여러 가지 색깔로 지도나 설계도 등의 복잡한 그림을 컬러로 그려낼 수 있어 그 응용 범위가 점차 넓어지고 있다.

COM(Computer Output Microfilm)은 컴퓨터에서 출력되는 내용을 종이나 화면에 나타내지 않고, 사람이 해독 가능한 문자나 도형으로 변환하여 마이크로 필름에 출력하는 장치이다. 다량의 정보를 축소시켜 기록, 보관하는데 용이하여 정부의 각 부처에서 컴퓨터로 출력되는 대량의 문서를 오랫동안 보관하기 위해 사용한다.

음성 응답 장치는 반도체 기술의 발달로 말하는 칩(talking chip)이 개발되어 음성 응답 장치가 실용화되었다. 음성은 제한된 단어만 인식하지만, 음성 응답 장치는 지하철이나 버스, 그리고 엘리베이터 등의 안내 방송 등에 활용된다.

그림 3-21 플로터

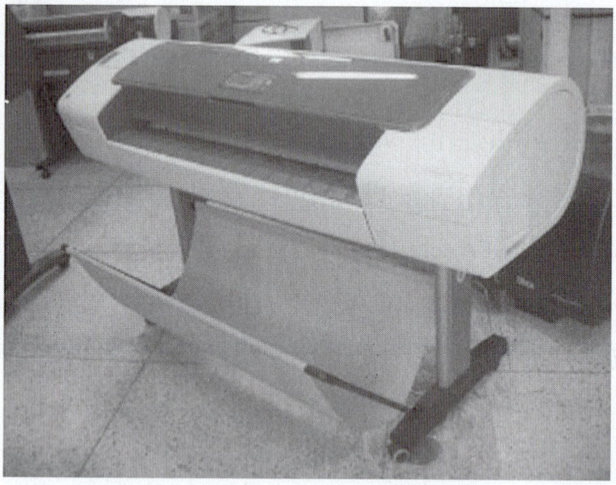

3.5.3 입 · 출력 제어

입출력을 제어하는 방식으로는 중앙처리장치에 의한 방식, DMA(direct memory access) 방식, 채널(channel)에 의한 방식으로 나눌 수 있다.

중앙처리장치에 의한 입출력 제어 방식으로는 프로그램에 의한 입출력과 인터럽트 처리에 의한 입출력으로 나눠진다. 프로그램에 의한 입출력은 중앙처리장치와 입출력장치 사이에 입출력 인터페이스가 있는 시스템에 적용되며, 인터럽트 처리에 의한 입 출력은 인터럽트 기능을 이용하여 프로그램에 의한 입출력의 비효율성을 극복하는 방법이다.

DMA(Direct Memory Access) 제어방식은 중앙처리장치의 개입 없이 주기억장치에 직접 접근하여 입출력을 행하는 방식으로서 인터럽트에 의한 입출력의 문제점을 해결하기 위해 고안되었다. DMA 제어의 데이터 전송방식은 DMA 대량 전송과 사이클 스틸 방식을 사용한다.

채널에 의한 방식은 채널(channel)이라고 하는 일종의 입출력 프로세서(Input Output Processor)를 이용하여 입출력 작업을 전담하도록 하는 방식이다. 채널에 의한 방식은 지능적이지 못한 DMA 방식의 문제점을 해결할 수 있는 방식으로서 채널이 일을 수행하기 시작하면 중앙처리장치와는 독립적으로 동작한다. 채널에 의한 방식에서 채널 프로그램(channel program)은 채널 입출력을 위해 수행되는 프로그램을 말하며, 채널 명령어(CCW: Channel Command Word)들로 구성된다.

채널에 의한 방식에서 채널의 종류로는 선택기 채널(selector channel)과 멀티플렉서 채널(multiplexor channel)이 있다. 선택기 채널은 입출력이 실제로 일어나고 있을 때에는 채널 제어기가 임의의 시점에서 볼 때 마치 어느 한 입출력 장치의 전용인 것처럼 운영되는 채널을 말하며, 일반적으로 고속의 입출력 장치와 입출력을 하기 위하여 사용된다. 멀티플렉서 채널은 입출력 장치들이 채널을 시분할 공유(time division share)하여 입출력하도록 연결한 채널로서, 각 장치에 서브 채널 제어기(sub-channel controller)가 있다.

3D 프린터

3D 프린팅으로 제작한 전자부품의 기술적 파급효과는 소비패턴의 변화, 창업 활성화, 신제품, 서비스 창출은 물론 생산성 증가를 중심으로 전개될 것으로 전망된다. 소량 생산하더라도 기존의 3D 디자인 파일만 있으면 매번 디자인이 다른 제품을 생산하더라도 추가 비용이 거의 발생하지 않는다. 3D 프린팅으로 생산과 소비의 대혁명이 시작되었다.

3D 프린팅은 기존의 생산 시스템을 혁명적으로 변화시킬 것으로 예상된다. 미래학자 중 한 명인 제레미 리프킨은 『한계비용 제로사회』라는 책을 통해 "3D 프린팅은 맞춤형 제조와 단가 하락으로 기존의 생산 시스템에 일대 변혁을 가져올 것"이라고 예견했다. 전 세계적으로 관련 시장도 급증할 것으로 전망된다.

3D 프린팅 기술 완성도가 높아지면서 활용분야가 급격하게 확대되고 있다. 2012년 기준으로 소비재 전자 21.8%, 자동차 18.6%, 메디컬 16.4%, 산업기계 사무기기 13.4%, 항공 우주 10.2%로 다양한 분야에 기능성 부품 제조에 활용되고 있다.

월러스 리포트(Wohlers Report)의 2014년 보고서를 보면 3D 프린팅 세계시장은 2014년 40억 달러에서 2018년에는 124억9000만 달러로 4년 동안 연평균 33% 신장을 예상했다. 3배 이상의 높은 성장을 전망했다. 3D 프린팅은 또한 맥킨지가 선정한 2025년 경제적 파급효과가 큰 12대 기술로 선정됐고 2025년 시장규모가 230억~550억 달러로 추산했다.

3D 프린팅의 활용은 무궁무진하다. 심지어 앞으로 주택도 3D 프린팅으로 뚝딱 만들어낼 수 있을 것이란 전망이다. 미국 항공우주국(NASA)은 국제우주정거장에 3D 프린팅 시스템을 구축했다. 매번 지구에서 필요한 물자를 수송해야 하는데 우주공간에서 3D 프린팅 제품이 나오면 공수하지 않아도 된다. 간단한 장비는 그때그때 제작해 사용하면 되는 것이다.

3D 프린팅 제품은 이외에도 금속과 폴리머 재료를 활용한 완구, 패션, 엔터테인먼트 산업은 물론 기술적 난이도가 높은 자동차, 항공 · 우주, 방위산업, 의료용, 스마트폰, 이어폰 등의 다양한 분야의 전자 부품제작에 활용이 가능하다. 휴대폰 케이스, 악기, 운동기구 등의 상품에도 개인의 취향을 반영해 이른바 '맞춤형 생산'이 이뤄질 것으로 기대된다. 한 마디로 전 분야에 적용 가능하다는 이야기이다.

무엇보다 3D 프린팅 산업이 포커싱하고 있는 분야는 인체와 관련이 많다. 금속 3D 프린팅을 활용한 인체삽입 맞춤형 제품 제작이 가능하다. 교통사고, 외부 충격에 의한 외상은 물론 뇌를 감싸고 있는 두개골 결손에 대해 환자의 결손된 두개골과 동일한 모양, 기능을 갖는 금속 3D 프린팅 제품 공급이 이뤄진다.

뇌와 두개골 사이의 공간을 환자의 함몰된 뇌와 동일한 부피로 3D 프린팅을 이용해 회복해 줌으로써 수술 후 후유증을 최소화할 수 있다. 기존 수술시간(7~8시간)과 비교했을 때 빠른(1~3시간)수술 시간으로 환자 회복은 물론 수출 성공률이 매우 높은 서비스 제공이 가능하다. 의료기술 발달에 따라 각종 질병에 대한 대처 능력이 발달하면서 인간 수명이 연장되고 있다. 인간이 늙으면서 자연적으로 발생하는 관절계통 증상을 치료할 수 있는 인공 무릎(Artificial Knee) 제품도 만들어질 것으로 기대된다. 3D 프린팅을 활용해 인공무릎 제품을 상용화 할 경우 좌 · 우 대칭은 물론 각각의 신체 조건과 동일한 제품을 스캔해 활용할 수 있다.

(출처 : 아시아 경제)

토론과제 -- 미래의 컴퓨터 상상하기

• 클라우드 컴퓨팅

빅데이터 시대에서는 폭발적인 대규모의 정보를 저장하고 처리하기 위해 엄청난 규모의 컴퓨팅 자원이 필요하다. 하지만 대부분의 기업 인프라는 그러한 빅데이터를 감당할 여력이 없으며, 또한 로컬 시스템의 수직적인 성능 향상을 위해서는 막대한 비용을 치러야 하는 게 현실이다. 이에 대한 대안이 바로 클라우드 컴퓨팅이다. 클라우드 컴퓨팅은 데이터 센터의 대규모 노드를 통하여 분산 컴퓨팅 환경을 제공하기 때문에, 대규모 정보에 대한 저장 및 병렬처리가 가능하다. 또한 최근에는 클라우드 가상화 환경에서 빅데이터를 분석하는 기술까지 발전하면서 이 둘의 공생관계는 계속 이어지고 있으며, 클라우드 컴퓨팅은 빅데이터를 뛰어넘어 패스트 데이터를 향한 핵심적인 인프라로 주목받고 있다.

• 광컴퓨터와 양자 컴퓨터

광 컴퓨터란, 쉽게 말해서 빛으로 동작하는 컴퓨터를 말하는데 전선 대신 광섬유를 이용해 빛으로 신호를 전달하여 고속으로 처리할 수 있는 컴퓨터이다. 광통신은 신호 손실과 잡음 문제가 많아 이러한 문제를 어떻게 처리하느냐가 가장 큰 과제라고 할 수 있으며, 아직 실용화된 기술은 아니다. 국내에서는 ETRI 연구진이 최근 '실리콘 포토닉스'라고 하는 실리콘 반도체 기반 광 송수신 단일 칩 개발에 성공하여 많은 기대를 하고 있다.

양자 컴퓨터는 양자역학에 근거한 중첩의 원리를 이용하는 컴퓨터이다. 현대 물리학의 양자역학에 따르면 분자, 원자, 핵이 공존하는 미시세계에서 물질을 구성하는 작은 입자는 에너지가 불연속적이고 파동의 성질을 가지고 있어 그 위치나 상태가 중첩되어 나타날 수 있다. 이러한 원리를 컴퓨터에 적용한 것이 바로 양자 컴퓨터이다.

일반적인 컴퓨터는 정보의 단위로 '0'과 '1'로 이루어진 비트를 사용하지만 양자 컴퓨터에서는 이에 더하여 '0'과 '1'을 중첩시킨 상태를 포함하고 있는 큐빗(qbit)을 정보의 단위로 사용하여 연산을 병렬로 처리한다. 예를 들어, 일반 PC에서는 한 개의 비트에 대한 해를 찾을 때, '0'과 '1'을 각각 대입하는 2번의 과정을 거치지만 양자 컴퓨터에서는 '0'과 '1'을 중첩시켜 단 한 번에 해를 얻어낼 수 있다. 현재 D-Wave라고 하는 세계 최초의 양자 컴퓨터가 시장에 나왔으나, 사용분야가 극히 제한적이고 아직 해결해야 할 문제가 많다.

(출처 : 삼성 ICT Story)

03 연습 문제

1 주기억장치에 기억된 명령을 꺼내서 해독하고, 시스템 전체에 지시 신호를 내는 것은?

① Channel ② ALU ③ Control Unit ④ I/O Unit

2 Accumulator란?

① 연산장치에 있는 레지스터의 하나로 연산 결과를 기억하는 장치이다.
② 기억장치 주변에 있는 회로인데 가감승제 계산 및 논리 연산을 행하는 장치이다.
③ 일정한 입력 숫자들을 더하여 그 누계를 항상 보관하는 장치이다.
④ 정밀 계산을 위해 특별히 만들어 두어 유효 숫자의 개수를 늘이기 위한 것이다.

3 중앙처리장치에 사용되는 레지스터의 종류가 아닌 것은?

① Accumulator ② Program Counter
③ Instruction Register ④ Full Adder

4 명령어(Instruction) 설계 과정과 가장 거리가 먼 것은?

① 연산자의 종류 ② 주소지정방식
③ 기억장치의 대역폭(Bandwidth) ④ 데이타 구조

5 3주소 명령어 연산에서 결과는 어디에 저장되는가?

Op	Operand1	Operand2	Operand3

① PC(Program Counter) ② Stack
③ Operand1 ④ 임시 저장장소

6 0-주소 명령어에 필요한 것은?

① 스택(Stack) ② 색인 레지스터(Index Register)
③ 큐(Queue) ④ 기본 레지스터(Base Register)

7 주소지정방식에 대한 설명이 옳지 않은 것은?

① 고유 주소지정방식은 항상 일정한 기능을 수행한다.
② 즉시 주소지정방식은 레지스터의 값을 초기화할 때 주로 사용한다.
③ 인덱스 주소지정방식은 프로그램 카운터를 사용한다.
④ 직접 주소지정방식은 명령어 주소 부분에 유효주소 데이터가 있다.

8 마이크로 오퍼레이션의 설명으로 옳지 않은 것은?

① 명령을 수행하기 위하여 CPU 내의 레지스터 플래그의 상태 변환을 일으키는 동작을 의미한다.
② 한 개의 클럭 펄스 동안 실행되는 기본동작이다.
③ 한 개의 명령어는 여러 개의 마이크로 오퍼레이션이 동작되어 실행된다.
④ 현재 CPU가 무엇을 하고 있는가를 나타내는 상태 동작이다.

9 컴퓨터의 메이저 상태에 대한 설명으로 틀린 것은?

① 실행 상태가 끝나면 항상 패치 상태로만 간다.
② 간접 주소 명령어 형식인 경우 패치-간접-실행 순서로 진행되어야 한다.
③ 실행 상태는 연산자 코드의 내용에 따라 연산을 수행하는 과정이다.
④ 패치 상태에서는 기억 장치에서 명령어를 읽어 중앙처리장치로 가져온다.

10 다음의 마이크로 오퍼레이션과 관련 있는 것은?

```
MAR ← MBR(ADDR)
MBR ← M(MAR)
AC  ← AC + MBR
```

① AND ② ADD ③ JMP ④ BSA

11 정보를 기억장치에 기억시키거나 읽어내는 명령을 한 후부터 실제로 정보를 기억 또는 읽기 시작할 때까지 소요되는 시간을 무엇이라 하는가?

① Seek Time ② Processing Time
③ Access Time ④ Idle Time

12 RAM에 대한 설명으로 틀린 것은?

① DRAM은 캐퍼시터에 전하를 저장하는 방식으로 데이터를 저장한다.
② SRAM은 플립플롭을 사용해 데이터를 저장하기 때문에 방전 현상이 나타난다.
③ DRAM은 상대적으로 소비전력이 적으며 대용량 메모리 제조에 적합하다.
④ SRAM은 컴퓨터에서 캐시 메모리로 주로 사용된다.

13 연관 메모리(Associative Memory)의 특징이 아닌 것은?

① 주소 매핑(Mapping)
② 내용 지정 메모리(CAM)
③ 메모리에 저장된 내용에 의한 접근
④ 기억장치에 저장된 항목 찾는 시간 절약

14 캐시 기억장치의 특징 중 틀린 것은?

① 고속이며, 가격이 저가이다.
② 주기억장치와 CPU 사이에서 일종의 버퍼 기능을 수행한다.
③ 기억장치 접근 시간을 줄이므로 컴퓨터의 처리 속도를 향상시킨다.
④ 수십 KByte - 수백 KByte의 용량을 사용한다.

15 가상기억장치(Virtual Memory)의 가장 큰 목적은?

① 접근시간의 단축 ② 용량의 확대
③ 동시에 여러 단어의 탐색 ④ 주소지정방식의 탈피

03 주관식 문제

1. 중앙처리장치(CPU)를 구성하는 주요 요소와 레지스터에 대하여 설명하시오.

2. 명령어 형식은 4가지 종류가 있다. 각각의 구조적 특징을 설명하시오.

3. 명령어 주소지정방식을 설명하시오.

4. 중앙처리장치가 명령어를 실행하는 과정과 메이저 상태를 설명하시오.

5. ADD 연산과 LDA 연산의 마이크로 오퍼레이션을 나타내시오.

6. 기억장치 계층 구조를 표현하고, 각 계층 기억장치들의 특징을 설명하시오.

7. 주기억장치와 보조기억장치의 종류를 나열하시오.

8. 특수 기억장치에 대하여 설명하시오,

9. 입출력장치의 종류를 기술하시오.

박미의 작

제 4 장

운영체제

제4장

운영체제

4.1 시스템 소프트웨어

4.1.1 개념

사용자는 자신이 사용하고 있는 컴퓨터에서 프로그램을 실행시킬 때 컴퓨터에서는 사용자의 해당 프로그램뿐만 아니라 여러 가지 다른 프로그램들(운영체제, 컴파일러 등)의 도움을 잠재적으로 그리고 지속적으로 받게 된다.

사용자가 자신의 처리사항을 해결하기 위해 실행시키는 프로그램을 응용 소프트웨어(Application Software) 또는 응용 프로그램이라 한다. 이와는 반대로 사용자는 자신의 해당 프로그램을 실행시키는 동안 알게 모르게 사용되는 그리고 실제 사용해야 하는 프로그램들을 시스템 소프트웨어(System Software) 또는 시스템 프로그램이라 한다. 즉, 컴퓨터 시스템의 작동 자체를 다루며 운영에 필요한 기본적인 소프트웨어라고 할 수 있다.

시스템 소프트웨어는 일반적으로 운영체제(Operating System), 문서 편집기(Text Editor), 언어 처리기(Language Processor), 디버거(Debugger) 그리고 각종 유틸리티 프로그램(Utility Program) 등이 있다.

그림 4-1 시스템 소프트웨어 계층 구조

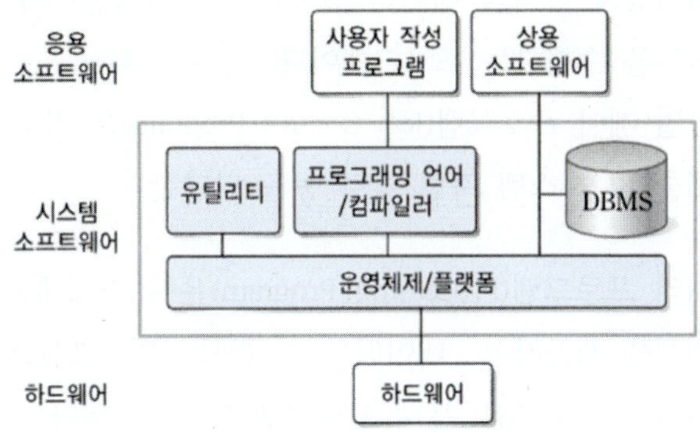

4.1.2 시스템 소프트웨어의 구성

표 4-1 시스템 소프트웨어

제어 프로그램	· 감시 프로그램 · 작업 제어 프로그램 : Job Scheduler, Master Scheduler · 자료 관리 프로그램
처리 프로그램	· 언어 번역기 : 어셈블러, 컴파일러, 인터프리터 · 서비스 프로그램 : 연결 편집기, 정렬/합병 프로그램, 라이브러리안, 유틸리티 프로그램 · 문제 프로그램

시스템 소프트웨어는 제어 프로그램과 처리 프로그램으로 구성된다.

- **제어 프로그램**(Control Program)은 컴퓨터 모든 자원을 효율적으로 제공하기 위해 시스템 전체를 감독, 지원하는 프로그램으로 프로세스 관리, CPU 스케줄링, 입출력 제어, 기억장치 관리 등의 기능을 담당한다. 제어 프로그램은 감시 프로그램, 작업 제어 프로그램, 자료 관리 프로그램으로 구성된다.

  감시 프로그램(Supervisor Program)은 각종 운영체제 제어 루틴의 호출을 인식하여 해당 제어 루틴을 지시하고 루틴의 동작을 감시, 감독하는 프로그램이다.

데이터 관리 프로그램(Data Management Program)은 주기억장치와 보조기억장치 사이의 데이터 전송과 보조기억장치의 자료 갱신 및 유지보수 기능을 수행하는 프로그램이다.

작업 제어 프로그램(Job Control Program)은 작업의 연속 처리를 위한 스케줄 및 시스템 자원 할당 등을 담당한다.

- **처리 프로그램**(Processing Program)은 운영체제를 사용하는 사용자의 편의성을 제공하고 데이터를 처리하는 프로그램으로 언어 번역 프로그램, 서비스 프로그램, 문제 프로그램으로 구성된다.

  언어 번역 프로그램(Language Translator Program)은 사용자가 원시 프로그램을 작성하면 목적 프로그램으로 번역해 주는 프로그램으로 어셈블러, 컴파일러, 인터프리터가 있다.

  서비스 프로그램(Service Program)은 사용 빈도수가 높은 모듈이나 프로그램들을 사용자가 사용할 수 있도록 제공되는 프로그램으로, 시스템 서비스에는 Link Editor, 라이브러리 등이 있고, 사용자 서비스에는 Sort(정렬), Merge(병합), Utility 등과 같은 프로그램이 있다.

  문제 프로그램(Problem Program)은 편집기, 데이터베이스, 통신용 프로그램 등 사용자의 응용 처리를 위해 사용된다.

4.2 운영체제의 운용 기법

4.2.1 운영체제의 목적

운영체제(OS: Operating System)는 컴퓨터 시스템의 자원들을 효율적으로 관리하며, 사용자가 컴퓨터를 편리하고 효과적으로 사용할 수 있도록 환경을 제공하는 프로그램으로 Windows, Linux, Unix 등이 있다.

운영체제의 기본적인 목표는 컴퓨터 시스템을 사용하기 편리하게 하는 것이며, 두 번째 목표는 컴퓨터 시스템 자원을 효율적으로 사용할 수 있도록 해주는 것이고, 세 번째 목표는 사용자와 컴퓨터 간의 인터페이스 역할을 수행하는 것이다.

그림 4-2 운영체제의 목적

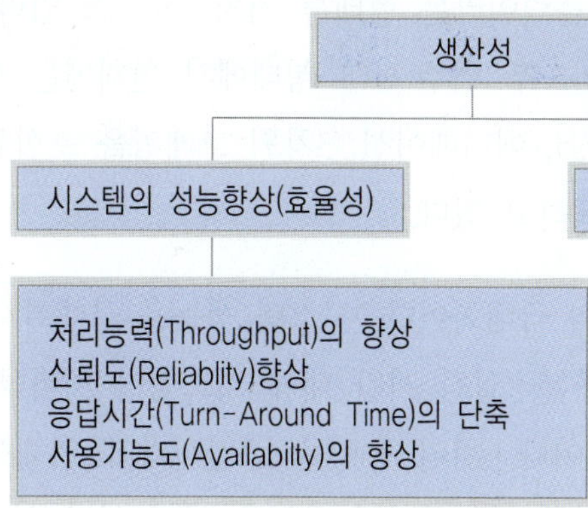

운영체제는 컴퓨터 사용자와 컴퓨터 하드웨어 사이의 인터페이스를 제공하고 제한된 시스템의 각종 자원을 효율적으로 사용할 수 있도록 하는 프로그램의 집단이다. 운영체제는 사용자에게는 최대의 편의성을 시스템 측면에서는 시스템 성능의 극대화를 위하여 비약적으로 발전해 왔다.

첫째는, 생상성 향상이다. 사용자의 편의성 제공과 시스템 성능의 극대화이다.
둘째는, 처리능력 증대이다.
셋째는, 응답시간 단축이다.
넷째는, 사용가능도 증대이다.
다섯째는, 신뢰도 향상이다.

첫째는 생산성 향상이다. 생산성 향상은 컴퓨터 시스템의 최대 과제였고 지금도 이를 위해 발전 중이다, 이는 시스템의 성능이 아주 우수하더라도 컴퓨터 사용자가 그 시스템을 손쉽게 이용하고 활용하기 어렵게 되어 있다면 전체적으로는 컴퓨터의 생산성이 저하됨을 의미 한다. 또한 사용자의 편의성만을 위해서 운영체제가 설계된다면 시스템의 성능이 저하되어 역시 전체적인 생산성은 떨어지게 된다는 것을 의미한다.

사용자의 편의성 제고는 프로그램 작성과 실행을 정상적으로 지원해주기 위한 환경의 제공과 각종 서비스 프로그램들이 제공되어야 전체적인 생산성 향상을 기대할 수 있다. 사용자 편의성 제고를 위한 컴퓨터 사용 환경의 경우는 키보드 입력과 문자 출력이라는 형태를 거쳐, 마우스 입력과 2차원 그래픽을 이용한 아이콘이나 윈도우 위주 GUI 형태에서 현재에는 펜 입력, 음성 입출력, 화상(정지 및 동영상), 애니메이션, 3차원 그래픽을 포함한 MMI(Multi Media Interface) 형태로 변화하고 있다.

둘째, 시스템 성능의 극대화이다. 시스템 성능을 극대화시키는 목적 중의 하나인 처리능력의 증대는 "일정 시간 내에 시스템이 처리하는 일의 양을 극대화"시키는 것이 목적이다. 처리 능력을 증진시키기 위해서는 사람의 개입을 최소한으로 줄이고 컴퓨터에 입력된 작업을 지연 시간 없이 연속적으로 처리할 수 있도록 하여야 한다. 예를 들어 CPU(중앙처리장치)의 유휴 시간을 적게 해주는 다중 프로그래밍 기법의 도입은 처리 능력의 증대에 기여한 개념이라 할 수 있다.

셋째, 응답시간 단축이다. 응답시간이란 "일의 처리를 컴퓨터에 지시하고 나서 결과를 얻을 때까지 걸리는 시간"으로 응답시간은 가능한 단축시키는 것이 바람직하다. 응답시간의 단축을 위해서는 작업의 연속 처리 기법, 온라인 실시간 처리 개념, 다중 프로그래밍 개념, 시분할 처리 개념 등이 도입되어야 한다.

넷째는 사용 가능도 증대이다. "컴퓨터 시스템 내의 한정된 자원을 여러 사용자가 요구할 때, 신속하고 충분히 지원해 줄 수 있는가?"이다. 이것은 사용 가능한 하드웨어 자원의 수나 다중 프로그래밍의 정도 등의 요소가 좌우하며 같은 종류의 시스템 자원수가 많을 경우에는 사용 가능도가 높아질 수 있다. 그러나 컴퓨터 시스템 내의 자원은 제한되어 있기 때문에 이들 자원들이 쉬지 않고 계속 사용될 수 있도록 하는 각종 기법들이 고려되어야 한다. 그리고 컴퓨터 시스템의 자원수가 많고 응답시간이 매우 빠르다 하더라도 시스템 유지보수 오작동에 대한 회복 처리에 많은 시간이 소요된다면 전체적으로는 시스템 생산성이 떨어지게 된다. 시스템의 보수시간이나 오작동 처리에 자동으로 대처할 수 있는 기능도 함께 고려되어야 사용 가능도를 높일 수 있다.

다섯째는 신뢰도 향상이다. 신뢰도는 "시스템이 정확하게 작동되는 정도"를 의미한다. 예를 들어 하드웨어 적인 오류의 자체 회복 재시도, 소프트웨어의 오류에 대한 메세지 제공, 상호조회 시스템 구성 등이 시스템의 신뢰도 향상을 위한 기법이다.

4.2.2 운영체제의 종류

개인용 컴퓨터에 이용되는 대표적인 운영체제로는 마이크로소프트의 Windows와 Linux가 있다. 중대형 컴퓨터에서 사용되는 운영체제는 Unix 계열의 운영체제가 주를 이룬다.

국내에서는 윈도우가 가장 대표적으로 많이 사용하고 있다. 윈도우는 마이크로소프트사에서 개발한 국내에서 가장 보편적으로 많이 사용하고 있는 운영체제이며, 마이크로소프트사에서 화면 기반 사용자 인터페이스를 가진 개인 컴퓨터용 운영체제로 시작하였으며, 도스를 이용하던 아날로그 시대를 탈피할 수 있도록 만든 컴퓨터 운영체제로 가장 많이 사용하고 있는 시스템이다.

유닉스(UNIX)는 초기 단계에는 소형 머신용 운영체제로 개발되었으나 여러 곳에서 개량되면서 워크스테이션이나 서버급의 중심적인 운영체제로 사용되었고, 소스 코드가 C언어를 이용하여 GUI(Graphic User Interface) 환경에 의해 운영이 되고 있다. 오픈소스라 누구나 리눅스를 개조해서 OS(운영체제)를 만들 수 있다.

리눅스(LINUX)는 유닉스를 기반으로 만든 운영체제로, 윈도우와 달리 무료화 서비스로 오픈소스를 담당한다는 점에서 다른 것들과 차이를 보인다. 오픈소스는 사용자가 직접 운영체제를 만들고 꾸며갈 수 있다는 점에서 새롭지만 아직까지도 국내에서는 사용이 저조하고 공공기관이나 특정 기관에서 서버 커뮤니티의 프로그램으로 많이 사용하고 있다.

4.2.3 운영체제 운용 기법

운영체제의 운영 기법은 1950년대 일괄 처리 시스템(Batch Processing System)에서 1960년대 다중 프로그래밍 시스템(Multi-Programming System), 시분할 시스템(Time Sharing System), 실시간 처리 시스템(Real Time Processing System)으로 1980년대 분산 처리 시스템(Distributed Processing System), 1990년대 다중 처리 시스템(Multi-Processing System)으로 발전해 왔다.

일괄 처리 시스템은 초창기 천공카드가 컴퓨터 입력 장치로 사용되던 시기인 1950년대에 처음 생긴 처리방식으로 일정 기간 또는 일정량의 자료 처리를 모아 두었다가 한 시점에 순서적으로 일괄 처리하는 자료 처리 방식이다. 일괄처리 방식은 컴퓨터 이용형태로서 오래된 방법이지만, 컴퓨터의 처리 효율을 높일 수 있고, 일정 시점 단위로 처리해야 하는 업무에는 여전히 유용한 방법으로 이용되고 있다.

다중 프로그래밍 시스템은 하나의 CPU와 주기억장치를 이용하여 여러 개의 프로그램을 동시에 처리하는 방식이다. 하나의 주기억장치에 두 개 이상의 프로그램을 기억시켜 놓고, 하나의 CPU와 대화하면서 동시에 처리한다. CPU의 사용률과 처리량이 증가한다.

시분할 시스템(Time Sharing System)은 하나의 시스템을 여러 명의 사용자가 단말기를 이용하여 여러 작업을 처리할 때 이용하는 처리 방법이다. 1950년에 고안되었으나, 1961년에 매사추세츠 공과대학(MIT)에서 호환 시분할시스템(CTSS: Compatible Time Sharing System)을 개발함으로써 개념을 정립하였다. 여러 명의 사용자가 시스템을 단말기로 이용하더라도 각각의 사용자가 시스템을 이용하는데 전혀 지장이 없도록 CPU의 이용시간을 잘게 분할하여 여러 사용자의 작업을 순환하며 수행한다. 시분할 시스템의 장점은 여러 명의 사용자들에게 빠른 응답시간을 제공하며 컴퓨터와 대화하는 듯이 사용할 수 있다는 점이다.

다중 프로그래밍과 시분할 시스템의 공통점은 운영체제에서는 여러 작업이 메모리에 동시에 유지되어야 한다는 점이다.

그림 4-3 다중 프로그래밍

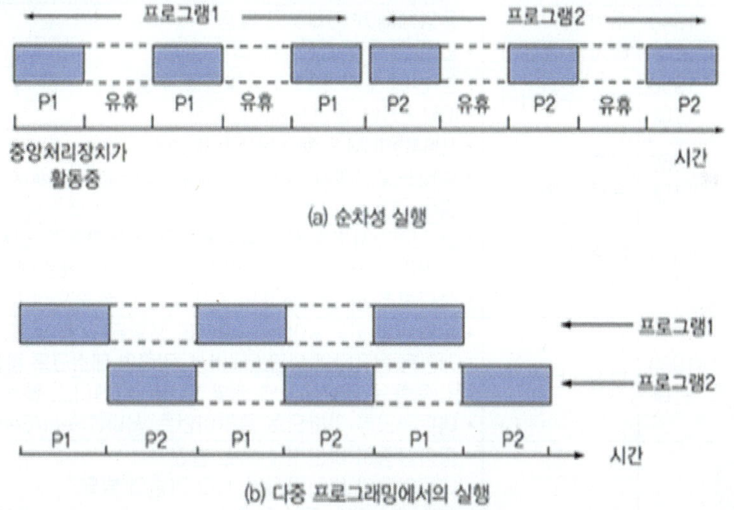

그림 4-4 시분할 시스템

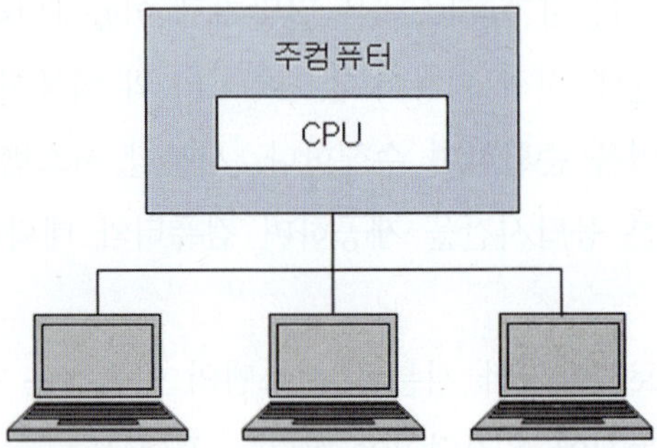

표 4-2 운영체제 역사와 발전단계

년도	처리방식	내 용
1940 년대	초기 전자식 디지털 컴퓨터	• 운영체제가 존재하지 않음 • 단지 기계적 스위치에 의해 작동
1950 년대	단순 순차처리	• 한 번에 오직 하나의 작업만을 수행 • IBM 701용 운영체제개발(GM)
1960 년대	다중 프로그래밍	• 1964년 IBM S/360 운영체제 개발 • 멀티프로그래밍, 멀티프로세싱, 시분할처리 개념 대두 • 멀티 대화식 사용자, 멀티모드 시스템의 보편화
1970 년대	다중모드 시분할	• 멀티모드 시분할 시스템(일괄처리, 시분할처리, 실시간처리)의 보편화 • 근거리 지역 네트워크(이더넷(Ethernet) (표준에 의해 실용화) • 정보보호 및 보안문제의 증대에 암호화 중요성 대두
1980 년대	분산네트워크	• 운영체제 기능들이 하드웨어에 포함된 펌웨어 개념의 대두 • 개인용 컴퓨터와 워크스테이션, 강력한 데스크톱 컴퓨터의 구축가능 • 각종 응용 프로그램의 개발 및 데이터베이스 활용 확대 • 네트워크를 기반으로 클라이언트/서버(Client/Server)모델의 확대
1990 년대	병렬계산과 분산계산	• 중앙집중이 아닌 분산으로 발전 • 네트워크와 멀티미디어 처리 기술의 발달 • 인터넷 보급의 급속한 확산 • 그래픽 사용자 인터페이스(GUI)의 강화 • 선점형, 멀티태스킹, 멀티스레딩, 가상메모리의 보편화 • PC용 운영체제(Windows, Mac), 서버용 운영체제 (Unix, Linux)의 보편화
2000 년대	모바일 및 임베디드 운영체제	• 시스템은 초고속화, 고기능화, 초경량화 방향으로 발전 • 다양한 통신망의 확대와 개발형 시스템의 발달 • 다양한 기능, 확장성과 호환성의 극대화 • 네트워크 기반의 분산 및 병렬운영체제의 보편화 • PDP, PMP 등의 모바일 장치와 가전제품을 위한 모바일 및 임베디드 운영체제의 보편화 • 64비트 CPU에 호환되는 64비트용 운영체제

실시간 처리 시스템(Real Time Processing System)은 처리를 요구하는 작업이 발생할 때마다 즉석에서 처리하여 결과를 산출하는 방식이다. 처리 시간이 단축되고, 처리 비용이 절감된다. 프로세스를 실행한 후 다음 프로세스에 대한 대기와 실행 등을 제어할 수 있다. 공정 제어기계나 의료기 시스템, 은행의 온라인 업무 등 시간에 제한을 두고 수행되어야 하는 작업에 사용된다.

분산 처리 시스템은 여러 개의 컴퓨터(프로세스)를 분산된 데이터 저장장소와 처리기들을, 네트워크로 연결하여 서로 통신을 하면서 동시에 일을 처리하는 방식이다. 하나의 대형 컴퓨터에서 수행하던 기능을 분산된 여러 컴퓨터에 분담시킨 후, 네트워크를 통하여 처리하는 방식이다. 각 단말장치나 컴퓨터 시스템은 고유의 운영체제와 CPU, 메모리를 가지고 있다.

다중 처리 시스템(Multi-Processing System)은 여러 개의 작업을 하나의 시스템에서 동시에 처리할 수 있는 시스템이다. 대표적인 경우로는 리눅스 시스템이 있다. 각각의 CPU가 언제나 실행 중인 프로세스를 갖도록 하여 CPU의 활용을 극대화하는 것이다. 프로세스의 수가 CPU보다 많은 경우(대부분의 경우가 이렇다.), 나머지 프로세스들은 실행되기 위해서 CPU를 사용할 수 있을 때까지 기다려야 한다. 하나의 CPU가 고장나더라도 다른 CPU를 이용하여 업무를 처리할 수 있으므로 시스템의 신뢰성과 안전성이 높다. 프로그램 처리 속도는 빠르지만 기억장치, 입출력 장치 등의 자원 공유에 대한 문제점을 해결해야 한다.

그림 4-5 다중 처리 시스템

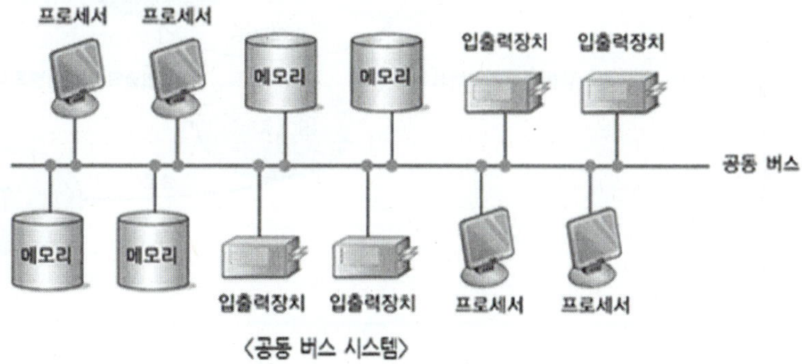

4.3 운영체제 주요 자원 관리

운영체제의 주요 기능은 프로세스(Processor), 기억장치(주기억장치, 보조기억장치), 입·출력 장치, 파일 및 정보 등의 자원을 관리하는 것이다.

4.3.1 프로세스 관리

프로세스는 일반적으로 프로세스(CPU)에 의해 처리되는 사용자 프로그램, 시스템 프로그램, 즉 실행 중인 프로그램을 의미하며, 작업(Job), 테스크(Task)라고도 한다.

프로그램은 일반적으로 하드디스크 등에 저장되어 있는 실행코드를 뜻하고, 프로세스는 프로그램을 구동하여 프로그램 자체와 프로그램의 상태가 메모리상에서 실행되는 작업 단위를 지칭한다. 예를 들어, 하나의 프로그램을 여러 번 구동하면 여러 개의 프로세스가 메모리상에서 실행된다.

그림 4-6 프로세스 상태 전이

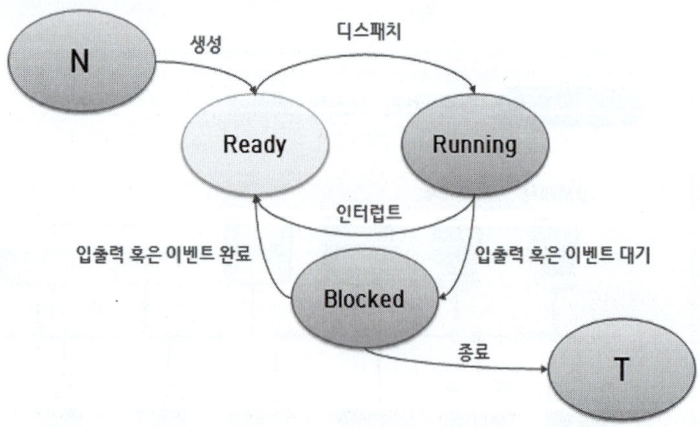

프로세스 상태 전이는 프로세스가 시스템 내에 존재하는 동안 프로세스 상태가 변하는 것을 의미하며, 프로세스의 상태를 [그림 4-6]과 같이 상태 전이도로 표시된다. 프로세스 상태는 제출, 접수, 준비, 실행, 대기 상태로 나눌 수 있다.

① 하드디스크에 있던 프로그램을 가져와 메모리로 로딩되어 준비(ready) 상태가 된다.

② 준비에서 메모리 로딩을 하여 실행으로 넘어가는 중인 걸 디스패치(dispatch)라고 한다.

③ cpu가 실행하고 있는 프로세스는 실행(running) 상태가 된다.

④ 실행 상태의 프로세스가 실행을 계속하기 위해 어떤 사건이 일어나거나 조건이 만족되어야 할 때, 만족되기를 기다려 프로세스는 대기(waiting) 상태가 된다.

⑤ 대기 상태에 있던 프로세스가 기다리던 사건이나 조건을 만족하면 다시 cpu를 할당받기 위해 준비상태로 전이되는 것을 wake up이라고 한다.

⑥ 실행 상태에 있던 프로세스가 실행이 끝날 때 까지 혼자 cpu를 독점하는 것을 방지하기 위해 강제로 프로세스의 상태를 준비 상태로 전이시키는 걸 time runout이라고 한다.

4.3.2 기억장치 관리

그림 4-7 기억장치 계층

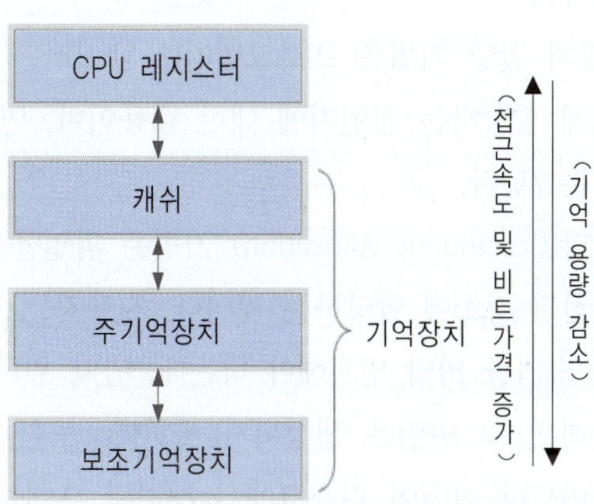

기억장치(Memory) 관리 전략은 보조기억장치의 프로그램이나 데이터를 주기억장치에 적재시키는 시기, 적재 위치 등을 지정하여 한정된 주기억장치의 공간을 효율적으로 사용하기 위한 것으로 반입 전략, 배치 전략, 교체 전략이 있다.

반입 전략(Fetch Strategy)은 기억장치에 적재할 프로그램이나 데이터를 언제(When) 보조기억장치에서 주기억장치로 가져올 것인가를 결정하는 전략으로 요구 반입(Demand Fetch) 전략과 예상 반입(Anticipatory Fetch) 전략이 있다.

배치 전략(Placement Strategy)은 새로 가져오는 프로그램이나 데이터를 주기억장치의 어디에(Where) 위치시킬 것인가를 결정하는 전략이다.

- **최초 적합**(First Fit) : 입력된 작업을 주기억장치에 적재 시 그 작업을 수용할 수 있는 최초 공백에 배치
- **최적 적합**(Best Fit) : 입력된 작업을 주기억장치에 적재 시 단편화(Fragmentation) 공간이 가장 적게 발생하는 공백에 배치
- **최악 적합**(Worst Fit) : 입력된 작업을 주기억장치에 적재 시 단편화(Fragmentation) 공간이 가장 크게 발생하는 공백에 배치

교체 전략(Replacement Strategy)은 새로운 프로그램을 배치할 주기억장치의 위치를 정할 때, 주기억장치의 공간이 부족하여 현재 주기억장치에 적재되어 있는 프로그램 중에서 어떤(What) 프로그램이나 데이터를 제거할 것인지를 결정하는 전략이다.

주기억장치 할당 기법은 프로그램이나 데이터를 실행시키기 위해 주기억장치에 어떻게 할당하는 것인지에 대한 내용이며, 연속 할당 기법과 분산 할당 기법으로 분류된다.

연속 할당(Continuous Allocation) 기법은 파일들을 보조기억장치 내의 연속적으로 인접된 장소에 할당하는 것이다. 사용자는 생성될 파일을 저장하기 위한 장소의 크기를 미리 명시해야 하는데, 만약 원하는 만큼의 기억 공간이 확보되지 못하면 그 파일은 생성되지 못한다. 또한 연속 할당함으로써 액세스 시간은 줄어드나 파일이 디스크에서 제거된 후에는 단편화(Fragmentation) 문제가 발생할 수 있다.

그림 4-8 주기억장치 관리 기법

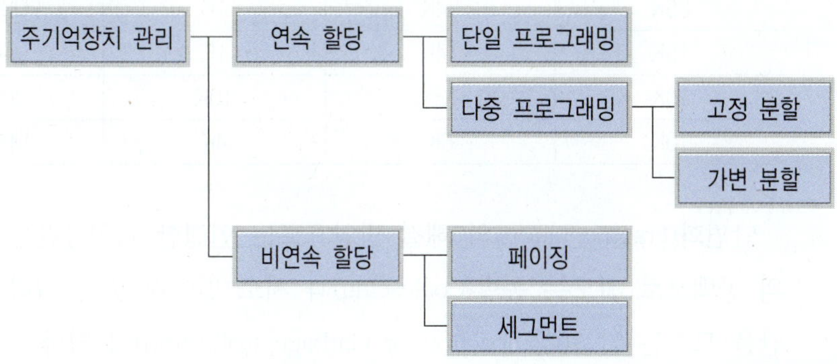

단일 프로그래밍 기법은 시스템 내에 항상 하나의 프로세스만 존재하며 현재의 프로세스가 종료된 후에 다른 프로세스가 실행되는 가장 단순한 기법이다.

고정 분할 다중 프로그래밍(Fixed Partition Multi Programming)은 주기억장치를 여러 개의 고정된 크기들로 분할하여 실행 중인 여러 프로세스에게 할당하는 기법이다.

가변 분할 다중 프로그래밍(Dynamic Partition Multi Programming)은 프로그램이 적재될 때마다 그 크기에 맞게 주기억장치의 공간을 할당해주는 기법이다.

비연속 할당(Non-Continuous Allocation) 기법은 프로그램을 특정 단위의 조각으로 나누어 주기억장치 내에 분산하여 할당하는 가법으로 페이징(Paging) 기법과 세그먼테이션(Segmentation) 기법이 있다. 가상기억장치(Virtual Memory)에서 사용된다.

단편화(Fragmentation)는 분할된 주기억장치에 프로그램을 할당하고 반납하는 과정을 반복하면서 사용되지 않고 남는 기억장치의 빈 공간 조각을 의미하며, 내부 단편화와 외부 단편화가 있다.

- **내부 단편화**(Internal Fragmentation) : 이미 정해진 크기에 프로그램을 할당하고 남은 기억 공간으로 사용되지 못하는 공간이다(기억공간 〉 작업량).
- **외부 단편화**(External Fragmentation) : 이미 정해진 크기에 프로그램의 크기가 커서 기억할 수 없게 된 공간이다(기억공간 〈 작업량).

표 4-3 단편화(Fragmentation)의 예

분할 크기	작업 크기	단편화 크기	단편화 종류
25K	24K	1K	내부 단편화
15K	14K	1K	내부 단편화
10K	12K	10K	외부 단편화
10K	6K	4K	내부 단편화

단편화(Fragmentation)의 해결 방안으로는 인접한 기억공간들을 더 큰 하나의 공백으로 만드는 통합(Coalescing)과 서로 떨어져 있는 여러 개의 낭비 공간을 모으는 압축(Compaction or Garbage Collection)이 있다.

가상기억장치(Virtual Memory)는 보조기억장치(하드디스크)의 일부를 주기억장치처럼 사용하는 것으로, 용량이 작은 주기억장치를 마치 큰 용량을 가진 것처럼 사용하는 기법이다. 프로그램을 여러 개의 작은 블록 단위로 나누어서 가상기억장치에 보관해 놓고, 프로그램 실행 시 요구되는 블록만 주기억장치에 불연속적으로 할당하여 처리한다. 가상기억장치는 블록의 크기가 동일한 고정된 크기로 가상기억장치를 구성하는 페이징(Paging) 기법과 블록의 크기가 다른 가변적인 크기로 가상기억장소를 구성하는 세그먼테이션(Segmentation) 기법이 있다.

4.3.3 정보 관리

운영체제의 주요 기능으로 파일 관리 기능과 자원보호 기능이 있다. 자원보호는 컴퓨터 시스템에서 사용자, 프로세스 등과 같은 주체가 프로세스, CPU, 기억장치 등과 같은 자원에 불법적으로 접근하는 것을 제어하고, 자원의 물리적인 손상을 예방하는 기법을 의미한다. 자원을 보호하는 기법으로 접근 제어 행렬, 전역 테이블, 접근 제어 리스트, 권한 리스트가 있다.

파일 시스템(File System)은 파일의 저장, 액세스, 공유, 보호 등 보조기억장치에서의 파일을 총괄하는 파일 관리 기술이다.

파일 시스템의 기능으로는 다음과 같다.

- 대량의 정보를 파일로 저장할 수 있어야 한다.
- 파일로 저장된 정보가 사용 중에 파괴되어서는 안 된다.
- 하나 이상의 프로세스가 공동으로 사용할 수 있어야 한다.
- 사용자가 파일을 생성, 변경, 제거할 수 있고 자신의 파일을 참조할 수 있도록 장치 독립성을 제공한다.
- 다양한 응용처리를 하며 여러 종류의 접근 제어 방법을 제공한다.
- 파일 간의 정보 전송을 할 수 있어야 하며 파일을 공유한다.
- 백업, 복구 등의 기능을 제공한다.

4.4 운영체제의 종류

대표적인 컴퓨터 운영체제로는 MS Windows, 유닉스(Unix)와 리눅스(Linux), MAC이 있다.

4.4.1 MS Windows

윈도우(Windows)는 마이크로소프트에서 개발한 컴퓨터 운영체제다. 키보드로 문자를 일일이 입력해 작업을 수행하는 명령어 인터페이스(Command Line Interface) 대신, 마우스로 아이콘 및 메뉴 등을 클릭해 명령하는 그래픽 사용자 인터페이스(Graphical User Interface, GUI)를 지원해 멀티태스킹(다중 작업) 능력과 사용자 편의성이 탁월하다.

글로벌 시장조사기관인 '넷애플리케이션'에 따르면 2015년 5월 기준, 전체 데스크톱 운영체제 시장에서 윈도우의 점유율은 91.07%에 이르며, 맥OS(7.35%)와 리눅스(1.57%) 등이다. 윈도 버전 별로 나눠보면, 2015년 5월 전체 운영체제 시장에서 윈도우 7(57.6%), 윈도우 XP(14.6%), 윈도우 8.1(12.88%), 윈도우 8(3.57%) 순이다.

그림 4-9 윈도우 시리즈의 구성

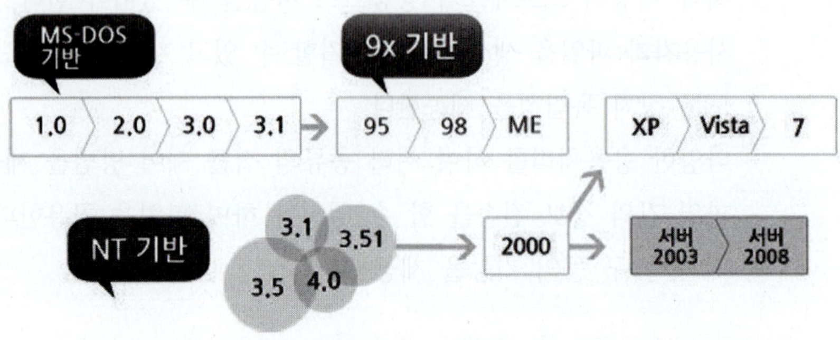

윈도우는 용도에 따라 크게 개인용, 기업용, 임베디드용(윈도우 CE 계열)으로 나뉜다. 개인용은 일반 사용자를 대상으로 한 제품이고, 기업용은 워크스테이션이나 서버에 적합하도록 네트워크 기능과 안정성을 강화한 제품이며, 임베디드용은 특정 용도에 최적화된 컴퓨터(휴대전화, PDA, 비디오게임기 등)에 맞춰진 제품이다.

마이크로소프트는 1985년 '윈도우 1.0'을 출시한 이후로 꾸준히 후속 버전을 출시하며 시장 지배력을 강화해오고 있다. 한 때 '윈도우 XP'의 후속 버전인 '윈도우 비스타'가 사용자들에게 혹평을 받으며 마이크로소프트를 곤란하게 했지만, 2009년 출시한 '윈도우 7'이 좋은 반응을 얻으면서 점차 세대교체가 이루어지는 추세다. 그리고 모바일 운영체제인 '윈도우 모바일', '윈도우 폰' 시리즈를 앞세워 모바일 시장에도 적극적으로 공략하고 있다.

1981년 마이크로소프트는 멀티태스킹을 지원하는 GUI 기반 운영 프로그램 개발에 착수했다. 이 프로그램의 프로젝트명은 '인터페이스 매니저(Interface Manager)'였다. 당시 마이크로소프트 마케팅 담당자는 이 이름이 너무 평범해서 소비자들의 흥미를 끌지 못할 것이라고 판단, 운영진을 설득해서 창문을 뜻하는 '윈도우(Windows)'로 변경했다. 실행화면이 창문의 격자를 닮았기 때문이었다. 이렇게 탄생한 '윈도우 1.0'은 1985년 공식 출시됐다.

그림 4-10 Windows 3.0과 3.1

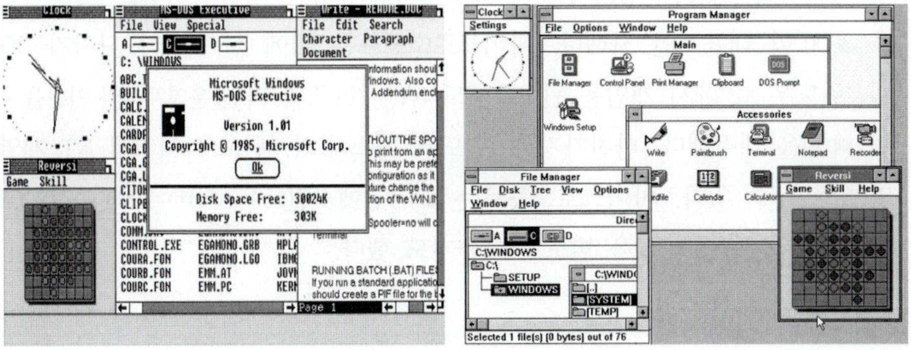

윈도우 1.0은 독립적인 운영체제라기 보다는 MS-DOS에서 구동하는 일개 프로그램에 가까웠다. 때문에 시장의 반향은 크지 않은 편이었다. 그림판, 워드 프로세서, 달력, 시계, 메모장, 클립보드, 게임 등을 지원했는데, 전체적으로 맥 OS와 매우 유사했다. 이는 당시 마이크로소프트가 초기 매킨토시 소프트웨어 개발에 깊이 관여하고 있었고, 매킨토시용 소프트웨어를 업그레이드해주는 대신 맥 OS 디자인을 일부 차용할 수 있는 라이선스 계약을 애플과 맺었기 때문이다. 당시 계약서는 애매한 표현으로 작성됐는데, 이 치명적인 실수로 인해 애플은 나중에 뼈아픈 후회를 하게 된다.

1987년 출시된 '윈도우 2.0'부터는 'MS 워드'와 'MS 엑셀'이 구동되기 시작했고 서드파티 프로그램도 점차 늘어났다. 또한 맥 OS의 창 겹치기와 같은 기능을 추가했다. 하지만 여전히 MS-DOS를 기반으로 하고 있었고, 시장 반응 역시 잠잠했다. 윈도우가 상업적인 성공을 거두게 된 시발점은 1990년 발표된 '윈도우 3.0'이었다. 멀티태스킹 기능이 대폭 향상됐다는 점이 특징이다. 곧이어 1992년 윈도우 3.0을 개선한 '윈도우 3.1'이 등장했고, 이 두 버전은 출시 2년만에 1,000만개에 달하는 엄청난 판매량을 올렸다.

1993년 출시된 '윈도우 NT 3.1'은 최초의 32비트 전용 버전으로, 기업용에 맞게 네트워크기능, 보안성, 안정성을 높인 제품이다. '윈도우 NT 3.5', '윈도우 NT 3.51', '윈도우 NT 4.0'이 차례대로 출시됐다. 원래 NT 계열은 기업용에 걸맞은 고성능 PC를 위한 운영체제였지만, PC의 성능이 전반적으로 발전하면서 개인용으로도 사용되기 시작했다. 기업용 시장을 겨냥한 NT 계열이지만 멀티미디어 기능을 강화하고 윈도우 9x와 유사한 사용편의성을 갖춘 '윈도우 2000'이 대표적인 사례다. 마이크로소프트는 이에 한 발 더 나아가 2001년, '윈도우 XP'에서 개인용 윈도우에도 NT 시리즈의 커널(운영체제의 기반을 이루는 뼈대)을 내장했다. 마찬가지로 '윈도우 비스타'와 '윈도우 7' 역시 NT 계열이라고 할 수 있다. 마이크로소프트는 2003년에 '윈도우 서버 2003'을, 2008년에 '윈도우 서버 2008'을 별도로 내놓기도 했다.

그림 4-11 Windows 2000, 95, 98

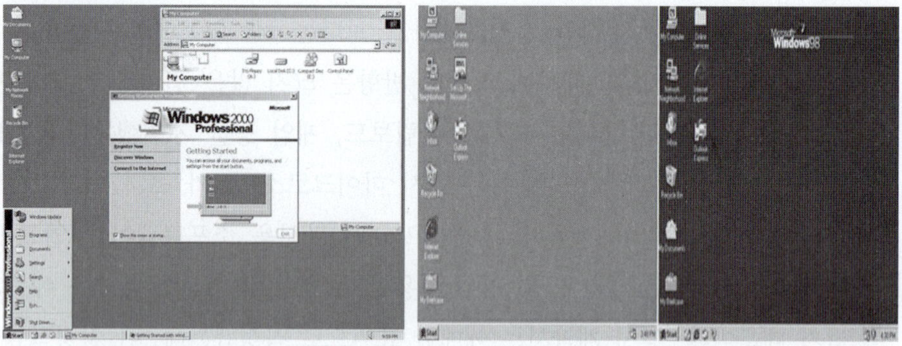

'윈도우 95'의 등장으로 본격적인 윈도우 독주시대가 시작됐다. 전작인 윈도우 3.1과 완전히 다른 GUI를 채택하면서 오늘날의 윈도우와 거의 비슷한 골격을 갖추게 됐다. 플러그 앤 플레이 기능(주변기기를 연결하면 자동으로 인식하는 기능)이 추가됐고, 파일 이름을 최대 255자까지 지을 수 있게 됐다. 무엇보다 MS-DOS에서 구동되는 프로그램이 아닌 독립적인 운영체제로 거듭났다는 점이 가장 주목할 만한 변화였다(하지만 호환성을 위해 MS-DOS를 포함했다). 윈도우 95는 엄청난 성공을 거뒀고, DOS 및 DOS 기반 프로그램은 급속하게 자리를 잃으며 몰락하게 된다.

3년 뒤 출시된 '윈도우 98'은 윈도우 95의 후속작이다. '인터넷 익스플로러

4.01', '아웃룩 익스프레스' 등 다수의 인터넷 연결 프로그램을 지원했으며, USB 인터페이스도 추가됐다. 2000년에는 밀레니엄을 뜻하는 '윈도우 미(Me)'가 출시됐으나 좋은 반응을 얻지는 못했다. 성능이 향상된 부분은 미미했지만 안정성은 오히려 떨어졌기 때문이다. 게다가 후속 제품 윈도우 XP가 예상보다 빠른 시기에 출시되면서 윈도우 미는 급격히 잊혀졌다.

2001년에는 NT 시리즈와 9x 시리즈를 본격 통합한 윈도우 XP가 출시됐다. NT 커널 기반으로 개발됐기 때문에 속도 및 안정성에서 높은 평가를 받았다. 출시 초기에는 보안에 취약하다는 의견이 대두되기도 했지만, 마이크로소프트가 대대적인 서비스팩을 제공하면서 보안성 논란을 잠재웠다. '홈 에디션'과 '프로페셔널 에디션'으로 출시됐으며, 전 세계 출시 2달 만에 2,000만개에 가까운 판매고를 올리는 등 높은 인기를 끌었다. 2005년에는 64비트 프로세서용 에디션이 추가로 출시됐다.

2006년에는 에어로 GUI를 적용하고 보안 시스템을 대폭 강화한 윈도우 비스타가 등장했다. '홈 베이식 에디션', '홈 프리미엄 에디션', '비즈니스 에디션', '엔터프라이즈 에디션(대기업용)', 얼티밋 에디션(홈 프리미엄과 엔터프라이즈 통합)', '스타터 에디션(일부 국가에만 출시)' 등 용도에 따라 총 6개 에디션으로 출시됐다. 하지만 시장 반응은 미온적이었다. 윈도우 XP에서 사용하던 프로그램들이 대부분 호환되지 않았기 때문이었다. 게다가 보안에 너무 치중한 나머지 편의성은 퇴보했다는 평가를 받았다.

윈도우 XP는 2014년 4월 8일부로 마이크로소프트의 모든 기술 지원이 종료되면서, 점유율이 떨어지기 시작한다. 2014년 4월, 전체 운영체제 시장의 1/4(26.29%) 이상을 차지하던 점유율도 14%대로 떨어졌다. 기술 지원 종료란 마이크로소프트가 제공하는 윈도우 업데이트 및 소프트웨어 관련 서비스를 의미한다. 즉, 운영체제를 계속 사용할 수는 있지만, 보안 패치나 기능 개선 등의 지원을 받을 수 없다는 의미다. 따라서 취약점을 악용한 해커의 공격에 대응하기 어려워지거나 최신 소프트웨어와의 호환성이 떨어진다.

마이크로소프트는 정책상 소프트웨어에 관해 최소 10년(기본 5년 및 추가 5년) 동안 지원을 제공하는데, XP의 경우 총 12년간 지원했다. 한편, 오늘날 가장 많이 쓰는 운영체제, 윈도우 7에 관한 기술 지원 종료는 오는 2020년 1월 14

일이다.

2009년에는 윈도우 7이 등장했다. 한번 고배를 마신 마이크로소프트가 윈도우 비스타의 보안 시스템을 손보고 다른 기능을 추가해서 내놓은 야심작으로, 윈도우 비스타와 마찬가지로 6개 에디션으로 출시됐다. 이와 함께 윈도우 XP와 윈도우 비스타 양쪽에서 모두 호환되는 프로그램들이 서서히 시장에 풀리기 시작했다. 윈도우 7에 대한 반응은 뜨거웠고, 2011년 9월 기준 누적 판매량은 4억5,000만 개를 넘어섰다. 점유율은 점차 상승해 2011년 10월에 마침내 윈도우 XP를 제치게 된다(윈도우 7 약 40%, 윈도우 XP약 39%). 8년 동안 꿈쩍도 않던 윈도우 XP가 드디어 조금씩 물러나게 된 것이다.

2012년 10월26일에는 차기 운영체제 윈도우 8을 출시했다. 기존 윈도우 운영체제와 달리, 일반 윈도우 화면 외에 '모던 UI'라는 시작 화면을 선보였다. 태블릿PC나 스마트폰 등 터치스크린을 갖춘 기기에 적합한 사용 환경이다.

그림 4-12 Windows 8, 10

2015년 7월 29일, 윈도우 10이 등장한다. 이 운영체제의 가장 큰 특징은 '통합'이다. 윈도우 8.1, 윈도우 폰, 엑스박스 원 운영체제, 윈도우 RT 등 다양한 플랫폼을 윈도우 10이라는 이름하에 묶고, 스마트폰, 태블릿PC, 노트북, 데스크톱, 콘솔 등 어떤 기기를 사용하든 일관된 사용자 경험을 제공하겠다는 것이다.

시작 버튼 역시 완벽하게 부활했다. 윈도우 8.1의 경우 시작 버튼을 추가하기는 했지만, 윈도우 7처럼 소프트웨어(혹은 애플리케이션)을 직접 실행하는 등의 기능은 별도로 지원하지 않았다. 또한, 키보드의 윈도우 버튼을 누르면 모던 UI로 전환됐다. 이와 달리 윈도우 10은 키보드의 윈도우 버튼을 누르면 시작 메뉴가 등장하며, 여기에 모던 UI를 축소해 놓은 창도 함께 보인다.

4.4.2 Unix

1969년 미국 AT&T사의 벨연구소 켄 톰슨(Ken Thompson)이 DEC사의 미니컴퓨터 PDP-7에서 어셈블리언어로 단일 사용자용인 유닉스(Unix)의 제1버전을 개발하였으며, 1972년 데니스 리치(Dennis Ritchie)가 고급언어인 C언어로 다시 작성하였다.

유닉스를 탑재한 워크스테이션의 발매와 함께 보급되어 현재는 개인용 컴퓨터, 대형 컴퓨터, 마이크로 컴퓨터에 이르기까지 많은 종류의 컴퓨터에서 사용되고 있으며, 거의 어떤 컴퓨터에도 이식이 가능하다. 유닉스는 멀티태스킹, 멀티유저를 지원하는 오퍼레이팅시스템(OS)으로 프로그램개발, 문서처리, 전자우편 등의 기능이 뛰어나다.

그림 4-13 Unix의 구조

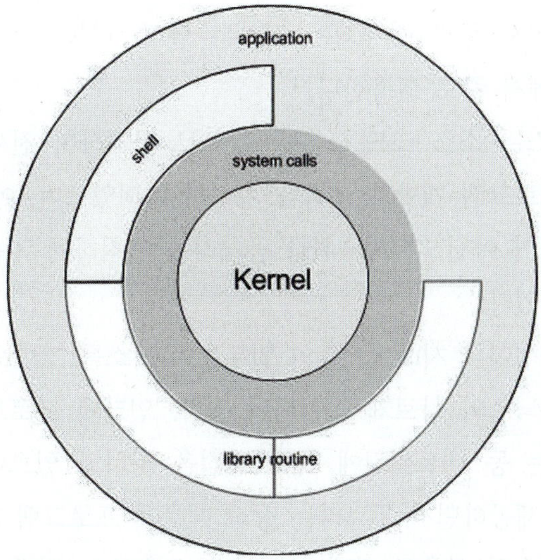

유닉스의 시스템은 Kernel, Shell, System calls 3개의 중요한 구성요소를 갖고 있다.

커널(Kernel)은 시스템 부팅이 되어질 때 메모리 내에 위치(Load)되는 프로그램이다. 커널은 메모리 관리, 프로세서 시간 할당, 입력 및 출력의 제어를 수행함으로 인해 운영체제의 관리자 또는 핵심이라 불리운다. 커널은 사용자가 직접적으로 제어할 수 없다.

쉘(Shell) 프로그램은 로그인시에 각각의 사용자에 대해 게시되고, 명령어 실행을 초기화하고, 번역함에 의해 커널과 사용자 사이의 인터페이스 역할을 수행한다. Shell은 시스템 관리자가 사용자를 시스템에 등록하였을 때 사용자에 할당된다. 관리자는 언제든 사용자의 쉘을 변경할 수 있다. Bourne shell이 UNIX 4.0 버전에서 표준 쉘이다. 쉘은 또한 어플리케이션을 설계하거나 새로운 명령어를 생성할 수 있는 프로그래밍 언어이다.

4.4.3 Linux

1989년 핀란드 헬싱키대학에 재학 중이던 리누스 토르발스(Linus Torvalds)가 유닉스를 기반으로 개발한 공개용 오퍼레이팅시스템(OS)으로, 1991년 11월 버전이 일반에 공개되면서 확대 보급되기 시작하였다. 유닉스(Unix)가 중대형 컴퓨터에서 주로 사용되는 것과는 달리, 리눅스는 워크스테이션이나 개인용 컴퓨터에서 주로 활용한다.

리눅스는 소스 코드를 완전 무료로 공개하여 전세계적으로 약 5백만 명이 넘는 프로그램 개발자 그룹을 형성하게 되었으며, 이들에 의해 단일 운영체제의 독점이 아닌 다수를 위한 공개라는 원칙하에 지속적인 업그레이드가 이루어지고 있다.

파일구성이나 시스템기능의 일부는 유닉스를 기반으로 하면서, 핵심 커널 부분은 유닉스와 다르게 작성되어 있다. 인터넷 프로토콜인 TCP/IP를 강력하게 지원하는 등 네트워킹에 특히 강점을 지니고 있으며, 유닉스와 거의 유사한 환경을 제공하면서 무료라는 장점 때문에 프로그램 개발자 및 학교 등을 중심으로 급속히 사용이 확대되고 있다. 리눅스는 각종 주변기기에 따라 혹은 사용하는 시스템의 특성에 맞게 소스를 변경할 수 있으므로 다양한 변종이 출현하고 있다.

Unix와 Linux에서 커널이 하는 역할은 막강하다. 커널은 쉽게 말해 응용 프로그램의 요청을 하드웨어에 전달해 수행하고, 결과를 다시 응용프로그램으로 전달해 주는 전달자로서의 역할 뿐 아니라, 이 모든 과정을 관리하는 역할을 하게 된다. 이때, Unix나 Linux를 사용하는 사용자가 커널과 대화해 특정 명령을 내릴 수 있게 해 주는 것이 바로 Shell이다.

그림 4-14 Linux 구조

셸(Shell)은 Unix 운영체제를 위한 명령 해석 프로그램의 이름이다. Unix 쉘에는 표준의 sh, 미국 버클리 대학에서 개발한 csh, David Korn이 개발한 ksh, GNU에서 개발한 bash 등이 있다. 쉘은 이용자와 시스템 간의 대화를 가능하게 해 주는 운영체제의 명령 해석기이다. 일반적으로 운영체제의 핵심이 되는 커널의 주위에 존재한다.

명령어 해석기라고 표현할 수 있으며, Unix에는 여러 가지의 쉘이 존재하고 사용자는 자신의 목적과 취향에 따라 원하는 쉘을 선택하여 사용할 수 있다.

Linux나 Unix 관련 자료를 보다 보면 POSIX라는 단어를 자주 보게 된다.

POSIX는 Portable Operation Systems Interface with Unix의 약자이다. Unix의 호환성과 이식성을 위해서 국제표준기구 ISO에 표준으로 선택된 규약이다.

4.4.4 MAC

애플의 맥 전용 운영체제로, 정식 명칭은 맥 오에스 텐(MacOS X)이었지만, 10.7 버전 후속으로 출시된 OS X 10.8 마운틴 라이언 이후 OS X으로 명칭이 변경되었다. 애플은 차세대 운영체제 프로젝트인 코플란드(Copland) 프로젝트의 실패 후 타사의 기술을 도입하기로 결정하고, 넥스트(NeXT) 사를 인수하여 그 회사의 운영체제인 오픈스텝(OPENSTEP)을 기반으로 MacOS X을 개발하였다.

2001년 출시된 MacOS X는 고유의 아쿠아 인터페이스로 사용자들의 많은 지지를 받았고, 기존의 MacOS와는 달리 강력한 멀티태스킹 기능을 구현하여 최초 목표였던 코플란드 프로젝트 이상의 결과물을 실현했다고 여겨진다. 초기 버전들에서는 속도나 성능의 저하가 지적된 바 있으나 버전이 업데이트되면서 운영체제 내부의 최적화가 이루어졌으며, 애플의 객체지향 응용 프로그램 환경인 코코아 기술, 그래픽 엔진인 쿼츠(Quartz), 맥용 에뮬레이터 기술인 로제타(Rosetta) 등을 활용하고 있다.

OS X은 가장 하단에 존재하는 커널인 다윈, 그래픽 엔진인 쿼츠, 퀵타임, OpenGL, 그리고 주요 API들과 가상머신 환경으로 이루어진다. API들에는 OS X만의 API인 코코아, MacOS 9 이전 버전에서 유래한 API인 카본(Carbon), 그래픽 처리를 위한 코어 이미지(Core Image), 음향 처리를 위한 코어 오디오(Core Audio) 등이 포함된다.

2001년 3월 24일 버전 10.0 코드네임 치타(Cheetah)가 최초 출시되었으며, 이후 버전이 업그레이드되었다.

- v10.0 : 치타(Cheetah), 2001.3.24
- v10.1 : 퓨마(Puma), 2001.9.25
- v10.2 : 재규어(Jaguar), 2002.8.24
- v10.3 : 팬더(Panther), 2003.10.24
- v10.4 : 타이거(Tiger), 2005.4.29

- v10.5 : 레오파드(Leopard), 2007.10.26
- v10.6 : 스노우 레오파드(SnowLeopard), 2009.8.28
- v10.7 : 라이언(Lion), 2011.7.20
- v10.8 : 마운틴 라이언(MountainLion), 2012.7.25
- v10.9 : 매버릭스(Mavericks), 2013.10.22
- v10.10 : 요세미티(Yosemite), 2014.10.17
- v10.11 : 엘카피탄(ElCapitan), 2015.9.30

OS X에서는 메뉴 및 대화상자 등에 한국어, 영어, 러시아어, 태국어 등 지역별로 40여 종의 언어 환경을 지원하고 있다. 맥 OS X용 애플리케이션의 구입 및 다운로드는 2011년 1월 6일 개점한 맥 앱스토어를 통해 가능하며, 개점과 동시에 1,000개 이상의 응용 프로그램이 공개되었다.

4.5 모바일 운영체제

4.5.1 뉴튼

운영체제 수준의 모바일 운영체제와 PDA라는 말을 처음 만든 것은 애플이다. 애플은 1993년 뉴튼 메시지패드를 내놓으면서 Personal Digital Assistant(개인용 디지털 단말기)를 줄인 PDA를 발표했다. 뉴튼OS를 썼고 지금 스마트폰에 비하면 어마어마하게 컸지만, 맥OS 못지 않은 그래픽 유저 인터페이스(GUI)를 갖추고 있었고 터치스크린과 문자 인식을 적용해 화면에 글자를 써 넣고 그림 메모를 남길 수 있었다. 가격이 700~900달러로 비쌌고 판매량이 그리 높지 않았기에 스티브 잡스가 애플에 복귀한 뒤 1998년 마지막 제품인 '메시지패드 2100'을 내놓고 사업 자체를 정리한다. 애플은 이때부터 아이패드를 준비해 온 것으로 알려졌다. 애플의 첫 PDA 뉴튼 메시지패드다. 펜으로 필기입력을 하고 개인 정보를 관리하는 PDA의 개념을 보급했다.

그림 4-15 뉴튼과 팜OS

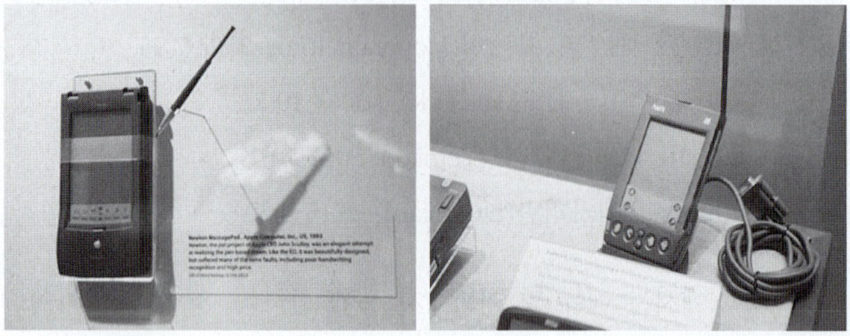

4.5.2 팜OS

뉴튼이 PDA의 시작을 열었다면 팜은 PDA를 대중화시키는 역할을 했다. 모뎀을 비롯한 네트워크 장비를 만들던 US로보틱스의 팜컴퓨팅 부서에서 만들기 시작한 팜은 뉴튼보다 화려하지도 않고 기능도 적었다. 하지만 이름처럼 손바닥 안에 쏙 들어올 정도의 크기였고 가격도 저렴했다. 팜은 전자수첩 이상의 기능을 갖췄고 수많은 앱이 등장하면서 단숨에 대중화에 성공한다. 그렇다고 지금 스마트폰처럼 누구나 한 대씩 갖고 있는 수준은 아니었지만 PDA라는 용어보다도 이렇게 생긴 장치들을 대명사처럼 '팜파일럿'이라고 불렀을 만큼 강한 인상을 남겼다.

4.5.3 윈도우CE/윈도우 모바일

PDA 시장이 떠오르면서 '손 안의 컴퓨팅'이라는 개념을 팜이 휩쓸게 됐는데, 이를 가장 달갑지 않게 지켜보던 것이 바로 마이크로소프트다. 윈도우95 이후로 PC 시장에서는 그 누구도 넘볼 수 없는 영향력을 갖게 된 마이크로소프트는 2000년부터 윈도우CE로 본격적인 PDA 시장에 뛰어들었다. 정확히 말해 윈도우CE는 보다 넓은 임베디드 시장을 넘봤다. 이때 마이크로소프트는 '포켓 PC'라는 플랫폼 규격을 만들었다. 윈도우CE를 쓴 제품은 누구나 만들 수 있지만 포켓 PC라는 이름은 화면 해상도와 버튼 등의 규격을 지켜야 쓸 수 있었다.

마이크로소프트가 주 무기로 삼은 것은 바로 '시작' 버튼이다. 일관성이라는 측면도 있었겠지만 윈도우95가 이 시작 버튼에서 모든 응용프로그램 실행과 시스템 설정 등 운영체제의 모든 것이 시작하는 인터페이스로 성공한 것에 대한 자신감도 녹아 있었다. 이 '시작' 버튼과 포켓 PC라는 이름 때문에 적지 않은 이용자들이 PC와 혼란을 겪기도 했다.

그림 4-16 컴팩과 삼성전자 옴니아2

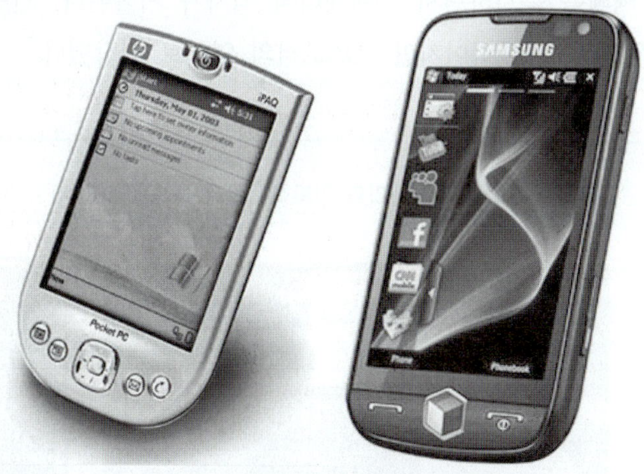

삼성전자의 옴니아2는 윈도우 모바일로 할 수 있는 최선을 다 했지만 당시 아이폰의 흐름을 막기에는 역부족이었다. 결국 혹평을 듣는 불운한 제품이 됐다.

윈도우 모바일6을 개선한 6.5버전에 들어서면서 터치스크린을 펜이 아니라 손으로 쓰는 인터페이스가 처음으로 고려되기 시작했다. 하지만 당시 운영체제에 비해 프로세서 성능이 느린 편이어서 화면이 매끄럽게 움직이는 아이폰과 상품성에 대해 직접적으로 비교되기 시작했다.

대표적인 제품은 컴팩의 '아이팩'이다. HP에 인수된 이후에도 아이팩 시리즈는 가장 잘 나가는 포켓 PC였다. 하지만 윈도우 모바일이 아이폰과 안드로이드의 인기에 밀리면서 HP는 PDA와 스마트폰을 접었고, 2009년까지 HTC와 삼성이 힘겹게 윈도우 모바일6.5를 이끌어 갔다.

4.5.4 블랙베리OS

블랙베리는 스마트폰이나 PDA로 시작한 게 아니라 페이저, 그러니까 '삐삐'에서 시작한 플랫폼이다. 1984년에 첫 제품이 나왔으니 2013년이면 꼬박 30년이 된 회사다. 블랙베리가 태어난 배경은 복잡한 기능을 하는 스마트폰이 아니라 메시지와 e메일이 성장할 것이라고 내다본 데서 출발한다.

초기에는 모뎀 등 네트워크 사업을 했지만, 1996년 RIM900이라는 이름의 문자 삐삐를 출시하면서 블랙베리의 역사가 시작된다. 간단한 개인정보관리 기능을 넣어 제한적이지만 PDA로서의 역할로 성장했다.

그림 4-17 블랙베리의 양방향 '삐삐'와 블랙베리10

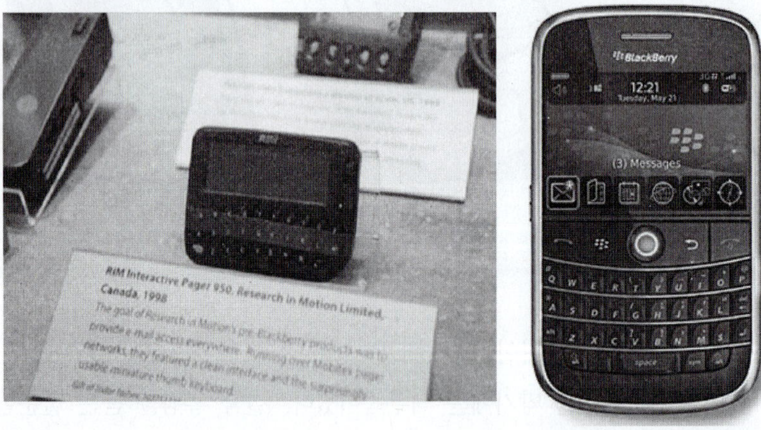

블랙베리는 QNX의 운영체제를 인수해 처음부터 새로 만든 운영체제 '블랙베리10'으로 재기를 노리고 있다. 하지만 스마트폰의 선택 조건이 멀티미디어, 게임 등으로 바뀌면서 블랙베리는 어려운 상황을 겪게 된다. RIM은 실시간 운영체제를 만들던 QNX를 인수해 태블릿 운영체제로 개발했지만 신통치 않았다. 2013년 1월, RIM은 이 QNX 기반의 새 운영체제 '블랙베리10'을 꺼내놓았다. 이 운영체제는 시작부터 새로 개발해 시장이 원하는 게임, 동영상 등의 환경을 기본으로 삼았고 블랙베리만의 특징인 보안과 기업 환경 최적화를 무기로 삼아 재도약을 넘보고 있다.

4.5.5 iOS

애플의 아이폰, 아이패드 그리고 아이팟터치에 들어가는 모바일 운영체제다. iOS는 2007년 1세대 아이폰과 함께 등장했다. 당시 PDA나 PMP 역할을 했던 아이팟터치에도 들어갔지만, 그때만 해도 이름은 아이폰OS였다. 이후 2010년 아이패드가 출시된 이후 WWDC에서 i가 붙는 세 가지 장치에서 쓰는 운영체제라는 의미에서 iOS라는 이름으로 통합된다.

첫 아이폰에는 응용프로그램을 설치하지 못했지만, 1년 뒤 나온 아이폰OS 2.0부터는 앱스토어가 더해지며 앱 개발과 유통에 대한 생태계를 만들어갔다.

iOS의 시작은 맥용 운영체제 OS X에서 시작된다. 아이폰이 처음 등장할 것이라는 소문도 OS X을 기반으로 한 모바일 운영체제를 개발한다는 이야기에서 시작된 바 있다. 애플도 아이폰 운영체제를 OS X의 한 버전 정도로 설명하기도 했다. 하지만 실제 구동되는 화면은 맥과 크게 다르다. 기본 화면은 팜OS처럼 앱 실행 아이콘들이 담기고 이를 실행한다. 운영체제는 복잡한 기능보다 앱들을 잘 쓸 수 있도록 단순화하는 데 초점이 맞춰져 있다.

iOS의 가장 큰 강점은 앱스토어에서 나온다. 2013년 1월 현재 등록된 앱이 77만5천개, 전체 다운로드수는 400억건이 넘었다. 지금도 그 숫자가 빠르게 늘어나고 있다. 앱스토어 없는 아이폰은 상상도 할 수 없다. 그런데 처음 나온 아이폰에는 앱스토어 뿐 아니라 아예 앱을 설치할 수 없었고 아이폰을 구입하고 나서 처음 띄우는 그 화면 그대로만 써야 했다. 하지만 2008년 아이폰OS 2.0이 발표되면서 앱스토어와 앱개발도구가 공개된다. 앱스토어에서 유료앱을 하나 팔면 그 수익의 70%를 개발자에게 주겠다는 정책은 수많은 앱 개발자들을 불러 모았다.

그림 4-18 아이폰과 iOS

4.5.6 안드로이드

앤디 루빈은 리치 마이너, 닉 시어스, 크리스 화이트 등과 함께 '안드로이드'라는 회사를 만들고 리눅스 기반의 스마트폰용 운영체제를 직접 개발했다. 하지만 운영체제와 플랫폼 사업이 쉽지 않다는 것을 일찌감치 깨닫고 큰 기업들의 문을 두드린다. 앤디 루빈이 구글 이전에 삼성전자의 문을 두드렸다가 발길을 돌린 일은 이미 잘 알려져 있는 이야기다. 2005년 구글은 이 안드로이드를 인수하면서 스마트폰에 대한 준비를 시작했다.

아이폰이 등장한 이후 스마트폰, PDA의 역할이 업무용으로 인식되던 것에서 용도가 바뀌기 시작했다. 그간 가방 속에 들어 있던 PMP, MP3플레이어, 게임기의 역할을 통째로 집어삼켜야 했다. 윈도우는 이 흐름을 생각처럼 따르지 못했고 아이폰은 너무 앞서나갔다. 전세계 휴대폰 제조사와 통신사들에 대안은 딱 하나, 안드로이드에 있었다.

HTC와 구글이 합작해 만든 첫 안드로이드 스마트폰 G1이다. 이를 계기로 HTC는 구글과 레퍼런스 안드로이드폰인 넥서스원을 만들기도 했다.

안드로이드의 개방성은 급격히 시장을 키웠다. 안드로이드가 2.0으로 올라가면서 앱 장터가 자리 잡고 운영체제가 안정성을 찾아갔다. 여기에 제조사별 경쟁이 심해지면서 제조사별 하드웨어의 발전이 급격하게 이뤄졌다. 이른바 슈퍼폰 경쟁이다. 대표적인 업체가 삼성전자다. 초기 안드로이드는 구글과 처음부터 협력했던 HTC와 모토로라가 이끌었지만, 삼성전자는 더 빠른 프로세서와 넉넉한 메모리로 안드로이드 속도를 끌어올리면서 흐름을 바꾸기 시작했다.

그림 4-19 삼성전자와 안드로이드

삼성전자의 갤럭시S 시리즈는 안드로이드의 고성능화를 이끈 대표 장치다. 특히 갤럭시S4는 세계가 출시를 지켜볼 만큼 큰 관심을 끌었다.

안드로이드는 지금도 계속 발전하고 있다. 안드로이드를 처음 만든 앤디 루빈은 "한 명의 머리보다 수천 명의 머리가 모여서 만드는 개방성이 안드로이드의 힘"이라고 말한 바 있다. 안드로이드 스스로도 버전을 끌어올리며 구글 나우를 비롯해 구글의 클라우드 서비스들을 더하며 발전하고 있고, 제조사들은 이를 가다듬어 운영체제로서의 역할을 가다듬는다.

토론과제 -- 'OS 경쟁' 안드로이드, 처음으로 윈도 제쳐

- MS 운영체제의 독주는 계속될 것인가?

PC, 모바일 등 운영체제(OS) 경쟁에서 구글의 안드로이드가 처음으로 마이크로소프트(MS)의 윈도를 제쳤다. 모바일 OS 시장은 안드로이드와 애플의 iOS가 나눠 갖고 있다는 걸 고려하면 전통의 PC와 비교해 스마트폰이나 태블릿PC 사용량이 압도적으로 늘었음을 의미한다.

아일랜드의 웹 분석회사 스탯카운터가 3월 세계 인터넷 접속 기기와 OS를 분석한 결과 안드로이드 비중이 37.93%로 윈도 37.91%를 근소한 차이로 앞섰다. 5년 전인 2012년 3월 같은 조사에서 안드로이드의 비중이 2%를 갓 넘었던 것과 비교하면 엄청난 증가세다. 당시 윈도 비중은 80%를 넘었었다. 스탯카운터의 최고경영자(CEO) 오드한 쿨렌(Aodhan Cullen)은 "1980년대부터 이어진 MS시대의 종말"이라고 평가했다.

안드로이드의 점유율은 아시아 시장에서 두드러졌다. 아시아 전체론 52%, 이 중 인도에선 62%를 차지했다. 인도 내 윈도 점유율은 19%였다. 현지 언론에 따르면 인도 내 인터넷 이용자는 빠르게 늘어 최근 4억6200 만 명이 됐으며 이 중 80%가 스마트폰으로 접속하는 것으로 알려졌다. 중국에서도 42%로 윈도의 37%를 웃돌았다. 동남아시아사에서도 중산층 확대를 배경으로 스마트폰 보급이 확대되고 있다. 동남아 주요 도시의 PC 보급률은 50%로 일본 같은 선진국(75%)에 못 미치지만 스마트폰 보급률은 각각 55% 대 59%로 근접해 있다. 태블릿PC는 오히려 동남아(29%)가 일본(19%)을 앞선다.

PC의 절대 강자였던 MS로선 위기상황이다. 스마트폰의 OS 점유율은 안드로이드가 85%, iOS가 14%, 윈도는 0.4%에 불과하다. 니혼게이자이신문은 "PC 시장에서 윈도 점유율은 여전히 높지만 PC 자체가 모바일 기기에 밀리고 있다"며 "MS도 오피스365를 안드로이드나 iOS에 탑재하도록 하는 등 윈도에서 탈피하지 않을 수 없는 상황"이라고 전했다.

(출처 : 이데일리, 2017년 4월)

04 연습 문제

1 다음 중 시스템 소프트웨어의 역할이 아닌 것은?

① 프로그램을 메모리에 올린다. ② 인터럽트를 관리한다.
③ 복잡한 수학 계산을 처리한다. ④ 기억장치를 관리한다.

2 운영체제를 기능에 따라 분류할 때, 제어 프로그램에 해당하지 않는 것은?

① Data Management Program ② Service Program
③ Job Control Program ④ Supervisor Program

3 운영체제에 대한 설명으로 옳지 않는 것은?

① 다중 사용자와 다중 응용 프로그램 환경 하에서 자원의 현재 상태를 파악하고, 자원 분배를 위한 스케줄링을 담당한다.
② CPU, 메모리 공간, 기억장치, 입・출력 장치 등의 자원을 관리한다.
③ 운영체제의 종류로는 매크로 프로세서, 어셈블러, 컴파일러 등이 있다.
④ 입・출력 장치와 사용자 프로그램을 제어한다.

4 운영체제의 목적으로 거리가 먼 것은?

① 처리 능력의 향상 ② 반환 시간의 최대화
③ 사용 가능도 증대 ④ 신뢰도 향상

5 여러 명의 사용자가 사용하는 시스템에서 컴퓨터가 사용자들의 프로그램을 번갈아 가며 처리해 줌으로써 각 사용자들은 각자 독립된 컴퓨터를 사용하는 느낌을 갖는 시스템은?

① On-Line System ② Batch File System
③ Dual System ④ Time Sharing System

6 운영체제의 운영 기법 중 동시에 프로그램을 수행할 수 있는 CPU를 두 개 이상 두고 각각 그 업무를 분담하여 처리할 수 있는 방식을 의미하는 것은?

① 시분할 처리 시스템　② 다중 처리 시스템
③ 실시간 처리 시스템　④ 다중 프로그래밍 시스템

7 준비 상태에서 대기하고 있는 프로세스 중 하나가 스케줄링되어 중앙처리장치를 할당받아 실행 상태로 전이 되는 과정을 무엇이라 하는가?

① 실행(Run)　② 준비(Ready)
③ 대기(Wait)　④ 디스패치(Dispatch)

8 기억장치 관리 전략은 주기억장치 자원을 가장 잘 사용하도록 설계되어야 하는데, 다음 중 주기억장치 관리 전략과 거리가 먼 것은?

① Fetch 전략　② Placement 전략
③ Paging 전략　④ Replacement 전략

9 다음 표와 같이 작업이 할당되었을 경우 내부 단편화와 외부 단편화의 크기는 얼마인가?

분할 영역	분할 크기	작업 크기
1	50k	60k
2	120k	160k
3	200k	100k
4	300k	150k

① 내부 단편화 : 250k, 외부 단편화 : 170k
② 내부 단편화 : 170k, 외부 단편화 : 250k
③ 내부 단편화 : 300k, 외부 단편화 : 1140k
④ 내부 단편화 : 670k, 외부 단편화 : 470k

10 가상기억장치에 대한 설명으로 옳지 않은 것은?

① 연속 배당 방식에서의 기억장소 단편화 문제를 적극적으로 해결할 수 있다.
② 기억장치의 이용률과 다중 프로그래밍의 효율을 높일 수 있다.
③ 가상기억장치의 일반적인 구현 방법에는 페이징 기법과 세그먼테이션 기법이 있다.
④ 주기억장소의 물리적인 공간보다 큰 프로그램은 실행될 수 없다.

11 파일 시스템의 기능으로 옳지 않은 것은?

① 여러 종류의 접근 제어 방법을 제공
② 파일의 생성, 변경, 제거
③ 네트워크 제어
④ 파일의 무결성과 보안을 유지할 수 있는 방안 제공

12 Unix 운영체제의 특징으로 볼 수 없는 것은?

① 대화식 운영체제이다.
② 다중 사용자 시스템(Multi-User System)이다
③ 대부분의 코드가 어셈블리 언어로 기술되어 있다.
④ 높은 이식성과 확장성이 있다.

13 Windows 설명 중 잘못된 것은?

① 윈도우 95는 '플러그 앤 플러그' 기능과 파일 이름 최대 255자가 가능하다.
② 2006년 에어로 GUI를 적용하고 보안 시스템을 대폭 강화한 윈도우 비스타가 등장했다.
③ 2012년 윈도우 8은 '모던 UI'라는 시작 화면을 선보였다.
④ 2015년 윈도우 10은 모든 UI를 축소해 놓은 창과 시작 버튼을 처음으로 추가했다.

14 모바일 운영체제의 설명 중 틀린 것은?

① 윈도우 모바일 6에서 손으로 쓰는 인터페이스가 처음 시작되었다.
② 블랙베리는 스마트폰이나 PDA가 아닌 '삐삐'에서 시작하였다.
③ iOS의 강점은 많은 앱스토어에 있다.
④ HTC와 구글이 합작해 만든 안드로이드는 삼성전자의 갤럭시 시리즈로 고성능화되었다.

04 주관식 문제

1. 운영체제를 기능별로 구분하고 각 프로그램의 역할을 설명하시오.

2. 운영체제의 목적과 주요 기능을 설명하시오.

3. 운영체제의 운영기법을 나열하고, 시대별 발전과정과 그 특징을 기술하시오.

4. 시스템 소프트웨어, 응용 소프트웨어, 유틸리티의 차이는 무엇인가?

5. 프로세스란 무엇인가? 그리고 프로세스가 시스템 내에서 변하는 상태를 그림으로 표현하고 과정을 설명하시오.

6. 기억장치의 계층 구조를 표현하고, 기억장치의 관리 전략을 설명하시오.

7. 대표적인 컴퓨터 운영체제 종류를 나열하고, 각각의 특징을 설명하시오.

8. Windows 운영체제의 특징과 발전과정을 나타내시오.

9. 모바일 운영체제의 종류와 각각의 특징을 설명하시오.

10. 애플, 구글, 삼성전자 제품의 운영체제는 어떤 것을 사용하는지 조사하고 장·단점을 기술하시오.

제 5 장

프로그래밍 언어

제5장 프로그래밍 언어

5.1 프로그래밍 언어 개요

5.1.1 프로그래밍 언어의 구분

컴퓨터에 명령 또는 연산을 목적으로 설계되어 컴퓨터와 의사소통을 할 수 있게 해주는 언어를 프로그래밍 언어라 한다. 컴퓨터는 최종적으로 신호의 흐름으로 제어되고 그것은 컴퓨터가 인식할 수 있는 기계어로 만들어 져야 한다. 컴퓨터가 직접 실행하고 해독할 수 있는 0과 1로 표현되는 기계어(Machine Language)는 사람이 이해하기 어렵다. 그러므로 사람이 원하는 작업을 쓰고 이해하기 쉽게 개발된 프로그래밍 언어로 일련의 과정을 작성하여 일을 시킨다. 그 결과 컴퓨터도 프로그래밍 언어를 기계어로 변환하여 작업을 수행한다. 이러한 프로그래밍 언어는 컴퓨터가 이해하기 쉽게 작성된 저급언어(Low Level Language)와 사람이 이해하기 쉽게 작성된 고급언어(High Level Language)로 나눌 수 있다. 즉, 사람에게 친숙한 언어로 이루어질수록 고급언어에 속하고 컴퓨터에 가까운 언어일수록 저급언어로 분류된다.

1) 저급언어

컴퓨터가 이해하기 쉽게 작성된 프로그래밍 언어로, 일반적으로 기계어와 어셈블리어(Aassembly Language)로 나눌 수 있다. 전류가 흐르지 않은 상태는 0으로 전류가 흐르는 상태는 1로 표시, 오직 0과 1로만 나타내는 언어를 기계어라 한다. 이러한 기계어를 사람이 알 수 있는 형식으로 만들 필요가 있는데 이렇게 기계어를 문자적으로 표현한 것을 어셈블리어라고 한다. 저급언어는 실행속도가 매우 빠르지만 배우기가 어려우며 유지보수가 힘든 것이 단점이다. 현재는 특수한 경우가 아니면 사용되지 않는다.

(1) 기계어

컴퓨터는 전자적인 계산 장치로서 전기신호를 통해서 제어하는데, 전기신호를 표현할 수 있는 방법은 신호가 들어오지 않은 상태인 off(0), 신호가 들어온 상태인 on(1)이다. 따라서 제어신호는 0과 1만으로 표현하는 라이프니츠식 2진법을 사용할 수밖에 없었고, 특정한 패턴의 전기신호는 어떠한 동작을 의미한다는 식으로 사람들이 정하고, 컴퓨터는 그 신호가 입력되면 정해진 동작을 하는 형태였다. 하지만 실제 컴퓨터의 동작에서는 장치가 꺼져서 전기신호가 없는 상태인지 아니면 0을 나타내는 상태인지 구별하기 위하여 0은 기준 레벨(일반적으로 볼트 단위로 표시한다) 이하의 신호일 경우 0으로 본다. 마찬가지로 1 역시 기준 레벨 이상의 신호일 경우 1로 본다. 따라서 뭔가 동작을 시키기 위해서는 이러한 제어신호를 사람이 직접 작성해야 하는데, 이러한 0과 1의 제어신호로 구성된 프로그래밍 언어를 기계어라고 한다.

그림 5-1 기계어의 예

```
10110000 01100001   // 16진수 61을 AL 레지스터로 옮긴다
00110000 00000000   // 프로그램을 끝낸다
```

(2) 어셈블리어

기계어는 가장 원시적인 언어로 컴퓨터는 바로 이해할 수 있는데 사람은 도저히 이해하기 어렵기 때문에 사람이 읽기 편하도록 기계어와 특정 기호를 1:1로 대응시키는 어셈블리어가 등장하였다. 즉, 어셈블리어는 기계어와 일대일 대응이 되는 컴퓨터 프로그래밍 언어이다. 컴퓨터는 구조에 따라 사용하는 기계어가 달라지며, 따라서 기계어에 대응되어 만들어지는 어셈블리어도 각각 다르게 된다.

그림 5-2 어셈블리어의 예

```
MOV   EAX, EBX   // EBX 레지스터 값을 EAX로 옮긴다
INC   EAX        // EAX 레지스터 값을 1 증가 시킨다
CMP   EAX, 50    // EAX 레지스터와 즉석값 50을 비교한다
```

[그림 5-2]의 어셈블리어 예에서 나타난 MOV, INC, CMP 등과 같은 어셈블리어 코드는 니모닉(Mnemonic) 기호이다. 니모닉 기호는 기계어로 된 일련의 숫자를 알아보기 쉽게 언어(단어)로 바꾸어 준 것이다. 이렇게 니모닉을 정하여 일련의 명령어를 나타낸 것이 어셈블리어이다. 어셈블리어는 기계어를 니모닉 기호를 통하여 보다 이해하기 쉬운 언어로 구성되어 있고, 이 니모닉 기호들은 기계어와 1 : 1로 대응되는 명령어를 갖고 있다. 어셈블리어는 컴퓨터의 저급언어로서 기계어보다는 알아보기 쉽지만 그래도 많은 사람들이 쉽게 사용하기에는 어려움이 많이 있다.

2) 고급언어

고급언어는 사람이 알기 쉽도록 쓰여진 언어로서, 저급언어보다 가독성이 높고 다루기 간단하다. 해결해야 할 문제나 절차를 고려해 설계되었으며, 명령은 간단한 문자나 기호, 영어에 가까운 문장으로 구성된다. 컴퓨터 내부의 구성 및 특성과 밀접하게 관련되어 있지 않은 고급 언어는 프로그램 작성이 쉬워 오류의 발생률이 매우 적어지도록 설계되었다. 저급언어는 하드웨어와 밀접한 관계가 있기 때문에 하드웨어를 직접 제어할 수 있는 반면에 전문가가 아닌 이상 다루기가 어렵다. 고급 언어는 프로그래머가 하드웨어에 관련된 사항을 인식하지 못하더라도 프로그램 작성이 용이하며 대다수의 고급언어는 컴퓨터 하드웨어를 프로그래머에게서 완전히 분리시키지만 일부에서는 고급언어의 기능을 유지하면서도 저급언어의 효율적인 면을 제공하기도 한다.

저급언어를 제외한 사용자가 사용하는 대부분의 프로그램 언어, 예를 들면 포트란(FORTRAN), 코볼(COBOL), C, JAVA 등이 고급언어이다.

5.1.2 프로그래밍 언어의 발전

프로그래밍 언어의 본격적인 개념은 수학에서 등장하였고, 폰 노이만 구조를 이용한 현대 컴퓨터의 원형이 전자분야와 결합하면서 만들어졌다. 이러한 전자적인 계산장치는 전기신호를 통해서 제어하였는데, 특정한 패턴의 전기신호는 어떠한 동작을 의미하는지를 정해서 그러한 신호가 입력되면 정해진 동작을 하는 형태였다. 따라서 어떠한 동작을 시키기 위해서는 이러한 제어신호를 사람이 직접 작성해야 하는데, 초창기에는 0과 1의 제어신호를 사람이 직접 작성하는 형태의 기계어가 사용되었다. 그러나 기계어는 가장 원시적인 언어로 사람이 이해하기가 어려워 결국 사람이 읽고 이해하기 용이하도록 기계어와 특정 기호를 1 : 1로 대응시키는 어셈블리어가 등장하였다. 어셈블리어를 사용함으로써 조금은 편리해졌지만 여전히 해독하기가 난해하였고, 컴퓨터의 보급과 함께 프로그램의 수요가 늘어나는데 비해 어셈블리어의 생산성이 떨어져서 조금 더 프로그램 작성이 용이한 언어들이 등장하기 시작하였다.

그림 5-3 프로그램 언어 예

아래의 ①, ②, ③은 동일한 처리내용이다

① 고급언어 표현
```
C = A + B
```
② 어셈블리어 표현
```
LOAD    A
ADD     B
STORE   C
```
③ 기계어 표현
```
001010  명령
001100  데이터
010011  명령
001101  데이터
101100  명령
001110  데이터
```

프로그래밍 언어는 각 시대별 사용목적에 따라 수백 종 이상이 개발되어 사용되고 있다. 초기 프로그래밍 언어들은 컴퓨터 성능의 한계로 인해 많은 제약이 있었으며 어셈블리어적인 성격이 어느 정도 남아 있었다. 그리고 컴퓨터의 보급과 성능 발달에 맞물려 그동안의 제약조건들도 하나씩 사라지고, 보다 사람이 읽고 이해하기 쉬울 뿐만 아니라 작성하기도 쉬운 프로그래밍 언어들이 속속 등장하였다.

프로그래밍 언어의 발달을 연도별로 세대를 구분하여 명확하게 나타내기는 어려우나 대체로 다음 표와 같이 나타낼 수 있다.

표 5-1 프로그래밍 언어의 세대 구분

세대	시기	대표적 언어	특 징
제1세대	1945년	기계어	하드웨어에 종속된 언어
제2세대	1950년대 중반	어셈블리어	기계어와 1 : 1 대응된 언어
제3세대	1960년대 초반	고급 프로그래밍 언어	하드웨어에 독립된 절차중심 언어
제4세대	1970년대 이후	4GL(Fourth-Generation Programming Language)	비절차 중심 언어
제5세대	미래	자연언어(한국어, 영어 등)	차세대 언어

5.1.3 프로그램 언어의 구현

1) 프로그램의 번역

보통의 컴퓨터는 사람들이 사용하는 언어(자연언어)를 이해할 수 없으므로 일상 언어에 가까운 문장으로 쓴 프로그램을 기계어로 번역하여 작업을 수행한다. 이때 사용하는 시스템 소프트웨어를 언어번역 프로그램이라 하며 컴파일러(Compiler)와 인터프리터(Interpreter)가 있다. 컴퓨터 사용자가 프로그램을 작성해서 실행하기 위해서는 먼저 언어 번역 프로그램을 이용하여 기계어로 번역하여야 한다. 이때 사용자가 작성한 프로그램을 원시 프로그램(Source Program)이라 하며 기계어로 번역된 상태의 프로그램을 목적 프로그램(Object Program)이라고 한다. 목적 프로그램은 링키지 에디터(Linkage Editor)에 의해서 컴퓨터가 실행 가능한 상태의 프로그램인 로드 모듈(Load Module)로 만들어 진다.

그림 5-4 프로그램의 번역과 실행

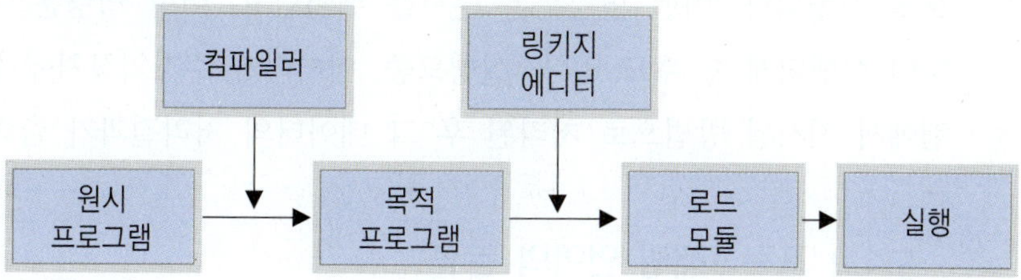

현재 수많은 종류의 프로그램 언어가 사용되고 있고 각 프로그램 언어별로 컴파일러가 존재한다. 특히 어셈블리 언어(Assembly Language)를 기계어로 번역하는 프로그램을 어셈블러(Assembler)라고 하며, BASIC 등 몇몇 언어는 기계어로 하나씩 번역해 가면서 실행하는데 이러한 언어번역 프로그램을 인터프리터(Interpreter)라고 한다. 인터프리터는 명령어를 하나씩 번역해 가면서 실행하기 때문에 컴파일러에 비하여 실행속도가 느린 단점이 있다. 반면 컴파일러는 전체 프로그램에서 하나의 문법 에러가 발생했을 경우에도 처음부터 다시 번역을 해야 하므로 프로그램 작성에 시간이 많이 소비된다.

2) 프로그램의 실행

프로그램을 처리하려면, 일단 터미널에서 고급언어로 작성된 프로그램을 입력시켜야 한다. 입력된 프로그램은 원시화일(Source)로서 보조기억장치(주로 디스크)에 저장된다. 일단 원시파일이 저장되면, 그것은 기계어로 번역이 되어야만 한다. 컴파일러는 원시파일을 한 문장씩 처리한다. 한 문장 또는 그 이상의 문장들에 구문상 오류가 생길 수도 있는데, 이것은 이러한 문장들이 고급언어의 구문법에 어긋남을 뜻한다. 이 경우 컴파일러는 에러(오류)메시지를 표시하여 줄 것이다. 이 시점에서, 원시파일을 수정하여 컴파일러로 하여금 다시 처리하게 할 수 있다. 더 이상 에러가 발생치 않으면 컴파일러는 기계어로 번역된 프로그램, 즉 목적 모듈을 생성한다. 목적 모듈은 일반적으로 보조기억장치에 저장되며, 실행 전 반드시 로더에 의해 주기억장치로 옮겨져야만 한다. 컴파일러나 로더는 컴퓨터 시스템의 일부분에 속한다.

컴퓨터의 제어장치는 주기억장치에 있는 프로그램의 각 명령문을 분석하여, 그 명령을 수행하는데 요구되는 명령신호를 보낸다. 보통 명령문들은 순차적으로 실행되나, 어떤 명령문은 순서를 뛰어넘고, 어떤 명령문은 반복 되풀이하여 실행되게 할 수도 있다. 실행도중, 데이터가 주기억장치에 들어와 프로그램에서 지시된 방법으로 처리된 후 그 데이터의 처리결과가 출력된다.

5.1.4 프로그래밍 언어의 분류

1) 프로그래밍 언어체계에 따른 분류

프로그래밍 언어체계에 따른 분류 기준에 의하면 절차적 언어(Procedural Language)와 비절차적 언어(Non-procedual Language)로 분류할 수 있다.

(1) 절차적 언어(Procedural Language)

컴퓨터가 수행할 작업의 내용을 처리과정에 따라서 상세히 순서대로 작성함으로써 알고리즘을 표현하는 프로그램 언어를 말한다. 즉, 알고리즘과 로직에 의거하여 단계 단계를 밟아가며 문제를 해결하도록 짜는 프로그래밍 언어이다. 1970년대에 들어와 소프트웨어 개발이 활발해 지면서 작성이 용이하고 체계적인 프로그래밍 언어의 요구가 증가하였다. 특히 컴퓨터가 수행할 작업의 내용을 순서대로 작성해 주는 절차적 언어의 필요성이 대두되었다. 컴퓨터의 수행 작업이란 주로 입력, 계산, 데이터처리, 저장 및 출력 등의 작업을 반복시키는 것이다. 이를 체계적인 구조로 표현하기 위하여 절차적 프로그래밍의 하위 개념으로 구조적 프로그래밍(Structured Programming) 개념을 프로그램 언어에 적용하였다. 절차적 언어는 현재에도 실무 영역에서 널리 사용되고 있다. 예를 들면, 포트란(FORTRAN), 코볼(COBOL), PL/I, Ada, C, ALGOL, Pascal, BASIC 등이 절차적 언어이다.

(2) 비절차적 언어(Non-procedural Language)

절차적 언어의 반대적 개념으로 논리를 구축하는 규칙에서 판단, 추론을 수행하는 것으로 프로그램을 작성하는 언어이다. 예를 들면, 사람에게 어떤 일을 수행하게 할 때 그 일의 목적과 결정사항 만을 알려주고, 그 이외에는 그 사람이 가지고 있는 지식에 의하여 판단이나 추론을 행하면서 일을 수행하게 하는 방식이다. LISP(LISt Processor)와 같은 인공지능 처리용 언어가 비절차적 언어이다. 또한 컴퓨터 부품을 하나씩 사다가 컴퓨터를 조립하는 것과 같은 방법을 사용하는 객체지향 프로그래밍(Object Oriented Programming) 언어도 비절차적 언어이다.

2) 해석 방식에 따른 분류

크게 인터프리터 언어와 컴파일 언어로 분류할 수 있다. 절대적으로 한쪽으로 분류 가능한 것은 아니다. 예를 들면 C 언어는 컴파일 언어이지만 C 인터프리터도 있다. 이러한 구분은 언어가 주로 구현되는 형태를 따른 것이다. 그리고 그 중간적인 성격을 갖는 바이트코드 언어도 있다.

(1) 컴파일 언어

C와 같은 고급 언어(High Level Language)를 컴퓨터가 이해할 수 있는 기계어 프로그램으로 번역해주는 시스템 프로그램인 컴파일러는 프로그래머가 작성한 고급 언어를 기계어로 번역해 준다. 컴파일러는 한 소스 프로그램을 다수의 기계어 명령이나 서브루틴을 이용하여 구성할 수 있다. 소스 코드를 미리 기계어로 번역해서 수행하기 때문에 수행 속도가 빠르고 이식, 호환성 및 보안성이 높다. 하지만 소스 코드의 극히 일부분을 수정해도 재 컴파일이 필요하기 때문에 인터프리터 언어보다는 개발이 신속하지 못하다는 단점이 있다. FORTRAN, COBOL, C 등 많은 컴파일 언어가 있다.

(2) 인터프리터 언어

인터프리터는 프로그램 언어의 문장들을 다음 문장을 번역하기 전에 기계어로 바꾸어 실행시키는 컴퓨터 프로그램이다. 어셈블러와 컴파일러는 소스 프로그램을 기계어 프로그램으로 번역하는 처리만 하고, 실행에는 관여하지 않는다. 그러나 베이직 언어의 처리를 행하는 인터프리터는 기계어 번역과 실행 기능을 모두 가지고 있어서 베이직 언어 프로그램의 번역 결과를 기계어 프로그램으로 남기는 것이 아니라 그대로 실행한다. 프로그램의 실행에 있어서 매번 번역해야 한다. 즉, 소스 코드를 한 줄 한 줄 읽어 그때마다 번역해서 수행한다. 대표적인 인터프리터 언어인 BASIC이나 JavaScript같은 언어가 이런 형태이다. 소스 코드를 한 줄씩 읽어서 수행하기 때문에 대체로 컴파일 언어보다 성능이 떨어지지만 소스 코드 수정 후 곧바로 실행이 가능하기 때문에 유연성은 더 높은 편이다. 컴파일 언어에서 수정이 잦은 부분은 외부 프로그램과 각종 값을 주고받는 API(Application Programming Interface)를 짠 뒤 이 외부 프로그램을 인터프리터 언어로 짜서 실행시키는 경우가 많다. 이런 용도로 사용되는 언어를 스크립트 언어라고 부르고, 스크립트 언어는 거의 인터프리터 방식이다. Python, Ruby, Lua 등 많은 인터프리터 언어가 있다.

(3) 바이트코드 언어

Java와 C#이 바이트코드 언어에 속한다. 소스 코드를 컴파일하는 것까지는 컴파일 언어와 같은데 이 결과물이 가상 기계용 기계어 코드, 즉 바이트코드 형태이며 이걸 가상기계(인터프리터)에서 실제 기계어로 한줄 한줄 번역하며 수행한다. 바이트코드를 번역하는 가상 기계는 매우 고속으로 동작하게 만들 수 있고, 가상 기계만 실제 장비에 맞추어 개발해 놓으면 실제 장비에 상관없이 똑같은 코드를 실행시킬 수 있기 때문에 이 방식을 사용한다. 또한 실행시간에 해석하여 수행하는 것은 인터프리터 언어와 마찬가지이므로 컴파일 언어에 비해 동적인 기능을 수행할 수 있다.

5.2 주요 프로그램 언어

5.2.1 포트란(FORTRAN: FORmula TRANslator)

포트란은 1957년 미국 IBM사의 존 배커스(John Backus)와 그 연구진에 의하여 개발된 과학기술 개발용 언어이다. 복잡한 계산이나 수식 등이 포함된 과학기술 계산상의 수치적 문제 해결에 충분한 알고리즘 구현 기능을 가지면서 비교적 문법이 단순하고 간결하여 배우기가 용이하다. 반면 엄격한 구문형식을 가지고 있으며, 사무용 자료 처리와 결과 출력 상에 제약이 많아 사무 처리용 언어(business language)로는 적합하지 못하다.

1966년에 FORTRAN IV가 미국표준협회의 표준으로 승인되었고, FORTRAN IV로 쓰인 프로그램이 누적됨에 따라 서로 다른 기종간의 프로그램 호환성이 요구되어 특정 기종에 의존하지 않는 언어로의 표준화가 진행되었다. 1977년에 FORTRAN IV를 확장하고 구조화 프로그래밍(Structured Programming)의 기능을 갖춘 FORTRAN 77이 발표되었다. 그 후 1990년대 초에 국제표준화기구(ISO: International Organization for Standardization)와 미국국립표준협회(ANSI: American National Standards Institute)에 의해 새로운 표준으로 인정받은 FORTRAN 90이 만들어져 졌다.

다음은 실수형 데이터 A, B, C를 읽어서 A×B−C의 계산을 수행하는 FORTRAN 프로그램이다.

그림 5-5 FORTRAN 90 프로그램 소스

```
PROGRAM REI_2
  IMPLICIT NONE
  REAL : : A,B,C,X        // 형선언
                          // 공백행
  READ (*,*) A,B,C        // 입력문
  X=A*B-C                 // 계산식
  WRITE(*,*) X            // 출력문
  STOP
  END PROGRAM REI_2
```

5.2.2 코볼(COBOL: COmmon Business Oriented Language)

COBOL(COmmon Business Oriented Language)은 사무처리에 적합한 언어로 널리 사용되어 지고 있다. 미국방성 컴퓨터 생산자 및 사용자들이 과학 계산용 언어와는 다른 일반 사무처리용 프로그래밍 언어의 필요성을 깨닫고 연구 개발하여 1960년 처음으로 개발되었다. 국방부를 중심으로 컴퓨터 사용자와 제조업자들은 CODASYL(Conference On Data Systems Language)이라는 위원회를 만들어 프로그램 처리의 호환성, 확장성, 평이성 및 문서성 등을 목적으로

사무처리에 적합한 고급언어 COBOL-60을 1960년 4월에 발표하였다.

COBOL-60을 발표한 이래로 수차례 수정과 보완을 거쳐 1968년에 미국 국가 표준기구(ANSI: American National Standard Institute)의 표준안인 ANSI COBOL이 확정되었다. 1985년의 ANSI COBOL-85는 구조적 프로그래밍(Structured Programming) 개념을 적극 수용하여 경쟁력 있는 언어로 사용되고 있다.

COBOL은 컴퓨터의 기종에 제한을 받지 않고 호환성과 특히 일상 영어문장과 같은 문법 체계를 갖추고 있는 것이 특징이다. IDENTIFICATION, ENVIRONMENT, DATA, PROCEDURE 4개의 DIVISION으로 구성되며 정형화된 형식을 취하고 있어 문서 그 자체를 보고서로 사용할 수 있다. 파일처리가 뛰어나며 최근에는 개인용 컴퓨터와 UNIX환경에서도 사용이 가능한 RM/COBOL, MS-COBOL, ACUCOBOL 등이 개발되어 있다.

COBOL은 파일의 순차처리와 비순차처리 등 파일 처리 면에서 다른 언어에 비해 강력한 기능을 갖고 있으며, 작성이 용이하고 작성된 프로그램이 다른 사람에게도 쉽게 이해될 수 있다. 반면, COBOL의 컴파일러에는 번역을 위한 많은 항목을 포함하고 있어 이의 수용을 위한 주기억장치의 용량이 커져야 한다. 또한, 프로그램 작성량이 많고 길어서 전체적인 구성이 간결하지 못하다.

다음은 1부터 100까지의 카운터를 출력하는 COBOL 프로그램이다.

그림 5-6 COBOL 프로그램 소스

```
IDENTIFICATION          DIVISION.
PROGRAM-ID.               CNT001.
DATA                    DIVISION.              // 데이터부 선언
WORKING-STORAGE           SECTION.             // 작업영역절 선언
01   CNT                PIC 9(03) VALUE 0.  // 이용자 정의어
PROCEDURE               DIVISION.
A.   IF    CNT   >  100
        THEN    STOP  RUN
        ELSE    ADD   1   TO   CNT
                DISPLAY  "COUNT  =  "  CNT
                GO    TO    A
        END-IF.
```

5.2.3 베이직(BASIC: Beginner's All-purpose Symbolic Instruction Code)

베이직(BASIC)은 1965년 미국 다트머스(Dartmouth) 대학의 케머니(J. G. Kemmeny)와 쿠르츠(T. E. Kurtz) 교수에 의해 개발된 회화용 언어이다. 문법이 간결하고 사용이 간편해서 컴퓨터를 처음 배우는 초보자들의 프로그래밍 교육용 언어로 많이 사용된다. 초보자를 위한 간단한 대화용 언어로 명령어의 종류가 적고 문법이 간단하며 문장의 수정 및 추가가 용이하다. 또한, 회화용 언어로서 단말기(Terminal)에 의해 직접 입력시켜 즉시 원하는 출력을 얻을 수 있으며, 명령어의 수행 순서를 지정하는 문 번호를 사용함으로 입력을 프로그램 실행 순서대로 하지 않아도 된다.

BASIC이 널리 사용되게 된 것은 개인용 컴퓨터의 기본 언어로 제공되면서부터이다. 과학 기술 계산과 사무 처리 등 다양한 분야에 친숙한 언어로 사용되고 있으며, 원래는 인터프리터의 특징을 지니고 있다. 대화식 프로그래밍 언어로서 과거에는 컴파일을 하지 않았으나 다양한 발전이 거듭되는 동안 현재는 컴파일을 하는 BASIC도 출현하였다. Quick BASIC, BASICA, GWBASIC, Turbo-BASIC 등 여러 종류가 사용되고 있다.

다음은 삼각형의 면적을 계산하여 화면에 출력하는 BASIC 프로그램이다.

그림 5-7 BASIC 프로그램 소스

```
10 CLS
20 LOCATE 0,0
30 PRINT "삼각형의 면적을 계산합니다"
40 LOCATE 35,9                    // PRINT문의 화면 출력 위치
50 INPUT "밑변은" ; MITBEUN
60 LOCATE 35,11                   // PRINT문의 화면 출력 위치
70 INPUT"높이는" ; NOPPI
80 LOCATE 25,15                   // PRINT문의 화면 출력 위치
90 PRINT "이 삼각형의 면적은" ; MITBEUN*NOPPI/2 ; "입니다"
100 END
```

5.2.4 파스칼(PASCAL: the PASCAL programming language)

1971년 스위스의 니클라우스 워스(Nicklaus Wirth) 교수에 의해 컴퓨터 언어를 통해 조직적인 강의의 방법과 프로그램 작성 교육을 시키자는 목적으로 만들어졌다. 그는 최초의 계산기를 발명한 프랑스의 위대한 수학 겸 철학자 파스칼(Blaise Pascal)을 기념하여 이름을 붙였다. 체계적인 알고리즘을 교육하기 위한 교육용으로 개발되었으나 과학 계산용과 사무 처리용으로 폭넓게 사용되고 있다.

프로그램 형식이 단순하고 체계적 제어구조로 되어 있어 구조적 프로그래밍 방식으로 작성하기 적합한 특징을 갖는다. 반복문으로 REPEAT-UNTIL, WHILE-DO, FOR-DO 형식의 명령문을 사용하기 때문에 효과적인 프로그래밍 작성이 가능하다. 개인용 컴퓨터에서도 가능하며 일반적인 프로그래밍 언어와는 달리 그래픽 기능이 뛰어나다.

이 언어는 문제를 해결하는데 있어서, 문제의 성격을 잘 반영하여 해결 과정을 나타내는 알고리즘을 표현하여 처리할 수 있는 고급 언어로서 Algol 60의 개념 및 문법을 기초로 하고 있다. 그리고 블록 구조(Block Structure), 재귀함수(Recursive Function), 프로시져(Procedure), 배열(Array), 집합(Set), 포인터(Pointer), 레코드(Record)형 및 간단한 출력 기능을 가진 문법적이고 체계적인 언어이며 새로운 데이터 형태를 정의할 수 있고, 스칼라(Scalar) 또는 정수의 일부분만을 변수의 범위로 정의할 수 있다.

파스칼 언어의 특징은 첫째, ALGOL의 자료구조 취약점을 보완하고 레코드의 개념 및 파일의 개념 도입을 통해 상업용 언어와 과학용 언어의 격차를 줄였다. 둘째, 풍부한 자료형을 갖추고 있는 언어로 프로그램 검증 연구 분야에 매우 중요한 역할을 한다. 셋째, 단순성과 판독성은 프로그래밍 언어를 통해 조직적인 강의의 방법과 프로그램 작성 교육의 효과가 있다. 넷째, 고도의 구조화된 언어, 즉 블록 구조(Block Structure)와 유용성이 큰 제어문(Control Statement) 등의 기능으로 현대의 프로그래밍 기법에 알맞다.

다음은 10부터 1까지 숫자를 하나씩 줄여가면서 그 숫자까지 출력하는 PASCAL 프로그램이다.

그림 5-8 PASCAL 프로그램 소스

```
program forloop1;
var i,j;
begin
 for i:=10 to downto 1 do begin
   for j:=1 to i do
     write(j:4);
     writeln;
 end;
readln;
end.
```

5.2.5 C(C language)

1) 개요

C언어는 1972년 벨 연구소의 데니스 리치(Dennis Ritch)와 켄 톰프슨(Ken Thompson)이 유닉스(UNIX) 운영 체제(Operating System)를 설계(PDP-11과 Unix의 시분할시스템 설계)하는 과정에서 UNIX를 위한 기술언어로서 개발하였다. 운영 체제뿐만 아니라 시스템 프로그램의 개발과 응용 프로그램의 개발 영역에도 섬세한 기능이 많은 언어의 특징 때문에 사용자에게 인기가 있고, 폭 넓게 사용되고 있다. C언어는 고급언어이면서도 저급언어만이 가질 수 있는 특징도 가지고 있는데, 즉 직접 하드웨어 제어가 가능하다는 점이다.

C언어는 전체적인 프로그램의 구성이 함수의 집합으로 되어 있어 표현이 간결하며 프로그램의 제어 구조가 구조적 프로그램 형식으로 되어 있어 프로그램의 분석과 이해가 쉽다. 또한 개인용 컴퓨터 대중화와 성능 향상으로 인하여 단순한 데이터 처리는 물론 그래픽 처리와 같은 다른 언어에서는 해결하기 어려운 분야의 구현이 가능한 강력한 언어이다. 1983년에 표준화 작업이 진행되어 IBM, VAX 등의 기종에서부터 마이크로 컴퓨터에 이르기까지 호환성과 좋은 이식성을 가지고 있다.

2) 배경(C와 UNIX)

C언어는 UNIX라는 OS와 따로 분리하여 생각하기는 어렵다. UNIX의 개발은 1969년 경 AT&T 벨 연구소 내의 사적인 실험으로 출발하였다. 당시 벨 연구소의 캔 톰프슨은 GE(제너럴 일렉트로닉스), MIT(매사추세스 공과 대학)와 벨 연구소의 공동 사업 'Multics'에 관계하고 있었다. 이것은 GE가 IBM에 대항하려고 개발하고 있던 GE635라는 컴퓨터용 OS의 개발 계획으로서 GE는 이 OS를 GECOS라 했다. 그러나 이 개발계획은 실패로 끝나고 GE는 하넬에게 컴퓨터 부분을 매각하고 컴퓨터 업계에서 철수하였다. 그러나 캔 톰프슨은 데니스 리치의 도움으로 PDP-7에서 여러 가지를 실험하는 데 열중하여, 편리한 툴(Tool)이나 유틸리티(Utility) 프로그램을 작성하고 그것이 일종의 화일링 시스템이 되어갔다. 그렇게 해서 이것이 핵심이 되어 OS다운 것으로 성장해 가는데 그것은 OS라기보다는 프로그램 개발용의 툴키트(Tool Kit)와 같은 것이었다.

UNIX의 성공에서 캔 톰프슨은 OS를 작성하는 것에 만족하지 않고 기종에 의존성이 적고 호환성이 높은 프로그래밍 언어까지 만들기로 했다. 처음에는 FORTRAN을 발판으로 했으나 이 계획은 곧 포기하기로 했다. 캔 톰프슨은 알고리즘의 정확한 기술에 적합한 ALGOL60이라는 언어의 CPL (Combined Programming Language)을 새롭게 단순화시켜 BCPL(BASIC CPL)을 다시 뽑아냈다. 이렇게 개발된 것을 B언어라 이름 붙였는데 1970년의 일이다. 데니스 리치는 B언어에 보다 더 좋은 점만을 골라내고 데이터 구조기법을 가미한 뒤에 다시 잘 다듬어서 C언어를 만들어 냈다.

다음은 정수데이터 a와 b를 합하여 c에 대입한 다음 출력하는 프로그램이다.

그림 5-9 C 프로그램 소스

```
#include<stdio.h>

void main(void)
{
        int   a,b,c;
        a=50;
        b=20;
        c=a+b;
        printf("HAP=%d\n",c);
}
```

5.2.6 C++(C++ language)

AT&T Bell 연구소에 근무하는 비야네 스트롭스트룹(Bjarne Stroustrup)은 1983년에 C에서 시스템 프로그래밍에 어울리는 기능들을 도입하고, 최초의 객체지향 프로그래밍 언어로 인정되는 Simula67에서는 클래스와 가상함수(Virtual Function)개념을 도입하고, Algol68에서 연산자 오버로딩 개념을 도입하여 C with classes라는 새로운 이름의 프로그래밍 언어를 만들었다. 이 프로그래밍 언어는 객체지향 프로그래밍 개념이 더욱 보강되어 1983년부터 C++이라는 지금의 이름으로 불리게 되었다. C++언어는 C언어의 문법을 대부분 사용할 수 있으며, 객체지향성이 더해진 C언어의 확장형이라고 생각할 수도 있다.

다음은 키보드로부터 정수값을 입력받아 i에 대입해 주는 프로그램이다.

그림 5-10 C++ 프로그램 소스

```
#include <iostream.h>
void  main()
{
     int  i;
     cout << "Input a number :";
     cin >> i;
     cout << "result is " << I << endl;
}
```

5.2.7 LISP(LISt Processing)

LISP는 맥카시(McCarthy)가 IPL(Information Processing Language)언어를 보완하여 1960년대 만든 언어로 프로그램과 자료를 동일시 취급하며 인공지능(AI: Artificial Intelligence) 문제 처리에 적합하다. 1962년에 LISP 1.5라는 이름으로 개정되었다. 이 언어는 인공지능 분야를 연구하는 데 많이 사용되고 있으며 절차적 지식을 표현하는데 적합하다. 절차적 지식은 함수 형태로 표현되며 함수는 어느 특정한 업무를 수행하는 작업의 집단으로 볼 수 있다. LISP는 매우 강력한 표현력과 개발 능력을 갖고 있기 때문에 컴퓨터 이용 설계(CAD), 의료진단 시스템, 석유 탐사를 위한 광물질 분석 그리고 컴퓨터 운영체계에 이르기까지 매우 다양하게 응용되고 있다.

LISP 언어의 특징으로는 첫째, 프로그램과 자료를 동일한 형태로 취급하며, 그들의 변형을 허용한다. 둘째, 제어 구조는 되부름에 의존한다. 셋째, 기본 자료 구조로서 연계 리스트를 사용하고 있다. 넷째, 인터프리터 언어로 제공되며 취해지는 동작은 판독-계산-출력이 반복되어 대화용 언어로 구현하는 것이 용이한 언어이다.

5.2.8 PROLOG(PROgramming in LOGic)

프랑스 마르세유대학교의 알랭 콜메르(Alain Colmerauer)에 의해 1970년에 만들어진 언어로 데이터 베이스, 전문가 시스템, 자연언어의 처리 등에 사용되어 오다가 에딘버거 대학의 워리어 등에 의해 PROLOG 컴파일러가 구성되면서 인공지능 언어로 주목받기 시작하였다. 5세대 컴퓨터 개발 연구의 기본언어로 채택함으로써 세계적으로 많은 연구가 진행되고 있다.

이 언어는 프로그래머가 원하는 작업을 논리에 의해서만 기술하도록 고안된 언어이기 때문에 이름 자체도 "PROgramming in LOGic" 약자를 따서 명명하였다. PROLOG는 FORTRAN, LISP 등과 같은 절차적 언어와는 달리, 논리에 기본을 두고서 프로그래밍하는 선언적 언어이다. 따라서, PROLOG는 LISP보다 더 고급의 명세 언어라고 할 수 있다.

PROLOG의 장점으로는 논리에 기본을 둔 언어이므로 프로그래밍 방법이 인간의 사고 방식과 비슷하며, LISP와 같은 기호 처리에 적합하고 무한한 병렬 처리 가능성을 갖고 있다.

현재에는 개인용 컴퓨터에서도 개발되어 Anity PROLOG, Turbo PROLOG, Ada PROLOG, PROLOG V, PROLOG-1, PROLOG-86, LAP Micro PROLOG, MPROLOG 등이 사용되고 있다.

5.2.9 PERL(Practical Extraction and Report Language)

PERL은 인터프리터로서 문서 파일을 읽고 필요한 정보들을 추출하여 그 정보들을 바탕으로 보고서를 출력하는 데 알맞은 프로그래밍 언어이다. Perl은 C, sed, awk, sh 등의 특징들을 결합한 것이어서 그러한 언어를 아는 사람은 아주 배우기 쉽다. 근래에 인터넷의 부상과 더불어 혜성처럼 나타난 HTML (HyperText Makeup Language)과 같은 문서를 다루는 데 아주 강력한 기능을 가지고 있으며, 인터넷 홈페이지의 CGI(Common Gateway Interface)를 구축하는데 좋은 언어이다.

Unix, MVS, VMS, MS-DOS, Macintosh, OS/2, Amiga, Windows NT 등의 여러 가지 운영체제에 코딩되어 있으므로 소스 파일의 이식성이 뛰어나다. 그리고 문자열과 메모리 관리가 없다.

5.2.10 RPG(Report Program Generator)

1960년대 중반 이후에 소규모 컴퓨터 이용자를 위한 언어로 사용되었다. RPG는 보고서(Report)를 쉽게 작성하기 위한 언어로, 미리 정해진 칸에 내용을 적어나가면 된다. 프로그램 형식은 파일 기술 규정(File Description Specification), 입력규정(Input Specification), 출력규정(Output Specification), 계산규정(Caculation Specification)으로 나눠져 있고, 프로그램 언어 자체에 포함되어 있는 고정된 논리가 각 형식에 있는 제목들을 사용하여 프로그램을 만들어 주고 있다.

RPG 언어는 프로그래머가 데이터를 처리하는데 필요한 논리를 구성하는 수고를 덜기 위한 언어로서 통상적인 업무용 보고서를 쉽게 작성할 수 있으며, 언어의 습득이 용이하다. 반면, 논리가 고정되어 있어 고정된 논리에 쉽게 맞출 수 없는 보고서의 프로그램은 어렵다.

5.3 프로그램의 작성

5.3.1 프로그래밍 언어의 구성

프로그래밍 언어의 표기는 구문(Syntax)과 의미론(Semantics)의 두 가지 관점에서 이루어진다. 구문이란 것은 언어의 외형적인 표기 방법을 일컬으며, 의미론은 구문이 내포하고 있는 의미, 즉 그 코드가 수행하는 작업을 뜻한다. 구문이 문법에 비유된다면 의미론은 글에 담긴 정보이다. 더욱 작은 단위로는 문자열(String), 문장(Sentence), 어휘항목(Lexeme) 등이 있으며 어휘항목의 종류를 통틀어 토큰(Token)이라 한다. 어휘항목에 속한 요소에는 식별자(Identifier), 리터럴(Literal), 연산자(Operator), 특수어(Special Word) 등이 있다.

- 정적 타입 언어

자료형(Type)이 고정돼 있는 언어를 정적 타입 언어라 한다. 간단히 정리하면 정수형으로 정의한 1은 계속 정수형 1로 남아있다. 이걸 실수형 1.0으로 바꾸려면 명시적인 형변환(Type Casting)을 해주어야 한다. 묵시적 형변환이 이루어지는 경우도 있지만 제한적이다.

■ 동적 타입 언어

자료형이 그것을 처리할 함수(또는 메서드)에 따라 그때그때 바뀌는 언어를 동적 타입 언어라 한다. 예를 들어 정수형 1을 정의했어도 그걸 처리할 함수가 문자열을 받아들이게 설계되어 있다면 자동으로 정수형 1을 문자 1로 바꾸어 준다.

5.3.2 프로그램 제어구조

제어구조란 프로그램의 처리 흐름을 제어하는 방법이나 그러한 수행 제어를 위해 사용되는 문장의 구조를 말한다. 구조화 프로그래밍에서는 순차형(순차 구조, SEQUENCE형), 선택형(분기 구조, IF THEN ELSE형) 및 반복형(반복 구조, DO WHILE형)의 3가지가 있다. 이 3가지 제어 구조를 조합함에 따라 프로그램의 모든 논리가 기술된다. 우리가 만드는 프로그램의 구조가 일견 복잡해 보이기는 하나, 내용을 자세히 들여다 보면 3가지 구조 밖에 없다. 순차, 반복, 제어가 그 3가지이다. 복잡해 보이는 컴퓨터도 사실 이 3가지를 결합하여 만들 수 있다. 또한 우리에게 알려진 어셈블러, 포트란, 코볼, 베이직, PL/I, ADA, C, C++, JAVA 등 모든 프로그램 언어는 이 3가지를 포함하고 있다. 따라서 모든 프로그래밍 언어가 할 수 있는 일은 사실상 동일하다. 차이가 나는 것은 문법뿐이다. 예를 들어 C언어에서 for문장을 포트란에서는 DO라고 표현한다.

따라서 하나의 언어만 잘 사용할 줄 알고 이러한 원리를 알면, 다른 프로그램 언어는 쉽게 배울 수 있다.

■ 순차(Sequence)

순차(Sequence)란 프로그램을 순차적으로, 즉 차례대로 실행해 나간다는 의미이다. 컴퓨터 '프로그램'이 프로그램이란 이름을 얻게 된 이유도 바로 이 순차적으로 실행한다고 해서 얻어졌다. 컴퓨터 프로그램에서는 프로그램을 써내려가는 순서대로 실행이 된다.

■ 반복(Repeat)

반복(Repeat)은 순차적으로 실행되는 특정 부분을 계속 반복한다는 의미이다. 물론 무한대로 반복하지는 않지만 몇 초 내에 백만 번이나 천만 번 반복할 수 있다. 우리가 컴퓨터를 사용하는 가장 큰 이유는 바로 이 반복하는 기능 때문이다. 수만명이 일하는 회사의 급여계산을 한다면, 컴퓨터 프로그램은 한 사람의 월급을 계산하는 것을 수만번 반복하여 모든 사람의 급여를 계산한다. 이러한 반복계산은 공학문제에 특히 많다. 기상예측이나 구조해석을 하기 위해서는 미분방적식을 풀어야 하는데 수억, 아니 수천억번의 계산을 반복해서 한다. 컴퓨터 프로그램에서는 이러한 반복을 for~next, while, until과 같은 문장으로 만들 수 있다.

■ 제어(Control)

마지막으로 제어(Control)란 조건에 따라 실행순서를 변경할 수 있다는 의미이다. 급여계산에서 세금 계산의 예를 들면, 수입이 년 간 1200만원보다 많으면 이런 방법으로 세금을 계산하고, 1200만원보다 적으면 다른 방법으로 계산하게 할 수 있다. 컴퓨터 프로그램에서 이러한 제어는 if나 switch와 같은 문장으로 만들 수 있다.

그림 5-11 제어구조

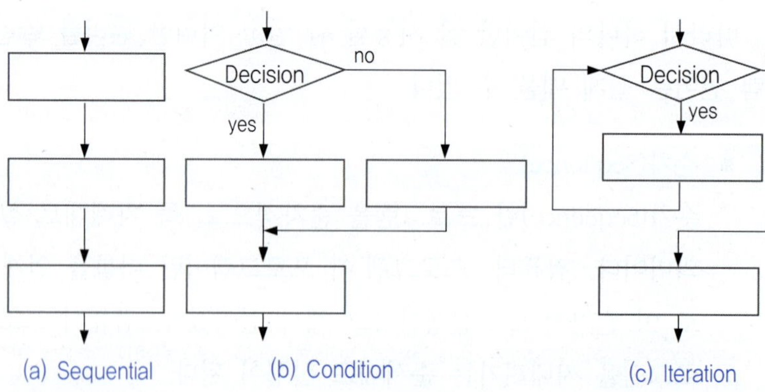

5.3.3 절차지향과 객체지향

1) 절차지향언어

절차지향언어는 알고리즘과 로직에 의거하여 단계 단계 밟아가며 문제를 해결하도록 짜는 프로그래밍 언어로, 구조화된 단계나 절차를 밟아 프로그램을 실행한다. 그 이름에서도 나타나듯 미리 짜여진 절차와 함수 혹은 서브 루틴을 통해 프로그램이 목적에 맞는 최종 결과물을 내게 하기 위한 모든 단계와 절차를 명시하게 된다.

절차적 언어는 변수, 함수, 구문과 조건 연산자로 구분되는데, 프로시저 혹은 함수는 데이터와 변수를 이용하여 작업을 수행한다. 이것들은 프로그램 계층 간 혹은 프로시저 간에 어디서든 호출될 수 있다. 절차적 언어로 짜여진 프로그램은 하나 이상의 프로시저를 갖고 있다. 명령형(Imperative) 언어로도 불린다

2) 객체지향언어

객체지향 이론은 대체로 'Smalltalk-80'의 개념을 바탕으로 하고 있다. 객체지향 프로그래밍은 본질적으로 프로그램의 코드를 보다 본질적으로 유용하게 작성하도록 하는 코딩 기술이기도 하지만, 그 보다도 소프트웨어 모듈을 하나의 독자적인 객체로 만들어, 이후에도 재사용이 가능할 수 있도록 하는 일종의 코드 패키징(Code Packaging) 기술이다. 즉, 객체지향 프로그래밍에서는 프로그램을 작성할 때에 이전에 사용했던 프로그램의 코드를 변경하지 않고 재사용할 수 있도록 하는 프로그래밍 기법이다. 따라서 현재 사용하는 프로그램을 이후에도 다시 사용될 수 있도록 하여주는 프로그램 코딩 기술과 과거에 사용했던 프로그램을 이후에도 다시 사용될 수 있도록 하여주는 코드 페이징 개념으로 구별된다.

객체지향언어는 프로그래밍을 함에 있어서 데이터와 그 데이터를 처리할 메소드를 한데 묶어 객체를 만들고 객체들을 조립하는 것을 목표로 한 언어들을 말한다. 객체지향언어의 특징은 추상화, 캡슐화, 상속성, 다형성이 있다. 추상화는 외부 인터페이스만 제공하고 객체 내부를 숨겨서 어떻게 일을 하는지 몰라도 결과를 내보낸다. 캡슐화는 객체 내부에 필요한 데이터 등을 묶어서 한번에 관리할 수 있게 해준다. 상속은 모객체를 상속받아 추가 기능을 더 붙이

거나 약간의 수정을 가한 객체를 만들 수 있다. 다형성은 메소드 이름은 같더라도 타입에 따라 다른 메소드가 실행될 수 있다는 것이다.

이러한 목적을 위해 객체지향 프로그램에서는 데이터의 추상화(Data Abstraction)라는 개념과 특성 계승(Property Inheritance)이라는 개념을 사용하고 있다. 데이터 추상화 기법에 의해 사용된 프로그램은 하나의 소프트웨어 모듈로 작성되므로 이후에도 재사용이 가능하게 한다.

객체지향언어의 시초인 Simula67을 만든 크리스틴 니갈(Kristen Nygaard)은 객체를 "시스템의 한 구성원(component)으로서 행위를 할 수 있는 한 단위"로 보고 있다. 또한 그는 OOP(Object-Oriented Programming)에서 정보가 처리되는 과정은 "change of system state"이며, 객체는 시스템을 구성하는 실체로서, 각 객체는 한 구성원의 특성과 상태 변화를 표현하는 기본 단위라고 정의한다. 정보처리에 의한 시스템의 상태 변화는 각 객체들에 의한 행위에 의하여 이루어진다고 보고 있다.

객체지향 언어가 기존의 절차적 언어(Procedural Language)개념에 비해 아래와 같은 장점이 있다.

① 실세계의 모든 개념적 개체는 단일 개념의 객체로 모델링 될 수 있다.
② 객체지향의 개념은 데이터 사이에 존재하는 복잡한 의미적 관계성을 쉽게 나타낼 수 있다.
③ 객체는 여러 형태의 멀티미디어 데이터를 다룰 수 있으며, 또한 쉽게 구현할 수 있다.
④ 시스템을 설계 구현하는 데 있어서 보다 빠른 프로토타이핑을 할 수 있다.
⑤ 병행 처리를 자연스럽게 지원해 줄 수 있다.
⑥ 사용자에게 편리한 그래픽 인터페이스의 지원이 용이하다.

객체지향언어의 종류를 살펴보면, 객체지향언어는 60년대 중반에 발표된 'Simula67'이라는 이름의 프로그래밍 언어에서부터 시작한다고 볼 수 있다. 하지만 실질적인 시작은 1980년도에 발표된 'Smalltalk-80'에서부터 시작한다고 할 수 있다. 1980년대 이후에 객체지향언어는 더욱 더 발전하여, 수많은 객체지향언어가 개발되었다. C에 객체지향 개념이 첨가된 'C++', LISP에 객체지향 프로그래밍 개념이 첨가된 'CLOS', 객체기반 프로그래밍 언어라고 불리는

'Ada', Bell 연구소의 'C++' 등의 수많은 객체지향 프로그래밍 언어가 발표되어 왔다.

5.4 웹 프로그래밍 언어

웹 개발을 위한 "프로그램 작성법", "웹 서비스 구축법" 등을 고려할 때, 처음으로 고민하는 것이 어떤 프로그램 언어를 선택할 것인가 하는 점이다. C언어, JAVA, 루피, 펄, 자바스크립트, C#, 파이썬(Python), 통계 언어인 매트랩, R, 구글의 차세대 언어인 GO 등 소프트웨어 개발에는 무수히 많은 언어가 활용되며 또한 새로운 언어가 항상 개발되고 있다. 현재 전 세계적으로 어떤 프로그래밍 언어가 인기가 있으며 많이 활용이 되고 있는지를 프로그래밍 언어 순위 업체인 TIOBE에서 제공하는 자료를 기반 살펴보면 다음과 같다.

그림 5-12 프로그래밍 언어 사용 순위 (2017년 2월 기준)

Feb 2017	Feb 2016	Change	Programming Language	Ratings	Change
1	1		Java	16.676%	-4.47%
2	2		C	8.445%	-7.15%
3	3		C++	5.429%	-1.48%
4	4		C#	4.902%	+0.50%
5	5		Python	4.043%	-0.14%
6	6		PHP	3.072%	+0.30%
7	9	^	JavaScript	2.872%	+0.67%
8	7	v	Visual Basic .NET	2.824%	+0.37%
9	10	^	Delphi/Object Pascal	2.479%	+0.32%
10	8	v	Perl	2.171%	-0.08%
11	11		Ruby	2.153%	+0.10%
12	16	^^	Swift	2.125%	+0.75%
13	13		Assembly language	2.107%	+0.28%
14	38	^^	Go	2.105%	+1.81%
15	17	^	R	1.922%	+0.73%
16	12	vv	Visual Basic	1.875%	+0.02%
17	18	^	MATLAB	1.723%	+0.63%
18	19	^	PL/SQL	1.549%	+0.49%
19	14	vv	Objective-C	1.536%	+0.13%
20	23	^	Scratch	1.500%	+0.71%

조사방법 및 조사업체에 따라 순위에 차이가 있으나 대체적으로 현재 프로그래밍 언어는 JAVA, C언어의 활용이 가장 많다. C언어는 사실 모든 프로그래밍 언어의 기반이라고 해도 과언이 아니다. 대부분의 프로그래밍 언어가 C언어를 기반으로 개발되었으며 응용프로그램, 임베디드 등 소프트웨어 뿐 아니라 하드웨어 개발 도구로도 응용이 되는 프로그래밍 언어이다. C언어 역시 대체할 수 있는 많은 언어가 개발되고 있지만 활용도나 대중성 면에서 대체가 되기에는 당분간 쉽지 않을 듯 하다.

프로그래밍 언어 1순위인 JAVA는 전세계적으로 프로그래밍 언어의 활용도가 가장 높다. 특성상 웹, 모바일 앱, 임베디드, 빅데이터 기술 등 많은 영역에서 JAVA 프로그래밍 언어가 활용되고 있다. 또한 개발에 있어서 다양한 API와 오픈 소스들이 제공되기 때문에 개발자에게 있어서는 폭넓고 수월한 개발이 가능해 지는 장점이 있다. 물론 속도가 느리다, 쓸데없는 기능들이 많다 등의 단점이 있지만 아직까지는 대체가 불가능한 언어임은 확실하다.

5.4.1 JAVA

1989년 CERN의 팀 버너스리(Tim Berners-Lee)에 의해 처음 제안된 WWW (World Wide Web)은 1990년 말에 최초의 구현 시스템을 선보이면서 그 놀라운 역사의 첫 페이지를 펼쳤다. 그 후 1993년 6월 NCSA에서 최초의 WWW 브라우저인 모자이크를 개발하면서 WWW 대중화에 바람을 일으켰고, 1994년 5월 마크 안드레센(Marc Andreessen)과 짐 클라크(Jim Clark)가 세운 넷스케이프사의 넷스케이프란 이름의 네비게이터는 WWW이 하나의 인터넷 도구로서가 아니라, 인터넷을 이용한 모든 사용자 환경을 대변하게끔 되었다. 그로부터 1년 뒤인 1995년 5월, 인터넷은 물론 소프트웨어와 컴퓨터 산업, 더 나아가 정보 산업 전체를 뒤흔들어 놓을 '자바(JAVA)'라는 언어가 발표된다. WWW과 모자이크가 처음 세상에 소개될 당시, 어느 누구도 컴퓨터 전반에 미칠 이 같은 영향을 예측하지 못했다. 반면 자바의 등장은 처음부터 기대와 희망, 그리고 마이크로소프트와 같은 파트너들의 경쟁과 경계 속에 커다란 기술 혁신의 회오리를 예고했다.

WWW에 있어 자바의 등장은 핫자바(최초의 자바 브라우저)를 통해 그 가능성을 인정받았으며, 현재 자바 언어 개발 면에서도 초기의 1.0 알파 3 버전 개발에 이어 SGML과의 호환을 위해 JDK(Java Developers Kit) 베타 버전으로 개발 방향이 선회되어 넷스케이프 네비게이트 2.0과 같은 자바 가능 브라우저들이 계속 늘어나고 있다. 이처럼 자바가 WWW을 통해 그 중요성을 인정받는 이유는 간단하다.

웹에서의 표현은 HTML 내에 삽입되는 간단한 자바 프로그래밍 애플릿을 통하여 자바 이전의 웹이 한 권의 그림책을 읽는 듯한 이미지와 텍스트의 정적인 브라우저 기능을 제공한다면, 애플릿의 사용으로 자바는 브라우저를 상호동작이 가능한 동적인 브라우저로 만들어 준다. 특히 넷스케이프 네비게이터 2.0은 자바를 지원함으로써 새로운 인터넷 환경의 가능성을 만들어 가고 있으며, 자바스크립트(Javascript)와 같은 자바 응용 기술의 개발이 계속적으로 이어졌다. 자바를 개발한 선마이크로 시스템즈 역시 자바 애플릿 프로그래밍 대회를 개최하여 자바의 미래에 대한 새로운 가능성을 점치고 있다.

과연 자바가 가져다줄 앞으로의 인터넷 세계는 어떤 것일까. 분명한 것은 우리는 현재 자바의 가장 간단한 단면만을 보고 있으며, 앞으로도 무궁무진한 자바의 잠재력이 인터넷 국제어로서의 역할을 하게 될 것이란 점이다.

다음은 "java java java"을 출력하는 JAVA 프로그램이다.

그림 5-13 JAVA 프로그램 소스

```
class Test{
public static void main(String[] args){
System.out.println("java java java");
}
}
```

5.4.2 웹 서비스

웹 서비스의 정의는 "네트워크 상에서 서로 다른 종류의 컴퓨터들 간에 상호 작용을 하기 위한 소프트웨어 시스템"이다. 홈페이지 제작과 같은 디자인 및 내용 표현과 더불어 사이트 방문객에게 기능을 제공하는 것을 목적으로 한다. 구글(Google), 네이버(Naver) 등의 검색시스템은 수많은 정보를 축척하고서 입력된 키워드와 매치된 정보를 제공한다. 이와 같은 '검색기능'을 제공하는 시스템을 웹 서비스라고 한다. 페이스북(Facebook), 트위터(twitter)와 같은 SNS나 아마존(Amazon) 등의 전자상거래(EC)사이트 등도 웹 서비스에 속한다.

웹 시스템 이전에는 동일 컴퓨터 내에서 호출 및 피호출 프로그램이 상호작용함으로써 이들을 분리할 필요가 없었다. 그러나 컴퓨터 및 네트워크 기술 발전에 따라 많은 프로그램을 대신하여 서비스를 제공하거나 자원을 관리하는 전문화된 프로그램의 개념이 널리 확산되어, 이를 서버(Server)라 하고 서비스 또는 자원을 의뢰(요청)하는 측을 클라이언트(Client)라 한다. 클라이언트-서버 모델(Client-Server Model)은 클라이언트와 서버로 나눠는 네트워크 아키텍처를 나타낸다. 웹 시스템도 확장된 '클라이언트-서버 시스템'으로 분류된다. 클라이언트-서버 시스템의 개념은 [그림 5-14]와 같다.

그림 5-14 클라이언트/서버 시스템

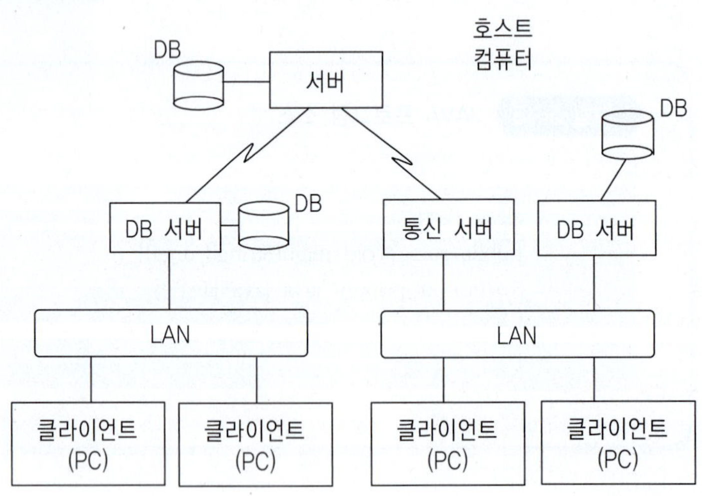

클라이언트란 사용자가 서버에 접속하기 위해 사용하는 프로그램 또는 서비스를 말하는데, 웹 시스템에서 클라이언트란 인터넷 익스플로러(Internet Explorer)나 크롬(Chrome) 등의 브라우저를 나타낸다. 서버는 서비스를 제공하는 측으로써 클라이언트에게 네트워크를 통해 서비스하는 컴퓨터를 나타낸다. 인터넷은 수많은 서버들이 거미줄처럼 얽혀서 형성된 것이다. 홈 페이지를 운영하려면 서버가 반드시 필요하며, 온라인 게임이나 웹 게임들도 서버를 통해서 서비스를 하고 있다.

웹에서 사용되는 프로그래밍 언어를 통틀어 이야기 하는 웹 프로그래밍 언어는 클라이언트 사이트에서 사용되는 언어로는 HTML(Hypertext Markup Language), CSS(Cascading Style Sheets), JavaScript 등이 있으며 각각의 특징은 다음과 같다.

① HTML(HyperText Markup Language)은 웹 브라우저가 표시하는 내용(문장, 화상 등)과 배치 등을 표현하는 언어이다. 웹페이지를 구성하는 요소들을 나열하는 형태로서 워드 프로세스를 이용하여 문장을 작성하는 것과 비슷하며 비교적 쉽게 배울수 있다. HTML을 이용하여 이미지나 링크, 테이블 등을 브라우저에 보여주는 것이 가능하다.

② CSS는 웹 페이지에 좀 더 디자인적인 요소를 가미하도록 도와준다. 즉, CSS는 HTML을 장식하는 것으로 CSS를 사용하여 색칠하고 배치를 우아하게 하며, 이미지나 텍스트에 효과를 넣을 수 있다. 일반적인 홈페이지는 HTML과 CSS가 있으면 작성 가능하다.

③ Javascript는 웹페이지를 사용자와 소통할 수 있도록 도와준다. Javascript를 이용하여 경고창 및 사용자가 입력한 데이터 처리가 가능하다. HTML이나 CSS는 주로 표시에 관한 처리를 하지만 Javascript는 웹 브라우저상에서 움직이면서 변화를 표현하는 것이 가능하다. Javascript는 HTML이나 CSS와 달리 실제 프로그래밍 기술이 요구되며, 라이브러리 형태의 JQuery에 대한 지식도 필요하다.

클라이언트가 표시에 관한 처리를 수행하는 반면 서버 프로그램은 데이터 처리에 사용된다. 웹 서버에서 작동하는 프로그래밍 언어(Sever Side Programming Language)는 무수히 많으며, 실제로 대부분의 프로그래밍 언어가 웹 서버 프로그램 작성용으로 사용 가능하다. 프로그래머의 숙달 정도, 개발 대상의 목적에 맞는 프로그램 언어를 선택하여 사용하면 된다. 대표적인 것으로는 C, Java 이외에도 스크립트 언어로서 VBScript, ASP.net, Perl, PHP, Python, Ruby 등이 있다.

5.4.3 스크립트 언어(Script Language)

일반적인 응용소프트웨어는 컴파일러를 사용하는 언어에 의해 기계어로 번역된 채로 실행되기 때문에, 수정이 빈번히 발생할 경우에는 수정 후 일일이 컴파일을 다시 해야 한다. 이 때문에 수정이 빈번하게 발생하는 부분은 소스 코드를 한줄 한줄 읽어 바로바로 실행하는 인터프리터 방식이 상당히 유리하다. 스크립트 언어는 이런 부분에 사용하기 위해 나온 것으로 컴파일 과정을 거치지 않고 실시간으로 텍스트를 분석하며 실행된다. 웹 이외의 시스템 개발에는 일반적으로 컴파일 언어가 사용된다. 그러나 웹 서비스에서는 빈번한 수정으로 스크립트 언어가 유리하다. 또한 프로그램의 동작 속도에 크게 구애받지 않을 경우가 많기 때문에 스크립트 언어로 개발이 이루어지고 있다.

① **Perl** : 래리 월(Larry Wall)이 1987년에 발표한 언어로 텍스트를 처리하는 기능에 최강점을 가지고 있다. 문서 형태의 데이터로부터 필요한 정보들을 추출하여 그 정보를 바탕으로 새로운 문서를 구성하는데 아주 잘 맞는 언어이다. 웹 초창기의 1990년대 초기에 CGI를 위한 언어로 많이 사용되었으나 PHP, JSP 등의 등장으로 최근에는 그 시용이 미미하다.

② **VBScript, ASP.net** : 마이크로소프트에서 개발한 스크립트 언어이다, 윈도우 환경에서 엑티브 서버 페이지(ASP: Active Server Page)라고 불리면서, 동적으로 웹 페이지를 생성하기 위해 개발한 서버 측 스크립트 엔진이다. 이것은 Visual Basic 프로그래밍 언어를 웹 개발용으로 변형시킨 것이다.

③ **PHP** : 웹 개발을 목적으로 설계된 프로그래밍 언어로 주로 HTML 코드를 프로그래밍적으로 생성하는 웹에 최적화된 언어이다. 초기에 프리소프트와 같은 상태로 보급되어 비즈니스 용도의 대규모 웹 시스템에서는 거의

이용되지 않았으며 현재에는 개발 노하우가 축적되어 개인 웹 서비스에 이용되고 있다. 속도면이나 협업이 힘들다는 이유로 포털사이트나 기업이 운용하는 웹사이트에서는 Java 계열의 JSP나 C# 계열의 ASP.net이 많이 사용되고 있다.

④ **Ruby** : 1995년 마츠모토 유키히로가 개발한 동적 객체지향 스크립트 언어이다. 생산성을 강조한 동적인 오픈 소스 프로그래밍 언어로서 2004년 발표된 "Ruby on Rails"의 등장으로 급속하게 널리 알려졌다. "Ruby on Rails"은 웹 개발에 특화된 언어로서 가독성이 뛰어난 대표적인 스크립트 언어이다.

⑤ **Python** : 1991년 발표된 프로그램 언어로서 문법 자체가 아주 쉽고 간결하며 사람의 사고 체계와 유사하여 초보자들이 처음 프로그램을 배울 때 추천되는 언어이다. 현재 세계적으로 가장 인기 있는 웹 프레임워크 중의 하나로서 오픈소스인 파이썬은 C와 잘 어울리는 언어이다. 프로그램 전반적인 뼈대는 파이썬으로 만들고, 빠른 실행 속도를 필요로 하는 부분은 C로 만들어 파이썬 프로그램 안에 포함시키는 것이다.

05 연습 문제

1 다음 중 저급언어에 속하는 것은?

① 코볼(COBOL) ② 포트란(FORTRAN) ③ C ④ 어셈블리어

2 프로그래밍 언어의 세대 구분에서 고급 프로그래밍 언어를 중심으로, 하드웨어에 독립된 절차중심 언어를 특징으로 갖는 세대는?

① 제2세대 ② 제3세대 ③ 제4세대 ④ 제5세대

3 다음 설명 중 옳지 않은 것은?

① 컴퓨터는 일상 언어에 가까운 프로그램을 기계어로 번역하여 작업을 수행한다.
② 기계어로 번역된 프로그램을 목적 프로그램이라 한다.
③ 목적 프로그램은 실행 가능한 상태의 프로그램인 로드 모듈로 만들어 진다.
④ 목적 프로그램은 일반적으로 주기억장치에 저장되며 실행된다.

4 다음 중 비절차적 언어에 속하는 것은?

① C ② ALGOL ③ BASIC ④ LISP

5 다음 설명 중 옳지 않은 것은?

① 인터프리터는 명령어를 하나씩 번역해 가면서 실행한다.
② 컴파일러는 프로그램 전체를 한꺼번에 번역하여 실행한다.
③ 인터프리터는 컴파일러에 비해서 속도가 빠르다.
④ 컴파일러는 프로그램 작성에 시간이 많이 소비된다.

6 다음 설명이 나타내는 것은 무엇인가?

과학기술 계산상의 수치적 문제 해결에 적합한 프로그램 언어로서 1957년 IBM의 존 배커스에 의하여 개발된 과학기술 개발용 언어이다.

① C ② BASIC ③ FORTRAN ④ COBOL

7 다음 설명이 나타내는 것은 무엇인가?

> 파일 처리 면에서 다른 언어에 비해 강력한 기능을 가지고 있으며, 작성이 용이하고 쉽게 이해될 수 있으나, 주기억장치의 용량이 커져야 하고 전체적인 구성이 간결하지 못한 언어이다.

① C ② BASIC ③ FORTRAN ④ COBOL

8 다음 설명이 나타내는 것은 무엇인가?

> UNIX를 위한 언어로서 개발되었으며, 표현이 간결하고 구조적 프로그램 형식으로 되어 있어 프로그램 분석과 이해가 쉬우며, 사용자에게 인기가 있고 폭넓게 사용되는 언어이다.

① C ② LISP ③ RPG ④ JAVA

9 다음 설명이 나타내는 것은 무엇인가?

> 소규모 컴퓨터 이용자를 위한 언어이며, 프로그래머가 데이터를 처리하는데 필요한 논리를 구성하는 수고를 들기 위한 언어로서, 보고서를 쉽게 작성할 수 있다.

① C ② LISP ③ RPG ④ JAVA

10 웹 프로그래밍 언어에 대한 다음 설명 중 옳지 않은 것은?

① Java는 다양한 API와 오픈 소스 들이 제공되기 때문에 전 세계적으로 활용도가 높다.
② JDK는 Java의 기본 개발 환경이다.
③ 클라이언트 사이트에서 사용되는 언어로는 HTML, CSS, JavaScript 등이 있다.
④ 웹 서버에서 작동되는 언어는 웹 프로그래밍에 맞게 설계된 언어만 사용 가능하다.

11 스크립트 언어에 속하지 않는 것은?

① Perl ② PROLOG ③ Ruby ④ Python

05 주관식 문제

1. 바이트코드 언어에 대하여 간략히 설명하시오.

2. 정적타입 언어와 동적타입 언어를 비교해서 서술하시오.

3. 프로그램의 흐름을 제어하는 제어구조인 순차, 반복, 제어에 대하여 구문의 예를 들어 설명하시오.

4. 절차지향 언어와 객체지향 언어에 대하여 비교 설명하시오.

박미희 작

제 6 장

데이터베이스

제6장

데이터베이스

6.1 데이터베이스의 개념

6.1.1 데이터와 정보

정보기술사회에서 정보(Information)란 개인이나 조직이 의사결정을 할 때 필요한 의미 있고 유용한 형태로 처리된 데이터(Data)이다. 지식은 이러한 정보가 개개인에게 내재화된 것을 의미한다. 사용자에게 실제로 가치가 있거나 가치가 있을 것이라는 확신을 주어야 정보가 되므로, 이미 알고 있을지라도 어떠한 형태로든 의사결정에 도움을 줄 수 없다면 정보가 아니다.

정보의 근간은 데이터이고, 정보를 활용하면 지식 창출의 기반이 되며, 지식은 축적된 정보라고 할 수 있다. 먼저 데이터는 문자, 이미지, 음성 등과 같은 형태를 띠고 주어진 과업에 관련되어 유용할 수도 있고 유용하지 않을 수도 있다. 글로벌 시대에 경쟁력을 높이기 위해서는 데이터와 정보, 그리고 이들을 바탕으로 창출되는 지식은 조직차원에서 갈수록 그 중요성이 강조되고 있다.

또한, 지식(Knowledge)은 데이터와 정보를 잘 활용할 수 있는 능력까지도 포함한 개념으로 가공 처리된 정보를 실천 가능한 수준으로 저장된 상태라 볼 수 있다. 다시 말해, 센서나 사람으로부터 쉼 없이 쏟아져 나오는 것을 데이터라고 한다면, 본인에게 관심이 있거나 도움이 되는 데이터를 정보라고 할 수 있으며, 정보를 서로 연결하여 의사결정을 가능하게 해줄 수 있는 수준까지 정제된 정보를 지식이라 한다.

그림 6-1 데이터와 정보, 지식

정보 시스템이란 조직체에 필요한 데이터를 수집, 저장해 두었다가 필요 시 처리해서 의사결정에 유용한 정보를 생성하고 분배하는 수단을 말한다. 정보 시스템은 사용하는 목적에 따라 경영정보 시스템, 의사결정 지원 시스템, ERP (Enterprise Resource Planning), CRM(Customer Relationship Management), SCM (Supply Chain Management) 등이 있다.

6.1.2 데이터베이스 정의

데이터베이스(Database)는 특정 조직의 여러 사용자가 공유하여 사용할 수 있도록 통합해서 저장한 운영 데이터의 집합이다.

그림 6-2 데이터베이스 정의

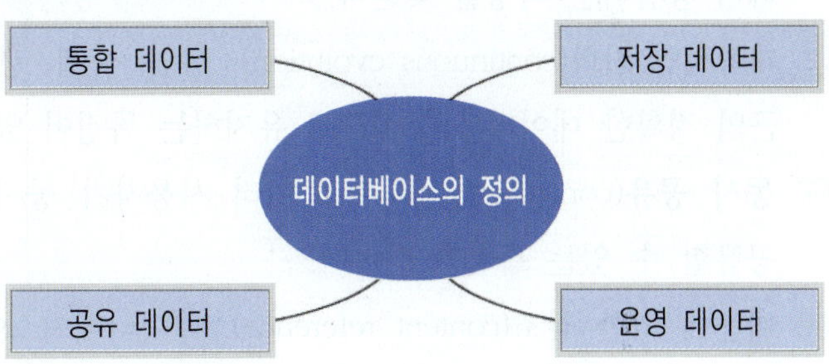

데이터베이스는 위의 그림과 같이 크게 4개의 분류로 범주화할 수 있다.

① **공유 데이터**(Shared data) : 데이터베이스는 특정 조직의 여러 사용자가 함께 소유하고 이용할 수 있어야 한다. 따라서 사용 목적이 다른 사용자들을 함께 고려하여 데이터베이스를 구성해야 한다.

② **통합 데이터**(Integrated data) : 데이터베이스는 똑같은 데이터가 여러 개 존재하는 것을 허용하지 않는다. 데이터가 중복되면 관리하기 어려운 문제가 발생할 수 있기 때문이다. 하지만 효율성 때문에 중복을 의도적으로 허용하는 경우도 있으므로, 통합 데이터는 데이터의 중복을 최소화하고 통제가 가능한 중복만을 허용하는 데이터라는 의미이다.

③ **저장 데이터**(Stored data) : 데이터베이스를 컴퓨터가 접근할 수 있는 매체에 저장해야 한다.

④ **운영 데이터**(Operational data) : 데이터베이스는 조직을 운영하고 조직의 주요 기능을 수행하는 데에 필요하고, 지속적으로 유지해야 하는 데이터이다.

6.1.3 데이터베이스의 특징

데이터베이스는 통합된 데이터이며, 중복을 최소화하여 컴퓨터 저장장치에 저장되어, 실시간, 동시접근, 보안 유지, 회복 등의 기능이 있어야 한다.

① **실시간 접근성**(realtime accessibility) : 사용자의 질의에 대하여 즉시 처리하여 응답하는 특징을 갖는다.

② **계속적인 진화**(continuous evolution) : 삽입, 삭제, 갱신을 통하여 항상 최근의 정확한 데이터를 동적으로 유지하는 특징이 있다.

③ **동시 공유**(concurrent sharing) : 여러 사용자가 동시에 원하는 데이터를 공유할 수 있는 특징을 갖는다.

④ **내용에 의한 참조**(content reference) : 데이터베이스에 있는 데이터를 참조할 때 투플(tuple)의 주소나 위치가 아닌 사용자가 요구하는 데이터 내용에 따라 참조하는 특징을 갖는다.

⑤ **데이터 논리적 독립성**(independence) : 응용프로그램과 데이터베이스를

독립시킴으로써 데이터의 논리적 구조를 변경시키더라도 응용프로그램은 변경되지 않는 특징을 갖는다.

6.1.4 데이터베이스 시스템

그림 6-3 데이터베이스 시스템

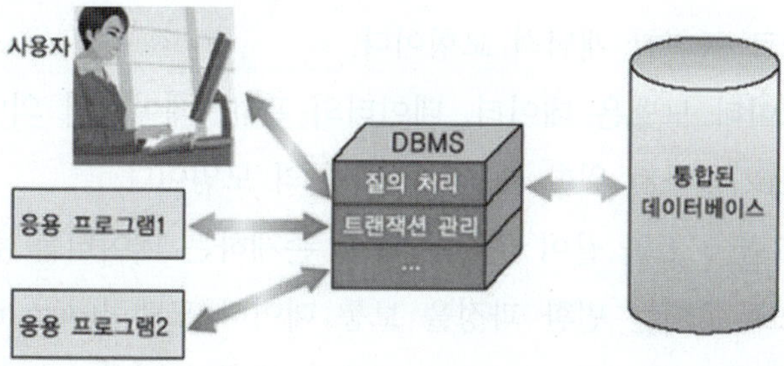

데이터베이스 시스템(DBS: Database System)이란 데이터베이스(DB: Database)를 이용하여 자료를 저장하고 관리하여 정보를 얻어내는 데 필요한 컴퓨터 시스템이다. 데이터베이스 시스템에는 데이터베이스를 관리하는 소프트웨어가 필수적이다.

데이터베이스 관리 시스템(DBMS: Database Management System)은 사용자가 데이터베이스를 만들고, 유지 관리할 수 있도록 돕는 프로그램으로, 데이터와 응용 프로그램 사이에서 중재자 역할을 한다.

데이터베이스 시스템에는 데이터베이스, DBMS 외에도 사용자, 프로그래머, 데이터베이스 관리자(DBA: Database Administrator), 데이터베이스 언어, 스키마(Schema) 등이 있다.

6.2 데이터 모델

6.2.1 데이터 모델의 개념

데이터베이스는 현실 세계에 존재하는 수많은 데이터 중에서 조직을 운영하는 데 꼭 필요한 데이터만을 선별하여 컴퓨터에 저장한 것이다. 데이터 모델은 현실 세계의 정보들을 컴퓨터에 표현하기 위해서 단순화, 추상화하여 체계적으로 표현한 개념적 모형이다.

데이터 모델은 데이터, 데이터의 관계, 데이터의 의미 및 일관성, 제약조건 등을 기술하기 위한 개념적 도구들의 모임이다.

[그림 6-4]와 같이 현실 세계에 존재하는 데이터를 컴퓨터 세계의 데이터베이스로 옮기는 변환 과정을 보통 데이터 모델링(data modeling)이라 한다. 그런데 현실 세계의 데이터를 컴퓨터 세계의 데이터베이스로 옮기는 작업은 결코 쉽지 않다. 현실 세계와 컴퓨터 세계는 근본적으로 많은 차이가 있고, 현실 세계에 존재하는 엄청나게 많은 데이터 중 필요한 데이터만 선발하는 작업은 상당히 많은 고민과 결정이 필요하기 때문이다.

그림 6-4 현실 세계와 컴퓨터 세계

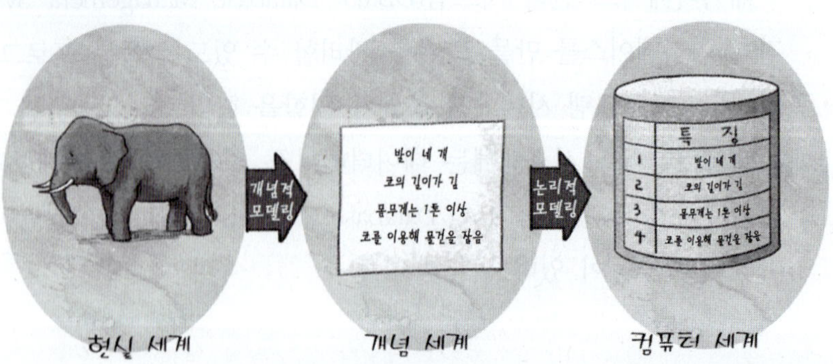

현실 세계에서 코끼리에 대한 중요 데이터를 추출하여 개념 세계로 옮기는 작업을 데이터 모델링 과정 중에서도 개념적 모델링(conceptual modeling)이라 한다. 그리고 개념 세계의 데이터를 데이터베이스에 저장할 구조를 결정하고 이 구조로 표현하는 작업을 논리적 모델링(logical modeling)이라 한다

코끼리 하나도 데이터베이스로 옮기는 일이 쉽지 않는 작업이므로 학교, 병원, 회사 등 다양한 현실 세계의 조직을 데이터베이스로 옮기는 일은 더욱 복잡하고 어렵다. 병원을 위한 데이터베이스를 생각해보자. 병원의 어떤 데이터를 추출하여 개념 세계로 옮겨야 할까? 머릿속에서 병원을 떠올리게 하는 데이터를 선택하는 일조차 쉽지 않을 것이다. 이러한 데이터 모델링을 쉽게 할 수 있도록 도와주는 도구가 있는데 이것이 바로 데이터 모델(data model)이다.

데이터 모델은 데이터 모델링의 결과물을 표현하는 도구로, 개념적 데이터 모델과 논리적 데이터 모델이 있다. 개념적 데이터 모델은 사람의 머리로 이해할 수 있도록 현실 세계를 개념적 데이터 모델링하여 데이터베이스의 개념적 구조로 표현하는 도구다. 논리적 데이터 모델은 개념적 구조를 논리적 데이터 모델링하여 데이터베이스의 논리적 구조로 표현하는 도구다.

일반적으로 데이터 모델은 데이터 구조(data structure), 연산(operation), 제약조건(constraint)으로 구성된다. 데이터 모델에서는 보통 데이터 구조를 강조하지만, 적용 가능한 연산과 제약조건도 이해할 필요가 있다.

개념적 데이터 모델에서 데이터 구조는 현실 세계를 개념 세계로 추상화했을 때 어떤 요소로 이루어져 있는지를 표현하는 개념적 구조다. 그리고 논리적 데이터 모델에서 데이터 구조는 데이터를 어떤 모습으로 저장할 것인지를 표현하는 논리적 구조다. 보통 데이터 구조는 자주 변하지 않고 정적이라는 특징이 있다. 연산은 데이터 구조에 따라 개념 세계나 컴퓨터 세계에서 실제로 표현된 값들을 처리하는 작업으로, 값이 연산에 의해 계속 변경될 수 있으므로 동적이라는 특징이 있다. 마지막으로 제약조건은 구조적 측면의 제약 사항과 연산을 적용하는 경우 허용할 수 있는 의미적 측면의 제약 사항이 있다.

개념적 데이터 모델링과 논리적 데이터 모델링 작업을 지원하는 다양한 데이터 모델들이 존재하는데, 사용하는 데이터 모델에 따라 현실 세계를 표현하는 개념적 구조나 논리적 구조의 모습이 달라진다. 개념적 데이터 모델 중 대표적

으로 많이 사용되는 것이 개체-관계 모델(E-R Model: Entity-Relationship Model)이다. 그리고 논리적 데이터 모델은 데이터 간의 관계를 어떻게 표현하느냐에 따라 계층 모델, 네트워크 모델, 관계 모델, 객체지향(object-oriented) 모델로 구분된다. 논리적 데이터 모델로는 관계 데이터 모델(relational data model)이 가장 많이 사용된다

6.2.2 개체-관계 모델

개체-관계 모델은 피터 첸(Peter Chen)이 1976년에 제안한 것으로, 현실 세계를 개체(entity)와 개체 간의 관계(relationship)를 이용해 개념적 구조로 표현하는 방법이다. 현실 세계를 개체-관계 모델을 이용해 개념적으로 모델링하여 그림으로 표현한 것을 개체-관계 다이어그램(Entity-Relationship Diagram) 또는 E-R 다이어그램이라 한다.

개체는 실세계에 독립적으로 존재하는 유형, 무형의 정보로서 서로 연관된 몇 개의 속성으로 구성된다. 속성은 데이터의 가장 작은 논리적 단위로서 파일 구조상의 데이터 항목 또는 데이터 필드에 해당한다. 관계는 개체 간의 관계 또는 속성 간의 관계이다. ER 다이어그램에서는 개체는 사각형, 관계는 마름모, 속성은 타원으로 표시된다. 관계의 형태에는 일 대 일(1:1), 일 대 다(1:N), 다 대 다(N:M)의 형태가 있다.

그림 6-5 개체-관계 다이어그램

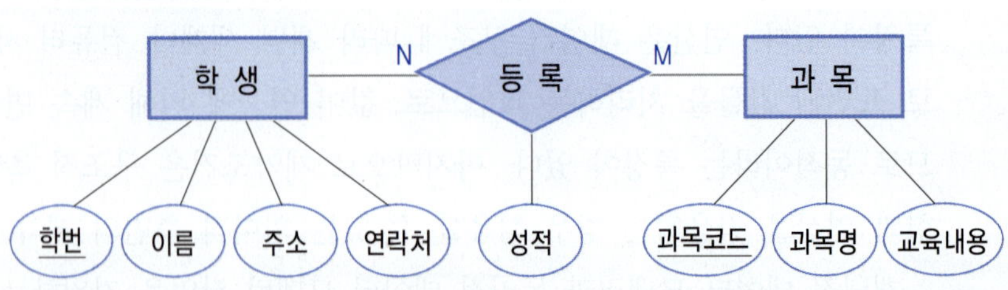

6.2.3 논리적 데이터 모델

논리적 데이터 모델은 개념적 데이터 모델링 과정에서 얻은 개념적 구조를 컴퓨터가 이해하고 처리할 수 있는 컴퓨터 세계의 환경에 맞도록 변환하는 과정이다. 논리적 데이터 모델에는 계층형(Hierarchical) 데이터 모델, 네트워크형(Network) 데이터 모델, 관계형(Relational) 데이터 모델, 객체지향(Object-Oriented) 데이터 모델이 있다.

1) 계층형 데이터 모델

그림 6-6 계층형 데이터 모델

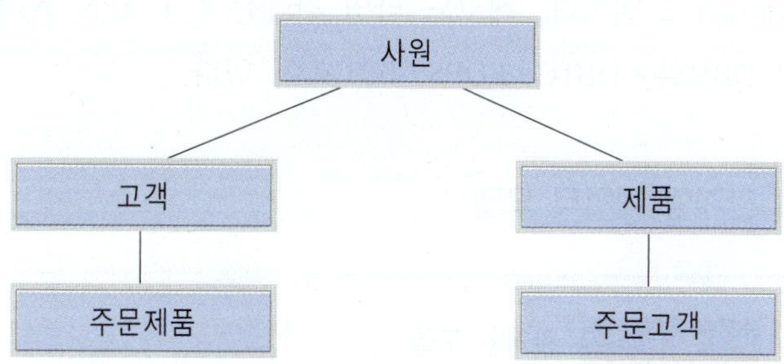

계층형 데이터 모델은 데이터의 논리적 구조도가 트리 형태이며, 개체(entity)가 트리를 구성하는 노드 역할을 한다. 개체 타입 간에는 상위와 하위 관계가 존재하며, 일 대 다(1:N) 대응관계만 존재한다. 계층형 데이터 모델은 구조가 간단하고 판독이 용이한 장점이 있으나, 검색경로가 한정되어 있고 다 대 다 관계를 처리하기 어려운 단점이 있다.

2) 네트워크형 데이터 모델

그림 6-7 네트워크형 데이터 모델

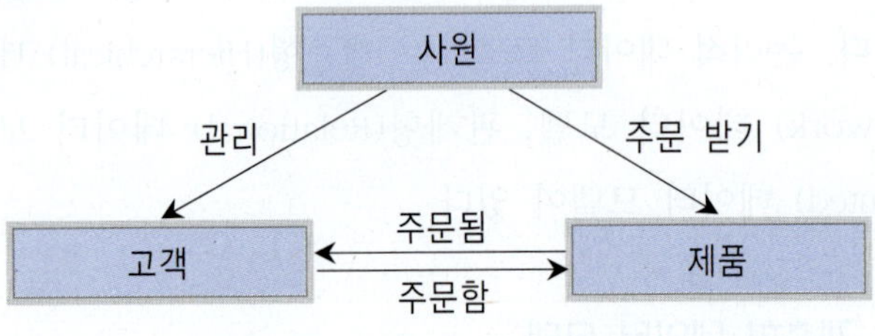

CODASYL이 제안한 모델로서 그래프를 이용해서 데이터 논리 구조를 표현한 데이터 모델이다. 레코드 타입 간에는 1:1, 1:N, N:M이 될 수 있다. 대표적인 DBMS는 DBTG, EDBS, TOTAL이 있다.

3) 관계형 데이터 모델

그림 6-8 관계형 모델

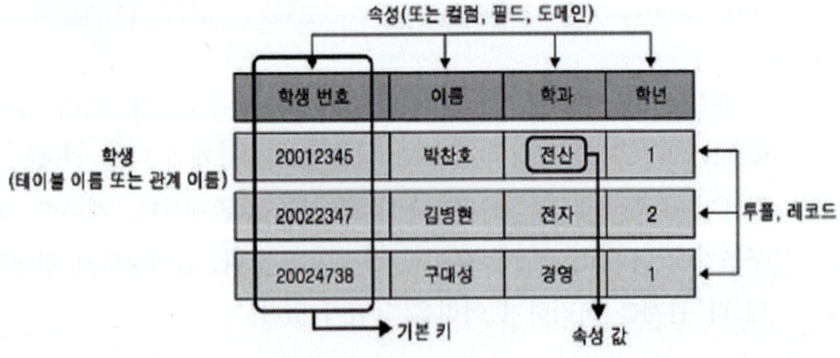

관계형 데이터 모델의 개념은 가장 널리 상용되는 데이터 모델로, 계층 모델과 망 모델의 복잡한 구조를 단순화시킨 모델이다. 2차원적인 표(table)를 이용해서 데이터 상호 관계를 정의하는 구조이다.

기본키(Primary Key)와 외래키(Foreign Key)로 데이터 간의 관계를 표현한다. 관계 모델의 대표적인 언어는 SQL이며, 1:1, 1:N, M:N 관계를 자유롭게 표현할 수 있다.

관계형 데이터 모델의 장점은 간결하고, 보기 편리하고, 다른 데이터베이스로 변환이 쉽다. 단점은 성능이 다소 떨어진다는 것이다. 대표적인 관계형 DBMS는 오라클, mySQL, MS-SQL, DB2, Microsoft SQL Server 등이 있다.

4) 객체관계형 데이터 모델

객체관계형(Object-Relational) DBMS는 기존의 RDB에 객체(Object)를 저장할 수 있는 기능을 추가한 형태로, Oracle, Informix, Universal Server 등이 있다.

5) 객체지향형 데이터 모델

객체지향형 데이터 모델은 데이터베이스로 표현하고자 하는 데이터들의 종류가 다양해지면서 발전된 모델이다. 현재의 데이터베이스는 단순한 텍스트나 수치 형태의 자료 뿐만 아니라 사운드, 그래픽, 비디오 등의 다양한 멀티미디어 데이터를 저장하는데, 대용량의 멀티미디어 데이터를 관리하기 위한 데이터 모델로 적합한 형태가 객체지향형 데이터 모델이다. 객체지향 DBMS로는 Objectivity/DB, Objective Store, Ontos, PERCIO 등이 있다.

6.3 관계형 데이터베이스

6.3.1 관계형 데이터베이스의 구조

관계형 데이터베이스는 IBM에 근무하던 E.F.Codd에 의해 고안되었다. 관계형 데이터베이스를 구성하는 개체나 관계를 모두 릴레이션(Relation)이라는 표(Table)로 표현한다. 릴레이션은 [그림 6-9]와 같이 데이터들을 표의 형태로 표현한 것으로 구조를 나타내는 릴레이션 스키마와 실제 값들인 릴레이션 인스턴스(instance)로 구성된다.

그림 6-9 관계형 데이터베이스의 기본 구조

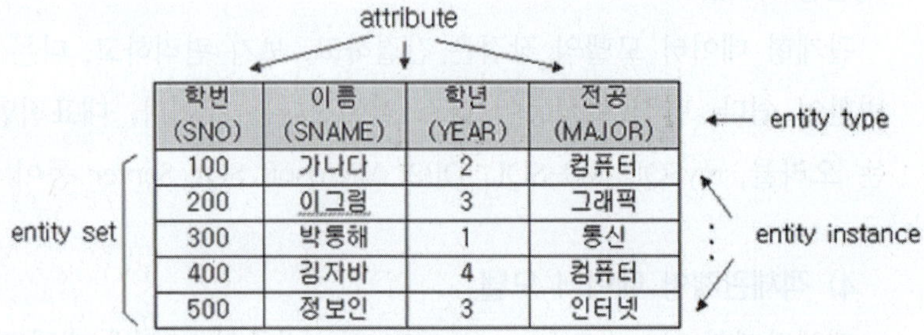

1) 속성(Attribute)

속성은 데이터베이스를 구성하는 가장 작은 논리적인 단위이다. 테이블의 열(column)을 나타내며, 일반 파일에서 필드(field)에 해당한다. 속성은 객체의 성질, 상태를 기술하며, 속성의 이름은 모두 달라야 한다. 속성의 수를 차수(degree)라 한다.

2) 튜플(tuple)

튜플은 릴레이션을 구성하는 각각의 행으로, 속성의 모임으로 구성된다. 튜플은 일반 파일에서 레코드(record)에 해당한다. 튜플의 수를 카디널리티(cardinality)라 한다.

3) 도메인(domain)

도메인은 각 속성이 가질 수 있도록 허용된 값들의 집합으로 속성 명과 도메인 명이 반드시 동일할 필요는 없다. 모든 릴레이션에서 모든 속성들의 도메인은 원자적(atomic) 이어야 한다.

4) 릴레이션(relation)

릴레이션은 파일 시스템에서 파일과 같은 개념이다. 한 릴레이션에는 똑같은 튜플이 포함될 수 없으므로 릴레이션에 포함된 튜플들은 모두 상이하다. 한 릴레이션에 포함된 튜플 사이에는 순서가 없다.

릴레이션 스키마를 구성하는 속성들 간의 순서는 중요하지 않다. 속성의 유일한 식별을 위해 속성의 명칭은 유일해야 하지만, 속성을 구성하는 값은 동일한 값이 있을 수 있다. 속성의 값은 논리적으로 더 이상 쪼갤 수 없는 원자값만을 저장한다.

6.3.2 관계형 데이터베이스의 제약조건

제약조건이란 데이터베이스에 저장되는 데이터의 정확성을 보장하기 위하여 키(key)를 이용하여 입력되는 데이터에 제한을 주는 것으로, 개체 무결성 제약조건, 참조 무결성 제약 등이 해당된다.

키는 데이터베이스에서 조건을 만족하는 튜플을 찾거나 순서대로 정렬할 때 튜플들을 서로 구분할 수 있는 기준이 되는 속성(attribute)이다. 키의 종류로는 수퍼키, 후보키, 대체키, 기본키, 외래키가 있다.

1) 수퍼 키(super key)

수퍼 키는 한 튜플을 유일하게 식별할 수 있는 속성 또는 속성의 집합으로 릴레이션을 구성하는 모든 튜플에 대해 유일성(unique)은 만족하지만, 최소성(minimality)은 만족하지 못한다. 유일성은 하나의 키 값으로 하나의 튜플만을 유일하게 식별할 수 있어야 함을 의미한다. 최소성은 키를 구성하는 속성하나를 제거하면 유일하게 식별할 수 없도록 꼭 필요한 최소의 속성으로 구성되어야 함을 의미한다.

2) 후보 키(candidate key)

후보 키는 릴레이션을 구송하는 속성들 중에서 튜플을 유일하게 식별하기 위해 사용하는 속성들의 부분집합, 즉 기본 키로 사용할 수 있는 속성들을 말한다. 후보 키는 릴레이션에 있는 모든 튜플에 대해서 유일성과 최소성을 모두 만족시켜야 한다.

3) 대체 키(alternate Key)

후보 키가 둘 이상일 때 기본 키를 제외한 나머지 후보 키들을 말한다. 보조 키라고도 한다.

4) 기본 키(primary key)

후보 키 중에서 특별히 선정된 키로 중복된 값을 가질 수 없다. 유일성과 최소성을 가지며 튜플을 유일하게 식별하기 위해 반드시 필요하다. Null 값을 가질 수 없으며, 기본 키로 정의된 속성에는 동일한 값이 중복되어 저장될 수 없다.

5) 외래 키(foreign key)

다른 릴레이션의 기본 키를 참조하는 속성 또는 속성들의 집합으로, 외래 키는 참조 릴레이션의 기본 키와 동일한 키 속성을 가진다. 릴레이션 R1이 R2의 기본 키를 외래 키로 가지고 있을 때, R2는 참조된 릴레이션, R1은 참조하는 릴레이션이라 한다.

6) 개체 무결성

릴레이션에서 기본 키를 구성하는 속성은 널(NULL) 값이나 중복 값을 가질 수 없다.

7) 참조 무결성

외래 키 값은 NULL이거나 참조 릴레이션의 기본 키 값과 동일해야 한다. 즉, 릴레이션은 참조할 수 없는 외래 키 값을 가질 수 없다. 외래 키와 참조하려는 테이블의 기본 키는 도메인과 속성 개수가 같아야 한다.

6.3.3 관계 대수와 SQL

관계 데이터 모델에서 지원되는 두 가지 언어로는 관계 해석과 관계 대수 언어가 있다. 관계 해석은 원하는 데이터만 명시, 질의를 어떻게 수행할 것인가는 명시하지 않는 선언적인 언어이다. 관계 대수는 어떻게 질의를 수행할 것인가를 명시하는 절차적 언어이다.

SQL(Structured Query Language)은 관계대수와 관계해석을 기초로 한 혼합 데이터 언어이다. 1974년 IBM 연구소에서 개발한 SEQUEL에서 유래한다. SQL은 국제표준 데이터베이스 언어이며 많은 회사에서 관계형 데이터베이스를 지원하는 언어로 채택하고 있다.

SQL은 질의어지만 질의 기능만 있는 것이 아니라 관계 데이터베이스에 릴레이션을 정의하고, 데이터 조작, 데이터 제어 기능을 모두 갖추고 있다.

6.4 데이터베이스 관리 시스템

6.4.1 구성 요소

그림 6-10 DBMS 구성 요소

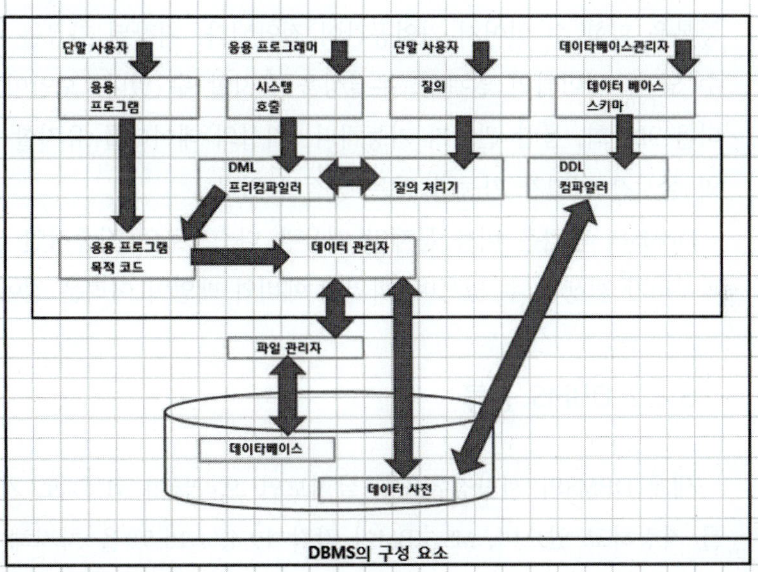

DBMS란 사용자와 데이터베이스 사이에서 사용자의 요구에 따라 정보를 생성해주고 데이터베이스를 관리해주는 소프트웨어이다. DBMS는 기존의 파일 시스템이 갖는 데이터의 종속성과 중복성의 문제를 해결하기 위해 제안된 시스템으로, 모든 응용 프로그램들이 데이터베이스를 공용할 수 있도록 해준다. DBMS의 필수 기능으로 데이터 정의, 조작, 제어 기능이 있다.

데이터 정의(Definition) 기능은 모든 응용 프로그램들이 요구하는 데이터 구조를 지원하기 위해 데이터베이스에 저장될 데이터의 형(Type)과 구조에 대한 정의, 이용 방식, 제약 조건 등을 명시하는 기능이다.

데이터 조작(Manipulation) 기능은 데이터 검색, 갱신, 삽입, 삭제 등을 체계적으로 처리하기 위해 사용자와 데이터베이스 사이의 인터페이스 수단을 제공하는 기능이다.

데이터 제어(Control) 기능은 데이터베이스를 접근하는 갱신, 삽입, 삭제 작업이 정확하게 수행되어 데이터의 무결성이 유지되도록 제어해야 한다. 정당한 사용자가 허가된 데이터에 접근할 수 있도록 보안을 유지하고 권한을 검사할 수 있어야 한다.

DBMS의 장점으로는 데이터의 논리적, 물리적 독립성이 보장되고 데이터의 중복을 피할 수 있어서 기억공간이 절약된다. 저장된 자료를 공동으로 사용할 수 있다. 데이터의 일관성, 무결성을 유지할 수 있다. 보안이 유지된다. 데이터를 표준화, 통합 관리가 가능하다. 최신의 데이터를 유지할 수 있고, 데이터의 실시간 처리가 가능한 많은 장점이 있다.

DBMS의 단점은 비용 문제와 대용량 디스크로의 집중적인 접근(Access)으로 과부하가 발생할 수 있으며, 파일의 예비와 백업이 어려운 점이 있다는 것이다.

6.4.2 DBMS 종류

세계 DBMS의 시장점유율을 살펴보면 오라클이 41.6%로 가장 큰 시장파이를 자랑하고 있으며, MS, IBM이 각각 19.4%, 16.5%을 차지해 2위와 3위를 기록하고 있다.

빅 3 업체인 오라클, MS, IBM이 전체 시장 점유율의 약 77.5%의 비중을 차지하고 있다. 개발자들 10명 중 8명은 이 3개의 DBMS를 사용한다는 것을 알 수 있다.

그림 6-11 DBMS 시장점유율

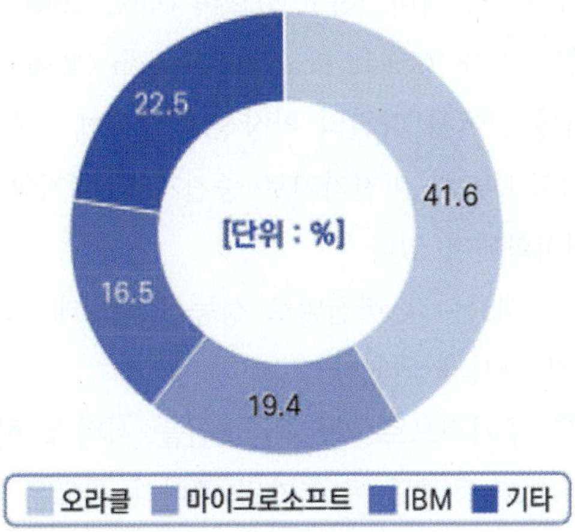

한편, 국내 DBMS 시장은 데이터모델링 툴과 마찬가지로 글로벌 기업의 점유율이 약 90%를 차지하고 있으며, 이 중 오라클이 전체 시장의 60%가 넘는 점유율을 보이고 있다. 국내 제품으로는 티베로, 알티베이스, 큐브리드 등이 있으며, 점차 국산 제품의 적용사례가 늘어나고, 공공기관의 국산제품 도입 확산 정책으로 늘어날 전망이다.

또한 국내 DBMS시장은 라이센스의 신규 매출보다는 유지보수 및 기존 업그레이드 비중이 높아지고 있는 가운데, 데이터웨어하우스 교체, 금융권의 차세대 프로젝트, 기업 데이터 증가 등으로 인해 DBMS의 수요가 늘어날 것이다.

6.4.3 관계형 데이터베이스의 종류

1) Oracle/ Oracle

전세계적으로 가장 많이 활용되는 관계형 데이터베이스 시스템(RDBMS)이다. 오라클사에서 서비스하고 있으며 Unix, Linux, Windows 등의 대부분의 OS를 지원하고 있다. Oracle Real Application Clusters(RAC)의 기능으로 데이터베이스 관리에 있어서 자원의 확장성과 장애에 대한 대처가 유연하다는 장점이 있다. IBM의 DB2와 마찬가지로 중견기업, 대기업 등 대형화된 데이터를 관리하기에 최적화되어 있다.

오라클 DBMS는 각 버전별로 성능을 업그레이드 하여 출시하고 있는데, 현재 12C까지 출시가 되었다.

오라클은 주기적으로 새로운 버전을 서비스 하고 있다. 7.3 - 8 - 8i - 9i - 10g - 11g - 12c 등 기능이 추가될 때마다 새로운 버전이 나오고 있다.

8버전과 9버전에서 따라오는 I는 Internet(인터넷)의 약자이다. 90년대 중반부터 인터넷의 보급이 늘어나게 되었으며 오라클 역시 데이터베이스에 인터넷의 환경을 지원하면서 i라는 용어가 붙기 시작했다. 9버전 이전까지 인터넷기반의 버전을 활용하다가 10버전으로 넘어가는 시점에서 오라클은 Grid(그리드)라는 용어와 약자를 채택하게 된다. 그리드 컴퓨팅(grid computing)의 개념으로 여러 컴퓨터를 하나로 연결해 빠른 속도로 연산, 처리 작업을 시행함을 말한다.

2013년 7월 오라클은 또다시 새롭게 12버전에 g를 버리고 12c버전으로 출시하였다.(현재 13c 버전까지 나온 상황)

12c의 c는 클라우드 컴퓨팅(cloud computing)의 개념이다. 현재 IT시장에서 많은 이슈가 되고 있는 클라우드 기술의 흐름에 따라 사용자들에게 응용 프로그램(SaaS), 개발 플랫폼(PaaS), 인프라 서비스(IaaS)의 계층을 포함하여 통합된 IT 솔루션 집합에 접근할 수 있도록 서비스를 제공하는 의미라고 볼 수 있다.

2) MS-SQL Server / Microsoft

마이크로소프트(Microsoft)사의 대표적인 관계형 데이터베이스 시스템이다. 1989년에 최초로 발표되었으며, 역시 MS제품군이기 때문에 window server에서만 구동이 되고 C#과는 가장 높은 호환성을 자랑하는 DBMS이다.

성능에 따라 엔터프라이즈 에디션(enterprise edition), 비즈니스 인텔리전스 에디션(business intelligence edition), 스탠다드 에디션(standard edition), 익스

프레스 에디션(express edition)이 있다.

3) MySQL / Oracle(구 Sun)

썬 마이크로시스템즈에서 개발한 관계형 데이터베이스 시스템이다. 유닉스나 리눅스, 윈도우 운영 체제 등에서 사용할 수 있으며 무엇보다 오픈소스의 장점으로 많은 기업에서 홈 페이지나 쇼핑몰 등 일반적인 웹 개발에 널리 이용되고 있다. 2008년 SUN에 인수되었으며, 2009년 Oracle에서 SUN을 인수함에 따라 자연스럽게 Oracle의 소유가 되었다. 아직 오픈소스를 유지하고 있지만, 오라클에 비해 사용자 편의를 위한 기능, 사용자 실수 또는 재해에 대비한 기능, 성능향상 등에서 기능적인 한계를 보이고 있다. 다만 오픈소스이기 때문에 현재 많은 기업에서 활용하고 있다.

4) Maria DB/ MariaDB 재단

마리아 DB는 2009년에 발표되었으며 비교적 역사가 짧다. 탄생배경은 My-SQL이 오라클에 인수되면서 시작이 되었다. 오라클에서 무료버전인 My-SQL보다 주력 상품인 Oracle을 팔아야 하는 입장에서 오픈소스인 My-SQL의 기능을 감소시키게 되었다. 이에 My-SQL을 개발한 마이클 몬티 와이드니어스(Michael Monty Widenius)는 오라클과의 의견 충돌로 회사를 나와 새롭게 MariaDB를 개발하였다. My-SQL과 완벽하게 호환되며 기본적인 명령어나 사용방법까지 동일하기 때문에 개발자 또는 DBA가 쉽게 접할 수 있으며, My-SQL에 비해 성능적인 부분에서는 70%나 향상이 되었기 때문에 현재 Maria DB를 활용하는 기업들이 많이 늘어나는 추세이다.

5) DB2/IBM

대형화된 데이터 관리를 목적으로 만들어진 IBM의 관계형 데이터베이스 관리 시스템이다. 1983년에 발표되었으며, 사용자들이 서로 관계된 여러 개의 데이터베이스를 동시에 접근할 수 있다.

DB2의 특징은 각 워크로드(업무)의 특성에 맞게 시스템이 최적화될 수 있으며, 자가 최적화, 자가 치유, 자가 구성, 워크로드 관리, 확장된 자동화 기능 등 다양한 기능을 구현할 수 있다는 것이다. 또한 데이터 압축 기술이 좋기 때문에 대형화된 데이터를 다루는데 최적화될 수 있다는 장점이 있다. 때문에 많은 중견기업, 대기업에서 DB2를 활용하고 있다.

6) Sybase / Sybase

사이베이스사에서 개발, 1984년에 공개한 관계형 데이터베이스 시스템, 현재(2010년)는 SAP에서 인수하였다. 2011년에는 사이베이스 IQ 15.3이 출시되어 컬럼 단위 데이터 처리로 I/O 속도를 90%까지 향상시켰으며, 데이터 압축 저장, 스토리지 공간의 활용도를 높이게 되었다. 또한 오라클에 비해 비교적 저렴하기 때문에 많은 기업에서 관심을 가지고 있는 시스템이지만, 아직까지 국내에서는 점유율이 낮다.

위 외에도 관계형 DBMS 제품으로 IBM의 Infomix / APache의 Derby / SQLite 등이 있다.

6.5. 데이터베이스 응용 기술

6.5.1 멀티미디어 데이터

현실 세계에는 문자나 숫자와 같은 데이터뿐만 아니라 그래픽, 이미지, 비디오, 오디오 등과 같은 다양한 타입의 데이터가 존재한다. 일반적으로 데이터의 각 타입을 미디어(media)라고 하고, 여러 미디어의 조합으로 이루어진 데이터를 멀티미디어 데이터(multimedia data)라고 한다. 〈표 6-1〉은 멀티미디어 데이터의 다양한 유형이다.

표 6-1 멀티미디어 데이터의 유형

유 형	의 미
텍스트	문자로 구성된 데이터
그래픽	수학 공식을 기반으로 제작된 벡터 이미지 데이터
이미지	정적 이미지나 사진과 같이 픽셀 단위로 표현되는 비트맵 이미지
비디오	동영상, 애니메이션
오디오	음성, 소리, 음악

멀티미디어 데이터의 특성은 다음 세 가지로 요약할 수 있다.

그림 6-12 멀티미디어 데이터의 특성

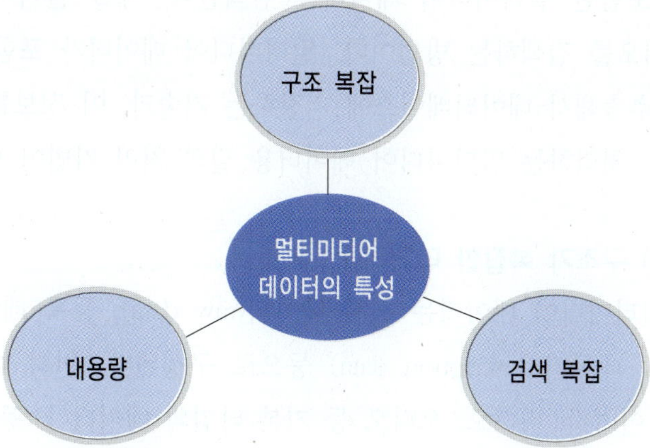

1) 대용량 데이터

멀티미디어 데이터는 일반적으로 크기가 몇 바이트에서 수십 바이트 정도인 숫자나 문자 데이터와 달리, 크기가 수 킬로바이트에서 수십 메가바이트 이상이다. 그래서 압축해서 저장해야 하므로 일반 데이터와는 다른 구조로 별도의 저장 공간을 구성하여 관리해야 한다.

2) 검색 방법이 복잡한 데이터

멀티미디어 데이터는 일반 데이터와 달리 검색 방법이 복잡하다. 멀티미디어 데이터를 검색하는 방법에는 설명 기반 검색과 내용 기반 검색이 있다.

(1) 설명 기반 검색(description-based retrieval)

초기의 멀티미디어 검색 시스템에서 많이 사용된 방법이다. 멀티미디어 데이터의 특성을 나타내는 키워드나 자세한 설명을 멀티미디어 데이터와 함께 저장해두었다가 이를 검색에 이용한다. 많은 양의 멀티미디어 데이터를 처리하는 데 적합하지 않고, 설명을 작성하는 사람의 주관적인 관점이 반영되어 같은 멀티미디어 데이터에 대한 설명이 달라질 수 있다.

(2) 내용 기반 검색(content-based retrieval)

멀티미디어 데이터의 실제 내용을 이용하여 검색하는 방법이다. 특정 객체를 포함한 멀티미디어 데이터를 검색한다. 예를 들어 박찬호(객체)가 포함된 비디오를 검색하는 방법이다. 멀티미디어 데이터가 포함한 내용에 대한 정보를 추출해서 데이터베이스에 저장하는 기술과, 이 정보를 이용해 사용자의 질의를 처리하는 멀티미디어 데이터용 질의 처리 기법이 별도로 필요하다.

3) 구조가 복잡한 데이터

멀티미디어 데이터는 원시 데이터(raw data), 등록 데이터(registration data), 서술 데이터(description data) 등으로 구성된다. 원시 데이터는 텍스트, 그래픽, 이미지, 비디오, 오디오 등 기본 타입의 데이터다. 등록 데이터는 멀티미디어 데이터의 특성과 필요한 정보를 별도로 추출한 데이터다. 예들 들어 이미지에서 해상도, 픽셀 수, 색상, 크기, 포맷 등의 정보를 추출한 데이터가 등록 데이터다. 등록 데이터는 원시 데이터를 처리하는 데 도움이 된다.

서술 데이터는 멀티미디어 데이터를 검색할 때 사용되는 것으로 멀티미디어 데이터에 지정된 키워드나 자세한 설명 등이 이에 해당한다. 멀티미디어 데이터들은 공간이나 시간적으로 관련이 있는 경우가 많으므로 이러한 복잡한 관계성을 표현하고 관리할 수 있는 기술이 필요하다.

6.5.2 웹 데이터베이스

WWW(World Wide Web) 서비스, 즉 인터넷 서비스는 누구나 쉽게 사용할 수 있다는 장점 때문에 인터넷의 대중화를 이루어 냈다. 초기의 인터넷 서비스는 단순한 정보 검색 기능만 필요했지만, 인터넷이 활성화됨에 따라 전자상거래, 디지털 라이브러리 등과 같은 다양한 분야에서 대량의 데이터를 관리해야 하는 새로운 유형의 웹 서비스가 출현하였다.

새로운 유형의 웹 서비스에서 대용량 데이터를 효율적으로 관리하려면 데이터베이스 시스템의 기능이 반드시 필요하다. 이러한 이유로 웹 서비스와 데이터베이스 시스템을 통합한 웹 데이터베이스가 등장하게 되었다. 웹 데이터베이스(web database)는 웹 서비스의 특성과 데이터베이스 시스템의 데이터 관리 기능을 통합한 것으로 다양한 웹 서비스 분야에서 활용할 수 있다.

웹 데이터베이스의 올바른 수행을 위해서는 웹 서비스와 데이터베이스 시스템을 연결해주는 미들웨어(middleware)가 필요하다. 웹 서비스는 미들웨어를 통해 데이터베이스 시스템의 기능을 제공받는다. 그래서 미들웨어를 데이터베이스 통로(database gateway)라고도 한다. 미들웨어를 구현하는 방법은 두 가지로 분류할 수 있다. 첫째는 미들웨어를 통해 데이터베이스에 접근하는 프로그램을 웹 서버 쪽에 위치시키는 서버 확장 방법이고, 둘째는 클라이언트 쪽에 위치시키는 클라이언트 확장 방법이다. 둘 중에서 서버 확장 방법을 주로 이용한다.

6.5.3 데이터 웨어하우스

다양한 분야에서 데이터를 관리하고 처리하기 위해 데이터베이스 시스템을 이용하는 것이 보편화되고, 기술의 발달로 데이터베이스에 저장하는 데이터의 양이 크게 증가하였다. 그래서 데이터베이스에 많은 양의 데이터를 효과적으로 저장하는 것도 중요하지만 사용자가 원하는 데이터를 빠르게 검색하여 제공하는 기능이 무엇보다 중요하게 되었다. 데이터베이스에 저장된 엄청난 양의 데이터를 분석하여 사용자에게 필요한 정보를 효율적으로 추출하는 일은 결코 쉽지 않다.

여러 데이터베이스에서 필요한 정보를 추출하는 경우에는 더 복잡하다. 특히 기업과 같은 대규모 조직에서 정보 시스템에 저장된 데이터를 분석하고 요약하여 추출한 유용한 정보를 의사 결정에 이용하는 의사 결정 지원 시스템(DSS: Decision Support System)이 많이 사용되면서, 데이터베이스에 저장된 많은 데이터 중에서 의사 결정에 도움이 되는 데이터를 빠르고 정확히 추출할 수 있는 방법에 대한 연구가 많이 이루어졌다. 그 중 한 가지 방법이 데이터 웨어하우스다.

데이터 웨어하우스(data warehouse)는 [그림 6-13]과 같이 데이터베이스 시스템에서 의사 결정에 필요한 데이터를 미리 추출하여, 이를 원하는 형태로 변환하고 통합한 읽기 전용의 데이터 저장소다. 데이터 웨어하우스는 데이터베이스 시스템 하나를 대상으로 할 수도 있고 여러 개를 대상으로 할 수도 있다.

그림 6-13 데이터 웨어하우스 개념

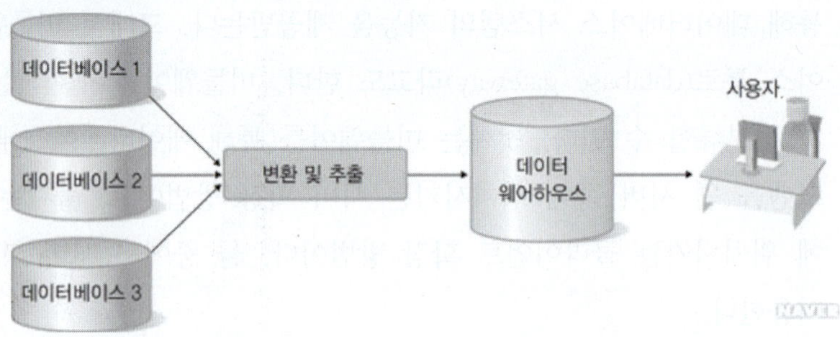

데이터 웨어하우스도 데이터베이스의 일종이지만 일반 데이터베이스와는 여러 가지 차이가 있다. 일반 데이터베이스는 운영 데이터의 집합으로, 트랜잭션에 의해 데이터의 삽입·삭제·수정을 수행하는 트랜잭션 처리 중심의 업무를 위한 것이다. 반면 데이터 웨어하우스는 의사 결정을 위한 정보의 집합으로, 검색 위주의 의사 결정 업무를 위한 것이다. 그리고 일반 데이터베이스는 최신의 데이터를 유지하지만, 데이터 웨어하우스는 올바른 의사 결정을 위해 현재의 데이터와 과거의 데이터를 함께 유지하는 경우가 많다.

데이터 웨어하우스가 일반 데이터베이스와 다른 주요 특징 몇 가지는 다음과 같다.

1) 주제 지향적(subject-oriented) 내용이다

일반 데이터베이스가 업무 처리 중심의 데이터로 구성된 반면, 데이터 웨어하우스는 의사 결정이 필요한 주제를 중심으로 데이터를 구성한다. 쉽게 말해, 일반 데이터베이스는 의사 결정에 필요 없어도 업무 처리에 필요한 데이터를 모두 유지하지만, 데이터 웨어하우스는 의사 결정에 필요한 주제와 관련된 데이터만 유지한다. 일반 데이터베이스는 업무 담당자가 업무를 처리할 때 주로 사용하지만 데이터 웨어하우스는 의사 결정자인 최고 경영자나 데이터 분석가 등이 사용하기 때문에 데이터를 좀 더 이해하기 쉬운 형태로 제공하기 위해 주제 지향적 특징을 가진다.

2) 통합된(integrated) 내용이다

데이터 웨어하우스는 여러 데이터베이스에서 필요한 데이터를 추출하여 의사 결정에 필요한 분석 및 비교 작업을 지원한다. 구조가 다른 여러 데이터베이스에서 데이터를 추출할 때는 이름이나 타입 등에서 충돌이 발생할 수 있다. 예를 들어 서로 다른 두 데이터베이스에서 추출한 데이터가 이름은 같지만 내용이 다르거나, 타입이 다른 경우를 생각해볼 수 있다. 데이터 웨어하우스는 내부적으로 데이터가 항상 일관된 상태를 유지하도록 여러 데이터베이스에서 추출한 데이터를 통합하여 저장하는 특징이 있다.

3) 시간에 따라 변하는(time-variant) 내용이다

일반 데이터베이스는 현재의 데이터만 유지하지만 데이터 웨어하우스는 올바른 의사 결정을 위해 현재와 과거 데이터를 함께 유지한다. 해당 시점의 데이터를 주기적으로 유지해두는 것이다. 이는 중요한 순간마다 사진을 찍어두는 것과 유사하다. 데이터 웨어하우스가 저장하고 있는 각 시점의 데이터를 스냅샷(snapshot)이라 한다. 데이터 웨어하우스가 이처럼 과거와 현재의 데이터를 동시에 유지하는 이유는 데이터 간의 시간적 관계나 동향을 분석하여 의사 결정에 반영할 수 있도록 하기 위해서이다.

4) 비소멸성(nonvolatile)을 가진 내용이다

일반 데이터베이스에 저장된 데이터는 추가·삭제·수정 작업이 자주 발생한다. 하지만 데이터 웨어하우스는 검색 작업만 수행되는 읽기 전용의 데이터를 유지한다. 물론 계획된 정책에 따라 정기적인 데이터 변경이 이루어지기는 하지만, 트랜잭션 단위로 변경 작업을 처리하는 일반 데이터베이스와는 다르다. 검색 작업 위주의 데이터 웨어하우스는 삽입·삭제·갱신(수정) 이상이 발생할 염려가 없어, 검색의 효율성을 고려하여 설계하는 경우가 많다

6.5.4 빅데이터

현대 사회에서는 데이터를 많이 확보하는 것이 무엇보다 중요하지만 우리 주변에는 이미 엄청난 양의 데이터가 존재한다. 그래서 이러한 데이터로부터 추출할 수 있는 가치 있는 정보의 힘은 상상을 초월할 만큼 크다.

스마트폰이나 태블릿 PC를 하나쯤 가지고 있지 않은 사람을 찾아보기 힘들 만큼 다양한 모바일 기기의 사용이 보편화되어 사람들이 시간과 장소의 구애를 받지 않고 네트워크 서비스를 이용할 수 있게 되었다. 단순 이메일 확인뿐만 아니라 은행 업무, 인터넷 쇼핑에 이르기까지 다양한 네트워크 서비스를 이용하며 자신도 모르는 사이 많은 양의 데이터를 생성하고 있다. 즉, 누군가와 계속 주고받는 이메일 내용, 웹 사이트 방문 기록, 쇼핑 구매 기록 등 다양한 종류의 데이터가 생성되고 어디엔가 저장되고 있는 것이다.

특히 다양한 소셜 네트워크 서비스(SNS: Social Network Service)를 통해 전 세계 사람들이 실시간으로 엄청난 양의 데이터를 생성하고 있다. 물론 데이터는 모바일 기기나 소셜 네트워크 서비스가 아니더라도 일상 속에서도 끊임없이 생성되고 있다. 도로와 건물 곳곳에 설치된 CCTV가 촬영하는 영상, 차량에 설치된 블랙박스의 녹화 영상, RFID와 같은 센싱 장비를 통해 수집되는 데이터 등 일상의 모든 행동이 디지털 데이터로 수집되어 저장되고 있다고 해도 과언이 아니다.

수집한 대규모 데이터에서 추출한 정보는 엄청난 힘을 지니고 있다. 인터넷 쇼핑몰에 방문한 기록을 분석하면 사람들이 어떤 상품에 관심을 가지는지, 쇼핑에 얼마나 많은 시간을 투자하는지 등의 소비 행태 정보를 추출할 수 있어 이를 마케팅과 영업에 활용할 수 있다. 그리고 SNS를 통해 생성된 데이터를 분석하면 작성자의 성향이나 다른 사람들과의 연결 관계를 파악할 수 있어, 사람들의 생각과 의견을 예측하여 문제 해결에 활용할 수 있다.

데이터를 많이 확보하면 그만큼 가치 있는 정보를 많이 만들 수 있지만 문제는 수집한 엄청난 양의 데이터를 기존 데이터베이스 시스템에 저장하고 관리하기가 어렵다는 것이다. 그래서 기존 데이터베이스의 주요 기능을 포함하면서도 대규모 데이터에 적합한 새로운 저장 및 관리 기술이 필요하게 되었다. 그리고 엄청난 양의 데이터를 분석하여 가치 있는 정보를 추출하려면 기존 분석 기술보다 훨씬 복잡하고 정교한 분석 기술이 필요하게 되었다. 그래서 이러한 다양한 요구에 부응하기 위해 등장한 것이 빅데이터다.

빅데이터(big data)를 기존의 데이터베이스가 저장하고 관리할 수 있는 범위를 넘어서는 대규모의 다양한 데이터로 좁게 정의하기도 한다. 하지만 최근에는 빅데이터를 대규모의 데이터를 저장 및 관리하는 기술과 가치 있는 정보를 만들기 위해 분석하는 기술까지도 포함하여 정의한다.

다양한 유형의 대규모 데이터를 저장 및 관리, 분석하는 빅데이터 기술은 빠르게 변하는 현대 사회에서 개인의 성향을 정확히 예측하여 맞춤형 정보를 제공할 수 있게 해준다. 실제로 아마존닷컴에서는 빅데이터 기술을 활용해 상품 구매 내역을 저장하고 분석하여 고객의 소비 성향을 파악한다. 그리고 파악한 정보를 활용해 고객이 관심을 가질 만한 상품에 대한 소개를 메일로 전달하거나, 고객이 로그인할 때 자동으로 제시한다.

전 세계 사람들이 매일 이용한다고 해도 과언이 아닌 구글이나 페이스북도 마찬가지다. 구글은 사용자의 개인 정보와 사용자가 입력한 검색 조건 등을 분석해 사용자에게 맞춤형 광고를 제시하는 데 빅데이터 기술을 활용한다. 페이스북도 사용자가 작성한 글과 사진, 동영상 데이터를 분석하여 사용자가 관심을 가질 만한 광고를 제시하는 데 빅데이터 기술을 활용한다.

빅데이터 기술은 정치 분야에서도 활용된다. 국내에서는 인터넷이나 SNS를 통한 선거 운동이 허용되면서 여론 조사 기관들이 투표 결과를 더 정확히 예측하기 위해 SNS를 통해 생성된 선거 관련 데이터를 빅데이터 기술을 활용해 분석하기도 하였다. 미국에서도 대통령 선거를 위해 다양한 경로로 수집한 유권자의 데이터를 분석하여 유권자의 성향을 파악하고 이를 바탕으로 선거 전략을 세우기도 하였다.

빅데이터를 단순히 대규모의 데이터로 특징짓기에는 부족한 면이 있다. 대규모의 데이터로부터 정보를 추출하려는 시도는 예전에도 있었기 때문이다. 그래서 빅데이터의 특징은 데이터양(Volume), 속도(Velocity), 다양성(Variety)을 의미하는 3V로 요약한다.

① **데이터 양**: 빅데이터는 테라바이트(TB) 단위 이상의 대량 데이터다. 이는 빅데이터의 가장 기본 특징으로, 여러 경로를 통해 계속 생성되고 있는 많은 양의 데이터임을 의미한다.

② **속도** : 빅데이터는 데이터의 수집과 분석을 정해진 시간 내에 처리해야 한다. 많은 양의 데이터가 생성되고 전달되는 속도가 빨라 여기서 가치 있는 정보를 추출하려면 대규모의 데이터를 사용자의 요구에 맞게 수집하고 분석하는 작업을 실시간으로 처리해야 한다.

③ **다양성** : 빅데이터는 형태의 다양성을 띤다. 즉, 정형, 반정형, 비정형 같이 다양한 형태의 데이터를 모두 포함한다. 빅데이터 이전의 데이터 분석은 기본적으로 관계 데이터베이스에 저장된 정형 데이터를 대상으로 수행되었다. 반면, 빅데이터는 반정형, 비정형 데이터도 분석 대상으로 삼는다. 그리고 책, 잡지, 의료 기록, 비디오, 오디오 같은 전통적인 비정형 데이터 외에도 위치 정보, 로그 기록, 이메일, SNS 등에서 생성되는 비정형 데이터도 포함한다.

반정형 데이터는 관계 데이터베이스와 같은 정형화된 시스템에 저장되어 있지 않지만 내부적으로 스키마, 즉 구조를 어느 정도 포함하고 있는 XML, HTML 등을 의미한다. 비정형 데이터는 텍스트, 이미지, 오디오, 비디오 같이 구조가 정해져 있지 않은 데이터다.

빅데이터 기술은 기업이나 공공 기관 등 여러 곳에서 이미 활용되고 있다. 기업은 빅데이터 기술을 활용해 고객의 성향을 파악하여 행동을 미리 예측해 고객 맞춤형 마케팅 전략을 수립하고 새로운 비즈니스 가치를 창출할 수 있다. 공공 기관도 빅데이터 기술을 이용해 파악한 사용자들의 요구와 성향을 정확히 파악하여 이에 맞는 서비스를 제공할 수 있다.

빅데이터를 이렇게 다양하게 활용할 수 있는 것은 [그림 6-14]와 같은 저장 기술, 분석 기술, 표현 기술이 존재하기 때문이다.

그림 6-14 빅데이터의 기술

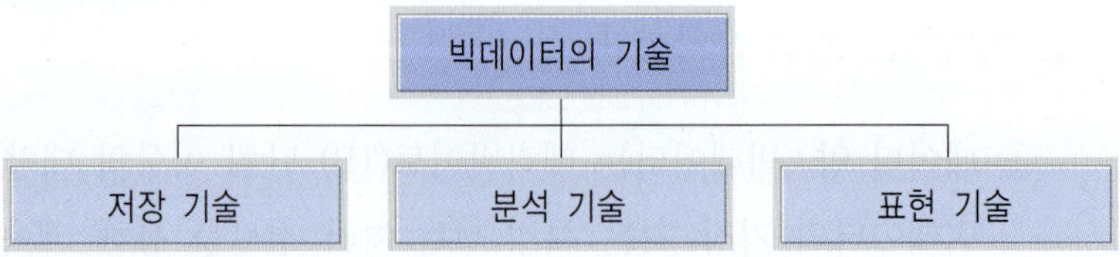

토론과제 -- '가속의 시대' 발 맞추려면 잠깐 멈춰라

• 가속의 시대, 느림의 미학

토머스 프리드먼은 세계를 '대기계'(the Machine)라고 부른다. 그는 오늘날 대기계를 돌리는 기술의 변곡점이 2007년에 나타났다고 본다. 묘하게도 그 해를 전후해 기술혁신과 그것을 바탕으로 한 수많은 기업이 무리 지어 나타났다. 애플의 아이폰, 빅데이터를 활용할 수 있게 한 하둡(Hadoop), 오픈소스 기반으로 소프트웨어 개발을 가능하게 한 깃허브(GitHub), 페이스북, 트위터, 아마존 킨들, IBM의 왓슨, 세계를 하나로 이어주는 클라우드 서비스 등, 당시 등장한 플랫폼은 역사상 가장 큰 폭의 약진이었다. 대기계를 움직이는 중요한 엔진인 이런 기술은 '현재'를 적응하지 못할 정도로 변화하는 '가속의 시대'로 만들었다. 그는 세계를 바꾸는 가장 큰 세 가지 힘을 '대시장'과 '대자연' 그리고 '무어의 법칙'으로 요약한다. 대시장은 디지털 세계화를 말하고, 대자연은 기후변화, 생물다양성 훼손, 인구증가를, 무어의 법칙은 기하급수적으로 발전하는 컴퓨팅 기술을 가리킨다.

사람들은 현기증과 함께 두려움을 느낀다. 당장 사람들은 기계나 로봇이 자신의 일을 쓸모없는 것으로 만들어 버리는 세상이 도래했다고 생각한다. 심지어 인공지능(AI)과 기계가 인간을 지배할 것이라는 두려움에 사로잡힌다. 빠른 변화는 인간의 윤리와 정치, 지정학, 일터, 공동체에도 근본적인 변화를 불러오고 있다. 그렇다면 우리는 어떻게 적응해야 하는가. 저자는 『가속의 시대에 적응하기 위한 낙관주의자의 안내서』라는 책의 부제가 말해주듯, 낙관적인 전망을 펼친다. 그는 '역동적 안정성' 혹은 '태풍의 눈에서 춤추기' 등으로 '가속시대'의 적응 방법을 표현하는데, 급류에서 계속 노를 저으며 물결을 타는 것처럼 변화를 관리해야 한다고 말한다. 그 다음에 모든 분야의 혁신이다. 이를 위해 먼저 잠시 멈추고 이 시대의 가속화에 대해 근본적인 통찰을 해야 한다는 것이다. 책 제목도 약속 상대가 지각하는 바람에 생각지 않게 '잠깐 멈출' 시간을 얻었다는 데서 가져왔다.

(출처 : 늦어서 고마워 / 토머스 프리드먼 지음, 장경덕 옮김 / 21세기북스)

06 연습 문제

1 데이터베이스의 특성으로 옳지 않은 것은?

① 같은 내용의 데이터를 여러 사람이 동시에 공용할 수 있다.
② 데이터베이스는 데이터의 삽입, 삭제, 갱신으로 내용이 계속적으로 변한다.
③ 수시적이고 비정형적인 질의에 대하여 실시간 처리로 응답할 수 있어야 한다.
④ 데이터의 참조는 저장되어 있는 데이터 레코드들의 주소나 위치에 의해서 이루어진다.

2 데이터베이스 관리 시스템(DBMS)의 주요 필수 기능과 거리가 먼 것은?

① 데이터베이스 구조를 정의할 수 있는 정의 기능
② 데이터 사용자의 통제 및 보안 기능
③ 데이터베이스 내용의 정확성과 안정성을 유지할 수 있는 제어 기능
④ 데이터 조작어로 데이터베이스를 조작할 수 있는 조작 기능

3 데이터 모델(Data Model)의 개념으로 가장 적절한 것은?

① 현실 세계의 데이터 구조를 컴퓨터 세계의 데이터 구조로 기술하는 개념적인 도구이다.
② 컴퓨터 세계의 데이터 구조를 현실 세계의 데이터 구조로 기술하는 개념적인 도구이다.
③ 현실 세계의 특정한 한 부분의 표현이다.
④ 가상 세계의 데이터 구조를 현실 세계의 데이터 구조로 기술하는 개념적인 도구이다.

4 ER 모델의 설명으로 옳지 않은 것은?

① 데이터를 엔티티, 관계, 속성으로 묘사한다.
② ER 모델에서 엔티티는 실세계에서 개념적 또는 물리적으로 존재하는 실제 사용을 의미한다.

③ ER 모델에서 속성은 엔티티를 묘사하는 데 사용될 수 있는 특성을 의미한다.
④ ER 모델에서 관계는 속성들에 대한 관계 표현이다.

5 다음의 논리적인 데이터 모델에서 데이터 간의 관계를 기본 키(Primary Key)와 이를 참조하는 외래 키(Foreign Key)로 표현하는 데이터 모델은?

① 관계형 데이터 모델 ② 네트워크 데이터 모델
③ 계층적 모델 ④ 객체지향 데이터 모델

6 데이터베이스에 관련된 용어의 설명으로 옳지 않은 것은?

① 튜플(Tuple) - 테이블에서 열에 해당된다.
② 애트리뷰트(Attribute) - 데이터의 가장 작은 논리적 단위로서 파일 구조상의 데이터 항목 또는 데이터 필드에 해당된다.
③ 릴레이션(Relation) - 릴레이션 스키마와 릴레이션 인스턴스로 구성된다.
④ 도메인(Domain) - 애트리뷰트가 취할 수 있는 값들의 집합이다.

7 릴레이션에 대한 설명으로 적합하지 않은 것은?

① 릴레이션은 릴레이션 스키마와 릴레이션 인스턴스로 구성된다.
② 릴레이션 스키마는 한 릴레이션의 논리적 구조를 기술한 것이다.
③ 릴레이션 인스턴스는 구조를 나타내며, 릴레이션 스키마는 실제 값들을 나타낸다.
④ 릴레이션 스키마는 정적인 성질을 가지며, 릴레이션 인스턴스는 동적인 성질을 가진다.

8 한 릴레이션의 기본 키를 구성하는 어떠한 속성 값도 널(NULL) 값이나 중복 값을 가질 수 없다는 것을 의미하는 것은?

① 개체 무결성 제약조건 ② 참조 무결성 제약조건
③ 보안 무결성 제약조건 ④ 정보 무결성 제약조건

9 키는 개체 집합에서 고유하게 개체를 식별할 수 있는 속성이다. 데이터베이스에서 사용되는 키의 종류에 대한 설명 중 옳지 않은 것은?

① 후보 키(Candidate Key) : 개체들을 고유하게 식별할 수 있는 속성
② 수퍼 키(Supper Key) : 한 개 이상의 속성들의 집합으로 구성된 키
③ 외래 키(Foreign Key) : 다른 테이블의 기본 키로 사용되는 속성
④ 대체 키(Alternative Key) : 후보 키 중에서 대표로 선정된 키

10 다음 관계 데이터 언어 중 관계대수와 관계해석을 기초로 한 혼합 언어는?

① SQL ② QBE
③ QUEL ④ TOTAL

11 다음 중 관계형 데이터베이스가 아닌 것은?

① Ontos ② Oracle
③ SQL Server ④ Infomix

12 멀티미디어 데이터의 특성이 아닌 것은?

① 대용량 데이터 ② 검색 방법이 복잡한 데이터
③ 구조가 복잡한 데이터 ④ 저장 데이터

13 데이터 웨어하우스가 일반 데이터베이스와 다른 주요 특징이 아닌 것은?

① 주제 지향적(subject-oriented) 내용이다
② 시스템을 연결해 주는 미들웨어(middleware)가 필요하다
③ 시간에 따라 변하는(time-variant) 내용이다
④ 비소멸성(nonvolatile)을 가진 내용이다

14 다음 중 빅데이터의 주요 기술에 해당하지 않는 것은?

① 저장 기술 ② 분석 기술
③ 표현 기술 ④ 통합 기술

06 주관식 문제

1. 데이터베이스를 정의하고, 데이터베이스의 특징을 설명하시오.

2. 데이터베이스(DB), 데이터베이스관리시스템(DBMS), 데이터베이스시스템(DBS)의 차이는 무엇인가?

3. 데이터 모델의 개념을 설명하고, 논리적 데이터 모델의 종류를 나열하시오.

4. ER 모델의 구성요소와 장점을 설명하시오.

5. 관계형 데이터베이스의 구조와 특징을 기술하시오.

6. 데이터베이스에 저장되는 데이터의 정확성을 보장하기 위한 제약조건을 설명하시오.

7. DBMS의 구성요소와 DBMS의 종류를 나열하시오.

8. 기업에서 많이 사용하는 관계형 데이터베이스는 무엇이며 그 이유는?

9. 멀티미디어 데이터의 특성을 설명하시오.

10. 데이터웨어하우스(data warehouse)가 일반 데이터베이스와 다른 주요 특징은 무엇인가?

11. 빅데이터의 특징과 활용 예를 설명하시오.

박미희 작

제 7 장

정보통신

제7장

정보통신

7.1 정보통신 환경

7.1.1 정보통신 환경 변화

컴퓨터의 발전으로 인한 고도 정보화 사회의 심화는 정보통신 기술, 컴퓨터 하드웨어 및 소프트웨어 기술의 통합에 의해 비약적인 발전을 거듭하고 있으며, 최근 디지털 기술을 중심으로 한 기술혁신의 진전과 더불어, 인터넷의 폭발적인 보급과 방송의 디지털화에 따라 정보환경은 크게 변화하고 있다.

- **사회환경의 가상화**

인터넷으로 대표되는 사이버 공간에서의 가상상점, 전자회의실 등 사회의 경제 활동을 대체하는 장이 형성되고 있다.

- **정보 생산력 · 발신력의 향상**

정보의 생산과 발신이 질적으로 고도화되는 동시에 양적으로 증가하고 있다. 특히 인터넷을 이용하여 개인이 다수를 대상으로 언제든지 자유롭고 용이하게 자신이 작성한 정보를 발신할 수 있다.

- **행동 제약의 극복**

정보가 순간적으로 전파 · 확산되므로 국경을 초월한 정보 교류권 형성을 통해 거리, 시간적 제약을 극복하고 있다. 따라서, 재택근무, SOHO(Small Office Home Office) 등 새로운 노동 형태, 기업 형태를 창출하고 있다.

• **정보 선택 범위의 비약적 확대**

디지털 기술을 활용함에 따라 정보 검색능력 향상, 검색범위 증가로 전 세계에 산재한 정보 중 필요한 정보를 선택하게 되었다. 또한, 방송의 디지털화에 따라 제공되는 프로그램 수의 비약적 증가, 내용의 다양화가 전개되고 있다.

• **고도의 정보 공유**

인터넷 상의 각종 정보, 전자도서관 등을 통해 전 세계의 화상, 음성, 데이터를 고도로 공유할 수 있게 되었으며, 인트라넷과 엑스트라넷을 통해 기업내 정보를 공유, 교환할 수 있게 되었다.

7.1.2 미래의 정보통신 서비스

정보통신 기술은 새로운 서비스를 창출하고, 생활의 편리함과 쾌적성을 향상시키는데 기여해왔으며, 앞으로는 더욱 발전되어 인류가 보다 풍요롭고 쾌적한 삶을 영위할 수 있도록 다양한 서비스를 제공해줄 것이다.

1) 가정에서의 서비스

가정에서는 개인의 요구에 부응하는 선택적이고 개별적인 정보통신 시스템이 도입되고 동시에 가사업무의 자동화와 간편성을 지원하는 각종 지원 시스템이 보급될 것이다.

먼저 가정에서의 통신이 간편화될 것이다. 휴대전화, 그리고 영상전화를 중심으로 하는 영상통신 서비스는 가정에서의 커뮤니케이션 환경을 크게 변화시켜 놓을 것이다.

뉴스면에서는, 영상이나 문자 등의 멀티미디어를 구사한 전자신문이나, 개인의 기호에 맞추어 선택적으로 모은 뉴스 서비스 등이 실현된다. 또한 지능 텍스트 메일이나 영상게시판 등을 통해 행정기관의 홍보사항이나 지역사회의 전시회 등 행사를 안내받을 수 있다.

교육면에서는 전문가 지향, 개인 지향의 교육이 활발해질 것이다, 영상 벽을 이용한 원격학습, 퍼스널 단말을 이용한 전자도서관 이용, 취향에 맞춰 선택할 수 있는 평생교육 등이 제공된다.

오락면에서는, 다화면 영상서비스에 의한 스포츠 중계 및 여행안내, 대화면 안방극장, 거실·욕실·침실에 설치되는 영상 벽, 텍스트 메일이나 영상전화를 이용한 게임과 친구와의 대화 등 가정에서의 오락도 개인의 요구와 용도에 따라 다양화되어 갈 것이다.

홈쇼핑면에서는, 다화면 영상이나 텍스트 메일을 이용한 홈쇼핑, 전자 전화번호부를 통한 점포 검색, 영상게시판을 이용한 재활용 정보검색 등 다양한 형태의 홈쇼핑이 출현한다.

건강과 관련해서는, 지능 감지기를 갖춘 건강욕실이 병원과 직결되어 일상적인 건강점검이 이루어진다. 또한 재택간호진단시스템을 이용한 건강관리가 이루어진다.

방범·방재와 관련해서는, 가정의 곳곳에 AI 기능을 갖춘 방범·방재 감지기가 설치되어 긴급시에는 방범·방재 센터 등 외부기관과 접속된다.

가사업무와 관련해서는, AI 기능과 음성인식 및 합성기능을 구비한 로봇 가정부가 청소, 요리, 설거지 등 가사업무를 지원한다. 전자요리책에는 각종 요리방법이 데이터베이스화되어 있어 텍스트 메일이나 영상 단말을 이용하여 적절한 자문을 받을 수도 있게 된다. 또한 날씨나 기후에 따라 창이나 커튼을 자동적으로 개폐하는 하우스 제어시스템이 갖추어진 주택이 출현한다.

2) 기업에서의 서비스

기업에서는 사무실내에서 사용하는 정보기기의 고도화 및 지능화가 진전되고, 위성사무실, 이동사무실과 같은 새로운 사무실 공간이 출현한다. 또한, 경영-영업-생산-연구개발의 각 부분에 관련된 정보를 종합적으로 지원하는 전략정보시스템(SIS), 통합생산시스템(CIM)이 구축된다. 이들 사무공간이나 시스템은 공중망 상에서 구축되지만, 마치 전용망과 같이 설정하여 사용할 수 있는 가변 사설망, 이동체 통신망, 고속 광대역 공중망, 해외와의 위성통신망, 고속 LAN 등에 유기적 입체적으로 연결될 것이다.

경영면에서는, 본사, 지점, 영업소, 공장, 연구소, 유통거점, 해외지사, 소매점, 위성사무실, 관련 기업 등을 종합적으로 네트워크화하여 자사내의 각종 정보, 거래처나 국내외 최신 동향에 관한 종합적인 정보를 총괄 관리하고, 아울러 전략정보시스템, 의사결정지원시스템(DSS), 재무지원 전문가 시스템 등이 구축되어 기업전략 수립을 지원한다. 각종 경영정보는 항상 본사의 상황실에 설치되어 있는 대형 화면을 통해 한눈에 볼 수 있으며, 본사의 지시도 그 자리에서 회사 전체에 전달된다. 또한, 원격지와의 다지점간 영상회의 시스템, 공동의 입체영상 데이터베이스를 조작하면서 하는 입체영상회의, 텍스트 통신에 의한 PC회의, 영상 벽을 이용한 위성사무실과의 대화 등 용도에 따라 다양한 회의를 실현할 수 있다.

영업면에서는, 본사, 지점, 영업소, 해외지점, 위성사무실 등을 네트워크로 연결하여 재고 상황, 고객장부, 마케팅 정보, 수발주 상황 등 각종 관련 정보를 효과적으로 활용하는 영업지원시스템이나 본사-지점-영업소-소매점 등을 잇는 원격 영업회의 등을 통해 고객의 요구를 미리 파악하는 전략적인 영업활동이 시작된다. 또한, 이동사무실의 출현, 소형 휴대단말을 이용한 고객과의 판매촉진 활동, 휴대 전화를 통한 외출자와의 연락, 영상전화를 이용한 고객과의 면밀한 대응 등 기동력 있는 영업활동이 전개된다.

유통면에서는, 자동창고시스템에 의해 재고의 자동관리가 이루어지고, 자율로봇이 공장의 부품관리를 맡아준다. 또, 지점/영업소 등에서의 수발주 정보, 공장 관련기업 등에서의 수발주 정보나 공장 관련기업 등에서의 재고관리를 종합적으로 관리하여 다품종 소량생산에 대처할 수 있는 유통시스템이 구축된다. 전국의 지점과 영업소 등에서 보내온 정보를 신속하게 처리하여 다품종 소량생산에 대응할 수 있는 FMS(Flexible Manufacturing System)가 가동하게 된다. 생산라인은 자동화되어 있을 뿐 아니라 자율형 로봇이 장인업무나 공장의 유지보수도 도맡아 해준다. 또한 마이크로 머신의 응용으로 공장내의 정밀부품 점검이나 배수 파이프 등 미세한 부분의 환경감시도 해준다.

설계면에서는, 신상품의 기획, 구체적인 설계 등을 지원하는 시스템으로서, 각종 설계지원시스템, 입체·고화질의 데이터베이스, 실시간 시뮬레이션 등이 도입된다. 또한 통신 네트워크를 통한 원격지간 정보교환이나 그룹에 의한 컴퓨터 지원 공동작업도 보급된다.

연구개발 면에서는, 각종 설계지원용 전문가시스템, 영상 시뮬레이션 단말, 디자인 회의실, 연구개발용 데이터베이스, 영상 데이터베이스 등이 LAN을 통해 접속된다. 연구원들은 각자의 지능 워크스테이션을 이용하여 창조활동에 필요한 정보환경을 용이하게 만들 수 있게 된다.

3) 사회에서의 서비스

도로나 빌딩에 설치되어 있는 인텔리전트 센서로부터 들어오는 교통량, 인파, 기상, 대기성분, 소음 등의 정보나 인근 하천의 수위, 산악 기상, 기상 변동 등의 정보, 나아가 각종 정보 제공기관에서 보내오는 교육/문화/방재/행정 등에 관한 정보가 난무하는 그야말로 사회 전체가 정보공간이 된다. 이들 정보를 분석한다거나 필요한 정보를 선별함으로써 그곳에서 활동하는 사람들이 안심하고 쾌적하게 보낼 수 있도록 사회 환경을 조성하는 각종 서비스가 제공된다.

행정면에서는, 행정기관의 창구에는 각종 인텔리전트 단말과 행정정보 데이터베이스 등이 구비되어 신속하고 정확한 행정업무의 처리가 가능하게 되며, 집에서 행정에 관한 내용을 열람하거나 길거리에서 행정기관에 접수시키는 일도 가능해진다.

의료·복지 면에서는, 의료기관내의 정보화가 진전되고, 각종 검사기기를 구비한 순회의료차량에 의한 순회건강진단, 외출지에서 급작스레 병이 났을 때 대처할 수 있는 긴급 구급시스템, 원격진단시스템 등 종합의료복지시스템이 정비된다.

교육면에서는, 학교에서의 컴퓨터 이용 학습, 전자도서관 시스템, 그리고 사회인을 대상으로 한 재택 학습시스템 등에 의해 각 세대에 대응한 교육 학습 시스템이 정비된다.

교통면에서는, 도로가에 설치해놓은 장애물 센서나 자동차에 부착되어 있는 충돌방지 센서, 보행자 안내 시스템 등에 의해 사고 없는 거리가 실현된다. 또한 목적지만 지정하면 그 뒤 부터는 목적지까지 자동적으로 비어있는 도로를 가르쳐주는 자율주행시스템에 의해 쾌적하고 원활한 운전을 즐길 수 있게 될 것이다.

방재·환경보존 면에는, 재해위험지역의 텔리미러링 시스템, 위성을 이용한 전 지구의 환경감시시스템의 채용으로 도시의 방재나 환경보존이 확보된다.

사회·문화면에서는 전자게시판, 전자도서관, 전자미술관 외에 거리에는 각종 문화행사를 영상으로 제공하는 시스템, 입체영상 라이브 극장과 같은 영상공간이 출현하고, 지역사회의 문화 활동이 활성화된다.

7.2 통신망의 구성

통신망은 넓은 지역에 분포되어 있는 다수의 사용자들에게 통신서비스를 제공하기 위하여, 정보의 흐름을 전달하도록 만들어진 장치 및 설비들이 상호 연결되어 있는 시스템이다. 통신망은 [그림 7-1]에 보여지는 것과 같이 가입자 장치, 교환시스템 및 전송설비로 구성된다.

그림 7-1 통신망의 구성

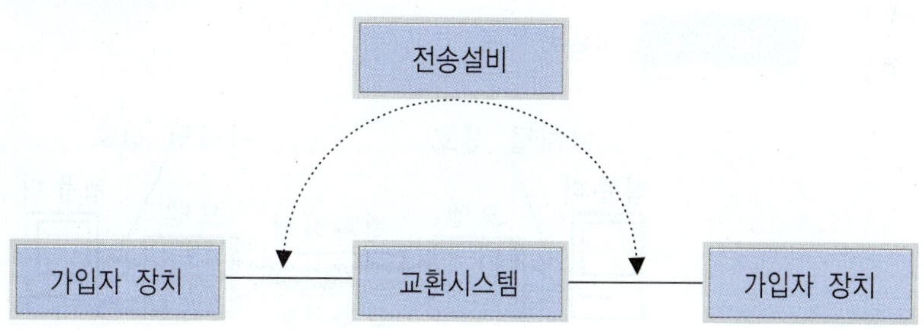

가입자 장치는 가입자와 통신망을 구성하는 다른 구성 요소 간에 정보(가입자 정보와 신호정보)를 송수신하는 기능을 하며, 전송매체와 중계장치로 이루어진 전송설비는 정보를 전달시켜주기 위한 통신 수단을 제공하게 되며, 교환시스템은 가입자 장치들을 상호 연결하여 통신로를 설정해주는 기능을 한다. 그러므로 가입자 장치로부터 발생된 정보가 전송설비를 통하여 교환시스템에 전송되고, 교환시스템에 의하여 상호 연결된 가입자 상호간에 통신이 이루어지게 된다.

7.2.1 가입자 장치

가입자 장치(또는 가입자 서비스장치)는 통신망이 제공하는 각종 서비스들에 대한 가입자 측의 인터페이스(Interface) 장치이다. 가입자 장치에는 전화기, 모뎀(Modem), 데이터 단말, 그래픽 단말, 팩시밀리(Facsimile), 텔렉스(Telex) 등과, 간단한 교환기능을 가지는 사설교환기(PBX, Private Branch eXchange) 등이 포함된다. 전화기는 가장 널리 사용되는 공중교환 전화망에 대한 가입자 서비스 장치이다. 모뎀은 음성정보 통신을 위주로 구축된 공중교환 전화망에서 디지털 데이터를 전달하기 위해서, 디지털 데이터를 아날로그 신호로 변조시키고 또 아날로그 신호를 디지털 신호로 복조시키는 기능을 수행하는 변환장치이다. 즉, 모뎀은 모듈레이터(Modulator) 변조기와 디모듈레이터(Demodulator) 복조기를 조합한 복합어로서 컴퓨터와 단말기와의 사이를 전화 회선을 이용하여 데이터 교환을 할 때 컴퓨터와 전화 회선과의 사이에서 신호의 변조 · 복조를 하는 장치이다.

그림 7-2 모뎀의 역할

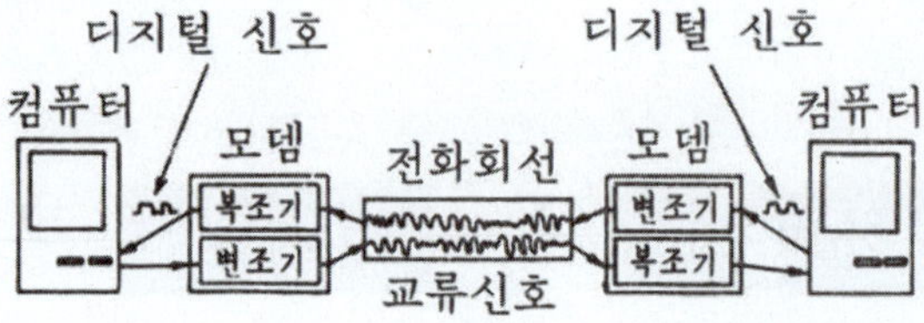

데이터 단말에는 데이터의 입력장치로 사용되는 키보드(Keyboard)와 출력장치로 사용되는 프린터나 CRT가 포함되며, 그래픽 단말은 도면 또는 화면 형태의 정보를 저장하고 전송하는 가입자 장치로 전자흑판시스템 등이 이에 해당된다. 팩시밀리는 문서의 정보를 흑과 백의 형태로 주사하여 취하고 그것을 전기신호로 변환하여 전송하고, 수신측에서는 역변환 과정을 통해 프린터로 출력시키는 가입자 장치이다. 텔렉스는 문자 형태의 정보를 전달하여 프린터로 출력하는 가입자 장치이다. PBX는 가입자 댁내에 위치한 일종의 소형교환기로서 간단한 교환 기능을 수행한다.

7.2.2 전송시스템

전송은 통신망의 구성 요소 간에 가입자 정보와 제어신호를 전달하는 기능이다. 전송은 전송 적용 범위에 따라 가입자와 교환국 간의 가입자 전송과 교환국과 교환국 간의 국간 전송으로 구분되며, 전송되는 정보신호의 형태에 따라 아날로그 전송과 디지털 전송으로 구분된다. 전송시스템은 [그림 7-3]에 보여진 바와 같이 전송설비와 전송단국장치로 구성된다. 전송매체와 중계장치가 전송설비에 해당되며, 전송단국장치에는 송신단국장치와 수신단국장치가 있다. 중계장치는 감쇄 변형된 전송신호를 증폭 재생시키는 기능을 한다. 전송단국장치는 정보신호를 전송매체에 알맞은 형태로 변환시키고 또 이를 복원하는 장치이다. 송신 단국장치는 정보-전기신호의 변환, 아날로그-디지탈 변환, 변조, 다중화(Multiplexing : 하나의 전송회선에 여러 개의 전송신호를 모아서 함께 전송하는 것), 전송부호화, 전기신호-광・전자파 변환 등의 기능을 수행하고, 수신단국장치는 그 역의 기능을 수행한다.

그림 7-3 전송시스템의 구성

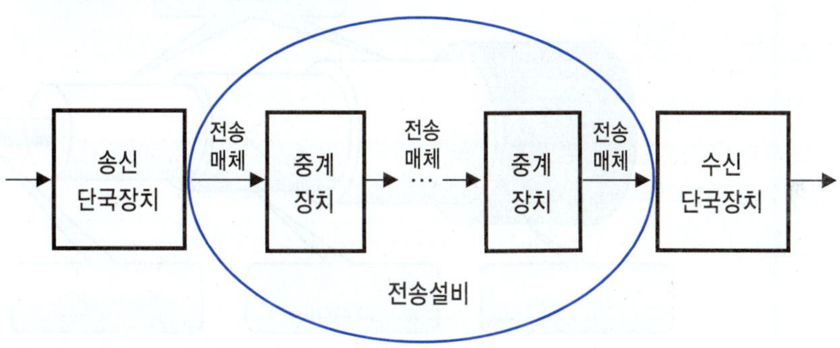

1) 전송매체

통신 상대방 사이에서 실제적인 정보를 전송하는 물리적인 통로인 전송매체는 전송신호를 전달해주는 데이터 전송로로서, 동선, 도파관(Waveguide), 대기(Atmosphere) 등으로 대별될 수 있다. 페어 케이블(Paired Cable)과 동축케이블(Coaxial Cable) 등은 동선에 속하며, 마이크로파 도파관과 광케이블은 도파관에 속한다. 대기는 마이크로파 전송을 위한 지상링크와 위성링크로 구분할 수 있다.

그림 7-4 평형선(Twisted-Pair Cable)

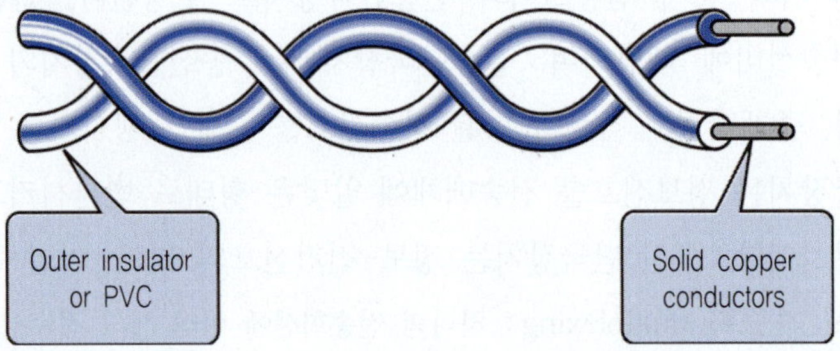

그림 7-5 동축케이블(Coaxial Cable)

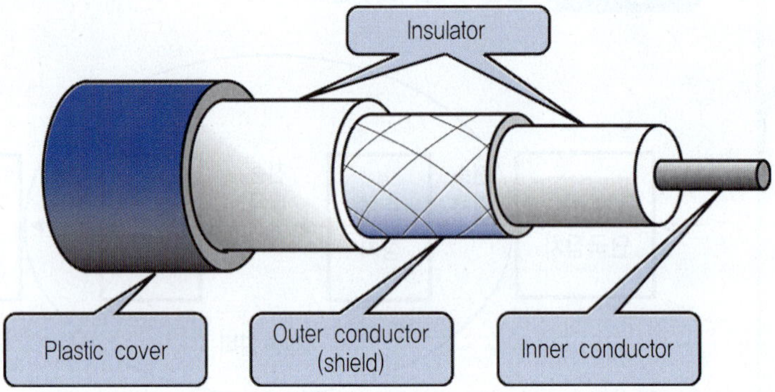

또한 크게 유선 전송매체와 무선 전송매체로 구분 할 수 있으며 종류 및 특징은 〈표 7-1〉과 같다.

표 7-1 유 · 무선 전송매체의 종류 및 특징

① 유선 전송매체

평형 케이블 (Twisted pair cable)	• 2선의 구리선이 한 쌍을 이루어 서로 감겨 있는 형태, 이러한 쌍이 다발로 묶어져 절연체(주로 종이, 펄프, 합성수지 등이 사용)로 피복된 것 • 묶여져 있는 쌍이 많을수록 장거리 통신이 가능 • 다른 매체에 비해 대역폭, 통신 거리, 데이터 전송률에서 효율이 떨어짐
동축 케이블 (Coaxial cable)	• 중심의 구리 심선을 폴리에틸렌의 절연물로 감싸고 이를 다시 그물 모양의 외선으로 싼 다음 전체에 피복을 입힌 구조 • 평형 케이블처럼 두 개의 구리선이 서로 감겨 있는 형태이나 더 넓은 주파수를 허용 • 초고주파(MHz)대의 전송로에 적합 • 혼선, 감쇠, 전송 지연이 적음 • 광 케이블에 비해 가격이 저렴 • 이용 분야는 TV급 전선, 유선 방송(CATV), 근거리 네트워크 등 현재 가장 많이 사용되는 매체
광 케이블 (optical cable)	• 규소를 주재료로 하는 광섬유를 여러 가닥의 심선으로 조합하여 제작 • 전력 유도나 전자 유도에 영향을 받지 않으므로 잡음이나 누화가 없음 • 광 대역 전송이 가능하여 다중화에 유리하고 선로의 수를 줄일 수 있음 • 전송 속도가 빠르고 전송 손실이 적음 • 온도 변화에 안정적, 신뢰성이 높고, 에러 발생률이 적음 • 이용 분야는 항공기나 군사 시설, 컴퓨터의 배선, 근거리 통신망 • 가볍고 강도가 부드러워서 설치 및 취급이 용이 • 너무 구부리면 부러질 수 있으며 접착 및 접속이 어렵다 • 전송 거리가 길어지는 경우 중계급 전선이 필요

② 무선 전송 매체

지상 마이크로 웨이브 (terrestrial microwave)	• 포물선 모양의 접시형 안테나인 마이크로 웨이브파를 이용하여 정보를 전송하는 무선 선로 • 광 대역 통신, 다중 통신, 특히 장거리 통신이 가능 • 대용량의 정보 통신 및 고속 통신이 가능 • 외부 영향을 적게 받음 • TV, 레이더 탐지, 인공위성에 이용

위성 마이크로 웨이브 (satellite microwave)	• 마이크로 웨이브의 중계국인 통신 위성을 이용하여 정보를 전송하는 무선 회선 • 광역 통신이 가능 • 다수의 지역에 공동 정보를 제공 • 대용량, 고품질의 정보 전송이 가능 • 전파 지연과 폭우로 감쇠 현상이 나타날 수도 있음 • 국제 전화, 전신, TV 등의 통신에 적합
라디오 웨이브	• 단 방향성인 라디오 웨이브를 이용하여 정보를 전송하는 무선 회로 • 패킷 라디오, 텔레텍스트 등의 분야에 적합

2) 전송방식

전송방식은 크게 아날로그 전송과 디지털 전송, 단방향 전송과 양방향 전송, 직렬전송과 병렬전송으로 구분할 수 있는데 직렬전송은 다시 동기식 전송과 비동기식 전송으로 구분되어진다.

(1) 아날로그 전송과 디지털 전송

데이터가 전송매체를 통해 전송되기 위해서는 적절한 형태의 전기신호로 변환되어야 하는데, 전기신호는 아날로그신호와 디지털신호로 구분된다. 아날로그신호는 주어진 구간에서 연속적인 값을 가지는 데이터로 온도, 압력, 전압과 같이 연속적으로 변화하는 물리량을 표현한다. 디지털 신호는 불연속적인 값을 가지는 데이터로 아날로그 신호를 임의의 시간에 대한 물리량으로 정수화하여 표현한다. 전송방식은 사용되는 신호의 형태에 따라 구별된다.

① 아날로그 전송

아날로그 신호를 통신회선을 이용해 전송한다. 통신회선을 통해 정보를 전송할 때 변조기(Modulator)를 통해 아날로그 전송신호로 변환해 전송한 후 복조기(Demodulator)를 통해 원래 정보로 변환한다. 거리에 따라 신호 세기가 감소하는 감쇄현상이 발생하기 때문에 이를 복원하기 위해 증폭기를 이용하여 신호를 증폭한다.

② 디지털 전송

디지털 신호를 전송하는 방식으로 제한된 거리에서는 감쇄현상이 없으므로 별도의 장비 없이 전송이 가능하다. 장거리 통신에서는 리피터(Repeater)를 이용하여 감쇄현상을 극복한다. 리피터는 수신된 디지털 신호를 재생하여 새로운 디지털신호로 재전송하기 때문에 아날로그 전송과는 달리 증폭에 따른 왜곡현상을 막을 수 있다.

(2) 단방향 전송과 양방향 전송

두 장치 간에 데이터를 전송할 때 데이터의 교환 방향에 따라 단방향 전송과 양방향 전송으로 나눌 수 있고, 양방향 전송은 다시 반이중 전송과 전이중 전송으로 나눌 수 있다.

① 단방향(Simplex) 전송

한쪽 방향으로만 전송이 가능한 통신형태를 말한다. 가정에서 사용하는 라디오, TV 방송 등이 단방향 전송으로 한쪽 단말기는 송신기능 다른 쪽은 수신기능만 있다. 한쪽 방향으로만 전송이 가능하기 때문에 수신측에서 송신측으로 응답할 수 없다.

② 양방향(Duplex) 전송

송수신측이 고정되지 않고 통신하는 것으로서 두 단말기가 양방향으로 전송이 가능하다.

㉠ **반이중**(Half Duplex) **전송** : 두 단말기가 양방향으로 통신이 가능하나 동시에 전송할 수 없다. 동시에 전송하면 충돌이 일어나기 때문에 이를 피하기 위하여 전송이 가능한지 여부를 먼저 확인한 후 전송한다. 대표적인 예로 무전기를 들 수 있다.

㉡ **전이중**(Full Duplex) **전송** : 두 단말기가 동시에 양방향으로 데이터를 전송할 수 있다. 즉, 송신을 하면서 수신도 할 수 있는 방식으로 전화기, 데이터통신 등을 예로 들 수 있다. 동시에 양쪽방향으로 전송이 가능하기 때문에 전송효율이 높고 데이터 양이 많을 때 사용할 수 있지만 회선비용은 늘어난다.

(3) 직렬전송과 병렬전송

① 직렬전송

하나의 전송로를 통해서 데이터를 순차적으로 송신하는 방식으로 한 번에 한 비트씩 순서대로 데이터를 전송한다. 하나의 회선만을 사용하기 때문에 전송 비용이 적게 들며 설치비용이 저렴하다. 원거리 전송에 적합하며 에러율이 적다는 장점이 있다. 반면, 전송속도가 느리며 입출력의 구성이 병렬전송보다는 복잡하다. 컴퓨터의 내부에서는 주로 병렬 입출력을 하기 때문에 데이터를 외부로 보내기 위해서는 병렬신호를 직렬신호로 변환하여 전송하고, 수신측에서는 수신된 직렬신호를 병렬신호로 변환해서 사용하게 된다.

㉠ **동기식**(Synchronous) **전송** : 정확한 전송을 위하여 송신측과 수신측 간에 타이밍을 맞추는 것을 동기(Synchronization)라고 한다. 송수신측이 미리 약속한 패턴을 이용하여 데이터의 송수신 타이밍을 일치시키는 동기식 전송은 미리 정해진 수 만큼의 문자열을 한 블록(프레임)으로 만들어 일시에 전송하는 방식이다. 블록(프레임)은 전송할 자료를 일정한 크기로 분리한 것으로 데이터 뿐만 아니라 행선지 코드, 동기를 위한 제어 문자, 오류 검출을 위한 패리티나 CRC 등의 추가정보를 포함하고 있다. 동기식 전송은 시작·종료 비트로 인한 오버헤드가 없고, 휴지 시간이 없으므로 전송효율이 좋고 전송 속도가 빠르다. 동기식 전송은 대규모로 한꺼번에 일정한 시간 간격으로 정보 전송이 발생되는 파일 업로드와 다운로드가 대표적인 예이다.

㉡ **비동기식**(Asynchronous) **전송** : 비동기식 전송은 긴 데이터 비트열을 연속적으로 전송하는 대신 한 번에 한 문자씩 전송한다. 사용자가 키보드를 통해 입력하는 정보를 전송하는 경우가 대표적인 예로서, 전송하고자 하는 정보가 불규칙적으로 발생 시 주로 사용되는 방식이다. 문자 단위의 맨 앞에 한 문자의 시작을 알리는 시작 비트를 두고, 맨 뒤에 한 문자의 종료를 표시하는 정지 비트를 둔다. 전송되는 문자는 시작 비트 바로 뒤에 오게 되고, 문자의 종류에 따라 5~8비트의 길이를 갖는다. 문자 비트열 뒤에는 패리티 비트(Parity Bit)가 뒤따른다. 비동기식 전송은 데이터를 전송하기 위해서 반드시 시작비트와 정지비트를 사용하기 때문에 회선의

이용효율이 떨어지는 단점이 있다.

② **병렬전송**

병렬전송은 여러 개의 통신선에 송신하고자 하는 비트들을 각각 대응시켜서 동시에 전송하는 방식으로 전송속도가 빠르고 입출력의 구성이 간단하다. 반면 회선의 수가 많으므로 거리가 멀어질수록 선로 비용이 많이 든다. 또한 전송길이가 길어지면 에러율이 높아지고 목적지까지 도착하는 시간이 서로 달라질 수 있다. 병렬전송은 다수의 전송선을 사용하므로 근거리 전송에 적합하고 컴퓨터 내부나 주변기기의 데이터 전송에 주로 이용된다.

7.2.3 교환시스템

임의의 전화기에서 발생된 통신요청을 감지하여 다른 전화기와 연결해주고, 통신이 완료되면 다시 원래대로 복귀시키는 동작을 교환이라고 한다. 교환기는 멀리 떨어져 있는 단말기들이 통신을 할 수 있도록 중간에서 회선들을 연결해주는 장치로서, 다수의 가입자 장치들을 상호 연결하여 통신로를 설정해주는 기능을 하는 시스템을 교환시스템이라고 한다. 모든 전화기를 직접 연결하지 않고 교환기를 이용하여 통신망을 구축하면 경제적인 통신망을 구축할 수 있다. 교환시스템은 교환회로망의 형태에 따라서 공간분할 교환기와 시분할 교환기로 구분되고, 제어방식에 따라서 포선논리 제어(Wired-Logic Control)와 축적프로그램 제어(SPC, Stored Program Control)로, 제어기능의 분산 정도에 따라서 집중제어방식과 분산제어방식으로 각각 구분된다. 현재 대부분의 교환시스템들은 시분할 디지털, 축적프로그램 방식, 분산제어 방식을 채택하고 있다.

교환기는 교환수에 의한 수동교환방식에서 최초의 기계식 자동교환기가 스트로우저(A.B. Strowger)에 의해서 발명되었으며, 이후 발전을 거듭하여 축적프로그램 제어방식의 전자교환기의 출현으로 여러 가지 제한 요소가 해소되었다. 우리나라의 경우에는 한국전자통신연구소(ETRI)에서 1978년부터 1993년까지 TDX를 개발하였다. TDX는 IT강국 코리아의 명성을 얻게 한 신화의 출발점이며, 우리나라에 만성적인 전화 적체를 해소하고 1가구 1전화 시대 및 전국 전화 자동화를 실현하였다.

그림 7-6 한국전자통신연구소(ETRI)에서 개발된 전자교환기 시스템(TDX)

◇ETRI가 개발한 전전자교환기(TDX)[사진=ETRI]

1) 교환방식

(1) 회선교환(Circuit Switching) 방식

2개의 통신장치가 일시적으로 물리적인 회선을 완전히 점유해서 통신하는 방식으로, 정보전송의 필요성이 생겼을 때 상대방을 호출하여 물리적으로 연결한다. 일단 물리적으로 연결되면 다른 사람과 공유하지 않고 두 사람 사이에서만 이용이 가능하다. 회선이 설정되어 해제되기 전까지는 데이터를 전송하지 않을 때에도 다른 사용자들이 이 회선을 이용할 수 없으므로 회선 이용률 측면에서는 불리하다. 그러나 한 번 설정되어 전송을 시작하면 다시 경로를 찾기 위한 노력이 필요 없으므로 음성과 같은 실시간 데이터를 전송하는데 적합하고, 독점해서 사용하기 때문에 대량의 데이터를 고속으로 전송할 수 있다. 회선교환 방식의 대표적인 예는 전화망을 들 수 있다.

그림 7-7 회선교환 방식 개념도

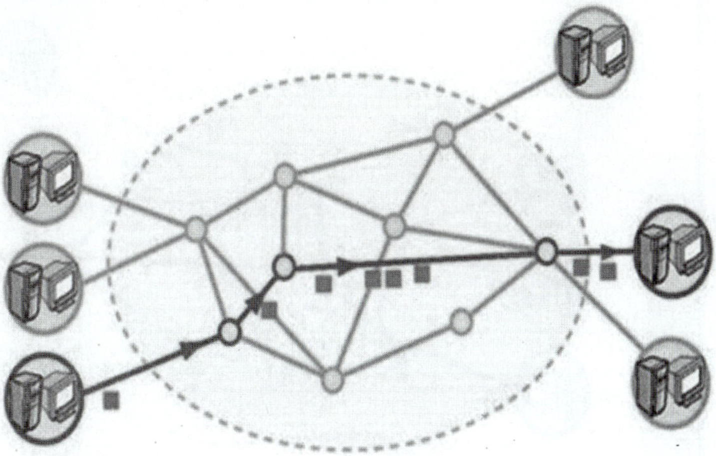

(2) 패킷교환(Packet Switching) 방식

전송할 메시지를 패킷 단위로 분할하고, 분할된 각각의 패킷 목적지 주소에 따라 적절한 경로로 전달하는 통신 방식으로 고정된 경로가 미리 설정되어 있지 않다. 전송은 패킷 단위로 독립적으로 이루어지며, 네트워크 트래픽 상태 등에 따라 각기 다른 전송경로를 가질 수 있다. 고정된 경로를 설정하지 않으므로 동일한 경로를 다른 목적지로 가는 여러 패킷들이 공유하여 통신회선을 보다 효율적으로 사용 가능하다. 또한 에러 발생시 한 패킷만 복구하면 되므로 고품질을 확보할 수 있다. 반면 축적 전송 방식에 따른 전송이 다소 지연되며 데이터 단위의 길이가 제한된다. 패킷교환 방식의 대표적인 예는 인터넷 망을 들 수 있다.

그림 7-8 패킷교환 방식 개념도

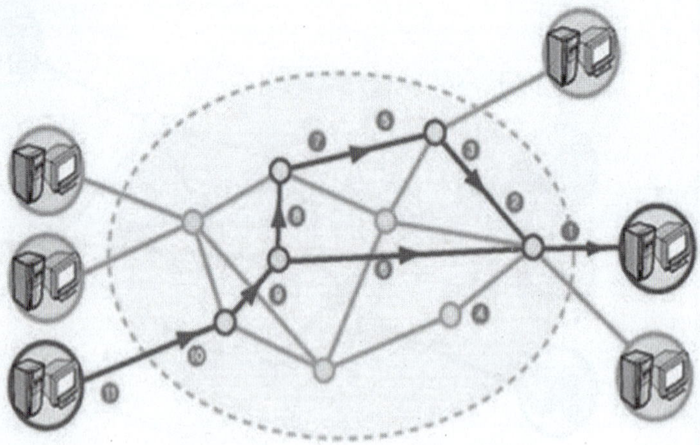

(3) ATM(Asynchronous Transter Mode: 셀) 교환 방식

데이터를 고정길이의 셀(Cell)로 나누어 전송하는 방식으로, 디지털 통신 방식인 회선 교환 기술과 패킷 모드 통신 방식을 결합한 형태이다. 전송데이터를 48바이트의 고정 길이로 분할하고 5바이트의 제어정보를 추가하여 53바이트인 ATM 셀을 패킷 단위로 만들어 패킷 교환 원리를 발전시킨 방식이다. 또한 회선 교환 방식 처럼 통신 경로, 타임 슬롯의 원리를 이용하여 하드웨어에 의존한 라우팅을 수행 한다. 즉, ATM 교환방식은 회선 교환과 패킷교환의 장점만을 흡수한 방식이라고 할 수 있다.

그림 7-9 ATM(셀) 패킷 단위

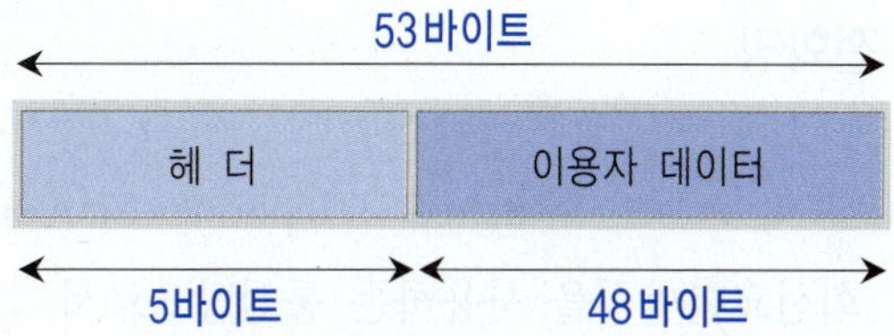

* 헤더에는 GFC(Generic Flow control),
VPI(Virtual Path Identifier),
VCI(virtual Channel Identififier),
데이터 타입, Priority),
HEC(Header Error Control) 등이 포함된다

2) 신호방식

사용자 정보의 전달을 위해서는 통신망의 구성 요소 간에 통신로의 연결을 설정하고 정보의 전달이 종료된 후에는 통신로의 연결을 해제할 필요가 있다. 이러한 통신로의 연결 설정 및 해제를 위해 필요한 여러 가지 제어정보[예를 들면, 서비스 요청, 응답 및 해제, 착발신 가입자 주소, 다이얼 톤(Dial Tone)과 링잉 톤(Ringing Tone)] 등을 신호(Signalling)라고 하며, 신호의 전달체계를 신호방식(Signalling System)이라 부른다.

신호는 적용 범위에 따라서 가입자 장치와 교환기간에 주고받는 가입자 망 신호와 교환기와 교환기 간에 주고받는 국간 신호로 구분할 수 있다. 국간 신호방식은 다시 신호정보가 사용자 정보와 동일한 회선을 통해서 전달되는가의 여부에 따라, 통화로 신호방식(Per-Channel Signalling)과 공통선 신호방식(CCS: Common Channel Signalling)으로 구분된다. 통화로 신호방식은 신호정보가 사용자 정보와 동일한 회선을 통해서 전달되는 방식이며, 공통선 신호방식은 사용자 정보가 전달되는 회선과는 다른 별도의 회선을 통해서 신호들을 전달하는 방식이다. 공통선 신호방식을 사용하면 사용자 정보가 전달되는 회선과는 다른 회선을 통해서 신호정보가 전달되므로, 통신로의 연결을 설정하는데 걸리는 시간이 짧아지고 통신망을 효율적으로 사용할 수 있는 장점이 있는 반면에 신호망의 일부 고장이 통신망의 마비를 초래할 수 있는 단점이 있다.

7.3 통신망의 종류

7.3.1 전화망

전화망(PSTN, Public Switched Telephone Network)은 음성 통신 서비스를 제공하며, 회선교환방식을 사용하는 통신망으로서, 가입자 장치, 전송선로장비, 교환기 등으로 구성된다. 일반전화기, 모뎀, 그리고 사설교환기 등이 가입자 장치에 속한다. 전송선로장비는 가입자 선로(Subscriber Loop)와 중계선(Trunk Line)으로 구분된다. 로컬 루프(Local Loop)라고도 불리어지는 가입자 선로는 가입자 장치와 교환기를 연결하는 전송선로이며, 대부분 꼬임선(Twisted-Pair Line)을 이용하고 있지만 광섬유 케이블로 대체되고 있다. 중계선은 교환기와 교환기 간을 연결하는 전송선로이며, 동축 케이블, 마이크로 웨이브, 위성통신 그리고 광섬유 케이블 등을 이용해서 구성된다.

7.3.2 종합정보통신망

기존의 전화망이나 데이터망은 전화 서비스나 데이터 서비스를 독립적으로 제공하기 위한 전용 통신망이었다. 따라서 사용자가 여러 서비스를 이용하려면 서비스마다 가입을 하고 개별적으로 통신망을 이용해야 함으로 비용도 많이 들고 불편함도 많다.

국내에서는 종합정보통신망이라 불리는 ISDN(Integrated Service Digital Network)은 디지털 기술을 기반으로 한 하나의 통신망을 통하여 음성 및 비음성의 다양한 통신서비스를 통합하여 제공하는 통신망이다. 즉, ISDN은 음성 서비스 뿐만 아니라 화상 및 데이터 서비스를 통합하여 제공할 수 있도록 하는 통합 서비스 디지털 통신망이다.

ISDN의 특징은 가입자 망이 디지털화되고, 가입자와 통신망의 연결이 디지털 방식으로 이루어지며, 여러 서비스들이 통합적으로 제공될 수 있다는 점이다. ISDN에서는 회선교환과 패킷교환 기능이 동시에 제공 가능하고, 전송은 디지털 방식으로 되며, 통신망내 각종 정보자원들을 공유할 수 있는 장점이 있다. 그 밖에도 ISDN은 각종 정보 처리기능을 제공할 수 있고, 통신망 운용 및 관리를 용이하게 해주는 등의 장점을 갖고 있다.

ISDN에서 제공되는 서비스는 베어러 서비스(Bearer Service)와 텔리 서비스(Tele Service)로 구분된다. 베어러 서비스는 통신망이 제공할 수 있는 서비스로서 다양한 전송속도의 회선교환 서비스나 여러 가지 종류의 패킷교환 서비스를 의미한다. 텔리 서비스는 가입자 관점에서 제공받을 수 있는 서비스로서 전화, 비디오텍스, 텔리텍스, 팩시밀리, TV 프로그램, 고품질의 음성 방송, 화상회의, 화상전화 등의 서비스를 의미한다.

그림 7-10 ISDN 네트워크의 기본구조

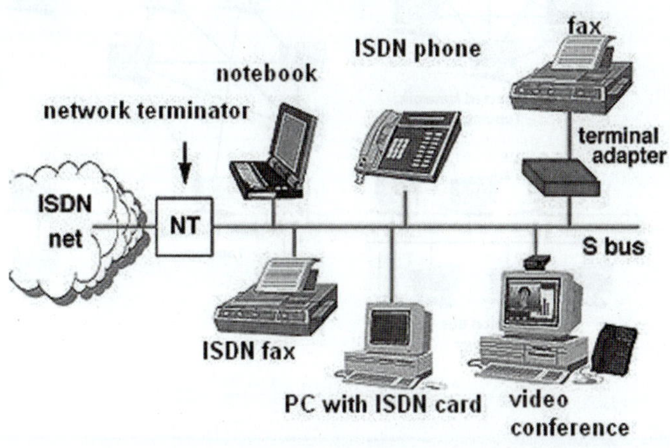

7.3.3 LAN

LAN(Local Area Network, 근거리통신망)은 가까운 거리에 있는 다양한 통신기기들을 상호 연결하여 정보의 전달을 가능하게 하는 데이터 통신망을 말하며, 직경 수 km 이내의 지역에 광역통신망에 비해 더 높은 데이터 전송속도를 제공한다. LAN에서는 페어케이블, 동축케이블, 광케이블 등이 전송매체로 사용된다.

1) LAN 토폴로지

토폴로지(Topology)는 컴퓨터 네트워크의 요소들(링크, 노드 등)을 물리적으로 연결해 놓은 것, 또는 그 연결 방식을 말한다. 즉, 네트워크를 구성하는 노드와 노드 간의 연결 상태에 대한 배치를 의미한다. LAN의 토폴로지에는 성형(Star), 버스(Bus)형, 링(Ring)형, 망(Mesh)형 등이 있다.

그림 7-11 네트워크 토폴로지

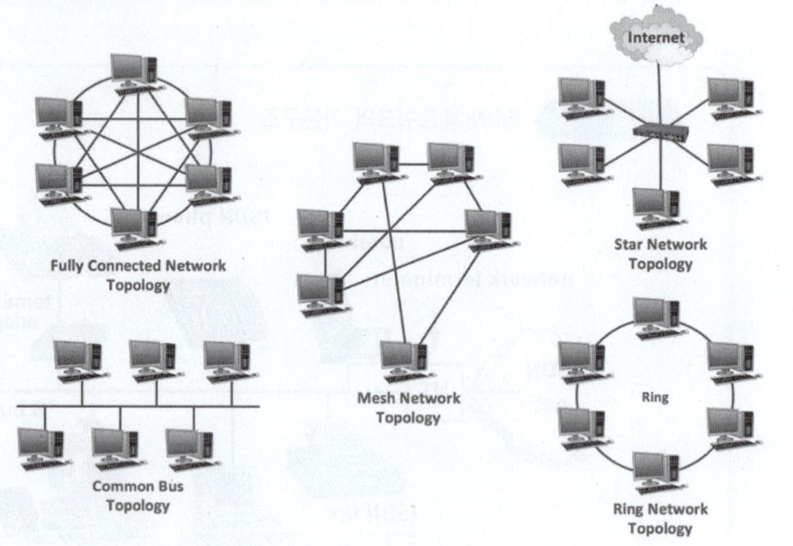

(1) 성형(Star)

성형은 이더넷 LAN에서 가장 널리 사용되는 물리적 토폴로지이다. 성형 토폴로지는 자전거 바퀴처럼 생겼으며, 중앙의 연결지점에 허브, 스위치, 라우터 같은 장비가 배치되며, 모든 케이블링 세그먼트가 이 중앙 지점으로 모인다. 네트워크의 각 장비는 자체 케이블에 의해 중앙 장비로 연결된다. 각 장비가 자체 선에 의해 중앙 장비로 연결되기 때문에 특정 케이블에 문제가 있을 경우에 해당 장비만 영향을 받고 네트워크의 나머지 부분은 정상적으로 작동한다. 이 장점은 중요하며, 이 때문에 거의 모든 이더넷 LAN이 물리적 성형 토폴로지로 설계되고 있다.

(2) 버스(Bus)형

버스형은 신뢰성과 확장성이 좋으며 모든 노드들이 버스에 연결되어 상호 Point-to-Point 형태를 가지게 된다. 각 노드들의 연결은 어뎁터(Adapter)를 사용하며 양 끝단에 터미널을 두게 된다. 각 노드의 고장은 전체 네트워크 부분에 영향을 미치지 않는 장점을 가지지만 중앙케이블이 고장나면 전체 네트워크가 동작하지 않는다.

(3) 링(Ring)형

링형은 통신제어가 간단하고 신뢰성이 높으며 장거리 네트워크에서 사용 가능하다. 링(Ring) 형태를 이루지만 노드 간 통신은 Point-to-Point 를 가지며 각 노드에서 신호 재생이 가능하기 때문에 버스 형태와 달리 거리 제약이 적으며 잡음에도 강하다.

(4) 망(Mesh)형

네트워크 상의 모든 컴퓨터들이 연결되어진 형태로써 연결된 기기나 노드가 고장나더라도 다른 경로를 통해 통신이 가능하며 어떠한 경우에도 네트워크가 동작한다는 장점을 가지게 된다. 그러나 네트워크에 연결된 기기의 수가 많을 경우 모든 기기와 연결해야 하기 때문에 케이블 사용량이 많으며 구조 또한 복잡하여 네트워크 관리가 힘들어 진다는 단점을 가지고 있다.

2) 네트워크 장비

여러 개의 LAN을 상호 접속하여 확장된 LAN을 구성할 수 있으며, LAN 상호접속을 위해 사용되는 장치로는 리피터(Repeater), 브리지(Bridge), 라우터(Router), 게이트웨이(Gateway), 허브(Hub), 스위칭 허브(Switching Hub) 등이 있다.

① **리피터**(Repeater) : 자동중계장치로서 수신된 신호를 증폭, 회복시켜서 재전송하여 전송거리를 확장한다. 같은 규격의 케이블을 사용한다.

② **브리지**(Bridge) : 다른 종류의 케이블을 연결하며 혼잡한 네트워크상에서 수송량을 분리한다.

③ **라우터**(Router) : 프로토콜의 전환이 없거나 프로토콜이 다른 3개 이상의 네트워크를 연결하여 데이터 전달의 통로를 제공해 주는 호스트이다.

④ **게이트웨이**(Gateway) : 프로토콜이 전환(Converting)되거나 공통점이 전혀 없는 네트워크와 연결하여 데이터 전달의 통로를 제공해 주는 호스트로서, 보통 라우트와 게이트웨이는 같은 의미로 쓰인다

⑤ **허브**(Hub) : 네트워크에서 각 단말기의 집선 장치로서 각 컴퓨터들의 중앙 연결지점을 제공하는 네트워크 장비이다.

3) 매체접근제어 방식

네트워크에 연결된 통신장비들이 LAN을 액세스하기 위한 매체접근제어 방식으로서 표준화되어 있는 것으로는 CSMA/CD(Carrier Sense Multiple Access with Collision Detection), 토큰 링(Token Ring), 토큰 버스(Token Bus) 방식 등이 있다.

(1) CSMA/CD

1972년 미국 제록스사에서 이더넷에 처음으로 채택된 매체 접근 방식으로서 현재 근거리 통신망에 가장 많이 사용되는 방식이다. 1983년 IEEE 802.3 표준이 되었으며 모든 종류의 이더넷에 적용된다. 비교적 저렴한 가격으로 시스템을 구성할 수 있으나, 노드 수가 많고 각 노드에서 전송하는 데이터량이 많을 경우, 패킷 충돌이 많아져서 데이터의 손실이 발생하는 단점이 있다.

CSMA/CD는 채널의 상태를 감지해 충돌을 피하는 방식으로, 데이터 흐름을 감지하여 네트워크가 사용 중이 아니면 바로 패킷을 보내고, 보내는 도중 에러가 발생하면 이때 충돌을 검출하는 방식이다. 이와 유사한 방식으로 무선 LAN에서 사용되는 CSMA/CA(Carrier Sense Multiple Access with Collision Avoidance)가 있다. CSMA/CA는 데이터 흐름을 감지하여 네트워크가 사용 중이 아니라도 바로 패킷을 보내지 않고 예비 신호를 먼저 보내 데이터 전송 중 패킷 충돌을 피하는 방법으로 데이터를 전송한 후에는 충돌을 하지 않는다.

(2) 토큰 링(Token Ring)

1984년 IBM의 토큰링(Token Ring)에서 사용한 매체 접근 방법으로 1985년 IEEE 802.5 표준이 되었다. 링 내의 어떤 노드도 데이터를 전송하고 있지 않을 때에는 프리 토큰(Free Token)이 케이블을 따라 한 방향으로 순환한다. 한 노드

가 데이터를 전송하려면 이 프리 토큰을 획득하여야 하며, 토큰을 가진 노드는 허용된 시간동안 데이터를 전송할 권한을 가진다. 데이터 프레임은 한 바퀴 돌아 다시 송신 노드까지 오는데, 이때 송신 노드는 이 데이터 프레임을 링에서 제거한다. 데이터 전송이 끝났거나 허용된 시간이 지나면 토큰은 다시 자유 상태가 되고, 송신할 데이터가 있는 노드는 다시 이 프리 토큰을 획득하여야 데이터를 전송할 수 있다. 노드 수가 많거나 데이터량이 많은 경우에도 충돌이 발생하지 않아 데이터의 손실이 없으므로 CSMA/CD보다 안정적이다. 반면, CSMA/CD보다 구현이 복잡하고 가격이 높으며, 토큰을 잃어 버릴 가능성이 있으므로 적절한 토큰 관리가 필요하다.

(3) 토큰 버스(Token Bus)

이더넷과 토큰링의 특징을 합한 형태의 방식이다. 물리적으로는 버스형 접속 형태이나 버스 상의 모든 컴퓨터들은 논리적으로 링형 접속 형태를 구성한다. 토큰은 논리적인 링형 접속 형태를 따라 순환하게 되는데, 이 토큰을 확보한 컴퓨터가 일정 시간 동안 전송 권한을 갖게 되는 방식이며, 토큰은 일정 시간이 지나면 논리적인 순서대로 다음 컴퓨터로 전송된다.

7.3.4 이동통신망

이동 통신(Mobile Telecommunication)이란 자동차, 열차, 선박, 항공기 등의 이동체와 집, 회사 등의 고정된 지점 간 또는 이동체 상호 간을 연결하는 통신방식이다. 즉, 사용자가 단말기를 통해 음성이나 영상, 데이터 등을 장소에 구애받지 않고 통신할 수 있도록 이동성이 부여된 통신 체계를 말한다. 현재 각국에서 운용되고 있는 이동통신 서비스로는 무선호출(Radio Paging), 셀룰러 전화(Cellular Telephone), 코드리스 전화(Cordless Telephone), 무선 데이타 통신(Radio Data Communications), 주파수 공용 통신(TRS, Trunked Radio Systems) 및 위성이동통신(Satellite Mobile Communications) 등이 있다.

이동통신 기술은 발전을 거듭하여 시간과 공간에 구애받지 않고 자유롭게 통신할 수 있는 개인통신에 관한 관심이 고조되면서 세계 각국은 실현을 위한 방안을 다각도로 연구하였다. 그 결과 미국에서는 PCS(Personal Communication

Services), 유럽에서는 PCN(Personal Communication Network)으로 각각 구체화 되었으며 더 나아가서는 완전한 개인통신시스템으로 볼 수 있는 FPLMTS도 등장하였다. FPLMTS는 현존하고 있는 여러 통신시스템을 통합하여 음성, 데이터, 영상 등의 다양한 서비스를 언제, 어디서, 누구에게나 유선망과 대등한 서비스 품질로서 제공할 수 있는 무선통신 기반 구조를 일컫는다.

1세대(1G: Generation)부터 시작된 이동통신은 현재 4세대(4G)를 거쳐 5세대(5G)로 진화중인데 이렇게 세대를 나누는 기준은 데이터의 전송속도이다. 5G 이동통신 시스템은 현재의 4G-LTE 시스템보다 1000배 이상 빠른 100Gbps급의 전송속도로 스마트 미디어기기를 통해 3D 홀로그램 영상을 전송할 수도 있는 모바일 네트워크를 지향하고 있다. 아울러 다양한 융합기술과 접목해 주변 디바이스와 소통 가능한 기술로 정의하고 2020년 상용서비스를 목표로 하고 있다.

7.4 네트워크(Network)

네트워크는 정보 공유를 목적으로 컴퓨터와 컴퓨터가 연결되어 형성된 망을 의미한다. 컴퓨터가 사용되기 시작한 초기에는 서버, 프린터 등의 장비들이 너무 비싸서 혼자 사용하기가 어려워 서버에 컴퓨터 몇 대를 연결해서 사용하기 시작하였다. 그리고 프린터의 공유와 컴퓨터에 있는 자료를 다른 컴퓨터에서도 쓸 수 있게 하는 요구가 생겨나고 이것이 지금의 네트워크로 발전하게 되었다. 그러나 다른 장치들이 연결된 네트워크에서 정보를 공유하기 위해서는 장치 간에 통신 규약(약속)이 필요하다. 즉, 프로토콜(protocol)의 개념이 등장하였다.

그림 7-12 네트워크의 개념

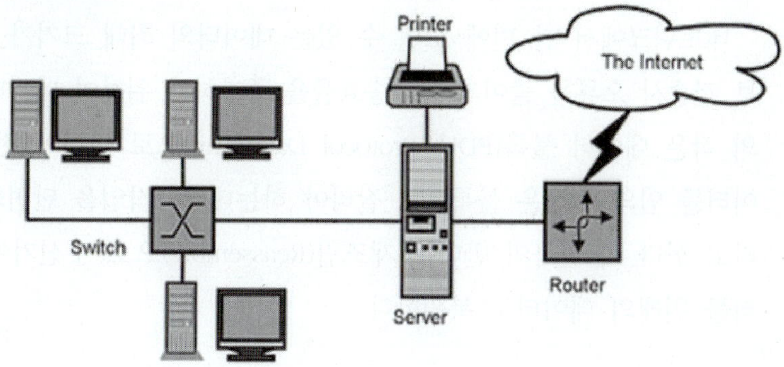

7.4.1 프로토콜(Protocol)

1) 프로토콜의 개념

프로토콜은 네트워크 안에서 데이터 전송 시 필요한 규칙 및 약속을 정한 것인데, 컴퓨터는 서로 프로토콜을 맞추어 대화를 하고 있다. 프로토콜은 외교 의례 또는 의정서에서 유래된 것으로, 외국의 국빈이 방문하였을 때 프로토콜이란 단어는 국빈을 대접하는 의전 절차라는 의미로 쓰인다. 통신에서의 사전적 의미는 복수의 컴퓨터 사이나 중앙 컴퓨터와 단말기 사이에서 데이터 통신을 원활하게 하기 위해 필요한 통신 규약으로서 신호 송신의 순서, 데이터의 표현법, 오류 검출법 등을 정한다. 즉, 프로토콜이란 통신 프로토콜의 생략형으로 통신의 목적을 경제적으로 달성하기 위한 정보의 송신자와 수신자 사이의 약속을 의미한다.

2) 프로토콜의 기능

통신의 목적은 정확한 정보의 전송이다. 정확성뿐만 아니라 경제성 또한 중요한 의미를 갖는다. 따라서 통신 프로토콜은 두 통신하는 상대방 사이에 정확하고 효율적인 정보의 전송을 위한 여러 가지 약속의 집합이다. 이러한 약속을 수행하기 위해서 프로토콜은 여러 가지 복합적인 기능으로 이루어진다.

대표적인 프로토콜의 기능들은 다음과 같다.

(1) 단편화와 재조립(Fragmentation and Reassembly)

네트워크에서 한 번에 보낼 수 있는 데이터의 최대 크기가 정해져 있다. 정보 전송시 오류를 줄이거나 전송효율을 증가하기 위하여 데이터를 일정한 크기의 작은 데이터 블록(PDU: Protocol Data Unit)으로 나누어 전송한다. 이때 데이터를 임의의 작은 블록으로 잘라야 하는데 이 작업을 단편화(Fragmentation)라고 한다. 단편화의 반대는 재조립(Reassembly)으로 수신기에서 분리된 데이터를 원래의 데이터로 복원한다.

(2) 에러제어(Error Control)

통신하는 상대방은 일반적으로 서로 원격지에 위치한다. 따라서 정보를 전송하기 위해서는 정보를 전기적인 혹은 광학적인 형태로 변환하고 그 변환된 신호가 통신채널을 통해 흐르게 될 때 정상적인 신호의 흐름을 방해하는 여러 가지 현상이 존재하게 된다. 즉, 신호의 전송 중에 에러가 발생하게 되고, 따라서 통신 프로토콜에서는 이러한 에러가 발생하였을 때 어떻게 에러의 발생 사실을 알아내고 손실된 정보를 회복할 것인가에 대한 엄밀한 절차가 사전에 약속되어 있어야 한다. 대부분의 에러제어 기법은 프레임의 순서를 검사하여 오류를 찾고, 프로토콜 데이터 단위를 재전송한다.

(3) 동기화(Synchronization)

동기화는 두 개의 프로토콜 실체가 정보를 송수신할 때 초기화 상태, 종료 상태 등의 동작단계를 맞추는 것을 말한다. 예를 들어 정보를 송수신하는 상대방이 서로 한 비트의 시간 길이를 서로 다르게 사용한다든지, 한 메시지의 시작 지점을 서로 다르게 인식하게 되면 순식간에 대량의 에러가 발생하기 때문에 이들에 대해서도 사전 약속이 필요하다.

(4) 흐름제어(Flow Control)

정보흐름의 양을 조절하는 흐름제어 방법도 역시 사전에 약속되어 프로토콜 속에 포함되어 있어야 한다. 흐름제어란 송수신 개체 간에 데이터 양이나 속도를 조절하는 기능이다. 예를 들면 정보의 송신측에서 너무 빠르게 정보를 내 보내는 바람에 수신측에서 이를 미처 소화하지 못함으로써 결과적으로 정보의 손실을 가져오는 사태를 막기 위한 방법을 말한다.

(5) **연결제어**(Connection Control)

두 개체 간에 데이터를 전송하기 전 송수신자 간에 미리 논리적 연결 절차를 거친 다음 데이터를 전송하는 방식을 연결형 데이터 전송(Connection Oriented Transfer)이라고 하며, 대표적인 예로 가상회선(Virtual Circuit) 방식이 있다. 이 방식에서는 패킷이 전송되기 전 논리적 경로가 미리 설정되며 연결설정, 데이터전송, 연결해제의 과정을 거친다. 반대로 사전에 두 개체가 논리적 연결 없이 데이터를 보내는 방식을 비연결형 데이터 전송(Connectionless Data Transfer)이라고 한다.

7.4.2 네트워크의 분류

컴퓨터 네트워크는 제작회사가 서로 다른 컴퓨터끼리 통신할 수 있도록 다양한 응용 프로그램과 터미널, 그리고 데이터 전송을 돕는 갖가지 통신장비, 전송장비 및 전송매체 등으로 구성된다. 이러한 환경에서 정확하고 효과적인 정보전송을 수행하기 위해서 프로토콜 역시 복잡하고 다기능화할 수밖에 없다. 네트워크 구조(Network Architecture)를 결정하는 프로토콜은 일반적으로 계층구조를 갖고 있다. 우리가 프로토콜을 분류할 때 상위계층 프로토콜과 하위계층 프로토콜로 구분하는데, 상위계층은 이용자가 손쉽게 통신을 이용할 수 있도록 해 주는 역할을 하며, 하위계층은 실제 통신이 효과적으로 정확하게 정보를 전송할 수 있도록 한다. 많이 알려진 OSI나 SNA, TCP/IP 등의 프로토콜들은 상위계층에서부터 하위계층까지 논리 정연한 구조를 갖는 프로토콜의 집합으로, 이들은 각각 현재 사용 중인 가장 대표적인 네트워크 구조이다.

1) OSI(Open Systems Interconnection) 7계층

가장 나중에 만들어진 네트워크 구조인 OSI는 국제표준기구인 ISO (International Organization for Standardization)에서 만들어진 7계층을 갖는 네트워크 구조로서 넓은 지지층을 확보하고 있으며, 많은 정보기기들이 이에 따르려는 계획을 갖고 있는 세계적인 표준이다. ISO는 국제 표준화 기구로써 통신 뿐만 아니라, 제도, 정도의 표기, 시간, 선박, 음식 등 각종 분야에서 국제적인 협력과 효율 향상을 위해 표준을 제정하는 역할을 한다. 초기 여러 정보통신 업체 장비들은 타사 제품과의 연동을 고려하지 않아 자신의 업체 장비들끼리만 연결이 되어 타사 제품과는 접속을 할 수 없었다. 이러한 문제를 해결하기 위하여 모든 시스템들의 상호 연결이 가능하도록 표준을 정한 것이 OSI 7계층이다. OSI 7계층은 통신 과정을 7단계로 구분하여 각 단계마다 표준화된 서비스 정의와 프로토콜을 규정하였다.

그림 7-13 OSI 7 Layer

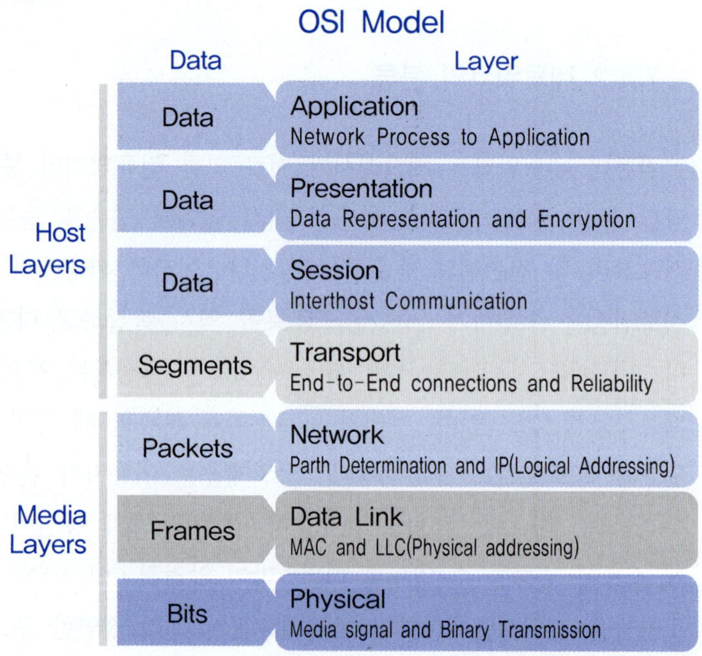

OSI 7계층은 7개의 층으로 나누어지고 각각의 계층에서 헤더가 추가된다. 위 그림에서 보다시피 7계층부터 실제 전송되는 1계층까지 점점 계층별로 헤더가 추가되며 이 과정을 캡슐화(Encapsulation)라고 한다. 헤더는 실제 데이터에 각 프로토콜별로 부가적인 정보를 나타내는 것이다. PDU(Protocol Data

Unit)은 각 계층별로 캡슐화 과정에서 추가되는 데이터(헤더)를 지칭하는 말로 계층별로 존재한다. PDU에는 이용자 정보뿐만 아니라 정보의 발신처, 수신처 등의 주소와 전송 등에 에러의 발생이 있었는지를 점검하기 위한 정보, 그 밖에 흐름제어 등을 위한 정보 등이 같이 들어가게 된다. 계층화된 프로토콜에서는 계층마다 PDU이름을 독특하게 붙여 사용하는 경우가 있는데 2계층 PDU는 프레임(Frame), 3계층 PDU는 패킷(Packet), 4계층 PDU는 세그먼트(Segment) 등으로 부른다. 〈표 7-2〉에 OSI 7 계층의 구조와 기능을 나타낸다.

표 7-2 OSI 7 계층 구조

계 층	프로토콜	기 능
7. 응용계층 (Application Layer)	DHCP, DNS, FTP, HTTP	사용자에게 직접적인 서비스를 실시
6. 표현계층 (Presentation Layer)	JPEG, MPEG, SMB	데이터의 형식을 관리
5. 세션계층 (Session Layer)	SSH, TLS	세션을 관리
4. 전송계층 (Transport Layer)	TCP, UDP, ARP	데이터를 확실하게 전달, 오류제어
3. 네트워크 계층 (Network Layer)	IP, ICMP, IGMP	네트워크 연결 및 경로 설정
2. 데이터 링크 계층 (Data-Link Layer)	MAC, PPP	시스템 간의 논리적인 연결,
1. 물리계층 (Physical Layer)	Ethernet, RS-232C	시스템 간의 물리적인 연결, 전기신호의 복원

OSI 7계층의 역할에 관하여 정리하면 다음과 같다.

- OSI 모델은 네트워크 통신 과정을 7개의 계층으로 구분한다. 이 계층 모델은 매우 쉽게 네트워크 통신을 이해할 수 있게 한다. 하지만 현재 OSI 모델은 더 이상 산업표준으로 추천되지는 않는다. 프로토콜 개발자들은 OSI 모델을 정확하게 따르게 요구받지도 않는다. 많은 사람들이 TCP/IP 모델로 알려진 미국방성(DoD) 모델을 더 선호한다.
- 최상위 계층에는 응용계층이 있으며 최하위 계층은 물리계층이 있다. 상위에 있다고 좋은 것이 아니며 단지 기계에 가까울수록 하위계층이라 보면 된다.

- 데이터를 보낼 때는 응용계층에서 시작되어 OSI 계층을 차례로 내려오며 물리계층으로 간다. 이 과정에서 캡슐화를 하게 되는데 각 계층은 다른 계층과 통신할 때 데이터에 특정 정보가 들어있는 머리말(Header)과 꼬리말(Footer)을 추가한 후 다른 계층으로 전달한다.
- 데이터를 받은 컴퓨터는 프로토콜의 헤더와 풋터를 분석하며 올라가 마지막 응용계층에 도달하면 원본 데이터만 남는다.

2) TCP/IP(Transmission Control Protocol/Internet Protocol)

네트워크 프로토콜에서 가장 이상적이고 논리적이며 다양한 기능까지 갖춘 OSI가 현재 시점에서는 가장 많은 사용자를 확보하지 못하고 있는 실정이다. 이는 OSI가 만들어진 것이 SNA(Systems Network Architecture)나 TCP/IP보다 늦고, 실제 상품화가 늦어지고 이용자들이 비교 평가하여 값싸고 좋은 물건을 살 수 있을 만큼 OSI에 근거한 다양한 프로토콜 제품들이 시장에 풍부하지 못하기 때문이다. 이에 비해 TCP/IP 프로토콜 제품들은 매우 다양한 제조회사들이 관련 제품을 선보이고 있고, 가장 널리 보급되어 있기 때문에 현재 시점에서 가장 큰 지지 세력을 확보하고 있다.

(1) 개요

TCP/IP(Transmission Control Protocol/Internet Protocol)는 현재의 인터넷 통신에서 가장 많이 이용하고 있는 통신 프로토콜이다. 최초 미국방성에서 구축한 ARPANET에서 시작되었으며, 후에 미국 방위통신청(DAC-Defense Communication Agency)에서 컴퓨터 간 통신을 위해서 TCP/IP를 사용한 것이 그 시초가 되었다. TCP/IP가 인기를 얻게 된 것은 인터넷의 등장이 결정적인 역할을 했다. 가장 인기 있는 인터넷 서비스인 WWW, EMAIL, TELNET, FTP 등 대부분이 TCP/IP 기반에서 만들어져 있다. 인터넷으로 연결된 수많은 컴퓨터와 통신을 위해서 TCP/IP를 선택한 이유는 그 개방성에 있다. 즉, 하드웨어, 운영체제, 접속매체에 관계없이 동작할 수 있다는 점 때문에 인터넷 통신을 위한 핵심으로 선택되었다. TCP/IP는 TCP와 IP 두개의 프로토콜로 이루어져 있는데, 통상 IP 프로토콜 위에 TCP 프로토콜이 놓이게 되므로 TCP/IP 라고 부르게 되었다.

① TCP : 서버와 클라이언트 간에 데이터를 신뢰성 있게 전달하기 위해 만들어진 프로토콜이다. 데이터는 네트워크 선로를 통해 전달되는 과정에서 손실되거나 순서가 뒤바뀌어서 전달될 수 있는데, TCP는 손실을 검색해내서, 이를 교정하고 순서를 재조합할 수 있도록 해준다. 데이터를 전송하기 전에 데이터 전송을 위한 연결을 만드는 연결지향 프로토콜이다.

② IP : 노드와 노드 간에 데이터 패킷을 전송하기 위해서는 각 노드에 주소가 필요하다. IP는 4바이트로 이루어진 주소번호를 사용하여서 각각의 노드를 구분하고, 목적지를 찾아가게 된다. 우리는 이를 IP Address라고 하며, "192.168.100.100"와 같은 점박이 3형제 형식으로 사용한다. IP는 Internet Protocol의 줄임말이다.

(2) TCP/IP 계층모델

TCP/IP 계층은 OSI 7계층을 더 단순화시켜서 4개의 계층(Layer)으로 구성되어져 있다. TCP/IP는 응용 계층(Application Layer), 전송 계층(Transport Layer), 인터넷 계층(Internet Layer), 네트워크 액세스 계층(Network Access Layer) 등 4개 계층이며, OSI 모델과의 대응은 [그림 7-14]와 같다.

그림 7-14 OSI 7계층과 TCP/IP 계층 비교

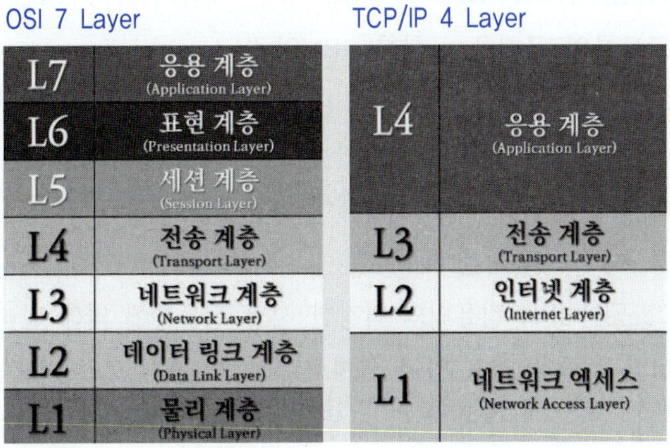

TCP/IP에서도 각 계층이 정의되어 있고 각 계층마다 하는 역할과 책임지는 영역이 나뉘어져 있으며 그 역할에는 많은 차이가 있다.

① **응용 계층**(Application Layer) : OSI 7계층의 세션 계층, 표현 계층, 응용 계층에 해당하며, 네트워크를 사용하는 응용프로그램(FTP, Telnet, SMTP) 등으로 이루어진다. TCP/UDP 기반의 응용 프로그램을 구현할 때 사용한다.
② **전송 계층**(Transport Layer) : OSI 7계층의 전송 계층에 해당한다. 통신 노드 간의 연결을 제어하고, 신뢰성 있는 데이터 전송을 담당한다. 도착을 원하는 시스템까지 데이터를 전송하기 위한 일을 하는 계층이다. 각각의 시스템을 연결하고, TCP 프로토콜을 이용하여 데이터를 전송한다.
③ **인터넷 계층**(Internet Layer) : OSI 7계층의 네트워크 계층에 해당한다. 통신 노드 간의 IP패킷을 전송하는 기능과 라우팅 기능을 담당한다. 데이터를 정확히 라우팅하기 위해서 IP프로토콜을 사용한다.
④ **네트워크 액세스 계층**(Network Access Layer) : OSI 7계층의 물리 계층과 데이터 링크 계층에 해당한다. 물리적 계층, 즉 이더넷 카드와 같은 하드웨어를 말하며, 물리적인 주소로 MAC을 사용한다. LAN, 패킷망 등에 사용된다.

3) SNA(System Network Architecture)

SNA는 1974년 IBM의 새로운 통신 제품의 SNA/SDLC(동기 데이터 링크 제어) 프로토콜의 구현을 포함한, IBM의 "Advanced Function for Communications" 발표의 일부로 공개되었다. IBM의 사유 네트워크 아키텍처로서 컴퓨터와 자신의 자원 간 상호 연결을 위한 완전한 프로토콜 스택이다. 포맷과 프토토콜을 기술하며, 그 자체가 소프트웨어의 일종은 아니고 SNA 구현을 통해 다양한 통신 패키지의 형태를 취한다.

그 동안 IBM 컴퓨터의 막강한 시장 점유율에 의해 널리 보급되었고, 아직도 IBM의 후광을 입고 있어 쉽게 사라지지 않을 것으로 보인다. 어떻게 보면 현재 네트워크 기술의 중심 사상이 된 계층화의 개념을 비롯하여, 중요 기술과 개념들이 상당 부분 IBM의 SNA로부터 출발했다고 볼 수 있다.

07 연습 문제

1 다음 설명 중 옳지 않은 것은?

① 정보를 전달시켜주기 위한 통신수단을 제공하는 전송설비는 전송매체와 중계 장치로 이루어진다.
② 전화기, 모뎀, 데이터 단말, 팩시밀리 등이 가입자 장치이다.
③ 간단한 교환기능을 가지는 사설교환기(PBX)도 가입자 장치이다.
④ 모뎀은 컴퓨터와 전화 회선과의 사이에서 신호의 변조만을 담당한다.

2 동축케이블에 관한 다음 설명 중 옳지 않은 것은?

① 초고주파대의 전송로에 적합하다.
② 광케이블에 비해 가격이 저렴하다.
③ 광대역 전송이 가능하여 다중화에 유리하다.
④ 혼선, 감쇠, 전송지연이 적다.

3 무전기와 같이 양방향으로 통신이 가능하나 동시에 전송할 수 없는 전송방식은?

① 단방향 전송　② 반이중 전송
③ 동기식 전송　④ 전이중 전송

4 비동기식 전송에 관한 다음 설명 중 옳지 않은 것은?

① 미리 정해진 수 만큼의 문자열을 한 블록으로 만들어 일시에 전송한다.
② 정보가 불규칙적으로 발생 시 주로 사용한다.
③ 시작비트와 정지비트를 두고 문자 비트 열 뒤에는 패리티 비트가 뒤따른다.
④ 회선의 이용 효율이 떨어진다.

5 회선이 설정되어 해제되기 전까지는 데이터를 전송하지 않아도 다른 사용자가 이 회선을 이용할 수 없으므로 회선의 이용률이 낮은 교환방식은?

① 회선 교환방식　② 패킷 교환방식
③ 시분할 교환방식　④ 셀 교환방식

6 다음 중 근거리 통신망(LAN)의 형태(Topology)가 아닌 것은?

① 스타형(Star) ② 원형(Ring)
③ 버스형(Bus/Tree) ④ 교차형(Crossbar)

7 자동 중계 장치로서 수신된 신호를 증폭, 회복시켜서 재전송하여 전송거리를 확장하는 장비는?

① 리피터(Repearter) ② 브리지(Bridge)
③ 라우터(Router) ④ 허브(Hub)

8 다음 중 네트워크 장비에 대한 설명이 옳지 않은 것은?

① 브리지는 동종의 LAN과 LAN을 상호 연결하는 장비이다
② 게이트웨이는 서로 다른 프로토콜을 사용하는 망을 연결하는 장비이다
③ 리피터는 적절한 전송경로를 선택하고 이 경로로 데이터를 전달하는 장비이다
④ 허브는 가까운 거리의 컴퓨터를 연결하는 장비이다

9 송수신 개체 간에 데이터 양이나 속도를 조절하는 기능은?

① 단편화와 재조립 ② 에러제어
③ 동기화 ④ 흐름제어

10 TCP/IP의 계층이 아닌 것은?

① 네트워크계층 ② 전송계층
③ 세션계층 ④ 응용계층

07 주관식 문제

1. 정보통신의 환경변화에 대하여 설명하시오.

2. 미래의 정보통신 서비스에 대하여 가정, 기업, 사회 부분으로 나누어 설명하시오.

3. 통신망의 구성 형태와 구성요소에 대하여 설명하시오.

4. 아날로그 전송과 디지털 전송을 비교 설명하시오.

5. 종합정보통신망에 대하여 기술하시오.

6. 매체 접근 제어방식인 CSMA/CD, 토큰 링, 토큰 버스에 대하여 비교해서 설명하시오.

박미의 작

제 8 장

인터넷과 SNS

제8장

인터넷과 SNS

8.1 인터넷의 개요

8.1.1 인터넷의 기원

1963년 라이 로보트고라는 사람의 아이디어를 바탕으로 개발, 미국 국방성의 ARPA는 특정지역의 폭격과 같은 긴급사태에서도 장애를 받지 않고 정상적으로 제 기능을 발휘할 수 있는 통신망 구축 방법에 대한 연구(방위 프로젝트)를 추진하던 중, ARPA연구원들 간의 정보와 자원 공유를 위하여 1969년부터 ARPAnet이란 컴퓨터 통신망을 구축하여 운용하였으며 이것이 인터넷의 기원이 되었다.

1983년 TCP/IP 프로토콜을 바탕으로 인터넷이 시작되었고, 당시에 ARPAnet은 MILnet과 ARPAnet으로 분리되어 각각 독립적으로 인터넷에 포함되게 되었다.

1986년 미국과학재단(NSF)에서 NSFnet이란 통신망(5대 슈퍼컴퓨터 56Kbps속도로 센터들을 연결한 기간망 - Backborne 네트워크)이 구축되었다.

1988년 NSF 백본 네트워크가 T1(1,544 Mbps)로 업그레이드되고, Canada, Denmark, Finland, France, Iceland, Norway, Sweden 등의 나라가 NSFNET에 연결되었다.

1989년 3월 Tim Berners-Lee(제네바 유럽입자물리학 유럽 연구소 CERN: Conseil European pour la Recherche Nucleaire)에 의하여 World Wide Web 탄생 - 컴퓨터 통신으로 하이퍼텍스트 시스템을 제안했고, 같은 해 Australia, Germany, lsrael, Italy, Japan, Mexico, Netherlands, New Zealand, Puerto Rico, UK 등의 나라들이 NSFNET에 연결되어 연결된 호스트 수가 100,000대를 넘어 섰다.

1990년에 ARPAnet이 공식 해체되고(기존의 군사적 부분은 MILnet로 운영), 한국, Argentina, Austria, Belgium, Brazil, Chile, Greece, India, Ireland, Spain, SWitzerland 등의 나라들이 NSFNET에 새롭게 연결되었다.

1992년 NSFnet이 T3(44,736Mbps)속도로 증가되었고 12월 Berners - Lee가 웹 서버라고 불리는 1개 이상의 컴퓨터에 문서를 저장하고, 다른 컴퓨터로 접근하여 정보를 받았다. 1993년 NCSA에서 Mosaic을 발표하면서 웹이 전 세계로 폭발적으로 확산되는 계기가 되고, 1994년 네비게이터(Navigator)와 MS 익스플로러(Explorer)와 같은 웹 브라우저의 등장으로 초고속 정보통신망 구축이 되었다.

수천만 명이 사용하는 인터넷은 전화망 버금가는 거대한 세계적 정보 기반이 되었으며 통신량은 월 20% 이상 급속도로 증가하고 있다. 망과 망을 연동해 놓은 망의 집합을 의미하는 인터넷워크(internetwork)의 약어인 internet과

그림 8-1 인터넷

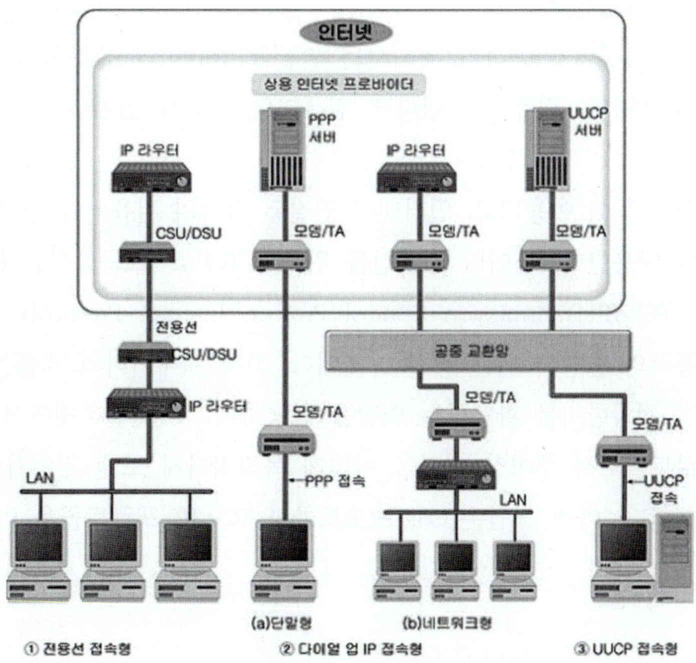

구별하기 위해 영어로는 Internet 또는 INTERNET과 같이 고유 명사로 표기한다. 인터넷에서 이용할 수 있는 서비스는 전자 우편(e-mail), 원격 컴퓨터 연결(telnet), 파일 전송 규약(FTP), 유즈넷 뉴스(Usenet News), 인터넷 정보 검색(Gopher), 인터넷 대화와 토론(IRC), 전자 게시판(BBS), 하이퍼텍스트 정보 열람(WWW: World Wide Web), 온라인 게임 등 다양하며 동화상이나 음성 데이터를 실시간으로 방송하는 서비스나 비디오 회의 등 새로운 서비스가 차례로 개발되어 이용 가능하게 되고 있다.

국내에서는 한국 전산원의 한국 네트워크 정보 센터(KRNIC)가 IP 주소의 지정 및 도메인 등록 업무를 담당하고 있다. 1994년 6월 한국 통신이 최초로 인터넷 상용 서비스(KORNET service)를 개시한 이래 많은 인터넷 정보 제공자(ISP)가 생겨나 일반인을 대상으로 상용 서비스를 제공하고 있다. 이들 사업자는 개별적으로 미국이나 기타 국가의 인터넷 접속 사업자와 연결되어 있다.

8.1.2 인터넷의 구성

1) TCP/IP

인터넷이 가능하기 위해서는 연결할 컴퓨터와 유무선의 전송매체가 필요하며, 통신할 컴퓨터를 나타낼 컴퓨터의 주소가 있어야 되고, 데이터 송수신을 위한 표준화된 통신규약이 필요하다. 전송매체로는 광케이블, 동축케이블, 전화선 등이 이용되고, 인터넷에 연결된 각각의 컴퓨터를 구분하기 위해 IP 주소를 사용한다. 데이터 송수신을 위하여 TCP/IP 표준통신규약을 사용한다.

TCP/IP(Transmission Control Protocol/Internet Protocol) 프로토콜은 인터넷 동작의 중심이 되는 통신 규약이다. TCP는 데이터의 흐름을 관리하고 데이터가 정확한지를 확인하는 역할을 담당하며, IP는 인터넷에서 사용하는 전송 프로토콜로서 주어진 패킷을 어떻게 목적지까지 보낼 것인가에 대한 역할을 수행한다. 아래 그림은 OSI 프로토콜과 TCP/IP 프로토콜을 비교한 것이다.

그림 8-2 OSI와 TCP/IP 계층 비교

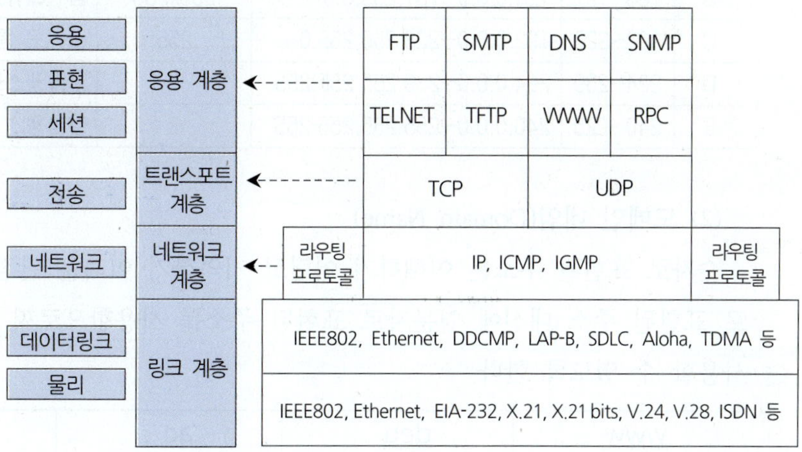

2) 인터넷 주소

컴퓨터 통신을 위해 2가지 주소를 사용한다. 하나는 숫자로 표현된 IP 주소이며, 다른 하나는 사용하기 편리하고 기억하기 쉬운 문자로 구성된 도메인 이름이다.

(1) IP 주소의 구조

인터넷에 연결된 컴퓨터를 구별하기 위하여 각 컴퓨터마다 고유한 번호를 제공하는데 이를 IP 주소라 한다. IP 주소는 0에서 255까지 256개의 숫자를 표현할 수 있는 8비트 숫자 4개인 32비트로 구성된다. 네트워크 ID는 해당 컴퓨터가 소속된 네트워크에 배정된 이름이며, 호스트 ID는 해당 컴퓨터 한 대에 배정된 이름이다.

192 . 162 . 7	.21
네트워크 ID	호스트 ID

IP 주소는 네트워크의 크기에 따라 5개의 유형(Class)으로 분리되며, 인터넷에서는 A,B,C 유형을 사용한다.

유형	네트워크 주소 범위		호스트 수(대)	용도
A	0~127	0.0.0.0~127.0.0.0	255x255x255	국가 및 대형 통신망
B	128~191	128.0.0.0~191.255.0.0	255x255	중·대규모 통신망
C	192~223	192.0.0.0~223.255.255.0	255	소규모 통신망, ISP업체
D	224~239	224.0.0.0~239.255.255.255		멀티캐스트용
E	240~225	240.0.0.0~255.255.255.255		실험용

(2) 도메인 네임(Domain Name)

숫자로 표현된 주소는 이해하기 어렵고 기억하기 어려운 단점이 있다. 숫자로 표현된 주소 대신에 영문자로 표현된 주소를 사용함으로써 쉽게 기억하고 사용할 수 있도록 한다.

www .	deu .	ac .	kr
①	②	③	④

① 도메인(호스트) ② 도메인(기관명)
③ 서브도메인(기관의 종류) ④ 차상위 도메인(국가명)

표 8-1 Domain Name

기관의 종류		국가별	
ac	학교	kr	한국
co	회사	fr	프랑스
re	연구소	ca	캐나다
go	정부기관	de	독일
ne	네트워크 관련기관	uk	영국

IP 주소와 도메인 이름을 매핑시켜 주는 것이 도메인네임 시스템(DNS: Domain Name System)이다. 영문자로 표현된 주소(도메인)를 숫자로 표현된 주소(IP 주소)로 변환시켜 주는 것을 도메인네임 서비스라 한다.

IPv6은 인터넷 프로토콜(IP) 버전 6(internet protocol version 6)의 줄임말이다. 현재 사용되고 있는 IP 주소체계인 IPv4의 단점을 개선하기 위해 개발된 새로운 IP 주소체계를 말한다. 인터넷 엔지니어링 태스크 포스(IETF)의 공식규격으로, 차세대 인터넷통신규약이라는 뜻에서 IPng(IPnextgeneration)라고도 한다.

IPv4와 다른 점은 다음과 같다. IPv4는 32비트 주소체계에 42억 개의 주소수를 가지고 있고, A · B · C · D 클래스 CIDR(등급없는 도메인 간 라우팅)로 주소를 할당한다. 반면 IPv6는 128비트의 주소체계로 $3.4*10^{38}$ 개의 주소수를 가지고 있고, 주소도 CIDR를 기반으로 계층적으로 할당한다. 주소 유형은 유니캐스트 · 멀티캐스트 · 애니캐스트 3가지이다.

가장 큰 장점은 IP 주소의 길이가 128비트로 늘어났다는 점이다. 이는 폭발적으로 늘어나는 인터넷 사용에 대비하기 위한 것이다. 그 밖에 ① 네트워크 속도의 증가, ② 특정한 패킷 인식을 통한 높은 품질의 서비스 제공, ③ 헤더 확장을 통한 패킷 출처 인증과 데이터 무결성 및 비밀의 보장 등도 대표적인 장점으로 꼽힌다.

주소 구분은 IPv4의 129.232.123.123과 같은 12자리 숫자가 아니라, 이진수 형식으로 표시된다. 즉 0010000111011010101001000…11010 등 128비트로 표시되고, 128비트 주소는 다시 16비트(0010000111011010) 단위로 나누어진다.

또 16비트 블록은 16진수로 변환되고, 21DA:00D3:0000:2F3B:02AA:00FF:FE28:9C5A와 같이 쌍점(콜론)으로 구분된다. 여기서 21DA:D3:0:2F3B:2AA:FF:FE28:9C5A처럼 0을 없애고 더 단순하게 주소를 만들 수도 있다.

표 8-2 IPv4와 IPv6

구분	IPv4	IPv6
주소 길이	32비트	128비트
표시 방법	8비트씩 4부분으로 10진수로 표시 예 203.252.53.55	16비트씩 8부분으로 16진수로 표시 예 2002-0221-ABCD-DCB.A:0000:0000:FFFF:4002
주소 개수	약 43억개	2^{128}개(약 43억×43억×43억×43억 개)
주소할당 방식	A,B,C,D 등의 클래스단위 비순차적 할당	네트워크 규모, 단말기 수에 따른 순차적 할당
브로드캐스트 주소	있음	없음(대신, 로컬 범위 내에서의 모든 노드에 대한 멀티캐스트 주소 사용)
보안	IPSec 프로토콜 별도 설치	IPSec 자체 지원
서비스 품질	제한적 품질 보장 (Type of service에 의한 서비스 품질 일부 지원)	확장된 품질 보장 (트래픽 클래스, 플로우 레이블에 의한 서비스 품질 지원)
Plug & Play	불가	가능

이 경우 각 블록마다 하나의 숫자는 있어야 하기 때문에 한 블록에 0만 있을 때 하나는 남겨 두어야 한다. 주소 공간을 늘려 망 확장성이 더욱 향상된 IP 주소 체계로, 휴대폰이나 전자제품에도 적용할 수 있다.

8.2 인터넷 활용

8.2.1 인터넷 서비스

인터넷은 커뮤니케이션 기능, 상호작용 기능, 정보적 기능을 수행한다. 먼저 커뮤니케이션 기능 측면에서 보면, 인터넷을 통해 사람들은 다른 사람과 일대일로, 일대다로, 다대다로 커뮤니케이션할 수 있다. 전자우편(electronic mail, e-mail), 유스넷(Usenet), 메일링리스트(mailing lists) 등을 통한 커뮤니케이션이 그 예다.

둘째, 상호작용 기능 측면에서 보면, 사람들은 인터넷을 통해 게임을 하거나 그 무엇인가를 학습할 수 있다. 커뮤니케이션 없는 상호작용은 불가능하다는 점에서 인터넷을 통한 상호작용은 커뮤니케이션과 뚜렷이 구분되는 것은 아니다. 다양한 MU(MultiUser) 시스템들, IRC(Internet Relay Chat), 온라인 게임 등이 그 예다.

셋째, 정보적 기능 측면에서 보면, 사람들은 일상생활이나 전문적인 활동을 위해 인터넷을 통해 정보를 전파하기도 하고 정보를 얻기도 한다. 정보의 전파나 수집은 웹 페이지를 통한 단순 정보 전달로부터 전문적인 데이터베이스 운영에 이르기까지 그 형식과 내용 면에서 매우 다양하다. 인터넷 서비스로는 월드와이드웹(World Wide Web), 고퍼(Gopher), FTP(File Transfer Protocol) 등을 들 수 있다.

1) Telnet

통신망에 연결된 다른 호스트 컴퓨터에 접속하여 명령이나 프로그램의 실행 등, 현장에서 작업하는 것과 같이 할 수 있다. 사용은 보통 원격접속 전용 단말기 에뮬레이터(emulator) 프로그램을 이용하며, 간단하게는 윈도우즈 명령창

(cmd.exe)이나 명령 실행(R)에서 telnet hostname이나 ip를 넣어 접속한다. 웹 브라우저에서는 telnet://user_id: user_passwd@host주소로 이용할 수도 있다.

이러한 telnet의 경우는 일반적인 윈도우즈 환경에서는 잘 사용되지 않지만 Unix나 Linux운영체제를 통해 서버를 운영하는 경우 자주 사용하게 되는 서비스 중 하나라고 할 수 있다.

2) FTP(File Transfer Protocol)

FTP란 서로 다른 컴퓨터 간에 파일을 주고 받는 서비스이다. 보통 원격 서버에 등록된 계정(id)과 암호를 입력하여 접속한다. anonymous(익명) FTP란 "anonymous"라는 계정과 암호는 자신의 메일주소 등 아무거나 넣어 누구나 들어갈 수 있는 사이트이며, 파일이나 소프트웨어 같은 자료를 다운받을 수 있다. 이러한 사이트는 셰어웨어 프로그램이나 자료 파일들을 공유하기 위한 사이트로 세계적으로 매우 많은 anonymous ftp 사이트들이 있다. 웹 브라우저에서도 ftp://ftp 주소를 치거나, 윈도우즈(도스)명령 창에서 'ftp hostname'이나 IP 주소를 넣어 접속할 수 있다.

3) 전자우편(E-mail)

전자메일은 www와 더불어 가장 많은 사용자를 확보하고 있는 인터넷 서비스로서, 인터넷에 연결된 상태라면 언제 어디서라도 전 세계 누구와도 편지를 주고받을 수 있고, 또한 제한된 크기의 파일첨부도 가능하다.

1982년 ARPANet은 전자메일 시스템으로 RFC821(전송 프로토콜), RFC822(메시지포멧)를 규약하였다. 그 후(1984년), CCITT(현재는 ITU-T로 통합)는 X.400이라는 전자메일시스템이 규약되었다. 이후 1988년 CCITT는 X.400을 OSI의 MOTIS와 상호 작동 가능하도록 수정하였다. X.400은 매우 복잡하여, 현재는 RFC821 및 RFC822에 기반을 둔 전자메일이 주로 사용되고 있다.

대부분의 시스템은 수신되는 전자메일의 보관을 위해 메일박스를 제공하며, 그룹에게 동시에 전자메일을 보낼 수 있도록 메일링리스트를 지원한다. 또한, 대부분의 전자메일 시스템은 메일의 전달여부를 알려준다(전달되지 않은 메일은 송신자에게 알려줌). 기타 지원되는 기능으로는 카본카피(carbon copies), 암호메일, 고(高) 우선순위 메일, 대리 수신자 지정 기능, 비서가 보스의 메일을 처리할 수 있는 기능 등이 있다.

① SMTP(Simple Mail Transfer Protocol) : 전자우편 송신담당 프로토콜로 메시지를 주고받는 두 컴퓨터 사이의 제어절차를 규정하며, 두 컴퓨터의 연결 확인, 수신자 확인, 메시지 본문 전달 확인을 수행한다. SMTP는 간단한 ASCII 프로토콜이며, TCP 포트 25를 사용한다.

② POP3(Post Office Protocol) : POP3는 메일서버가 관리하는 원격 메일박스로부터 해당 메시지를 가져오는 프로토콜로 ASCII를 사용한다.

이러한 전자메일을 관리하고 사용하는 방법으로는 클라이언트 메일 애플리케이션을 활용하는 방법과 웹 메일을 이용하는 방법이 있다. 클라이언트 전자우편 프로그램으로는 대표적으로 Microsoft 사의 Outlook이나 Outlook Express, Mozilla 사의 Thunderbird가 대표적인 프로그램이며 웹 메일은 많은 기업이나 학교 등에서 메일 서비스와 같이 제공하고 있다. 웹 메일의 장점은 별다른 도구 없이 인터넷만 접속 가능하다면 언제든지 어디에서나 접속이 가능하다는 장점이 있지만 여러 개의 이메일을 관리해야 하는 경우에는 여러 개의 이메일을 접속하여 확인하여야 하는 번거로움이 단점이라 할 수 있다. 이러한 단점과 메일의 장기보존이나 기타 다양한 기능이 포함된 Outlook과 같은 클라이언트 애플리케이션을 이용하여 여러 계정에 나뉜 전자우편을 한 번에 확인할 수 있는 장점을 가진다

4) WWW

WWW 이전의 인터넷 서비스들이 대부분 텍스트를 기반으로 하여 사용되는 반면, WWW는 하이퍼텍스트를 기반으로 한 정보검색 도구로서, 그림이나 음성 및 동화상 등의 멀티미디어 정보를 기반으로 동작한다.

하이퍼텍스트는 문서 간의 이동을 위하여 단어와 문서를 링크로 연결한 하이퍼 링크(Hyperlink)된 단어와 일반 텍스트로 되어 있는 문서를 의미한다. 하이퍼텍스트는 HTML(Hyper Text Markup Language)을 사용하여 구문을 표현하고, WWW는 HTTP(Hyper Text Transfer Protocol) 프로토콜을 사용하여 전송이 이루어진다. HTTP는 인터넷 상에서 웹 서버와 클라이언트가 HTML 문서를 송수신하기 위하여 사용하는 프로토콜이다.

WWW는 자체의 정보 검색 기능 이외에 다양한 인터넷 서비스를 제공하고 있다. 기존의 거의 모든 인터넷 서비스를 WWW과 검색기를 통해서 사용할 수 있다. URL(Uniform Resource Locator)은 WWW를 사용할 때 검색을 원하는 자료가 있는 곳을 명시하기 위해서 사용한다. URL은 서비스의 기능에 따라 다르게 기술하여야 하고, 다른 프로토콜 이름을 사용한다. URL의 형식은 다음과 같다.

- 프로토콜이름 :// 호스트명 [:포트번호] / [경로명/

5) 유즈넷

유즈넷(Usenet)이란 이용자 네트워크란 뜻이다. 인터넷 웹과 웹브라우저가 나타나기 전 email만이 보편적이었을 때, 온라인에서의 커뮤니케이션이란 단지 전자 게시판에 텍스터 형태의 글을 올리고 읽고 답하는 것을 뜻했다.

유즈넷은 1979년 Duke 대학 학생들에 의해 지금은 Newsgroup, 혹은 Group이라 불리는 게시판들의 집합에서 시작되었다. 시간이 흘러 불과 몇 개에 불과하던 뉴스그룹들이 수천 개로 늘어났으며 전 세계로 중계되고 인류가 취급할 수 있는 거의 모든 주제들을 다루고 있다. 게시판(BBS)과 다른 점은 게시판은 한 서버에 글을 posting 하지만, 유즈넷은 전 세계의 뉴스 서버에서 글을 올리고, 서로 다른 뉴스 서버에서 올려진 글들에 대해 feeding을 하는 등 서로 유기적인 관계를 가지고 있다는 점이다. 각 그룹은 물론 한 곳에 모여 있는 것이 아니라 세계 도처의 컴퓨터에 조금씩 널려져 있다. 모든 유즈넷사이트는 거의 실시간으로 받는 모든 기사의 사본을 수송하며, 독자들은 새로운 메시지를 읽기 위해서 뉴스그룹을 단지 리프레쉬(Refresh)하기만 하면 된다. 최근에 와서는 국내에서는 거의 사용되지 않지만 각 인터넷 서비스 제공업체(ISP) 별로 뉴스그룹을 접속할 수 있는 계정은 대부분 지원하고 있다.

6) 기타 서비스

(1) Archie

파일이름으로 전 세계의 FTP 사이트를 검색하는 검색서비스이다. 현재에는 별로 이용하는 경향이 없어 대부분의 서버들이 폐쇄된 상태이다.

(2) Gopher

인터넷 상에서 tree 메뉴 구조로 정리된 목록, 문서, 파일 자료에 접근하는 도구 메뉴를 보면서 선택하여 원하는 정보가 있는 곳까지 찾아간다. telnet 로그인창에서 'gopher'를 넣거나, 웹 브라우저에서 gopher://gopher 주소를 입력하여 접속하나 지금은 거의 서비스되고 있지 않다.

(3) IRC

IRC(Internet Relay Chat)은 인터넷 상에서 이루어지는 국제적 채팅(대화)서비스이다. 보통 텔넷과 같은 유닉스나 윈도우즈의 명령창에서 IRC 서버를 접속하여 연결한다. 최근에는 GUI 형식으로 웹 브라우저에서 바로 채팅할 수 있어 점차 사용이 줄어들고 있다.

(4) WAIS 광역정보서비스

광역정보서비스(WAIS: Wide Area Information Service)로 인터넷에서 데이터베이스나 도서관 내의 도서 데이터베이스 정보를 찾는 시스템이다. 데이터베이스 내 각 라이브러리 파일의 내용을 기준으로 검색하기 때문에 제목만으로 검색하는 것보다 더 정확하다. 대부분의 검색 정보가 무료로 제공된다. 웹 브라우저에서 wais://wais주소(hostport/dbname[/wais_type][/wais경로명][?search검색])

(5) VERONICA

VERONCA(Very Easy Rodent - Oriented Netwide Index to Computerized Archives)는 고퍼메뉴 품목을 검색하는 키워드 검색 서비스이다. 저그해드(Jughead)도 고퍼 서버를 대상으로 특징 디렉토리 타이틀(영역)만을 검색하는 응용프로그램이다. 고퍼와 같이 현재 서비스가 거의 중단된 상태이다.

(6) Finger

인터넷에 연결된 사람(id) 찾기 서비스이다. 인터넷에 연결된 컴퓨터 사용자의 로그인 유무나 최근 로그인 시각, email 확인, 계획(plan) 등 간단한 정보를 제공한다. 주로 유닉스 기종들을 중심으로 지금도 많이 이용된다.

(7) 파일

프로토콜 명으로 file은 주로 Microsoft 윈도우즈 환경에서 로컬 컴퓨터에 저장된 파일이나 폴더의 목록을 바로 볼 수 있으며 허가권에 따라 읽기, 쓰기를 할 수 있다. 웹 브라우저에서는 file://Driver명:/file경로명/file명(예, file:///D:/Park/memo. pdf) 혹은 file://URL주소/file명.

(8) RLOGIN

rlogin(Remote Login)은 telnet과 같은 원격접속 서비스이다. 사용은 telnet과 같이 전용 에뮬레이터 프로그램을 이용하나 웹 브라우저에서 rlogin://user_id:user _passwd@host 주소로 접속 가능하다. 텔넷보다 다양하고 편리한 서비스를 제공하나 현재 보안상 버그가 발견되고 악용됨에 따라 서비스하지 않는 서버들이 많다.

(9) WHOIS

도메인이나 IP주소를 검색하거나 해당 서버의 운영 기관이나 관리자, DNS 서버, 사용여부, 도메인 등록일 등 관련 정보를 찾고자 할 때 사용된다.

8.2.2 인터넷 활용

인터넷의 발전으로 생활의 많은 부분이 인터넷으로 대체되고 있다. 컴퓨터와 모바일 보급에 따라 교육, 금융, 쇼핑, 취미생활, 게임, 뉴스, 정보 검색 등 하루 중 인터넷을 사용하는 시간이 계속 증가하고 있다. 또한 인터넷 확산에 따라 새로운 인터넷 비즈니스 분야들이 만들어지고 있다. 멀티미디어 콘텐츠를 제공하는 CP(Contents Provider), 가치 있는 정보를 신속히 검색하고 주제별로 최신 정보를 정리하여 제공하는 정보 클리핑 분야, 외국의 뉴스에서 필요한 정보를 가공하여 부가가치를 생성하는 분야, 사이버 영업사원인 웹 마케터 등 다양한 새로운 직종이 생기고 있다.

1) 사이버(Cyber) 교육

사이버 교육과 유사한 의미로 이러닝(e-Learning)이 광범위하게 사용되고 있으며 최근에는 엠러닝(m-Learning) 혹은 유러닝(u-Learning)도 함께 혼용되고 있다. 엠러닝은 모바일(mobile), 즉 이동성을 강조하는 교육 및 학습 환경을 지칭하는 것으로서 PDA(Personal Digital Assistant), 태블릿 컴퓨터(Tablet Computer), 스마트 폰(Smart Phone)과 같은 이동성이 있는 무선 매체를 활용하는 교육을 의미한다.

유러닝은 인간을 중심으로 어디에서나 존재하는 컴퓨팅 환경을 활용하는 교육 및 학습환경을 의미한다. 사이버 교육은 이처럼 이러닝, 엠러닝, 유러닝과 같은 다양한 정보통신의 기술적 변화를 교육에 활용하려는 개념들을 포함하는 포괄적 용어로 이해되고 있다.

2012년부터 무크(MOOC: Massive Open Online Course), 즉 대규모 공개 온라인 강좌의 시대가 본격적으로 열렸다. 무크는 온라인 양방향 수업 운영과 인터넷 환경에 최적화된 교육 콘텐츠의 제공 등을 통해 기존 대학 강의를 온라인으로 공개했던 오픈코스웨어 보다 한층 진화된 교육 모델을 선보이고 있다. 학생, 교수자, 교육 기관 등 모든 교육 주체들도 무크를 통해 보다 새롭고 혁신적인 교육 모델을 경험하고 있다.

그림 8-3 1세대 MOOC 서비스들. 유다시티, 코세라, 에덱스(왼쪽부터)

2) 인터넷 뱅킹

인터넷을 통해 은행에서 제공하는 금융 업무를 처리할 뿐만 아니라 각종 유익한 금융 정보와 기능을 이용할 수 있는 서비스를 가리킨다. 국내 은행 서비스는 지점망을 통한 서비스로부터 전화를 이용한 텔레뱅킹 서비스, 그리고 인터넷을 통한 인터넷 뱅킹 서비스로 진화해왔다. 정보 통신 기술의 발달과 함께 은행 이용자층이 인터넷에 익숙한 세대로 변화함에 따라 인터넷 뱅킹이 점차 활성화될 수 있었다. 여기에 다양한 고객층을 확보하고 은행 지점의 창구 수를 줄임으로써 운영 제반 비용을 절감하고자 한 은행 측의 현실적인 이해관계도 인터넷 뱅킹 대중화에 한몫을 했다.

인터넷 뱅킹은 최근의 진화하는 보이스 피싱 사건에서도 알 수 있듯이 개인 정보 보안 유지에 상대적으로 취약하다는 단점을 지닌다. 세계 최초의 인터넷 뱅킹은 1995년 10월에 영업을 시작한 미국 시큐리티 퍼스트 네트워크 뱅크(Security First Network Bank, SFNB)에서 시작되었다. 국내에서는 1990년대 후반부터 인터넷 뱅킹 시스템이 도입되기 시작했는데 미래산업이 1997년에 인터넷 은행 시스템을 최초로 개발했다.

2015년 11월 국내 최초 인터넷 은행 사업자로 카카오와 KT가 선정됐다. 23년 만에 처음으로 등장한 새로운 은행이다. 금융감독원과 금융위원회는 11월 29일 카카오가 이끄는 '한국카카오은행' 컨소시엄과 KT가 주도한 '케이뱅크' 컨소시엄이 인터넷 전문은행 사업 예비인가를 획득했다고 발표했다.

스마트폰의 보급으로 은행이용방식이 오프라인에서 온라인으로 전환이 빨리 이루어지고 있다. 인터넷 전문은행은 물리적인 점포가 없거나 매우 적은 영업점을 가지고 온라인으로 사업을 벌이는 은행을 말한다. 업무의 대부분은 금융자동화기기(ATM)나 인터넷, 모바일 응용프로그램(앱)과 같은 전자매체를 통해 이뤄진다. 설립 초기에는 점포 없는 무점포 인터넷 전문은행이 대부분이었으나, 최근 소수의 점포를 보완적으로 영업에 활용하는 사례가 늘고 있다.

표 8-3 전통은행과 인터넷전문은행 비교

	전통은행	인터넷 전문은행
핵심채널	지점(Branch)	온라인(인터넷/모바일)
영업시간	평일 9시~16시	24시간 365일
상품	온/오프라인 상품 구분	구분 없음
서비스	Full Banking Service	주로 소매금융 특화
기타	대면 서비스를 통한 전문성	비용감소를 통한 금리 및 수수료 우대

3) 전자상거래

그림 8-4 세계 B2C 규모

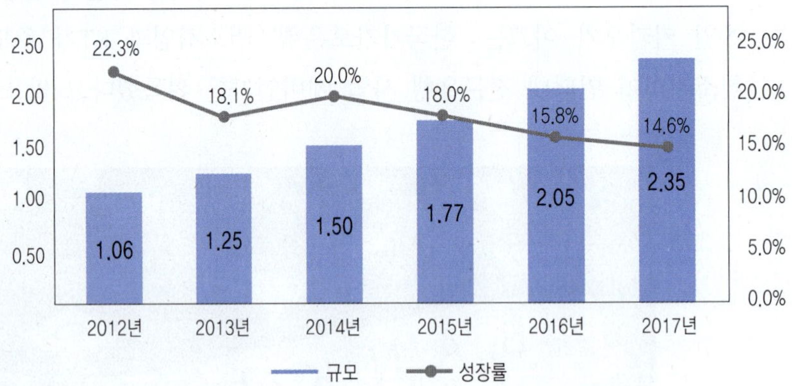

넓은 의미의 전자상거래는 컴퓨터 통신망에서 상품이나 서비스의 구매, 수·발주, 광고 등 경제활동을 하는 것을 말한다. 좁은 의미로는 인터넷이나 PC통신을 이용, 상품이나 서비스를 사고파는 것을 의미한다. 대금은 대부분 신용카드를 통해 지급된다. 시험적으로 가상은행에서 발행하는 전자화폐도 이용되고 있다. 전자상거래의 가장 큰 장점은 시간과 공간의 제약이 없다는 것이다. 또 유통비용, 건물 임차료 등 부대비용도 없다. 소비자 입장에서는 쇼핑을 위해 번거롭게 왔다갔다 할 필요가 없다. 상품거래에서부터 은행, 증권 등 금융 분야로 확대되고 있다.

기업과 소비자 간(B2C) 기업 간(B2B) 전자상거래시장에 이어 기업 간 및 기업과 소비자가 모두 참여하는 B2B2C, 기업과 소비자가 정부와 거래하는 시장이 형성되는 등 e비즈니스가 다양화 양상을 보이고 있다. e비즈니스 가운데 가장 먼저 선보인 것은 B2C, 제조업체들이 인터넷을 이용, 자사 물품을 일반 소비자를 대상으로 판매하는 것이다. 중간 유통단계가 사라져 제품 가격이 싼 것이 특징이다. B2B는 기업들의 부품, 원자재 구매가 이뤄진다. B2B와 B2C가 결합된 형태인 B2B2C도 최근 잇따라 선보이고 있다.

4) 온라인 게임

일반적으로 컴퓨터 게임은 아케이드, 어드벤처, 시뮬레이션, 역할 수행 등 네 가지로 나뉜다. 그러나 어드벤처 게임은 게이머 간의 상호작용이 거의 없다는 점에서, 다른 장르에 그 요소가 포함될 수는 있겠지만, 전형적인 온라인 게임의 장르라 할 수는 없을 것이다. 이에 따라서 온라인 게임의 장르는 크게 아케이드, 시뮬레이션, 역할 수행 등으로 구분된다.

① 아케이드 게임은 전자오락실에서 흔히 보는 가장 고전적인 형태의 게임으로서, 그래픽 화면에 나오는 물체를 조정하여 점수를 따는 방식으로 진행된다. 온라인 아케이드 게임으로는 대전 액션 게임이 대표적인데, 이것은 전통적인 슈팅 게임과 액션 게임이 결합된 것으로서, 〈스타크래프트〉와 같은 전략 시뮬레이션 게임보다 더 감각적인 플레이를 해야 한다. 미국에서 온라인 토너먼트 종목이었던 〈Doom〉 시리즈, 〈Quake〉 시리즈, 〈Unreal〉, 〈하프 라이프〉, 〈DukeNukem 3D〉, 〈레인보우 6〉 등 3D액션 형태가 대표적이다. 스포츠 게임도 온라인 게임으로 인기 있는 형식이다

② 시뮬레이션 게임은 실제 인간이 처하기 힘든 상황 혹은 비용이 많이 드는 상황을 미리 예측하기 위해 모든 환경을 컴퓨터가 조작할 수 있도록 만든 게임으로서, 전통적으로 비행시뮬레이션, 전략시뮬레이션, 육성시뮬레이션 등으로 나뉜다. 대표적인 온라인 시뮬레이션 게임은 블리자드(Blizzard)사의 〈스타크래프트(Starcraft)〉와 같은 전략시뮬레이션 게임으로, 동등한 조건을 갖는 게이머가 주어진 조건 내에서 각기 다른 전략과 전술을 가지고 갖가지 변수들을 조작함으로써 상대를 제압한다는 데 특

징이 있다. 기존의 턴(turn) 방식에서 벗어나 실시간(realtime) 개념을 도입한 1992년 Westwood사의 〈듄(Dune) 2〉, 그 이후의 〈커맨드 앤 컨커(Command & Conquer)〉와 〈레드얼럿(RedAlert)〉, 그리고 〈듄(Dune) 2〉의 성공에 힌트를 얻어 블리자드사가 내놓은 〈워크래프트(Warcraft)?〉 시리즈 등이 대표적이다.

③ 역할 수행 게임(Role-Playing Game, RPG)은 게이머가 주어진 하나의 역할을 맡아 임무나 목적을 달성해 나가는 형식으로, 자신에게 주어진 역할에 따라 다양한 방식으로 게임에 참여하게 된다. 이 게임의 특징은 몇 가지로 요약될 수 있는데, 첫 번째는 게이머의 자유도가 높다는 것이다. 어드벤처 게임처럼 자신이 처한 상황을 해결할 필요도 없고 이벤트를 거쳐 갈 필요도 없으며, 아케이드 게임처럼 상대를 꼭 이겨야 할 필요도 없으며, 단지 주어진 공간에서 자신이 맡은 역할만 수행하면 된다. 두 번째는 게이머의 성장도를 나타내는 수치화가 존재한다는 점이다. 플레이어 자신과 그의 동료들은 전투를 경험하거나 특정한 이벤트를 해결하면서 일정량의 경험치를 얻게 되며 이 경험치가 쌓이면서 레벨이 올라가게 되는 것이다. 물론 레벨 자체가 역할 수행 게임을 대표하는 특징은 아니지만 대부분의 경우 역할 수행과 어드벤처를 나누는 요소 중 하나로 인식된다. 세 번째는 특정한 목적이 달성되면 게임이 끝나는 전략시뮬레이션 게임과 달리, 시작도 없고 끝도 없다는 것이다. 게임이 끝나는 시점은 게이머가 접속을 끊고 가상공간에서 삶을 포기하는 순간일 뿐, 텍스트의 영역은 완전히 개방되어 있으며 자신의 목적에 따라 자신의 삶을 살아가면 되는 것이다.

역할 수행 게임은 현재 가장 대표적인 온라인 게임의 형태이다. 오리진(Origin)사가 8편의 〈울티마(Ultima)〉 시리즈에 이어 1997년 내놓은 〈울티마 온라인(Ultima Online)〉, 전략시뮬레이션의 대명사인 블리자드사가 1996년 출시한 〈디아블로(Diablo)〉, 국내의 경우 엔시소프트(NCsoft)사의 〈리니지 : 혈맹〉, JC엔터테인먼트사의 〈레드문〉 등이 대표적인 온라인 역할 수행 게임들이다.

8.3 웹의 발전

8.3.1 웹의 개념과 특징

WWW, W3 또는 웹(Web)이라고도 불리는 월드와이드웹(World Wide Web)은 다양한 형태의 데이터와 정보에 접근할 수 있도록 해 주는 인터넷 서비스다. 웹은 "문자-영상-음향-비디오정보"를 한꺼번에 제공하는 멀티미디어 서비스를 말한다. 인터넷을 통해 웹에 들어가 웹정보를 검색케 해주는 프로그램을 "웹 브라우저(Web Browser)"라고 한다. 웹 서비스를 제공하는 기관이나 장소를 "웹 사이트(Web Site)", 웹 서비스를 제공하는 호스트컴퓨터를 "웹 서버(Web Server)"라고 한다. 홈페이지는 각각의 웹 사이트에 들어갈 때 처음 나타나는 초기 화면을 가리킨다.

원래 월드와이드웹은 1989년부터 스위스 제네바에 위치한 유럽입자물리연구소(CERN: the European Laboratory for Particle Physics)의 팀 버너스-리(TimBerners-Lee)에 의해 개발되기 시작해 1991년 배포된 브라우저 이름이자, 고에너지 물리학계의 국제적인 정보 및 자료 교환 프로젝트 모델이었다. 그 후 월드와이드웹은 보편적인 인터넷 서비스로 확대되었고, 1993년 모자이크(Mosaic)란 웹 브라우저(web browser)가 개발, 보급되면서 웹은 대표적인 인터넷 서비스로 폭발적인 발전을 거듭하여 현재에 이르고 있다.

웹 사이트는 인터넷 상의 월드와이드웹을 통해 접근할 수 있는 웹 페이지들의 모음이다. 우리에게 친숙한 책 은유(book metaphor)의 구성 요소를 그 이름으로 사용하는 웹 페이지는 HTML 포맷으로 되어 있는 문서 형태로서, 대개 하나의 파일 단위로 구성되어 있다. 일반적으로 웹 페이지 파일들은 웹 서버의 특정 폴더 및 하위 폴더에 위계적으로 저장된다. 웹 페이지는 텍스트 정보 이외에 그래픽, 이미지, 비디오, 사운드 등의 정보를 제공할 수 있다. 클라이언트 입장에서 웹 페이지는 웹 브라우저를 통해 사용자의 화면에 디스플레이 된다. 이러한 웹 사이트의 웹 페이지들은 URL(uniform resource locator)이라는 인터넷 상의 주소 체계를 통해 접근할 수 있다. 즉 모든 웹 문서들은 URL이라는 고유한 주소를 가지고 있다. 기존의 인터넷 서비스들과 달리 웹에서는 이

와 같이 정보 접근의 보편성이 가능하다는 점에서 URL은 웹의 핵심적인 요소인 셈이다

인터넷의 대명사처럼 되어 버린 월드와이드웹은 전 세계적인 하이퍼텍스트 시스템으로서 일반적인 인터넷 서비스와는 구별되는 독특한 특징들을 갖고 있다(Mira & Cohen, 1999).

첫째, 월드와이드웹 텍스트들의 상호 텍스트성(intertextuality)이 겉으로 명백히 드러나 있다는 것이다. 즉 하나의 텍스트는 특정한 '링크들'을 통해 다른 텍스트들과 연계되어 있기 때문에 이용자들은 한 텍스트로부터 다른 텍스트로 이동함은 물론 텍스트들을 상호 관련지어 이용하게 된다.

둘째, 월드와이드웹의 텍스트는 하이퍼텍스트와 마찬가지로 비선형성(non linearity)을 갖는다는 것이다. 즉 전통적인 텍스트와 달리 정해진 시작과 끝이 없으며 다양한 링크를 통해 다양한 길을 선택할 수 있다는 비선형성의 전제는 전통적인 선형적 텍스트의 전제와 배치된다.

셋째, 월드와이드웹의 경우 독자는 수동적 수신자의 역할에 머물던 전통적인 텍스트의 경우와 달리, 능동적인 작가(writer)로서의 역할을 갖는다.

넷째, 월드와이드웹은 독특한 멀티미디어로서의 특성을 갖는다는 것이다. 텍스트 이외에 시청각적 요소들을 결합시킨다는 것을 넘어, 이러한 요소들 사이의 시너지 산물로서 의미가 발생된다.

다섯째, 월드와이드웹의 텍스트가 전 지구적(global) 범위를 갖는다.

8.3.2 웹 브라우즈

1992년 하반기에는 유닉스 진영에서 라인 모드 브라우저(Line mode browser), 비올라월드 와이드웹(Viola WWW), 이알와이즈(Erwise) 등 라이브러리 월드와이드웹(Lib WWW) 기반의 브라우저들이 등장했다. 매킨토시도 마이다스 월드와이드웹(Midas WWW), 맥 월드와이드웹(Mac WWW) 등 전용 브라우저를 제공하기도 했다.

이알와이즈는 최초의 그래픽 환경을 지원하는 웹 브라우저였다. 엑스-윈도우(X-Window)를 실행하는 유닉스 시스템을 위해 설계된 이 브라우저는 웹

페이지에서 특정 문자열을 찾거나 한 번에 여러 웹 페이즈를 열 수 있는 등 다양한 기능을 갖췄다. 이 웹 브라우저는 헬싱키 공과대학에 재학 중이던 학생 4명에 의해 개발되었다고 전해진다.

1993년에는 모자이크(Mosaic)가 등장했으며, 1994년에는 최초의 상용화 웹 브라우저인 넷스케이프(Netscape)가 나타나 폭발적인 인기를 끌었다. 넷스케이프는 모자이크의 개발자 마크 안드레센(MarcAndreessen)이 창업하여 만들었다. 한 때 전세계 웹 브라우저 점유율 90%에 달했던 넷스케이프는 1995년에 등장한 마이크로소프트의 인터넷 익스플로러(Internet Explorer)와의 전쟁에서 패배한 후 역사의 뒤안길로 사라졌다(2008년 공식 종료).

이후 인터넷 익스플로러의 독주가 한동안 계속됐다. 한 때 전세계 웹 브라우저 시장의 95% 이상이 인터넷 익스플로러였다고 하니 사실상 시장을 평정했다고 해도 과언이 아니다. 하지만 넷스케이프의 후계자격인 '파이어폭스(Firefox)', 애플의 '사파리(Safari)', 구글 '크롬(Chrome)' 등 경쟁 브라우저가 등장하면서 인터넷 익스플로러의 점유율은 점차 낮아지고 있는 추세다. 최근 마이크로소프트는 출시를 앞둔 운영체제 윈도우 10에서 인터넷 익스플로러를 쓰지 않고 엣지(Edge)라는 브라우저를 제공할 예정이다.

그림 8-5 모자이크(좌)와 넷스케이프(우)의 화면

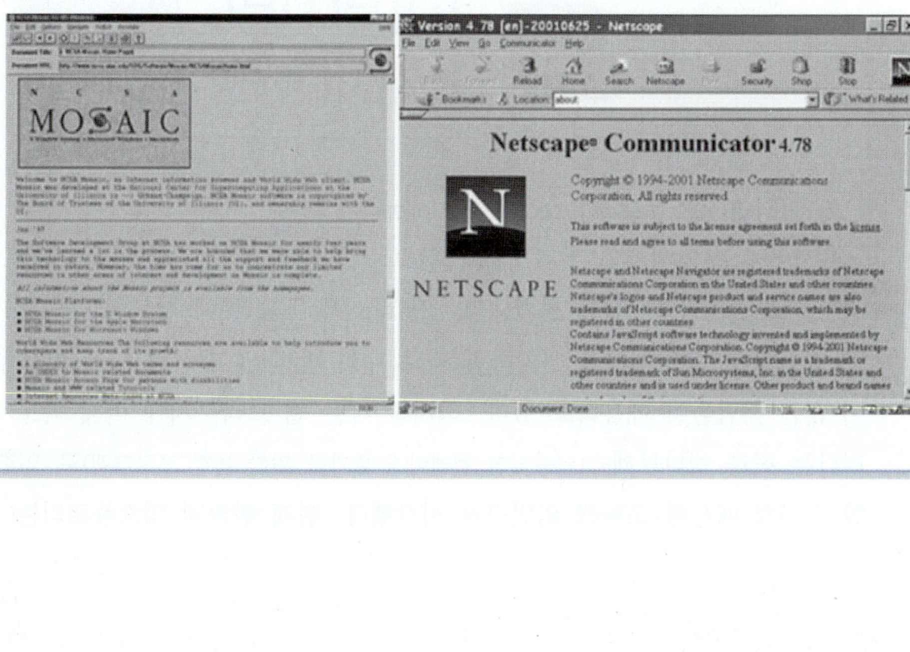

인터넷 익스플로러의 아성이 무너지면서 웹브라우저 시장은 다수가 경쟁하는 혼전으로 치닫고 있다. 대표적인 웹브라우저(PC용 기준)는 인터넷 익스플로러, 파이어폭스, 크롬, 사파리, 오페라 등이다. 여기에 마이크로소프트는 인터넷 익스플로러의 뒤를 잇는 엣지 브라우저를 투입할 예정이어서 웹 브라우저 시장을 둘러싼 치열한 경쟁을 예고하고 있다.

1) 마이크로소프트 엣지(Microsoft Edge)

2015년 7월 출시된 마이크로소프트의 운영체제이다. '윈도우 10'에 추가되는 웹 브라우저로, 웹표준과 HTML5만을 강화한 엔진으로 설계된 점이 특징이다. 이에 액티브엑스(ActiveX)를 포함한 인터넷 익스플로러 대비 가볍고 빠른 성능을 보여줄 것으로 기대된다. 이 외에 자바스크립트 변형 언어인 asm.is 최적화 기능을 포함한 차크라 엔진으로 속도가 빨라졌다.

2) 인터넷 익스플로러(Internet Explorer)

윈도우95 운영체제의 부가 프로그램으로 처음 등장한 인터넷 익스플로러는 윈도우를 설치할 때 함께 설치되거나 서비스팩 등을 통해 별도 제공되는 형태로 발전했다. 운영체제를 설치하면 따로 내려 받지 않아도 바로 사용할 수 있어 많은 사람들이 애용하고 있다. 하지만 다른 웹 브라우저에 비해 속도가 느리다는 점과 액티브엑스(역동적인 웹페이지 효과를 위한 특정 프로그램)로 인한 보안 취약성 때문에 조금씩 외면받기 시작했다. 현재 인터넷 익스플로러는 버전

11이 서비스되고 있다. 이 버전은 개발자 도구를 재설계하고 WebGL을 지원한다. 이 외에도 고해상도 화면에 대한 스케일링 강화, 구글이 개발한 개방형 네트워크 프로토콜 스피디(SPDY), 사전 렌더링 등의 기능을 갖췄다.

3) 구글 크롬(Google Chrome)

후발주자임에도 불구하고 무서운 속도로 시장을 잠식하고 있는 구글 크롬은 2015년 현재 점유율 1위를 차지하고 있다(스탯카운터 기준). 2008년에 처음으로 출시됐지만 2015년 6월 기준, 43번째 버전까지 나왔을 정도로 빠른 업그레이드가 장점이며, 지금 이 순간에도 업그레이드가 진행 중이다. 꾸준히 업데이트가 이뤄지지만 크롬을 쓰는 순간 자동설치가 이뤄져 사용자들은 큰 위화감 없이 브라우저를 쓸 수 있다. 크롬은 구글 사용자에게 특히 유용한데, 크롬에 최적화된 웹 애플리케이션 스토어인 '크롬 웹 스토어'에 접속할 수 있기 때문이다.

4) 애플 사파리(Apple Safari)

사파리는 마이크로소프트와 영원한 경쟁 관계에 있는 애플이 만든 웹브라우저다. 빠른 속도를 제외하고는 특별한 장점이 없어 점유율이 높은 편은 아니다. 하지만 이는 PC의 이야기로 모바일은 상황이 다르다. 아이팟, 아이폰, 아이패드의 영향으로 모바일 사파리의 점유율이 상당하기 때문이다. 따라서 모바일 시장에서는 가장 인기가 있는 웹브라우저 하나로 손꼽힌다.

5) 모질라 파이어폭스(Mozilla Firefox)

모질라재단의 파이어폭스는 웹 표준을 준수하고 다양한 부가기능을 제공한다. 액티브X를 직접 지원하지는 않지만 우회적으로 사용할 수 있는 부가기능 'IE탭'을 적용하면, 인터넷 익스플로러와 흡사한 기능을 쓸 수 있다. 2015년 6월 현재 전 세계 점유율 순위는 크롬과 인터넷 익스플로러에 이어 3위를 차지하고 있다(스탯카운터 기준). 최근 흐름을 반영, 속도를 높이고 보안 기능을 추가 제공하며 경쟁력을 갖춰가는 중이다. 최신 버전은 38로 설정화면이 탭기반으로 바뀌었으며, 주석을 표기하는 기능이 추가됐다. 디지털 저작권 보호기술이나 보안 취약성을 개선하는 등 큰 틀의 수정이 이뤄졌다.

6) 오페라(Opera)

오페라는 작은 용량과 빠른 속도가 특징이다. 다중 브라우징을 프로그램 내부에서 처리해 시스템 자원을 적게 차지함으로써 저사양 PC에서도 원활하게 이용할 수 있다. 모바일용 웹브라우저인 '오페라 미니 웹브라우저'는 깔끔한 인터페이스와 빠른 속도로 호평을 받고 있다. 최신 버전은 30(Blink)이다.

8.3.3 웹 2.0과 3.0

웹은 새로운 기능과 서비스가 추가되면서 계속 발전하고 있다. 웹 1.0에서는 웹사이트와 홈페이지가 중요한 역할을 하였으며, 웹 2.0에서는 포털 중심의 블로그와 SNS 서비스가 활성화되었다. 그리고 웹 3.0에서는 단말 중심의 개인 포털화로 유비쿼터스 서비스를 위한 시맨틱 웹이 중요한 기능을 수행한다.

웹 2.0은 정보 개방을 통해 인터넷 사용자들 간 정보 공유와 참여를 이끌어 내고, 이를 통해 정보 가치를 지속적으로 증대시키는 것을 목표로 하는 일련의 움직임을 말한다. 즉 웹 2.0은 개방적인 웹 환경을 기반으로 네티즌이 자유롭게 참여해 스스로 제작한 콘텐츠를 생산, 재창조, 공유하는 개념이다. 이는 네티즌들이 직접 질문과 대답을 올려 공유하며, 이를 검색해 자신에게 유용한 정보를 개방된 공간 속에서 습득하도록 하는 것이 주된 내용이다.

표 8-4 웹 2.0과 웹3.0

구분	웹 2.0	웹 3.0
시기	2000~2010년	2010~2020년
상호작용	읽기, 쓰기	읽기, 쓰기, 실행하기
키워드	참여, 공유, 개방	상황인식(context)
정보 이용자	인간	인간, 기계
정보 권력	대형화, 집중화	분산화
콘텐츠 이용형태	이용자가 생산, 유통, 소비	지능화된 웹이 콘텐츠 제공, 개인별 맞춤
검색	여러 사이트에 있는 자료 개방(Open API)	이용자 맞춤형 검색
기반 기술	브로드밴드, 서버관리	시맨틱 기술, 상황인식, 클라우드 컴퓨팅
대응 단말	PC와 모바일 일부	PC, 모바일, 시계, 안경 등

해외에서는 구글 검색이 대표적이고, 국내에서는 네이버의 지식iN 서비스가 웹 2.0의 시초라고 할 수 있다. 웹 2.0은 오라일리 미디어(O'Reilly Media)의 부사장인 데일 도허티(Dale Dougherty)가 처음 사용했다. 도허티는 닷컴 붕괴 이후 살아남은 회사들의 공통점과 웹에 일종의 전환점을 찍은 닷컴 붕괴를 표현하는 말로 웹 2.0이란 명칭을 제안했다. 웹 2.0 시대에서 사용자들은 참여하는 수준이 아니라, 인터넷 문화의 주인이자 중심이다.

8.4 소셜 네트워크 서비스(SNS)

8.4.1 SNS 개요

웹 상에서 친구·선후배·동료 등 지인과의 인맥 관계를 강화시키고 또 새로운 인맥을 쌓으며 폭넓은 인적 네트워크(인간관계)를 형성할 수 있도록 해주는 서비스를 '소셜 네트워크 서비스(Social Network Service)'라고 한다. 간단히 'SNS'라 부르기도 한다. 인터넷에서 개인의 정보를 공유할 수 있게 하고, 의사소통을 도와주는 1인 미디어, 1인 커뮤니티라 할 수 있다.

개인의 표현욕구가 강해지면서 사람들 사이의 사회적 관계를 맺게 하고, 친분관계를 유지시키는 소셜 네트워크 서비스 또한 점점 발달하고 있다. 웹상의 카페·동호회 등의 커뮤니티 서비스가 특정 주제에 관심을 가진 집단이 그룹화하여 폐쇄적인 서비스를 공유한다면 소셜 네트워크 서비스는 나 자신, 즉 개인이 중심이 되어 자신의 관심사와 개성을 공유한다는 점에서 차이점이 있다.

표 8-5 SNS 종류

구 분	정 의
커뮤니티 (카페·클럽)	인터넷 상에서 취미나 관심분야가 유사한 사람들이 서로의 정보를 교류하거나 친목을 형성하기 위해 형성한 모임 예 다음 카페, 네이버 클럽 등
미니홈피	미니홈페이지를 줄여 이르는 말로 네티즌들이 직접 꾸미고 서로를 초대할 수 있는 공간으로 함께 활동하면서 네티즌 간의 인맥을 형성하는 1인 미디어 예 싸이월드미니홈피, 세이클럽 미니홈피, 드림위즈 홈피, 버디 홈피 등
블로그	개인의 관심사에 따라 일기, 칼럼, 전문자료, 사진 등을 게시·저장하여 타인과 공유하는 대표적인 1인 미디어 예 다음 블로그, 네이버 블로그, 티스토리, 이글루스 등
마이크로 블로그 (microblog)	140-150자 이내의 단문 메시지로 자신의 생각과 감정을 표현·공유할 수 있는 블로그 서비스의 일종으로 미니블로그(miniblog)라고도 함 예 트위터, 미투데이, 플레이톡, 토씨 등
프로필 기반 서비스	나이, 학력, 직업 등 개인정보를 비롯하여 직접 게시한 사진이나 동영상, 친구 목록 등이 메인 웹페이지인 프로필 페이지에 제공되어, 이를 기반으로 네티즌 간 인맥을 형성하고 교류하는 서비스 예 페이스북, 마이스페이스, 링크나우, 링크드인 등

초기에는 주로 친목도모・엔터테인먼트 용도로 활용되었으나 이후 비즈니스・각종 정보공유 등 생산적 용도로 활용하는 경향이 생겨났다. 또 인터넷 검색보다 소셜 네트워크 서비스를 통하여 최신 정보를 찾고 이를 활용하는 이들도 많다. 대부분 아는 사람의 아는 사람으로 연결되어 있는 특성상 일반 검색을 통해 찾는 정보보다 친구의 추천으로 공유하는 정보가 신뢰성이 높고 또 간결하게 전달되기 때문이다.

한국의 대표적인 소셜 네트워크 서비스로는 싸이월드를 들 수 있다. 1999년 시작된 미니홈피 싸이월드는 이용자들이 개인의 일상사와 삶을 표현하고 일촌이라는 관계를 통하여 서로 엮이면서 확장되어지는 서비스이다. 그 밖에 트위터・페이스북・마이스페이스・링크드인・비보・h45・XING 등의 소셜 네트워크 서비스가 있다.

8.4.2 1인 미디어 시대

1인 미디어는 개인이 자신의 글, 사진, 영상 등을 대중에게 내보이는 서비스를 말한다. 1인 미디어의 출발점은 블로그였다. 블로그에 글을 쓰고 영상을 올리면서 인기 블로거들의 블로그는 1인 미디어의 역할을 했다. 블로그의 인기가 차츰 시들해지면서 1인 방송이 급부상하여 재능 있는 방송 진행자들은 유튜브, 아프리카TV, 다음 TV팟 등의 인터넷 방송을 통해 시청자와 직접 만나고 있다.

한국인터넷진흥원이 2014년에 실시한 조사에 따르면, 만 3세 이상 우리나라 국민의 무선 인터넷 이용률이 83.6%로 우리나라 국민 10명 중 9명이 스마트폰을 가지고 있다. 스마트폰 소지자 중 스마트폰으로 무선 인터넷에 접속하는 사람이 98.3%에 달한다. 1인 미디어란 개인이 자신의 글・사진・영상을 대중에게 선보이며 자신만의 개성을 추구해 나갈 수 있게 해 주는 공간이다. 트위터・페이스북・블로그와 같은 SNS, 유튜브・아프리카TV・팟캐스트와 같은 1인 방송이 여기에 해당한다. 1인 미디어의 시작은 SNS으로 대표적인 것은 다음과 같다.

1) 트위터

트위터의 핵심 기능은 내가 관심 있는 사람을 팔로우하여 그 사람이 올리는 정보를 공유할 수 있다는 것이다. 실시간으로 업데이트되는 소식을 다른 사람들에게 쉽게 전달할 수 있어 그 어떤 매체보다 빠르게 정보를 실어 나를 수 있다. 2009년 1월, 뉴욕 공항에서 출발한 비행기에 문제점이 발견되어 회항하다가 공항까지 돌아갈 여유가 없어 허드슨 강에 비상 착륙하는 사건이 발생한 적이 있다. 이때 한 승객이 사진을 찍어 트위터에 올려, 이 소식은 일파만파로 퍼져 나갔고, 트위터가 신문이나 방송이 할 수 없는 특종을 해냈다는 평가를 받았다.

2) 페이스북

페이스북은 현재 서비스되고 있는 SNS 중에 가장 성공한 서비스이다. 모르는 사람과도 쉽게 친구를 맺을 수 있고 사용법이 매우 쉽기 때문에 전 세계에서 8억 명이 넘는 가입자들이 있다. 페이스북의 가장 큰 특징은 사람과 사람을 연결해 주고 서로 감정을 공유할 수 있도록 도와준다는 것이다. '좋아요'를 클릭하면서 친구들과 정서적 공감대를 형성하고, 원활하게 소통할 수 있도록 자리를 마련한다.

3) 블로그

1인 미디어의 출발점인 블로그. 초기의 블로그는 개인적인 기록이나 뉴스 스크랩 등이 주를 이루었지만 최근에는 뉴스, 칼럼, 리뷰 등 좀 더 전문적인 지식이나 정보를 담은 블로그가 많이 등장하고 있다. 블로거가 자유롭게 소재를 선택해 개인적인 생각을 제약 없이 작성할 수 있기 때문에 다양한 주제를 다룰 수 있고, 기존의 신문사·방송사의 기사를 보완할 수 있다. 실제로 그때그때 일어나는 정치, 사회, 경제, 문화, IT 이슈에 대한 자신의 생각을 블로그에 올리며 많은 사람들의 주목을 받는 블로거가 여럿 등장했다.

'시민 기자'라 불리는 이들은 기존 신문사·방송사의 뉴스에 비판적인 태도를 갖고, 자신의 시각으로 사건을 분석하기도 한다. 이들의 블로그를 방문한 사람들은 댓글을 달며 서로 의견을 주고받는다. 블로그의 '즉시성'과 '상호작용성'은 블로그가 여론을 형성할 수 있는 파급력을 갖게 하는 데에 결정적인 역할을 하고 있다.

4) 팟캐스트

팟캐스트는 한 사람이 오디오·비디오 파일 형태로 콘텐츠를 제작하여 웹사이트에 올리면, 청취자들이 그 파일을 다운로드 받아 아무 때나 들을 수 있는 1인 미디어이다. 내 마음대로 자유롭게 소재를 정할 수 있어 정치 분야부터 경제, 어학, 문화, 예술 등 다양한 주제를 다룬다. 청취자가 원할 때 다운로드 받아 들을 수 있어 편리하고, 특수 방송 장비가 없어도 누구나 제작해 배포할 수 있다.

쉬운 접근성 덕분에 사람들에게 미치는 영향력도 다른 어떤 매체에 뒤지지 않는다. 2011년 4월 문을 열었던 정치 분야 팟캐스트 〈나는 꼼수다〉가 대표적인 사례로, 대선을 앞두고 등장했던 〈나는 꼼수다〉는 파급력이 대단해 유권자들의 여론에 큰 영향을 미쳤다.

5) 유튜브

이제는 동영상을 기반으로 한 1인 방송 시대이다. 글 중심의 1인 미디어 시대를 주도했던 블로그는 유튜브에 그 바통을 넘기고 있다. 세계 최대의 무료 동영상 공유 사이트인 유튜브는 개인이 제작한 동영상을 올려 다른 사람과 공유할 수 있는 공간으로, 유튜브에 올라온 콘텐츠들은 전 세계 사용자들에 의해 조회되고 평가된다. 이러한 매력 때문에 자신의 재능이나 창의성을 보여주는 기회의 장으로 사용되고 있다.

가수 싸이의 뮤직비디오가 10억 조회수를 돌파하며 유명해진 경우가 대표적이다. 유튜브는 연쇄 파급력을 갖고 있다. 유튜브 동영상 시청 조회 수가 높아지면 인기 콘텐츠로 선정되어 전 세계 사용자들을 대상으로 추천되기 때문에, 그 영향력은 어떤 매체에도 뒤지지 않는다. 또 유튜브는 뉴스를 빠르게 보도하는 데에 큰 역할을 한다. 스마트폰만 있으면 누구나 쉽게 영상을 촬영할 수 있고, 인터넷만 있으면 유튜브에 빠르게 올릴 수 있기 때문이다.

실제로 전 세계 각국의 사건·사고들이 기존의 대형 미디어보다 유튜브를 통해 더 빨리 전해지고 있고, 기존 매체에서 다루지 못하거나 외면했던 사건에 대해서도 다루고 있어 '유튜브 저널리즘'이라는 말까지 생겼다.

그림 8-6 세계 최대 동영상 컨텐츠 서비스 〈유튜브〉

6) 아프리카TV

내가 직접 콘텐츠를 기획하고 촬영한 동영상을 올려 사람들에게 퍼뜨릴 수 있는 곳이 유튜브라면, 아프리카TV에서는 생방송으로 진행되는 방송 프로그램에서 1인 방송 창작자와 시청자가 만나 실시간으로 소통한다. BJ라 불리는 1인 방송 창작자가 개성 강한 콘텐츠로 시청자의 관심을 끌면, 방송 내용에 재미를 느낀 시청자들은 BJ와 채팅을 하며 방송에 참여하는 것이다.

소재는 다양하다. 온라인 게임을 중계하거나 연예인의 화장법을 직접 시연하고, 맛있는 음식을 잔뜩 차린 뒤 먹어 보며 맛을 평가하거나 갖가지 먹을거리를 가지고 기상천외한 실험을 하기도 한다. 요즘 최고의 인기를 누리고 있는 BJ들로, 온라인 게임을 하면서 자신만의 플레이 비법을 보여 주는 'BJ계의 유재석', '대도서관', 온라인 게임 '리그오브레전드'를 진행하며 게임 해설을 하는 '러너교', '겨울왕국 엘사', '소녀시대 써니', '빅뱅 지드래곤' 등 유명 인사의 화장법을 보여 주는 뷰티 크리에이터 '씬님'이 대표적이다.

'대도서관'의 경우, 누적 시청자 수만 9,618만 명, 애청자 수는 58만 명에 달한다. 이들의 뜨거운 인기는 여기에서 멈추지 않고 한발 더 나아가 MCN(MultiChannel Network)이라 불리는 사업을 탄생시켰다. MCN 사업은 1인 방송 창작자의 활동을 기획・관리・지원하는 기업을 말한다. CJ E&M, 트레저헌터, 판도라TV 등이 대표적인 MCN 기업이다.

토론과제 -- SNS의 순기능과 역기능

2014년 8월 수서역 근처에서 자전거를 잃어버린 한 사람이 자신이 활동하고 있던 SNS 공간에 잃어버린 자전거의 사진과 특징, 날짜, 장소 등을 올렸다. 이 글을 본 네티즌들은 자전거가 중고물품 거래 사이트에 올라왔다는 제보의 댓글을 달아주며, 자전거 중고물품을 사겠다고 유인하며 경찰과 동행하라고 방법까지 친절히 안내해주었다. 네티즌의 조언대로 제보한 사이트에 자전거를 사겠다고 한 뒤, 경찰과 동행하여 절도범을 잡고 자전거를 되찾았다. 네티즌의 댓글, 한 줄의 힘이 모여, 분실한 자전거를 찾게 해준 것이다. 나아가 자전거를 되찾은 주인공은 마음 놓고 자전거를 주차하는 문화 정착을 위해, 자전거를 찾아주는 모임의 소통 공간을 만들었다.

뿐만 아니라, 2014년 5월 서울 강남구(신사동)에서 철거 예정 중인 건물이 붕괴되어 가스가 새는 사고가 발생하였다. 건물이 무너지면서 잔해가 부서지거나 못 쓰게 되어 남아 있는 물체들이 공사장 가림막 밖으로까지 쏟아졌지만 사고 발생 2분 만에 한 사람이 SNS에 사건의 소식을 전함으로써, 사고 현장이 널리 알려지며 큰 피해를 예방할 수 있었다. 또한 같은 날 지하철역 환기실에서 발생한 화재도 SNS를 통해 사건이 제보되면서 보다 신속하게 사고에 대처할 수 있었다.

이처럼 국경을 넘나들며 발 빠른 속도로 정보가 제공되는 SNS는 잃어버린 자전거도 찾게 되고, 큰 사고의 피해도 막아주며, 가족을 만나게 해주는 순기능도 하지만 이를 잘못 사용한다면 정보가 퍼지는 속도만큼 피해 역시 상당하다. 실제로, 거짓정보가 SNS를 통해 퍼지게 됨으로써 여러 사람들에게 절망의 순간을 안겨주기도 한다. 2013년 서울(인사동)에 화재가 난 사건이 있었다. 생각보다 불이 커 수많은 소방인력들이 투입되었다. SNS를 통해 화재 진압 중이던 소방관 5명이 매몰되었다는 소문이 돌기 시작하였다. 하지만 이 소문은 사실이 아니라는 것이 확인되었으며, 여과 없이 정보를 전달했던 뉴스는 보도를 정정해야 했다. 인명피해가 없다는 것은 다행인 일이었지만 거짓정보를 정정하기까지 소방대원들의 가족의 심정은 어땠을까? 국경을 넘나들며, 발 빠르게 어디든 소식을 전할 수 있는 SNS는 분명 우리의 삶을 이롭게 하지만 신중하지 못한 정보전달은 여러 사람들에게 큰 상처를 줄 수도 있는 것이다.

08 연습 문제

1 다음 중 인터넷 서비스가 아닌 것은?

① 전자 우편 서비스 ② FTP 서비스
③ HTTP 서비스 ④ SNMP 서비스

2 IP Address에 관한 설명으로 옳지 않은 것은?

① 5개의 클래스(A, B, C, D, E)로 분류되어 있다.
② A, B, C 클래스만이 네트워크 주소와 호스트 주소 체계의 구조를 가진다.
③ D 클래스 주소는 멀티캐스팅(Multicasting)을 사용하기 위해 예약되어 있다.
④ E 클래스는 특수 목적 주소로 공용으로 사용된다.

3 다음 중 IPv6에 대한 설명으로 옳지 않은 것은?

① IPv6 주소는 128비트 길이이다.
② 암호화와 인증 옵션 기능을 제공한다.
③ QoS는 일부 지원하지만, 품질 보장이 곤란하다.
④ 프로토콜의 확장을 허용하도록 설계되었다.

4 다음은 인터넷 도메인에 대한 설명이다. 옳지 않은 것은?

www.hankook.co.kr

① www : 호스트 컴퓨터 이름 ② hankook : 소속 기관
③ co : 소속 기관의 서버 이름 ④ kr : 소속 국가

5 TCP/IP 프로토콜 중 인터넷 계층에 대응하는 OSI 참조 모델의 계층은?

① Physical Layer ② Presentation Layer
③ Network Layer ④ Session Layer

6 TCP/IP 모델의 인터넷 계층에 대한 설명으로 틀린 것은?

① IP 프로토콜을 사용한다.
② 경로 선택과 폭주 제어 기능을 수행한다.

③ 최선형의 비연결형 패킷 전달 서비스를 제공한다.
④ End to End의 통신 서비스를 제공한다.

7 검색 정보가 대부분 무료로 제공되며, 인터넷에서 데이터베이스나 도서관 내의 도서 데이터베이스 정보를 찾는 인터넷 서비스는 무엇인가?

① Gopher ② WAIS ③ Finger ④ WHOIS

8 온라인 양방향 수업 운영과 인터넷 환경에 최적화된 교육 콘텐츠을 제공하는 대규모 공개 온라인 강좌는?

① MOOC ② UCC ③ SNS ④ Usenet

9 다음 중 온라인 게임의 장르 중 아케이드 게임이 아닌 것은?

① Doom 시리즈 ② Quake 시리즈 ③ Unreal ④ Starcraft

10 다음 중 웹 브라우즈에 대한 설명 중 틀린 것은?

① 모자이크는 최초의 웹 브라우즈이다.
② 넷스케이프는 최초의 상용화 웹 브라우즈이다.
③ 인터넷 익스플로러는 2015년 마이크로소프트의 운영체제로 윈도우 10에 추가되었다.
④ 크롬은 구글 사용자에게 유용하다.

11 웹 2.0의 특징이 아닌 것은?

① 웹 2.0의 키워드는 참여, 공유, 개방이다.
② 웹 2.0의 중요한 기반 기술은 시맨틱 기술이다.
③ 웹 2.0은 여러 사이트에 있는 자료를 개방한다.
④ 웹 2.0은 정보이용자가 인간에 맞추어져 있다.

12 SNS 설명 중 틀린 것은?

① 커뮤니티는 인터넷 상에서 취미나 관심분야가 유사한 사람들이 정보를 교류하거나 친목을 형성하기 위하 모임이다.
② 미니홈피는 네티즌들이 직접 꾸미고 서로를 초대할 수 있는 공간이다.
③ 페이스북, 링크나우 등은 단문 메시지로 자신의 생각과 감정을 공유하는 블로그이다.
④ 트위터는 140-150자 이내의 단문 메시지로 공유하는 미니블로그이다.

13 1인 미디어의 대표적인 SNS가 아닌 것은?

① 페이스북 ② 오페라 ③ 유튜브 ④ 아프라카TV

08 주관식 문제

1. 인터넷 발전 과정을 설명하시오.

2. 인터넷 통신규약 TCP/IP 프로토콜과 OSI 프로토콜을 비교 설명하시오.

3. IP 주소의 구조와 도메인 네임 서비스(DNS)를 설명하시오.

4. IPv4와 IPv6의 차이점은 무엇인가?

5. 인터넷을 이용하여 어떤 서비스들을 받을 수 있는가?

6. 사이버(Cyber) 교육과 MOOC의 차이점을 설명하시오.

7. 컴퓨터 게임을 분류하고 대표적인 게임을 예로 드시오.

8. 월드와이드웹(WWW)이 일반적인 인터넷 서비스와 구별되는 독특한 특징은 무엇인가?

9. 웹 브라우즈 종류와 각각의 특징을 기술하시오.

10. 웹 2.0과 웹 3.0의 특징과 차이는 무엇인가?

11. SNS의 정의와 종류를 기술하시오.

12. 대표적인 1인 미디어를 예로 들고 문제점을 기술하시오.

제 9 장

유비쿼터스와 사물 인터넷

제9장

유비쿼터스와 사물 인터넷

9.1 유비쿼터스(Ubiquitous)

Anywhere(어디서나), Anynetwork(어떠한 네트워크에서), Anydevice(모든 기기들 간의), Anyservice(어떠한 서비스)도 가능해야 하는 유비쿼터스 세상은 우리들 일상생활의 획기적 변화와 더불어 정보기술과 인간의 공생환경을 가져올 것이다. 이에 유비쿼터스의 개념, 관련기술 및 각국의 기술개발 사례들을 살펴본다.

9.1.1 유비쿼터스의 개념

1) 개요

유비쿼터스(Ubiquitous)란 시간, 공간을 초월해 "언제 어디에서나 존재한다"는 뜻으로 장소에 상관없이 자유롭게 네트워크에 접속할 수 있는 환경을 말한다. 1991년 미국 제록스사의 마크 와이저(Mark Weiser)가 "The Computer for 21st Century"라는 글에서 "유비쿼터스 컴퓨팅"이라는 용어를 사용하면서 등장하였다. 그러나 그 개념은 1984년 동경대학의 겐 사카무라 교수가 TRON(The Real time Operating system Nucleus) 프로젝트에서 차세대 컴퓨팅 개념으로 지능형 지역 분산형 컴퓨터시스템 추구를 통해서도 도출되기 시작하였다.

"Computing access will be everywhere"로 정의할 수 있는 유비쿼터스 세상은 모든 사물에 컴퓨팅과 네트워크 기능을 심는 작업에서 출발한다. 우리들 주변의 벽면, 침대, 화장실, 목욕탕 등 주택의 모든 곳에 마이크로프로세서를 장착하여 상호 정보교환을 행함으로서 우리들의 일상생활을 지원할 수 있는 정보환경이다. 현재 각 가정에 보급되어 있는 세탁기, 냉장고, 전자레인지, 에어콘 등의 가전제품에도 마이크로프로세서가 내적되어 자동제어를 행할 수가 있다. 그러나 유비쿼터스 세상에서는 컴퓨터가 자신이 가지고 있는 정보만으로 판단을 하지 않고 어디에나 내적되어 있는 컴퓨터 상호 간에 자율적인 정보교환을 통하여 인간과 기계 간에 고도의 협조/조화의 실현이 가능하다. 예를 들면 우리들이 아침에 일어나서 화장실에 가기 위해 문 손잡이를 잡으면 신체 건강정보가 체크되고, 양치질을 하는 동안에는 치아정보가 치과의사 컴퓨터에 입력되며 변기를 통하여서도 주치의 컴퓨터에 정보를 입력시킨다.

유비쿼터스 세상이 도래하면 가정, 자동차는 물론, 우리들 생활공간 어디에서도 정보기술을 이용할 수 있고 네트워크에 연결되는 컴퓨터 사용자의 수도 늘어나 정보기술 산업의 범위도 그만큼 커지게 된다. 실제로 차세대 성장 동력으로 인정받고 있는 유비쿼터스 산업부문은 2010년에 이르러 843조원 대의 시장규모를 가졌다. 전 세계에서 유비쿼터스를 잘 받아들이고 있는 나라로는 일본을 예로 들 수 있다. 일본은 장기간의 경제 불황을 타계할 탈출구로 유비쿼터스 네트워크를 국가 차원에서 추진하고 있다. 언제 어디서나 네트워킹 되어 있는 IT 환경인 유비쿼터스 네트워크를 통해 디지털 콘텐츠, 유비쿼터스 일렉트로닉, 유비쿼터스 서비스 등 새로운 가치를 창출 해 낼 것으로 기대하고 있다. 자동차 · 가전 · 인터넷 등의 산업 분야에서 유비쿼터스는 엄청난 규모의 시장을 형성해 낼 수 있기 때문이다.

2) 유비쿼터스 세상

Anytime(언제), Anywhere(어디서나), Anynetwork(어떠한 네트워크에서), Anydevice(모든 기기들 간의), Anyservice(어떠한 서비스)도 가능해야 하는 유비쿼터스 세상은 우리들 일상생활의 획기적 변화와 더불어 정보기술과 인간의 공생환경을 가져올 것이다.

그림 9-1 유비쿼터스 세상

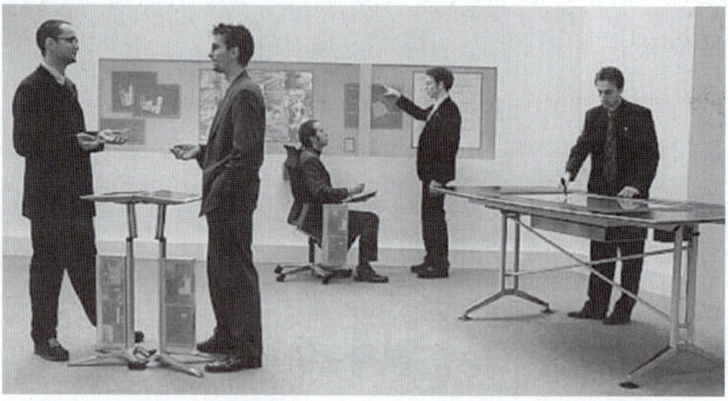

(출처 : The GMD Darmstadt web site on I-Land)

유비쿼터스 환경 속에서 생활하는 사람이 감기에 걸려서 전화를 하게 되면 전화기에 내장되어 있는 음성인식 칩에 의해 평소와 다른 목소리를 파악하게 된다. 그러면 전화기는 방안의 공조제어 컴퓨터에 통신연락을 취하여 온도와 습도를 높게 설정하도록 한다. 이러한 작업을 의식하지 않고 전화통화를 끝낸 다음 책상 위의 정보기기를 기동하게 된다. 가정에서의 모니터는 미니 프로젝션 방식을 사용하기 때문에 책상 위는 깨끗하게 정리되어 진다. 정면의 벽면에 등장하는 개인의 정보 에이전트는 감기의 증상에 관한 연락을 이미 받았으며 이를 주치의뿐만 아니라 근무처에도 통신연락을 취하였다. 병원에 가야할 일이나 출근을 하지 않을 것을 결정하여 개인의 정보 에이전트에 연락할 것을 의뢰하면 이후의 모든 일들이 컴퓨터에 의해 자동적으로 처리된다. [그림 9-1]에 나타난 것과 같이 미래의 우리들 생활 환경 속에서는 도어, 벽면, 가구(책상, 의자 ...) 등의 모든 사물에 마이크로 프로세서가 장착되어 있게 된다. 이러한 우리들 일상생활에서의 변화는 가정에서 뿐만 아니라 사회 전반에서도 상상을 초월할 정도로 나타날 것이다.

그림 9-2 탁구게임

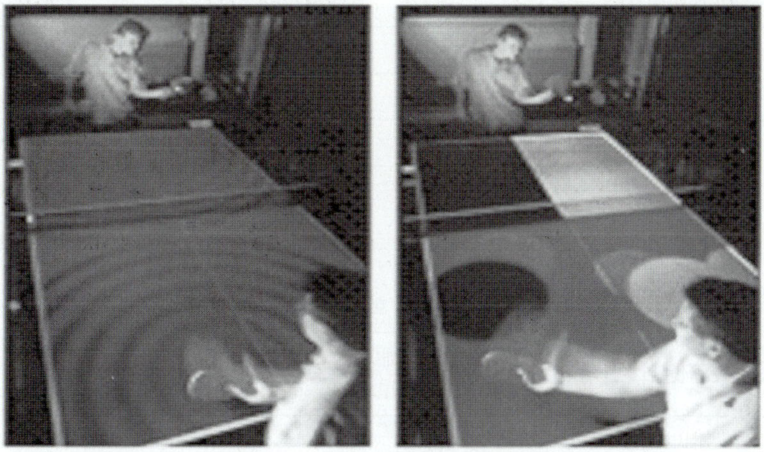

Photos: Webb Chappell

(출처 : Tangible Media Group web site)

레크리에이션에서의 변화를 탁구게임을 예로 살펴보면 [그림 9-2]와 같이 무형센서, 음향처리, 프로젝션 기술을 내포하고 있는 반응 테이블에서 게임을 즐기게 될 것이다. 프로젝터에 의해 빛과 그림자의 패턴이 표시되고, 튕기는 공은 잔물결의 이미지로 움직이며, 게임의 흐름은 음악과 영상을 수반하여 나타날 것이다.

3) 유비쿼터스 사회조직

현대사회는 〈표 9-1〉과 같이 언제 어디서 누구나 자유롭게 무의식적으로 정보단말이 이용가능한 지식사회의 진입 단계에 있으며, 이러한 특징을 강조하기 위해 "유비쿼터스 사회"라고 부르기도 한다. 또한 현대사회는 200여 년간 지속되어 온 산업사회의 성숙기이기도 하다.

표 9-1 가치기준과 사회조직의 변화

사회구분	농업사회	산업사회	지식(유비쿼터스) 사회
연도	~1775	1776~2000	2001~
주 도구	농기구, 공구	동력기계(방직기, 증기기관)	정보기술(IT)
필요한 능력	육체노동력	두뇌노동력	문제해결력, 창조력
노동의 대상(원료)	토지, 소재	재료, 에너르기	정보, 아이디어
가치기준(욕구)	생리적(의식주)	자기보전 (지위, 자치, 보증)	자기실현, 창조
경영수단	강제력 (기아와 위험의 회피)	법률과 계약 (경쟁과 상호불신을 조작)	대화와 참가 (상호신뢰와 협력)
조직원리, 조직구성	카리스마적 지배에 의한 집단의 집합체	중앙집권형 피라미드조직	자율분산형 네트워크조직 (역피라미드조직)

산업사회에서는 동력기계들을 발명하여 농업사회의 육체노동으로부터 해방되었으며, 정보기술의 발전에 의해 이제는 육체노동뿐만 아니라 반복적인 두뇌노동으로 부터도 해방되었다. 이제 우리들에게 남아 있는 역할은 정보기술이 갖지 못한 창조력 부분이다. 유비쿼터스 사회조직에서 조직은 개인의 창조적 활동을 기대하고 개인은 창조력을 발휘할 기회를 찾게 됨으로서 조직의 요구와 개인의 기대가 완전하게 일치하게 된다. 또한, 이러한 창조활동을 원하는 방향으로 발전시키기 위해서 무엇을 해야 하는가가 조직경영의 핵심 요소로 등장하게 된다. 창조활동은 자유로운 분위기 속에서 개인의 가치관 추구가 가능한 조건을 부여할 때 활발하게 나타난다. 그러므로 창조적 조직은 구성원의 자유의지를 존중해야 한다. 본래 창조활동을 제3자가 관리하기는 불가능하며 본인이 관리하는 것도 어렵다. 그러므로 조직 속에서 개인의 자유를 보증함과 동시에 창조활동의 방향을 전체와 조화시키는 자율, 분산, 조화형의 유비쿼터스 조직을 실현하는 것이 최대의 과제이다. 그 방법으로서는 조직을 구성하는 개인과 소집단의 자주관리에 기대하는 수밖에 없다. 전원참가와 대화를 기본으로 관계자가 공감할 수 있는 장래 비전의 실현 계획을 만들어 실현하기 위한 각개인의 역할을 명확하게 하지 않으면 안된다. 즉 "비전의 공유화에 의한 협력"이 유비쿼터스 사회의 조직경영 방법이다.

9.1.2 유비쿼터스 관련 기술

1) 유비쿼터스 기술 분류

유비쿼터스 실현을 위해 필요한 기술의 표준화된 분류체계는 아직 존재하고 있지 않으며 분류목적이나 프로젝트가 추구하는 방향에 따라 달리 분류되고 있다. 미국 제록스사의 마크 와이저는 〈표 9-2〉에서와 같이 유비쿼터스 컴퓨팅 기술을 기반기술, 하드웨어기술, 접속기술, 응용기술 등으로 분류하고 있다.

표 9-2 유비쿼터스 기술 분류

기술 분류	내 용
기반 기술	어디서나 안전하게 컴퓨터를 사용할 수 있는 기술 - 개인인증 기술, 보안 기술
하드웨어 기술	하드웨어 성능향상, 인터페이스 기술 - 인간중심의 비가시적 입/출력 기술 - 기억장치 기술 - 소형화 기술 - 저소비 전력화 기술 - 나노, 병렬 등 고집적 기술 - 내장형 기술
접속 기술	하드웨어 네트워킹 및 장치 기술 - 네트워킹 및 근거리 무선 기술 - 장치접속 기술
응용 기술	사용자 서비스 제공 기술 - www, java, wap, XML - Peer-to-Peer 기술

(1) 기반기술 : 인증과 보안

어디서든 컴퓨터를 이용할 수 있는 유비쿼터스 환경에서 가장 필요한 기술이다. 사용자가 누구인지 컴퓨터를 통해 내가 그 서비스를 받을 수 있는지 인식을 시켜주어야 한다. 그렇지 않은 사람은 서비스를 받을 수 없도록 해야 한다. 또한 늘어나는 정보에 따라 이를 지키기 위한 보안 기술은 필수적이다. 지금보다 훨씬 더 정밀한 보안 기술이 필요할 것이다.

(2) 하드웨어 기술

누구라도 컴퓨터를 이용할 수 있도록 하는 휴먼 인터페이스 기술이 필요하다. 이것은 사람에게 친근한 형태로 출력을 해주고(음성, 이미지, 데이터, 화면상으로, 종이상으로) 입력 역시 손쉬운 방법으로 하게 되는 것을 의미한다(음성, 필기 등). 또한 네트워크 상에서 정보를 저장하는 스토리지 기술과 모바일 기기의 전원을 공급하는 전지 기술 역시 여기에 해당한다.

(3) 접속 기술

하드웨어를 네트워크에 연결해서 자유롭게 사용하게 해주는 기술이다. 네트워크는 물리적으로 하드웨어와 하드웨어를 연결시켜 준다. 유선과 무선으로 나누어지는데 데이터의 전송속도는 날이 갈수록 빨라져 4G 모바일인 경우 100Mbps(하향) / 1Gbps(상향)가 되어 고화질 동영상을 포함한 데이터가 무리 없이 소통될 수 있다.

(4) 응용 기술

하드웨어와 네트워크가 구축되었다면 그 안에 소프트웨어가 있어야 한다. 우리가 윈도 상에서 오피스와 한글을 쓰듯이 유비쿼터스 기기 안에서도 www, java, wap, XML 등과 같은 소프트웨어가 필요하다

2) 유비쿼터스 컴퓨팅 기술

모든 사물들에 마이크로 칩을 내장하여 컴퓨팅과 네트워크 기능을 가질 수 있도록 하는 유비쿼터스 컴퓨팅에 사용되는 기술의 종류는 크게 IPv6(IPNG: IP Next Generation), 미세전자기계시스템(MEMS: Micro Electro Mechanical System), 주파수인식시스템(RFID: Radio Frequency IDentification)의 3종류이다.

(1) IPv6(IPNG: IP Next Generation)

인터넷은 프로토콜 IPv4, 즉 32비트를 사용해서 주소를 표현하고 있으나 IP 주소의 부족, 보안성 취약, QoS/멀티미디어 제공을 위한 성능 부족 등의 문제점을 가지고 있다. 이러한 문제점을 보완한 차세대 인터넷 프로토콜로서 IPv4의 32비트 보다 4배 많은 128비트 주소체계를 가진 IPv6가 유비쿼터스 컴퓨팅

에 사용될 것이다. IPv4의 32비트 주소체계로는 약 43억 개의 IP주소를 생성할 수 있다. 하지만 2005년을 전후하여 연 100억대의 단말이 지구상에 존재함으로 인하여 IP 부족이 당연하다. 국제표준이 RFC를 통해서 확정되었고, 실용화가 완료되어 실제로 휴대폰 및 컴퓨터에 할당되어 적용되고 있는 IPv6는 128비트 주소체계로 약 340간(숫자 단위는 일십백천만억조경혜자양구간으로 표현) 개의 IP주소 할당이 가능하다. 이는 60억 인구 중 한 사람당 $5*10^{26}$의 IP주소를 할당할 수 있는 양으로 IPv6의 기술 적용으로 IP자원의 제약으로부터 해방될 수 있다. IPv4와 IPv6의 차이점을 살펴보면 〈표 9-3〉과 같다.

표 9-3 IPv4와 IPv6의 차이점

구 분	IPv4	IPv6
주소길이	32비트	128비트
표시방법	8비트씩 4부분으로 10진수로 표시 예 202.30.64.22	16비트씩 8부분으로 16진수로 표시 예 2001:0230:abcd:ffff:0000:0000:ffff:1111
주소개수	약 43억 개	약 340간 개(거의 무한대)
주소할당	A, B, C, D 등 클라스 단위의 비순차적 할당(비효율적)	네트워크에서 규모 및 단말기 수에 따른 순차적 할당(효율적)
품질제어	베스트 에퍼트 방식으로 품질 보장이 곤란(타입이나 서비스에 대한 QoS 일부지원)	등급별, 서비스별로 패킷을 구분할 수 있어 품질보장이 용이(트래픽 클라스, 폴로 라벨에 의한 QoS지원)
보안기능	IPsec 프로토콜 별도 설치	확장기능에서 기본으로 제공
플러그 앤드 플레이	없음	있음(오디오 컨키큐어레이션 가능)
모바일IP	상당히 곤란(비효율적)	용이(효율적)
웹캐스팅	곤란	용이(스코프 필드 증가)

(2) 미세전자기계시스템(MEMS: Micro Electro Mechanical System)

MEMS 기술은 전자(반도체), 기계 및 광 기술을 융합하여 초소형 부품 및 시스템을 설계, 제작, 응용하는 기술이다. 현미경에 의하지 않고는 형체를 알 수 없을 정도로 작은 기계가 공상 소설의 영역을 벗어나 이제 현실공학의 새로운 분야로 정착되었다. 개미와 같은 마이크로 로봇을 인공적으로 만들어서 미소한 운동이나 작업을 시키려고 하는 것이다. 즉 개미의 눈이나 촉각에 해당하는 각종 센서, 뇌나 신경에 해당하는 논리 회로, 팔과 다리에 대응하는 마이크로 메커니즘, 그것을 움직이게 하는 마이크로 액추에이터를 하나로 하는 시스템을 일컫는다. 크기는 수mm에서 수nm까지에 이르며 수cm 크기라 해도 마이크로머신이라고 불리는 경우도 있다. 이 작은 시스템 안에 감지센서, 이동기계 및 전자회로가 포함되어 있어 수많은 응용에 이용될 수 있다.

마이크로머신의 아이디어가 제창된 초기에는 혈관 내를 돌아다니면서 환부를 치료할 수 있는 기계에 대한 구상도 있었다. 그러나 기존의 기계를 단순히 축소해야 마이크로머신이 되리라는 생각은 이제 과거의 것이 되었다. MEMS란 마이크로머신이 느끼고 생각하며, 운동하는 시스템을 일컫는다. 그리고 웨이퍼 상에 일괄 제조할 수 있어 소형화가 가능하며 한 개의 칩에 많은 기능소자 및 신호처리부 등을 집적화하여 고성능, 고신뢰성을 얻을 수 있으며 대량 생산이 가능하여 가격을 낮출 수 있다. 반도체와 MEMS의 차이점을 살펴보면 〈표 9-4〉와 같다.

표 9-4 반도체와 MEMS의 비교

구 분	반도체 기술	MEMS
탄생 배경	1960년대 초반 반도체의 회로 집적화로 탄생	반도체 기술에서 파생
특색	좁은 면적에 많은 회로를 얇게 2차원적으로 집적화	3차원적으로 공간을 마련하고 전기선처럼 회로를 배열
제품에서의 역할, 응용	• 인간의 두뇌(기억 및 정보처리) • 정보통신, 컴퓨터 등에 집중적으로 응용	• 인간의 감각기관(눈, 코, 귀, 피부) 및 손발의 역할 • 자동차, 디스플레이를 포함한 가전 등의 기간산업과 앞으로 다가올 항공, 우주산업, 의료, 생물, 제약산업에까지 응용
산업 및 경제에 미친 영향	80년대 및 90년대 세계적 경쟁의 각축장, 한국의 수출 주력상품	2020년대 경제 및 경쟁력에 막대한 파급효과 및 다양한 상품개발로 주력산업 가능
현재까지 개발된 상품	메모리 소자, 마이크로 프로세서, 비메모리 소자	잉크젤 프린터 헤드, 자동차 에어백용 충돌감지센서, 압력센서 등은 세계적인 상품으로 이미 시장을 형성하고 있다.

(3) 주파수인식시스템(RFID: Radio Frequency IDentification)

RFID 기술은 바코드, 마그네틱 등과 같은 자동인식의 한 분야로서 제품에 태그(Tag)를 부착하여 초단파나 장파를 이용하여 기록된 정보를 무선으로 인식하는 기술이다. RFID는 사람을 포함한 모든 사물에 붙이는 태그에 고유한 정보를 입력하고, 판독기(Reader)를 통하여 이 정보를 읽고, 기존의 인공위성이나 이동통신망, 인터넷 망과 연계하여 정보시스템과 통합하여 사용된다. 바코드와 달리 무선으로 인식할 수 있어 물건을 감지기에 일일이 갖다 댈 필요가 없고 최대 1024KB의 메모리를 가지고 있어 응답속도(100ms 이하)가 빠르다. 한 번에 여러 태그를 동시에 읽을 수도 있다. 데이터를 저장하는 태그와 전파를 보내는 안테나를 통해 태그의 데이터를 기록하고 읽는 판독기로 구성된다. 용도에 따라 물품관리 RFID, 물류/배송용 RFID, 생산품관리 RFID, 창고물품관리 RFID, 도서관리 RFID 등이 있다.

RFID기술은 약 30년 전에 처음 등장했으나 널리 사용되지 못하다가 2000년부터 ISO에서 표준화가 추진되고 있으며, 2003년 초에 개최된 CEBIT 2003에서 새롭게 관심을 끌었다. RFID 태그는 무선 칩을 내장하고, 무선으로 데이터를 송수신하여 데이터 수집을 자동화한 태그이다. 상품이나 물류와 관련하여 기존에 널리 쓰여온 바코드 방식과 달리, RFID 방식은 비접촉 방식으로서 포장, 대상 표면의 재질, 환경 변화 등의 여부에 관계없이 항상 인식이 가능하다. 또한 원거리에서 인식이 가능하며 통과 속도가 빠르므로 이동 중에도 인식할 수 있고 환경(눈, 비, 바람, 먼지, 자석 등)의 영향을 받지 아니하며 제조과정에서 유일한 ID부여로 위조가 불가능하다. 그래서 RFID는 유비쿼터스 컴퓨팅 센서기술로 이미 통신, 금융, 교통, 전자상거래 등 여러 분야에서 다양하게 활용되고 있다. 또 RFID 벤더들을 중심으로 관련 기술 발전도 급진전되고 있다.

9.1.3 국내외 기술개발 동향

1) 미국의 기술개발 동향

미국에서는 제록스사에서 시작한 "유비쿼터스 컴퓨팅 프로젝트"에서 제시된 장소 중심의 리얼 컴퓨팅 구현을 추구하고 있다. 또한 많은 산 · 학 · 연 프로젝트들이 이동성과 더불어 장소를 중심으로 하는 자율형 객체(Smart object)를 통한 리얼컴퓨팅을 추구하고 있다. 대표적인 유비쿼터스 관련 주요연구 프로젝트로서는 MS사의 이지리빙(Easy Living), Hewlett Packard의 쿨타운(Cool Town), MIT의 오토아이디(Auto ID), UC Berkeley의 스마트다스트(Smart Dust) 등이 있다.

(1) MS사의 이지리빙(Easy Living)

1995년에 시작된 MS사의 이지리빙 프로젝트는 지능적 환경을 기반으로 하는 이동 컴퓨팅 기술 지원을 위한 시험 프로젝트로서 유비쿼터스 컴퓨팅에 대한 시나리오와 많은 관련 기술들을 선보이고 있다. MS 연구소는 유비쿼터스 컴퓨팅 기술과 구조를 가진 이지리빙(Easy Living)이라고 부르는 시제품을 구현하였다. 이지리빙 시스템의 주요 환경과 시나리오는 다음과 같다.

㉠ **지능 환경**(Intelligent Environment) : 연출된 컴퓨팅은 사람들이 일하는 장소인 데스크톱 환경을 벗어나 세상 속으로 이동하는 것을 의미한다. 컴퓨팅이 세상 속으로 이동할 수 있는 방법은 일하는 사람과 필요한 컴퓨팅 환경을 연동시키는 것이다. 불행하게도 이동하기 쉬운 장치를 발견하거나 사람이 처한 상황 정보를 유지하는 것은 어렵다. 이동 컴퓨팅 환경 하의 상태에 따라 이동 장치들이 교체되거나 보충되는 상태를 조율하기 위해서는 지능적 환경이 요구된다. 지능 환경의 목적은 첫째 이동 장치의 증가에 따른 소프트웨어 자원 제공과 둘째 이동 장치도 없이 컴퓨팅 파워를 사용하려는 사람들을 위한 방법 제공이다. 이러한 원리는 다음 예를 통하여 확인할 수 있다. 자신의 팔보다 더 멀리 위치하는 사물과 상호작용하기 위해서는 데스크톱보다 더 멀리 도달할 수 있는 환경이 필요하다. 지능 환경에서는 물리적 실체인 사물이 컴퓨터 상에 전자화된 자원으로서 사람들과 상호 작용한다. 물론, 전자 장치는 사물인 동시에 컴퓨터상의 자원이며 사람도 사람인 동시에 컴퓨터 상의 사물이다. 이러한 이중 관점은 지능 환경의 본질이다. 사물로서의 사람은 느낄 수 있고 사람의 위치와 활동은 측정될 수 있다. 그리고 목적으로의 사람은 물리적 측량에 따라 계산적으로 표시될 수 있다. 마찬가지로, 표시 장치는 물리적 속성과 전자적 존재성을 가지기 때문에 잘 제어될 수 있는 대상

으로 인식된다. 예를 들면, 지능 환경은 사용자 모델, 월드 모델, 자원 모델 등의 상황 모델이 주어지면 동작한다. 지능 환경은 일반적으로 분산된 에이전트 시스템 상에 구축된다.

㉡ **인지력과 월드 모델**(Perception and the World Model) : 사람이 이지리빙 연구실에 들어오면, 전등이 자동으로 켜진다. 마지막 사람이 연구실을 떠나면 전등은 꺼진다. 이지리빙 연구실은 벽에 설치된 스트레오 카메라들이 제공하는 정보를 통하여 실내에 몇 명의 사람이 있는지와 그들이 어디에 있는지를 인식하고 있다. 각 스트레오 카메라에 연결된 PC가 빈 실내의 이미지로부터 빠르게 움직이는 사람 등의 객체 이미지를 찾아낸다. 사람을 발견하는 시스템이 제공하는 정보는 다른 각도에서 작동하는 다른 카메라로 사람을 추적하는 시스템에 제공된다. 이러한 정보에 기반하여 연구실의 시스템은 자동으로 전등을 켜거나 끌 수 있다. 또 다른 카메라는 사람이 집어 올리거나 집어 내리거나 다른 사람에게 건내기도 하는 무선 키보드를 추적한다. 사람들의 위치와 무선 키보드 위치 정보는 월드 모델이 호출하는 중앙집중식 데이터베이스에게 보내진다. 모든 정보에 대한 해석 능력은 점과 다각형 교차에 대해 기하학적 추리를 수행하는 능력과 함께 증가된다. 또한 월드 모델은 장치에 대한 정보와 그들의 서비스 영역을 저장한다. 사람이 실내에 들어설 때, 월드 모델상 사람의 위치가 해당 전등 서비스 영역에 포함될 때, 전등은 켜지게 된다.

지능 환경의 주요 구성 요소는 장소를 파악하는 모델이다. 일반적으로, 센서들은 실시간 정보를 얻는 데 이용된다. 장소 정보는 지능 환경 시스템의 동작 공간에 따라 수정된다. 장소 정보는 네트워크 상 어디에서 동작하든지 무관한 플랫폼 비의존적 소프트웨어로 만들어진다. 플랫폼 비의존적 소프트웨어는 이동 장치와 고정 장치가 정보를 공유하는 중요한 방법이다. 월드 모델의 가장 중요한 기능이 장치 독립적인 장소 정의를 제공하는 것이라는 것에 유의하고 응용이 동작하는 물리적인 상황을 인식할 수 있게 해야 한다. 컴퓨팅 장치의 물리적 정의는 장치들 사이의 전자적 상호작용을 중재하는 것을 의미하며, 월드 모델의 판단에 따라 해당 장치상에 가정 적합한 프로그램이 로드된다. 그리면 해당 장치는 관리 에이전트와의 통신이 설정된다. 한편 주어진 환경은 개인별 모델로 관리되어야 한다. 글로벌 데이터베이스는 사람들의 연락처, 구체적 특징(센서로 식별 가능한 특성), 권한, 개인적 취향에 대한 정보들을 포함할지도 모른다. 개별 센서는 사람 개개인에 대한 인식과 추적을 위한 개별 모델이 필요하게 된다. 월드 모델은 사람의 현재 위치, 자세, 그리고 활동에 대한 정보를 가지고 있을 수 있다. 그래서 사람과 같이 한 장소에서 다른 장소로 함께 이동하면서 이동하는 사람에 대한 현재의 전자적 활동과 증명 상태 정보를 기록하는 에이전트가 필요하다. 에이전트들은 일반적으로 특정환경에서 일어나는 업무를 관리할 수 있는 프로그램이거나 스크립터의 형태를 취한다. 예를 들면 방이나 건물 주위를 걷는 사람이 가장 가까운 장치를 자동으로 이용하게 하는 기능들이 장치에 포함되어 있다. 월드 모델이나 장치들은 사람이 있을지도 모르는 어느 곳이든 자동적으로 그들의 계산 경험을 조정하는 기능을 가지고 있다.

㉢ **개인 확인**(Personal Identity) : 사람이 실내에 들어가 컴퓨터를 켜면, 사용자는 웹을 검색하거나 전등을 켤 수 있다. 로그인 후에 사용자는 자신의 데스크톱 환경과 정보에 접근할 수 있다. 사용자가 다른 컴퓨터로 이동한다면 시스템은 다시 로그인을 요구하지 않은 채, 동일한 사용자에 대한 동일한 개인 사용 환경과 정보 접근을 허용한다. 오늘날 대부분의 전자행위는 사용자에 대한 개인적 동일함에 대한 배려 없이 동일하게 제어한다. 한편, 대부분의 컴퓨터는 사용자가 시스템을 사용하기 전에 반드시 로그인 할 것을 요구한다.

이지리빙에서는 두 가지 방법을 사용한다. 첫째, 사용자가 실내에 들어오면 시스템은 새로운 사용자에게 개인 ID 번호를 부여한다. 사용자는 컴퓨터에 로그인하지 않고도 웹을 사용하거나 전등을 켤 수 있다. 둘째, 로그인 패스워드를 사용하거나 실내의 지문인식기를 통하여 사용자 자신을 인증하면 시스템은 사용자가 누구인지를 인식하게 된다. 그러면 시스템은 실내에 위치하는 컴퓨터 스크린 상에서 인증된 사용자의 데스크톱 환경 제공과 개인 정보에 대한 접근을 허용한다. 사용자가 실내의 다른 컴퓨터로 이동하더라도 개인 추적 시스템의 자동 추적에 따라 동일 사용자로 간주되어 새로운 컴퓨터를 위한 또 한번의 로그인 절차를 거치지 않고도 동일한 환경으로 계속 작업할 수 있다.

㉣ **분산 컴퓨팅**(Disaggregated Computing): 사용자가 워크스테이션에서 작업하면서 원하는 정보가 실내의 벽 스크린에 표시되기를 명령하면, 이지리빙 시스템은 사용자가 요구한 내용을 벽 스크린에 표시한다. 사용자는 계속하여 자신이 사용하는 컴퓨터의 키보드와 마우스로 벽 스크린과 인터페이스 한다. 사용자가 랩톱 컴퓨터를 사용하는 경우도 동일하게 벽 스크린에 정보를 표시하거나 랩톱의 키보드나 마우스로 인터페이스 할 수 있다.

이지리빙에서는 디스플레이, 키보드, 마우스와 같이 컴퓨터에 부착된 인터페이스 장치에만 의존할 필요가 없다. 사용자는 실내에 존재하는 어떤 디스플레이나 키보드, 마우스 등도 자유롭게 사용할 수 있다. 사용자는 하나의 컴퓨터 상에서 응용 소프트웨어를 사용한다고 느끼며, 이지리빙은 사용자가 원하는 장치에 대한 입출력을 네트워크를 통하여 변환한다. 이러한 기능은 랩톱 컴퓨터에 대해서도 작용한다. 그래서 사용자가 이지리빙 연구실에 랩톱을 가져오면 사용자는 랩톱의 디스플레이 내용을 실내의 큰 벽 스크린에 표시할 수도 있으며, 벽 스크린에 대한 인터페이스를 랩톱의 키보드나 마우스로 행할 수 있다. 그래서 이지리빙 시스템에서는 사람들이 어떤 회의에 참석하게 되면 회의실 내에 존재하는 벽 스크린을 사용하기 위한 자신의 컴퓨터와 벽 스크린을 연결하거나 발표할 파일을 회의실 내의 컴퓨터로 복사할 필요가 없다.

㉤ **자동 행위**(Automatic Behavior): 사용자가 실내의 한 컴퓨터를 사용하고 있다. 얼마 후, 사용자는 일어나 다른 컴퓨터로 걸어가 앉는다. 그러면 처음 사용하던 컴퓨터는 로그오프 되고 새로운 컴퓨터에 자동으로 로그인 된다.

이지리빙 시스템은 어떤 관계가 월드 모델을 만족할 때 자동적으로 수행되는 행동 규칙(Behavior Rules)을 가지고 있다. 그 중 하나는 사용자의 위치가 해당 컴퓨터의 서비스 영역에 포함되면 자동으로 로그인 된다. 또 다른 규칙은 기존 컴퓨터를 사용하던 사용자가 다른 새로운 컴퓨터로 이동하면 로그인과 사용 환경이 자동으로 이동된다. 이러한 규칙이 적용되는 이지리빙 환경 내에서 이동하는 사용자는 가장 가까운 컴퓨터를 자유롭게 사용할 수 있다. 이러한 자동적 행동 규칙은 위에서 언급한 내용과 같이 사람이 실내에 들어오거나 떠남에 따라 전등이 자동으로 켜지거나 꺼지게도 된다.

ⓗ **음악 연주 응용**(Music Player Application) : 이지리빙 연구실에 있는 음악 연주 프로그램은 연구실 내에 있는 사람들이 가진 모든 음악 파일 리스트를 제공한다. 또한 실내의 모든 스피커에 대한 리스트도 제공한다. 사용자는 실내에 존재하는 어떤 음악 파일이나 스피커라도 임의로 선택할 수 있다. 각 스피커는 현재 사용자 위치에서의 청취 가능 여부를 색깔로 구별하여 표시하여 준다. 사용자가 실내에서 이동할 경우 이들 정보는 자동으로 갱신된다.

음악 연주기는 이지리빙 연구실에서 동작하는 하나의 응용이며 사용자가 실내의 스피커들을 선택하여 음악을 감상할 수 있게 해 준다. 월드 모델은 사용자가 다른 사람의 음악 파일을 사용할 수 있도록 현재 실내에 있는 사람들이 누구인지를 알려 준다. 또한 사용자가 현재 위치에서 사용 가능한 스피커를 선택하기 위해서도 월드 모델의 지원을 받는다.

(2) Hewlett Packard의 쿨타운(Cool Town)

쿨타운은 일상 생활의 모든 사물과 환경이 네트워크로 연결되면 우리의 삶과 비즈니스가 어떻게 변할지를 보여주기 위한 일종의 '쇼케이스'다. RFID와 저장형 웹서버, 이동통신, 인터넷, 각종 모바일 · 디지털 기기가 하나의 네트워크로 연결돼 일상과 웹이 자연스럽게 이어지는 공간이다. 쿨타운의 기술은 표준바코드, 라디오 수신기, 적외선을 이용하고 있고 정보를 전달하기 위해서는 핸드폰이나 팜탑을 이용하고 있다. 이처럼 쿨타운을 구성하고 있는 모든 기술 요소는 사람들의 일상에 큰 영향력을 미칠 수 있는 인터넷의 잠재력과 깊은 관련이 있다.

최초의 쿨타운 센터는 2001년에 캘리포니아에 만들어졌고 좀 더 작은 버전의 쿨타운이 전세계에 만들어지고 있다. 이러한 쿨타운 프로젝트의 목적은 새로운 기술들이 장기적으로 실제 우리 생활에 어떠한 제품들과 서비스를 낳게 할 것인지를 보여주기 위함이다. 쿨타운은 도시생활을 하고 있는 전문 직장인의 일상적인 하루를 보여주기 위해 가정, 사무실, 쇼핑타운 등으로 나누어져 있다. 그리고 이렇게 나누어져 있는 시스템의 장점은 웹을 통해서 사람, 장소, 물건 등 모든 것을 볼 수 있다. 쿨타운 전시장에 들어서면 PC와 PDA, 디지털 카메라 등이 놓여있는 응접실이 방문객들을 맞는다. 무선랜 접속 및 RFID 송수신, 블루투스 기능 등을 갖춘 PDA와 휴대폰이 현실 세계와 인터넷 속의 가상 세계를 이어주는 연결 고리가 된다. 디지털 카메라로 사진을 찍고 이를 바로 웹에 전송, 실시간으로 포스트를 올리는 모블로그도 유비쿼터스적 현상이랄 수 있다. 쿨타운에서 '모든 사물에 컴퓨터가 스며드는' 유비쿼터스 세상의 특징을 가장 잘 표현해 주는 것은 디지털 디스플레이 거울이다. 이 방에서 쿨타운 관람객들은 방문객이 아니라 오늘 샌프란시스코로 출장을 떠나는 비즈니스맨이 된다.

오늘은 출장일, 졸린 눈을 비비고 세수를 하며 거울을 손가락으로 건드리자 거울은 대형 평면 디스플레이로 바뀐다. 밤새 도착한 e메일과 오늘 일정, 날씨 정보들이 거울 위에 떠오른다. 샌프란시스코에 사는 친구가 그곳의 날씨가 갑자기 추워졌다며 따뜻한 옷을 챙겨오라는 동영상 메일을 보냈다. 일정 관리 프로그램은 비행기 시간을 알려주며 "오늘은 비가 와서 길이 많이 막히니 서둘러 출발하는 것이 좋겠다"고 일러준다. 급히 짐을 챙겨 자동차에 오르지만 열쇠를 꺼낼 필요는 없다. 나의 모바일 단말기에 달린 무선태그가 보낸 신호를 자동차가 수신, 스스로 출발 준비를 갖춘다. 신원이 확인되지 않으면 차에 시동이 걸리지 않는다. GPS를 사용한 길 안내와 도로 정보는 기본. 온라인 카스테레오로 인터넷의 내 주크박스에 접속, 미리 저장해 둔 노래를 들으며 길을 가면 된다. 드디어 샌프란시스코 도착. 이곳 지사가 자리 잡은 빌딩에 들어서는 순간, 문득 프리젠테이션 자료를 출력해 오지 않은 것이 생각난다. 어떡하지? 크게 걱정할 필요는 없다. 일단 PDA로 사내 전산망에 접속한다. 신원 인증이 끝나면 사내 웹서버에 접근, 당신이 저장해둔 자료를 불러온다. 가장 가까운 프린터에 인쇄 명령을 전달한 후 그 프린터가 있는 사무실에 가서 출력된 자료를 챙겨 오면 된다. 회의도 시간과 장소에 구애받지 않고 어디서나 진행할 수 있다. 당신은 이쪽 지사의 담당 직원과 함께 대형 디스플레이에 특수 펜으로 그림과 도표를 그려가며 기획을 논의한다. 그러다 다른 도시에 있는 다른 직원과 논의할 일이 생기면 영상회의 시스템으로 그 사람을 호출할 수 있다.

쿨타운은 실제 세상과 웹 속의 세계를 연결하고 RFID나 무선인터넷을 통해 이들 세계를 오가며 정보를 주고 받음으로써 삶을 더욱 풍요하고 편리하게 하는 비전을 제시한다. 이는 정보기술을 인간 생활에 보다 밀접히 연결시키려는 HP식의 유비쿼터스 구상을 보여주는 것이기도 하다. HP는 모바일과 인터넷, 웹과 물리적 세상을 하나로 잇는 비전을 쿨타운을 통해 보여주고 있다.

(3) MIT의 오토아이디(Auto ID)

1999년, 21세기형 바코드 연구 개발을 목적으로 MIT, UCC, P&G 등의 46개 협력사가 공동으로 MIT 오토아이디 센터를 설립하여 연구를 시작하였다. 오토아이디란 원거리에서 모니터링을 할 때 인간의 개입 없이 인식 및 상호작용을 하는 자동화 시스템이다. 오토아이디 시스템의 목적은 적합한 기기나 장치에 데이터를 운반하는 것과, 특정응용을 만족하기 위하여 기계가 읽을 수 있는 방법으로 적절한 시간 및 장소에서 데이터를 회수하는 것이다. 데이터는 제조, 운송 중인 상품, 위치, 차량, 동물 또는 개인의 특성에 관한 항목을 제공한다. 예를 들어 생산라인에서 페인트 스프레이 공간으로 들어가는 자동차 차체의 페인트 색깔, 유연한 제조 셀에 대한 설정 명령, 혹은 상품 선적에 동반하는 목록과 같은 특별한 항목의 정보 등이다. 이러한 기술은 스마트 태그를 각종 상품에 부착해 사물을 지능화하여 사물 간, 또는 기업 및 소비자와의 커뮤니케이션을 통해 자동화된 공급망 관리시스템 개발에 기여한다.

오토아이디는 인터넷과 인터넷 비슷한 네트워크를 통하여 스마트 태그가 부착된 아이템을 원거리에서 실시간 감지하는 개념이다. 따라서 연간 수십 억 개 이상의 더 싸고 훨씬 우수한 기능의 RFID 태그 및 무선네트워크가 필요할 것이며 새로운 소프트웨어와 더 자세히 더 많은 수의 아이템을 다룰 수 있는 시스템이 필요할 것이다. 또 네트워크 관리 소프트웨어가 더 발달되어서 더 많은 응용을 가능케 해야 할 것이다. 사물들의 인터넷을 궁극적으로 가능케 하려면 5센트 이하의 스마트 태그가 필요하다(바코드 가격이 1센트임을 감안). 이러한 초저가의 칩을 구현하려면 IC 디자인, 통신 프로토콜, 리더기 디자인, 백-엔드 시스템 디자인 등을 망라하는 시스템 레벨의 기술혁신을 필요로 한다.

(4) UC 버클리의 스마트 더스트(Smart Dust)

스마트 더스트란 용어는 지난 1997년부터 UC 버클리에서 소형 감지기 및 통신 패키지 개발 프로젝트를 이끌어 왔으며, 현재 미국 더스트사의 CTO인 크리스 피스터(Kris Pister)에 의해 처음으로 사용되었다. 이는 포천지에 의해 향후 전 세계를 휩쓸 10대 신기술 중 하나로 선정되었다. UC 버클리에서 수행되었던 스마트 더스트 프로젝트는 먼지처럼 작고 가벼워 공중에 떠다닐 수 있는 실리콘 모트(Silicon Mote)에 센서, 송수신기, 태양전지 등을 탑재함으로써 자율적인 센서 네트워크의 역할을 하도록 하는 극소형 칩 개발을 목표로 진행되었다. 스마트 더스트 모트의 구성요소들로 마이크로 센서(Microfabricated Sensors), 광 수신기(Optical Receiver), 능동/수동 광 송수신기(Passive and Active Optical Transmitters), 신호처리 및 제어 회로(Signal-Processing and Control Circuitry), 전원(Power Source) 등을 포함하고 있다. 이러한 모트는 감시 및 통신 기능을 가지고 있으며, 필름 배터리와 태양 전지(Solar Cell)에 기반을 둔 전원으로 자가 발전을 한다. 스마트 더스트 또는 모트들은 데이터를 수집하고, 간단한 데이터 분석 등의 컴퓨팅을 수행하며, 무선통신으로 서로 30m 거리에서 정보를 교환하며 여러 더스트들이 주변의 무선 LAN, 블루투스, 초광대역(UWB) 모듈 등과 함께 상황에 따라 임시 네트워크를 구성하거나 코어 네트워크에 직접 연결될 수도 있다. 스마트 더스트 센서는 소형 칩 1개, 배터리 1개, 라디오 1개가 들어간 작은 박스이며, 이들 부품은 이런 박스들을 연결한 망, 일명 '그물형 망'에 있는 인근 스마트 더스트에게 데이터를 전달하는 데 사용된다. 이 센서는 센서뿐만 아니라 중앙 네트워크 플랫폼과도 무선으로 통신한다.

기존의 컴퓨팅 기술의 개발은 작업 처리 시간의 단축에 많은 초점을 둔 반면, 스마트 더스트 기술은 주어진 작업의 에너지 소모를 최소화하고, 최소한의 크기에 필요한 정보를 수집할 수 있는 센서를 탑재하는 데 주력하고 있다. 또한 스마트 더스트 상호 간의 통신을 위한 네트워크를 적용하여 각 스마트 더스트를 감지하고 서로 효율적으로 컴퓨팅 작용을 할 수 있도록 하며, 이와 같은 무선 센서 네트워크 기술은 급속한 성장을 보이고 있다. 그러나 아직까지는 학계 및 군사 영역의 이론적인 아이디어에서 크게 벗어나지 못한 미래 기술로 향후 10년 안에 확산 적용될 것으로 예측하고 있다. 스마트 더스트 기술을 이용한 예상 애플리케이션으로 화성의 날씨/지진 감시, 우주선 내부 감시, 지구 우주 간 통신 네트워크, 화학/생물학적 센서, 무기 비축 감시, 방위 관련 센서 네트워크, 재고 조절, 제품 품질 감시, 스마트 오피스 공간, 스포츠 항해 등 많은 분야에서 유용하게 사용될 전망이다.

2) 유럽의 기술개발 동향

(1) 사라지는 컴퓨팅 계획(Disappearing Computing Initiative)

유럽은 2001년에 시작된 EU정보화사회기술계획(IST)의 일환으로 미래기술계획(FET)이 자금을 지원하는 사라지는 컴퓨팅 계획을 중심으로 유비쿼터스 혁명에 대한 대응전략을 모색하고 있다. 정보기술을 일상사물과 환경 속에 통합해 인간생활 지원 및 개선을 목표로 하고 있다. 흔히 사용하는 일상 사물에 센서·구동기·프로세서 등을 내장하여 사물 고유의 기능에 정보처리 및 교환 기능이 증진된 정보 인공물(Information Artifacts)을 개발한다. 또한 정보 인공물 상호 간의 지능적이고 자율적인 감지와 무선통신을 통해 새로운 가능성과 가치를 창출하고 궁극적으로는 인간의 일상 활동을 지원하고 향상시킬 수 있는 환경을 구축하는 것이다. 세부내용은 〈표 9-5〉와 같은 16개의 독립 프로젝트를 유럽 각국의 대학, 연구소 및 기업이 공동으로 수행하고 있다.

표 9-5 사라지는 컴퓨팅 계획의 세부 프로젝트

No.	프로젝트 명	설 명
1	2Wear	활동 중 적응하고 확장할 수 있으며 입고 소지하는 무선의 컴퓨터
2	Grocer	위치기반 전자태그가 부착된 상품을 판매하는 식료 잡화점
3	e-Gadgets	컴포넌트 기반 자율형 정보 인공물에 의한 가제트월드 생성
4	Smart-Its	상호 연결 가능한 집단적 인식을 가진 자율형 정보 인공물
5	Oresteia	사람과의 상호작용에 대한 적응력을 가진 다용도 정보 인공물
6	Ambient Agoras	다양한 세계에서의 동적 정보 클러스트 환경 제공을 통한 사회적 정보 시장 구현
7	paper++	교육 응용을 위한 센서와 위치기반 장치가 내장된 종이보다 유용한 전자교재
8	Accord	가시적 인터페이스를 중심으로 하는 가정 환경 구축, 운영 및 관리 도구
9	Gloss	컴퓨터가 사라져 지능형 환경화된 글로벌 자율공간

No.	프로젝트 명	설 명
10	Workspace	컴포넌트를 통한 분산작업을 지원하는 컴퓨팅 공간 환경
11	SOB	사람과 상호작용이 가능한 사물에 대한 음향 및 동적 몸짓 기반 인터페이스
12	Ficom	섬유의 미세조직을 트랜지스터화하여 센싱 및 컴퓨팅 기능을 부여하여 일상 생활 속의 정보 인공물로 구현
13	Mime	다중매체를 통한 인공물로 개인중심의 친화 환경 구현
14	Feel	모바일 기술을 기반으로 맞춤형·효과적·오락적 측면에서 장소중심의 서비스 환경(비침입적) 제공
15	Interliving	가족 공동생활을 위한 대화식의 세대 융합형 인터페이스 구현
16	Shape	공공장소에 적합한 다양한 혼합형 정보제공 환경 구축

(2) 스마트-잇스(Smart-Its)

이 프로젝트는 스위스 연방기술연구소(ETH)를 비롯한 독일의 TecO (Telecooperation Office), 핀란드의 국립기술연구소(Technical Research Center-VTT) 등이 공동으로 연구를 수행하였다. 일상사물에 소형의 내장형 장치인 'Smart-Its'를 삽입해 감지, 인식, 네트워크 및 통신기능을 지닌 정보 인공물(Information Artifacts) 개발을 목적으로 한다. 뿐만 아니라 이들 지능화된 사물 간의 대화를 통해 협력적 상황인식과 활동이 가능한 새로운 환경을 구현하고자 한다. 이를 위해 TecO가 개발 중인 '미디어 컵(Media Cup)'은 일반 머그컵에 'Smart-Its'를 보이지 않게 탑재함으로써 컵에 대한 정보를 인식·처리·전달할 수 있도록 했다. 이같은 미디어 컵을 이용해 회의실의 사용 여부를 파악하고 사용자와 관련한 정보를 알 수 있으며 손목시계형 컴퓨터를 통해 내용물의 온도·분량 등의 정보도 교환할 수 있다. 즉 컵, 시계, 의류 등에 자동 인식과 무선통신 기능을 지닌 '스마트-잇스(Smart-Its)'라는 극소형 칩을 삽입, 사람이 컵에 담긴 물을 마실 때 가장 적정한 온도를 유지시키거나 옷을 입을 때 가장 적정한 습도와 온도를 맞추도록 한다는 것이다.

3) 일본의 기술개발 동향

일본의 유비쿼터스 컴퓨팅 연구는 1984년 동경대학의 겐 사카무라 교수가 중심이 되어 제안한 TRON 프로젝트에서 출발한다. 특히 일본은 자국이 경쟁력을 확보하고 있는 모바일, 광섬유망, 가전, IPv6, 부품 및 재료 정밀가공 기술 등과 연계시킨 포스트 e-Japan 전략 차원에서 유비쿼터스 혁명에 대응하고 있다. 대표적인 유비쿼터스 관련 주요연구 프로젝트로서는 TRON 프로젝트, u-Network, eHII(electronic Home Information Infrastructure) 등이 있다.

(1) TRON 프로젝트

1984년 동경대학의 겐 사카무라 교수를 중심으로 추진된 TRON 프로젝트는 초기 일본 국내의 모든 컴퓨터의 기본 소프트웨어(OS)를 공통화, 메이커, 기종의 종류에 상관없이 호환성을 실현하는 환경을 구축한다는 기본개념을 바탕으로 출발하였다. 트론 칩 개발과 영역별 스펙을 제시하고 지능형 지역 분산형 시스템을 추구하면서 330m^2 주택에 1000개 이상의 컴퓨터를 삽입하고 이들을 네트워킹하여 유비쿼터스 컴퓨팅 생활을 체험하는 전뇌주택 뿐만 아니라 전뇌빌딩, 전뇌도시, 전뇌자동차 등의 응용프로젝트를 활발하게 제안하고 있다.

그림 9-3 트론의 지능형 주택

트론 지능형 주택의 모습(앞면, 뒷면, 내부)

(2) u-Network 프로젝트

2001년 일본 정부는 '유비쿼터스 네트워크 기술의 장래 전망에 관한 조사 연구회'를 출범시켜 관련 기술에 관한 국내외 연구개발 동향을 조사 분석하여 유비쿼터스 사회의 실현을 위해 대응해야 할 연구개발 과제나 추진대책 등을 검토하였다. 이 보고서에 따라 "무엇이든, 어디서든 네트워크"의 요소기술 확립을 위한 3가지 연구개발 프로젝트를 추진하였다. 먼저, '초소형 칩 네트워크 프로젝트'로서 100억 개의 단말을 협조, 제어하는 네트워크 기술을 통하여 새로운 물류, 유통 비즈니스의 실현을 구현하고 있다. 또한 비접촉 카드를 사용해 순식간에 어떤 단말도 자신의 단말로서 이용할 수 있는 '무엇이든 MY 단말 프로젝트', 그리고 어디에서든 언제라도 네트워크에 연결하여 사무실과 동일한 통신 서비스 환경을 창출하는 '어디에서든 네트워크 프로젝트'를 추진하였다.

(3) Matsushita의 eHII 프로젝트

일본 IT업체들은 이미 "유비쿼터스로 돈을 벌겠다"는 전략으로 뛰고 있다. 소니의 '유비쿼터스 밸류 네트워크'를 필두로 히타치(유비쿼터스 추진센터), 후지쯔(유비쿼터스 사업추진부), 미쓰비시(유비쿼터스 영상기술부), 후지제록스(유비쿼터스 미디어사업개발부) 등 일본 주요 기업들은 유비쿼터스 분야에 핵심 역량을 집중하고 있다. 마츠시타(Matsushita)도 자신들이 가진 모든 기술력을 유비쿼터스에 접목시켜 전자기술의 총 융합으로 키운다는 복안을 가지고 핵심역량을 집중하고 있다. 언제 어디서나 네트워크에 연결되는 유비쿼터스 정보가전 개념의 HII(Home Information Infrastructure)를 1995년 제창하여 2001년 4월 eHII 하우스를 전시하였다. eHII 하우스는 현관부터 거실, 키친, 목욕실, 화장실, 침실에까지, 일련의 생활들이 가정 내 정보기기 및 외부 네트워크와 연결되어 보다 편리하고 쾌적한 가정생활의 이미지를 소개하고 있다.

eHII는 마쯔시타가 그리는 유비쿼터스 가정을 보여주는 곳이다. 홍채 인식을 통해 현관문을 열고 eHII에 들어가면 로봇에이전트가 반갑게 말을 걸어준다. 로봇에이전트는 가정 내 모든 가전기기들과 네트워크로 연결, 이를 제어할 수 있다. eHII에 사는 이용자는 음성을 통해 로봇에이전트에게 명령을 내리기만 하면 된다. eHII에는 버추얼 에이전트가 여럿 살고 있다. 아버지, 어머니, 아들, 딸 등 식구들은 각각 자신의 에이전트를 가지고 있다. 아버지가 방에 들어가면 아버지의 음악 취향을 아는 에이전트는 클래식을 배경음악으로 깔아준다. 직장에서 못다 한 일을 하고 싶다고 하면 직장 내 업무 에이전트와 커뮤니케이션을 해 필요한 데이터를 받아와 집에서 할 수 있게 도와준다. 또 에이전트는 학습 능력이 있다. 아버지가 요즘 게임에 빠져있어 한두 번 이들 정보를 찾아달라고 명령을 내린다고 하자. 이를 학습한 에이전트는 새로운 게임이

나오면 이를 스스로 찾아놓고 아버지에게 알려준다. 아버지가 가족여행을 계획한다면 이를 위해 일일이 가족회의를 소집하지 않아도 된다. 자신의 에이전트에게 '가족여행을 가고 싶다'고 말만 하면 된다. 아버지의 에이전트는 다른 식구들 에이전트를 모아놓고 가족들의 취향 데이터와 최근 일정을 조율해 최선의 여행 안을 내놓는다. 마쓰시타의 관계자는 "미래의 생활은 분명히 지금과 다를 것"이라며 "유비쿼터스 가정에선 모든 기기들이 서로 네트워크로 연결돼 있어 식구들은 네트워크를 이용한다는 의식도 없이 그냥 편리하게 삶의 여유를 즐기면 된다"고 말하고 있다.

4) 한국의 기술개발 동향

한국은 2007년까지 유비쿼터스 네트워크 기반을 구축해 세계적인 지식허브 국가를 건설하는 것을 주요 골자로 하는 '유비쿼터스 코리아(uKorea)' 구상을 공식 제안하였다. 이는 과거의 '사이버코리아21'과 'e코리아' 계획을 u코리아 비전으로 업그레이드하자는 제안이다. 이를 위해 전국의 가정과 공공장소, 도시시설물 등을 연결하는 초고속 유비쿼터스 컴퓨팅 및 네트워킹 기반을 구축해 생산적이고 깨끗한 국가시스템을 운영하자는 국가경영전략이다.

정부는 유비쿼터스 관련 기술과 산업을 기반으로 유비쿼터스 IT 생활화를 앞당기기 위해 그리고 기존 IT 강국의 이점을 유비쿼터스 컴퓨팅에 이전, 유비쿼터스 선두 국가가 되기 위한 정책을 마련하고 있다. 또한 침체되어 있는 세계 경제를 끌어올릴 수 있는 원동력으로 유비쿼터스 컴퓨팅을 가장 선두에 두고 산·학·연·관이 공동으로 관련 기술을 개발하고 산업을 활성화시키기 위해 노력하고 있다.

산업자원부는 2003년 4월부터 디지털전자산업의 새로운 정보화 패러다임인 언제 어디서나 정보서비스가 가능한 유비쿼터스 환경에 적극 대처하기 위해 '똑똑한 먼지'인 스마트 더스트(Smart Dust) 칩을 포함한 '유비쿼터스 지향형 어플라이언스 솔루션 기술 개발'을 착수했다.

과학기술부는 21세기 프런티어 연구개발 사업을 위해 우선 유비쿼터스 컴퓨팅 및 네트워크 기반 기술 프로젝트에 천억원을 투자하기로 했다. 계획이 마무리되면 유비쿼터스 컴퓨팅 및 네트워크 분야의 선두 국가로 탈바꿈할 것으로 기대된다.

9.1.4 유비쿼터스 전망

유비쿼터스 컴퓨팅에 의한 비즈니스 기회창출은 기술과 비즈니스의 접목, 즉 고도화된 IT와 전통산업의 접목을 통한 생산성 및 서비스 향상 그리고 산업 내의 수평적 또는 산업 간의 수직적 컨버전스에 의하여 극대화될 수 있다. 일본 정부의 "유비쿼터스 네트워크 기술의 장래 전망에 관한 조사 연구회"에서 관련시장의 장래 예측에 의하면 유비쿼터스 관련 시장은 크게 '코어시장'과 '응용시장' 두 가지로 구분하고 있다. 코어시장이란 향후 개발이 진행되어 유비쿼터스를 실현 및 구성할 설비, 기기, 서비스 시장으로서 네트워크, 어플라이언스 및 플랫폼과 같은 유비쿼터스 관련 연구 및 기술개발을 축으로 형성되는 핵심 부분이다. 응용시장은 유비쿼터스에서 통신환경을 이용하여 제공되는 서비스, 컨텐츠 및 전자상거래 시장으로서 코어시장을 기반으로 다양한 산업 및 사회 분야에 전개되는 부분이다.

일상 생활의 패러다임을 변화시킬 유비쿼터스 컴퓨팅은 이미 큰 이슈로 자리 잡았으며, 실제 주변의 다양한 사물들과 결합되고 있어 멀지 않은 장래에 우리들 생활 속에서 만날 수 있게 될 전망이다. 또한 기존 환경에 유비쿼터스 컴퓨팅 기술을 융합하기 위한 많은 노력들과 함께 새로운 비즈니스 영역들이 나타날 것으로 전망된다.

9.2 사물 인터넷(IoT: Internet of Things)

9.2.1 사물 인터넷(IoT) 개요

각종 사물에 센서와 통신 기능을 내장하여 인터넷에 연결하는 기술을 의미하는 사물 인터넷(IoT)은 인터넷으로 연결된 사물들이 데이터를 주고받아 스스로 분석하고 학습한 정보를 사용자에게 제공하거나 사용자가 이를 원격 조정할 수 있는 기술이다.

그림 9-4 사물 인터넷(IoT)

1) 사물 인터넷의 시작

IoT(Internet of Things)라는 용어는 1999년 MIT Auto-ID 센터 소장인 캐빈 애시톤(Kevin Ashton)이 센서 기술을 이용한 사물들 간의 인터넷 연결을 미래 비전으로 제시하면서 처음으로 언급되었다. 처음 사물들 간의 통신은 1978년 미국국방성연구기관(DARPA)에서 무선 센서 네트워크(WSN: Wireless Sensor Networks)란 이름으로 시작되었다. 당시의 WSN은 모든 사물에 컴퓨팅 능력 및 무선 통신 능력을 부여하여 '언제, 어디서나' 사물들 간의 통신이 가능한 환경을 구현하려는 기술로 군사용으로 개발되었다. 그 이후 마크 와이저가 초소형 컴퓨터가 내장된 제품으로 어디에서나 정보를 얻고 네트워크에 연결될 수 있다는 의미로 유비쿼터스라는 용어를 만들면서 무선 센서 네트워크(WSN)는 우리에게 친숙해졌다.

1990년대 말에는 사물통신(M2M: Machine to Machine)이란 개념이 새롭게 논의되었다. 유비쿼터스와 비슷한 맥락의 기술인 M2M은 사람의 직접적 개입이 필요하지 않은 둘 이상의 객체 간에 일어나는 통신을 의미한다. 기계와 기계 간에 이루어지는 통신을 의미하는 M2M이란 개별로 움직이는 기기들을 네트워크로 연결하여 인간의 조작 없이 기기 간에 정보를 수집하거나 기기를 작동하는 시스템이다. 실생활에서 마주치는 대표적인 M2M 서비스로서는 종량제 음식물 수거, 하이패스 시스템, 버스도착 알림 서비스 등을 들 수 있다. IoT와 M2M의 차이점은 IoT가 인터넷의 특성인 개방(Open)성의 활용을 지향하는 것에 비해 M2M은 개방성을 필수조건으로 하지 않고 기기 내에 한해서 활용되는 점에 있다.

표 9-6 M2M과 IoT

M2M(Machine to Machine)	IoT(Internet of Things)
CLOSE	OPEN
• 기계와 기계 간 상호 통신하면서 자율적으로 제어 • 인터넷의 활용이 반드시 필요한 조건은 아님	• 각종 사물들이 인터넷에 접속 가능한 상태 • 사물 속에 컴퓨터가 내장되어 인터넷에 접속 • 내장된 컴퓨터에서 발생하는 센서 데이터 활용이 가능한 기반 보유

그 이후 사물 인터넷은 시스코(Cisco), 가트너(Gartner) 등 시장조사기관에서 사물 인터넷에 관련한 시장 분석 자료를 통해 대중화시킨 용어이다. 결국 ICT 산업의 발전과 시장 인식의 변화가 사물통신(M2M)에서 사물 인터넷(IoT)으로 변화되는 작용을 하였다. 스마트시계 등 지능화기기의 대중화 기반 조성으로 부각된 사물 인터넷은 기존의 사물 간 통신방식인 M2M(Machine to Machine)의 진화된 단계이다.

그림 9-5 M2M에서 IoT로의 발전

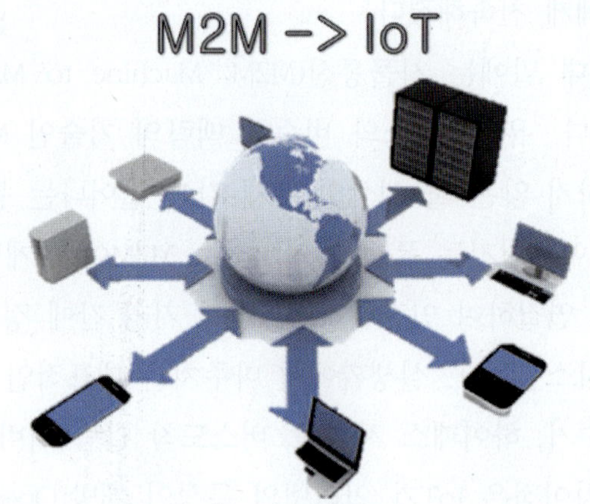

2) 사물 인터넷의 구성

각종 사물 즉 일반 가전제품이나 모바일 장비 등이 유무선 네트워크에 연결되어 인간의 개입 없이 통신을 수행하는 사물 인터넷에서 사물들은 자신을 구별할 수 있는 유일한 아이피(IP)를 가지고 인터넷으로 연결되어야 하며, 외부

그림 9-6 사물 인터넷(IoT) 구성 요소

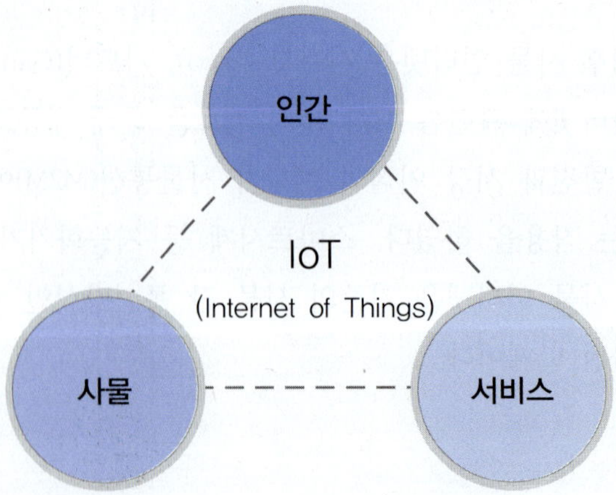

환경으로 부터의 데이터 취득을 위해 센서를 내장할 수 있다. 사물 인터넷(IoT)은 인간, 사물, 서비스 등 모든 사물을 하나로 연결시켜 새로운 부가가치를 창출하는 것이다.

인간의 개입 없이 상호 협력적으로 사물들이 각자 생성한 정보를 인터넷을 통해 공유하는 환경의 사물 인터넷은 사물이 네트워크 통신의 주체로 등장한 인터넷 패러다임의 전환이라 할 수 있다. 기존의 통신 및 네트워크 기술은 인간의 개입하에 인간과 사물, 인간과 서비스 간 관계가 형성되었지만 사물 인터넷을 통하면 인간, 사물 및 서비스 간의 유기적인 연결이 가능하다. 사물 인터넷 구현 기반은 크게 네트워크와 기기 간 연결, 기기 상호 간 통신 및 정보 교환을 가능케 하는 센서 기술로 구분된다. 센서나 디바이스 같은 사물들이 인터넷을 통해 접속되어 사물을 통해서 수집된 데이터를 해석하여, 그 결과를 실시간으로 피드백 할 수 있다. 사물 인터넷(IoT)의 본질은 작은 변화를 발견하여 그 변화(데이터)로부터 의미를 찾아내어 실시간으로 대응하는 것이라고 말 할 수 있다.

9.2.2 IoT의 활용사례

네트워크 상 각종 기기가 상호 연결되는 사물 인터넷(IoT)을 활용함으로서 새로운 사업모델의 창출기반이 마련되고 있다. 그러나 IoT를 많이 사용하는 것은 단순히 기기를 연결해 데이터를 수집하는 차원을 넘어서 이들 기기를 수용할 수 있도록 네트워크 인프라를 갖추어야 한다. 또한 데이터 보안 및 프라이버시 등 처리해야 할 문제도 많이 있지만, IoT를 활용하기 위한 여러 계획들이 추진되면서 한층 현실화된 양상이다. HPE(Hewlett Packard Enterprise)의 '사물 인터넷 : 현재와 미래(The Internet of the Things : Today and Tomorrow)' 보고서에 의하면 엔터프라이즈·산업·의료·리테일·정부기관 등 다섯 가지 영역은 IoT 도입에 있어 선두주자로 IoT를 통한 가시적인 비즈니스 이점을 실현해 왔다고 분석했다. HPE는 아시아태평양지역 IoT 도입현황을 조사한 결과, 이미 절반을 넘는 57% 이상의 기업들이 IoT 기술을 도입했으며, 2019년에는 85%에 달하는 기업들이 IoT를 도입하고 한국은 이보다 높은 89%의 도입률을 보일 것으로 전망된다고 분석했다.

각 분야(자동차, 교통, 의료, 농업)별 IoT 현황에 대하여는 〈표 9-7〉과 같이 정리할 수 있다.

표 9-7 각 분야에 있어서의 IoT 예

구 분	사 례	내 용
자동차	커넥티드카	• 자동차와 스마트폰을 접속하여 내비게이션 역할, 차 내에서의 음악, 동영상 시청 등 스마트 디바이스로서의 활용 • 장래 실용화가 진행되고 있는 자율주행차의 개발 (자동운전 시스템에 의한 운전으로 부터의 해방). 일부 자동차에 탑재되고 있는 자동 브레이크 시스템
가정	스마트홈	• TV 등 가전제품, 전기, 수도 등의 에너지 소비장치, 보안 서비스 등을 네트워크로 연결하여 사용자가 가정 내 상황 정보를 원격으로 확인 및 제어
의료	스마트 헬스케어	• 착용형 웨어러벌 디바이스에 의한 자신의 건강상태 기록, 관리, 의료진과의 데이터 공유 • 건강상태가 악화되었을 경우 경고신호 발생 장치
농업	스마트팜	• 하우스 재배에서 물, 비료 등의 자동화 시스템 • 센서 데이터에 의한 일조량, 토양 상태에 따른 물, 비료 투여 시기 조절
공공	교통, 스마트미터	• 버스 등 교통기관에서도 IoT가 진행되어 웹사이트나 정류장 등의 도착예정시간 알림 서비스 • 지하철, 기차 등에서 리얼타임으로 운전상황을 파악하여 연착 등에 의한 환승 가능성 판단 • 통신망을 통한 전력사용 및 요금 모니터링, 에너지 절약 진단 서비스 제공

현재 세계적으로 활용되고 있는 IoT 사례 5가지를 언론기사에서 살펴보면 다음과 같다.

1) 상수도 관리

캘리포니아 페탈루마(Petaluma)에 본사를 둔 상수 관리 회사인 하이드로포인트 데이터 시스템스(HydroPoint Data Systems)는 물 낭비를 없애고, 누수나 유거수로 인한 피해 방지 및 감시 기능을 제공하는 자동화 시스템을 고객들에게 공급하고 있다. 이를 위해 AT&T의 M2M(Machine-to-Machine) 네트워크에 기반을 둔 실시간 쌍방향 무선 통신과 빅데이터, 클라우드를 지렛대로 활용하고 있다.

하이드로 포인트의 크리스 스페인 CEO 겸 회장에 따르면, 2013년에만 2만 5,000명의 고객들이 웨더트랙(WeatherTRAK)이라 불리는 이 시스템을 이용해 200억 갤론의 물, 7,700만 kWh의 전기, 1억 4,300만 달러의 경비를 절약했다.

웨더트랙은 기존의 타이머를 대체한 스마트 용수 컨트롤러다. 기상 데이터 등 인터넷을 통해 전달되는 데이터원을 분석해, 웹사이트와 모바일 애플리케이션을 통해 상수 공급 관리자에게 예방적인 관리 정보를 제공한다.

하이드라포인트의 플랫폼은 현장의 용수 시스템과 스프링쿨러, 마스터 밸브, 유속 센서, 과거 상수 요금, 상수 계획, 장소별 기상 데이터를 통합 관리 프레임워크와 연결시키는 플랫폼이다.

2) 제품 추적

세계 최대 타이어 제조업체인 피렐리(Pirelli)는 타이어에 내장된 센서에서 준실시간으로 제품의 성능에 대한 정보를 전달받는다.

이 회사가 사이버 타이어(Cyber Tyre) 제품에서 생성되는 방대한 데이터를 관리할 수 있는 기반은 이탈리아 밀라노에 소재한 SAP의 HANA 데이터 애널리틱스 플랫폼이 있다. 타이어의 센서는 안전성, 제어성, 차량 가변성에 영향을 미치는 성능과 조건에 대한 데이터를 수집해 이 플랫폼으로 발송하게 된다.

또 차량 관리자는 타이어 센서를 이용해 원격에서 타이어 압력과 온도, 각 타이어별 주행 거리 등을 확인할 수 있다. 이 회사는 HANA 플랫폼을 이용해 제품 성능에 대한 보고서를 생성하고, 세일즈 및 물류 정보를 제때 정확히 전달한다. 그리고 이는 제조 및 비즈니스 프로세스의 효율성을 높이게 된다.

SAP에 따르면, 피렐리는 차량 보호 및 통제 같은 목적에 사용되는 차량 위치 및 조작 데이터, 교통량과 도로 상황, 주차에 대한 정보, 원격 차량 행동 진단, 로지스트릭스 및 산업용 차량 관리, 자동화된 비상 전화 등을 통합하는 시스템을 구축하고 있다.

3) 스마트 조명

샌프란시스코 소재 부동산 사업체인 쇼어스테인 프로퍼티스(Shorenstein Properties)는 최근 산타 클라라 타워(Santa Clara Towers) 사무용 건물의 조명 장치를 LED로 교체하면서 LSN(Light Sensory Network)라는 네트워킹 기능을 통합시켰다.

센서티 시스템스(Sensity Systems)가 공급하는 이 센서 네트워크는 LE 조명 장치를 연결해 에너지 효율적인 조명을 실시간으로 구현하도록 해준다. 또 물리적인 환경을 더 잘 관리해 효율성을 높이고, 더 뛰어난 보안 태세를 제공하는 글로벌 정보 데이터베이스를 제공한다.

쇼어스테인의 부동산 관리 및 건설 서비스 부문 스탄 라울데스 수석 부사장은 네트워크 구축 및 새 LED 조명을 기준으로 했을 때 에너지를 30~50% 추가 절약할 수 있다고 강조했다.

라울데스는 이와 관련해 "센서티와 현재 도입해 활용하고 있는 센서만 가지고는 네트워크로 연결된 LED 조명 도입에 따른 성과를 계속 유지해나갈 수 없다. 우리가 활용할 수 있는 새 애플리케이션과 센서를 개발하기 위해서는 센서티의 오픈 API를 이용하게 될 개발자들이 중요하다"라고 말했다.

그는 "LSN은 실시간으로 주차장 데이터를 수집, 오픈 API를 통해 스마트 주차 애플리케이션 개발자들에게 정보를 전달할 수 있다"고 덧붙였다.

이를 통해 서비스를 개선할 수 있다. 고객에게는 이익이, 쇼어스테인에게는 새로운 기회가 창조되는 방법이다. 그는 "우리는 LSN이 미래에 수익 창출원이 될 수 있을 것으로 판단하고 있다. 조명 장치가 전략적인 자산이 되는 것이다"라고 강조했다.

4) 헬스케어 부문의 워크플로우

2011년, 플로리다 키시미(Kissimmee) 소재 병원인 플로리다 호스피탈 셀리브레이션 헬스(Florida Hospital Celebration Health)는 환자의 고객 경험과 안전, 직원들의 효율성에 있어 최신 발전상을 시사하는 신규 환자 병동을 개관했다.

병원은 중요 의료 장비의 위치를 추적하고, 병원 곳곳에 위치한 냉장고의 온도를 자동으로 모니터링하고, '손 위생'과 관련 규정 준수를 위한 데이터를 수집하기 위해 스탠리 헬스케어(Stanley Healthcare)로부터 실시간 위치 시스템(RTLS)을 도입해 배치했다.

흥미로운 적용 분야 중 하나는 간호사 추적 분야다. 이 병원은 근무 시간 동안 간호사들의 행동에 대한 데이터를 수집하고 있다.

이 병원의 애슐리 시몬스 성과 개선 담당 디렉터는 근무 시간 동안 간호사들의 시간 활용을 더 잘 파악해, 업무 효율성과 환자 만족도를 높이는 패턴을 밝히는데 목적을 둔 이니셔티브였다고 설명했다.

간호사들은 자신의 근무 시간 동안 RFID(Radio Frequency Identification)가 내장된 뱃지를 착용한다. 그러면 시스템이 계속해서 위치 데이터를 추적해 수집한다. 이 병원은 데이터를 수집한 후, 태블로(Tableau)의 비주얼 애널리틱스 소프트웨어와 스탠리 헬스케어의 모바일뷰(MobileView) 소프트웨어를 이용해 분석을 한다. 또 내부에서 개발한 BI 툴도 사용하고 있다.

시몬스는 "각 환자의 치료에 필요한 시간을 더 잘 이해하게 됐으며, 이 정보를 토대로 인력을 배정할 수 있게 됐다"라고 말했다. 이 데이터는 병원이 업무를 더 효율적으로 기획할 수 있는 방법도 알려준다.

5) 운전자 안전

포드 자동차(Ford Motor Co.)는 지난 해 스플렁크 엔터프라이즈(Splunk Enterprise) 및 시스코와 공동으로 커넥티드 카 대시보드(Connected Car Dashboards)라는 협력 프로젝트를 개시했다. 이는 운전 패턴과 차량 성능에 대한 정보를 얻기 위해 차량에서 데이터를 수집 및 분석하는데 목적을 둔 프로젝트였다.

포드는 포드 오픈XC(OpenXC)라는 조사 플랫폼을 이용해 연결된 차량에서 데이터를 수집한다. 그리고 스플렁크의 머신 생성 빅데이터 플랫폼에서 데이터를 분류, 분석, 시각화해 커넥티드 카 대시보드 상에서 제공한다. 전기 자동차와 휘발유 자동차에 맞는 시각화 기능을 제공한다는 것도 특징이다.

포드 오픈XC는 개발자들이 차량 내부의 통신 네트워크에서 데이터를 판독할 수 있도록 지원하는 오픈 소스 하드웨어와 소프트웨어로 구성되어 있다. 차량의 데이터를 읽어 해석할 수 있는 소형 하드웨어 모듈을 설치해, 맞춤형 애플리케이션 개발에 사용할 수 있는 태블릿이나 스마트폰에 데이터를 공급할 수 있다.

차량과 관련해 수집한 데이터의 상당수는 과거에는 없었던 데이터이며, 운전 행위에 대한 종합적인 정보를 제시한다. 스플렁크는 이를 소비자용이나 상용으로 확대할 수 있다고 강조했다. 액셀레이터 페달의 위치, 주행 속도, 운전대와 바퀴 위치 분석을 예로 들 수 있다.

(출처 : CIO 뉴스('어느덧 현실로' ... 사물 인터넷, 5가지 적용사례)

9.2.3 사물 인터넷(IoT) 전망

2020년까지 세계 사물 인터넷(IoT) 시장은 연평균 28.8%, 국내 IoT 시장은 연평균 38.5% 성장할 것이라는 전망이다. 현대경제연구원이 발표한 '사물 인터넷(IoT) 관련 유망산업 동향 및 시사점' 보고서에 따르면 세계 IoT 시장은 2015년 약 3천억 달러에서 2020년 1조 달러로 연평균 28.8% 성장할 것으로 예측됐다. 같은 기간 국내 IoT 시장 규모도 3조3천억원에서 17조1천억원으로 연평균 38.5% 성장할 것으로 예상됐다. 한편 Machina 리서치 기관은 세계 사물 인터넷 시장은 2022년까지 연평균 21.8% 성장률을 보이며 1조2000억 달러 규모까지 성장할 것이라 전망하고 있다.

그림 9-7 사물 인터넷 시장 전망

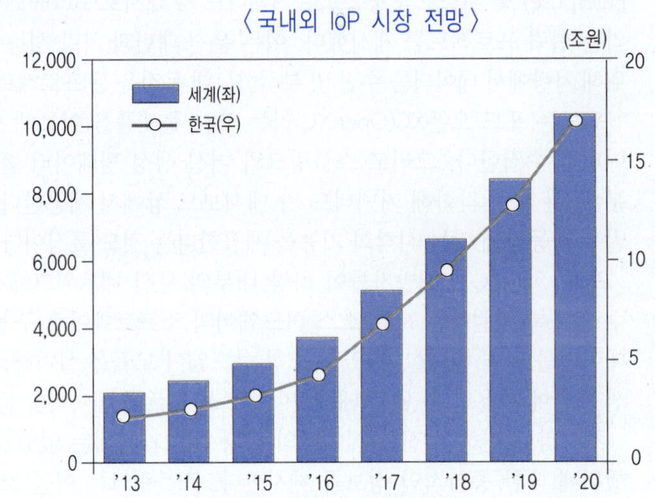

자료 : Machina Research, STRACORP.

이러한 시장전망에 따라 세계 주요국들은 경제, 산업혁신을 위한 수단으로서 사물 인터넷을 선정하고 다양한 진흥정책을 발표하고 있으며, 관련업계도 사물 인터넷 시장에 적극적 관심을 표명하고 있다. 주요 국가별 사물 인터넷 육성정책을 살펴보면 다음과 같다.

- **미국** : 국가정보위원회에서 2025년까지 국가경쟁력에 영향을 미칠 '혁신적인 파괴적 기술'로 사물 인터넷을 선정, 기술 로드맵 수립
- **중국** : 사물 인터넷을 국가 5대 신흥전략 산업으로 선정 및 시범도시(2012년 193개시) 추진. 중장기 과학기술 발전계획(2016~2020년)에 6조원 사물 인터넷 투자계획 발표
- **EU** : 사물 인터넷 인프라 구축을 목표로 14대 액션플랜 수립 추진. 2014년 영국 + 독일의 국가 간 사물 인터넷 기술협력 선언
- **일본** : u-Japan, I-Japan 2015, Active Japan ICT 전략을 통한 사물 인터넷 산업정책 추진

사물 인터넷(IoT) 관련 유망산업으로는 가정에서 활용되는 모든 기기가 연결돼 능동적으로 상황을 인지하고 분석, 실행해 맞춤형 서비스를 제공하는 기술인 스마트홈(Smart Home), 도시행정, 교육, 복지 등 도시 기능 운영에 정보통신기술(ICT)이 적용되어 도시의 효율성을 높이고 부가가치를 창출하는 스마트시티(Smart City) 및 자동차와 ICT 기술을 융합, 다른 차나 교통 인프라 등과 실시간으로 정보를 교환해 안전하고 편안하게 탈 수 있는 커넥티드 카(Connected Car)를 들고 있다.

표 9-8 유망 산업 시장 예측

(단위: 억달러)

구 분	2015년	2020년
스마트홈(Smart Home)	98	430
스마트시티(Smart City)	6,100	15,600
커넥티드 카(Connected Car)	263.2	1,186.2

또한, 사물 인터넷의 영향을 받는 각종 전자기기 및 사물들의 갯수도 증가할 것으로 예측하고 있는데, 2014년 100억 개의 사물에서 2020년까지 300억 개의 사물들이 인터넷과 연결돼 쓰일 것으로 전망되고 있다. 전자기기, IT 서비스 분야 등이 2020년 세계 사물 인터넷 시장의 약 31.8%를 차지할 것이라고 가트너 조사기관은 전망했으며, 사물 인터넷을 이용한 다양한 플랫폼, 데이터 저장소, 보안시스템, 새로운 소프트웨어 등이 개발될 것으로 전망하고 있다.

09 연습 문제

1 사회조직의 변화와 관련하여 올바른 것은?

① 농업사회 - 카리스마적 지배에 의한 집단의 집합체
② 산업사회 - 자율분산형 네트워크 조직
③ 지식(유비쿼터스)사회 - 중앙집권형 피라미드 조직
④ 산업사회 - 정보기술이 주도구

2 유비쿼터스 컴퓨팅 기술에 대한 다음 설명 중 옳지 않은 것은?

① 지금보다 훨씬 더 정밀한 보안 기술
② 하드웨어를 네트워크에 연결해 주는 접속기술의 급속한 발전
③ 다양한 형태의 컴퓨터 중심의 인터페이스 구현
④ 모든 채널의 멀티미디어화 등과 같은 서비스의 질적 측면과 서비스 환경의 변화

3 다음 중 인터넷의 주소 체제 중 IPv4에 대한 설명으로 옳지 않은 것은?

① 각 자리를 점(.)으로 구분한다.
② 각 자리는 0부터 256까지의 숫자를 사용한다.
③ 네 자리로 구분되며 10진 숫자로 표현한다.
④ 전체 32비트로 구성된다.

4 RFID에 관한 다음 설명 중 옳지 않은 것은?

① 제조과정에서 유일한 ID 부여로 위조가 불가능하다.
② 동시에 여러 태그를 고속으로 인식이 가능하다.
③ 기계적인 접촉이 없기 때문에 환경변화의 영향을 받지 않는다.
④ 제품에 태그를 부착하여 기록된 정보를 유선으로 인식하는 기술.

5 사물 인터넷의 구성요소가 아닌 것은?

① 인간 ② 사물 ③ 기술 ④ 서비스

6 각 분야별 사물 인터넷 관련성이 잘못된 것은?

① 자동차 - 스마트 미터 ② 의료 - 스마트 헬스케어
③ 가정 - 스마트 홈 ④ 농업 - 스마트 팜

09 주관식 문제

1. 유비쿼터스의 정의는 무엇인가?

2. 유비쿼터스 환경하에서 일어날 수 있는 일상생활의 변화 한 가지를 예를 통해 서술하시오.

3. 마크 와이저가 분류한 유비쿼터스 컴퓨팅 기술에 대하여 설명하시오.

4. IPv4와 IPv6를 비교 설명하시오.

5. 포천지에 의해 향후 전세계를 휩쓸 10대 신기술 중 하나로 선정된 스마트 더스트(Smart Dust)에 대하여 간단히 설명하시오.

6. 일본의 대표적인 유비쿼터스 관련 프로젝트 3가지를 들고 간단히 설명하시오.

7. 유비쿼터스 컴퓨팅 및 네트워크 분야의 선두주자로 탈바꿈하기 위한 한국 정부의 기술개발 동향에 대하여 서술하시오.

8. 코어시장과 응용시장에 대하여 설명하시오.

9. 사물 인터넷 활용 사례 한 가지를 들고 설명하시오.

10. 사물 인터넷의 전망에 대한 개인적 의견을 서술하시오.

박철제 작

제 10 장

빅데이터와 인공지능

제10장

빅데이터와 인공지능

10.1 빅데이터(Big Data)

10.1.1 빅데이터 개요

인터넷의 확산, 스마트폰과 같은 디지털 기기의 보급 및 소셜네트워크서비스(SNS)의 부상으로 현재 우리들은 정보의 홍수 속에서 생활하고 있다. 1990년 이후 인터넷을 통한 정보홍수(Information Overload)나 정보폭발(Information Explosion)로 인하여 엄청난 양의 데이터가 생산되고 있으며, 이는 빅데이터(Big Data)의 개념이 탄생된 배경이라고 말할 수 있다. 빅데이터란 과거 아날로그 환경에서 생성되던 데이터에 비하면 그 규모가 방대하고, 생성 주기도 짧고, 형태도 수치 데이터뿐 아니라 문자와 영상 데이터를 포함하는 대규모 데이터를 말한다. 빅데이터의 정의에 대하여 명확하게 합의된 것은 없으나 현재 널리 사용되는 내용을 살펴보면 다음과 같다.

- 위키피디아(Wikipedia)는 "기존 데이터베이스 관리 도구의 능력을 넘어서는 대량의 정형 또는 비정형 데이터의 집합 및 이러한 데이터로부터 가치를 추출하고 결과를 분석하는 기술"로 정의하고 있다.
- 맥킨지(Mckinsey)사는 "기존 데이터 베이스 관리도구의 데이터 수집, 저장, 관리, 분석하는 역량을 넘어서는 데이터"로 정의하고 있다.
- IDC(International Data Corporation)는 "다양한 종류의 대규모 데이터로부터 저렴한 비용으로 가치를 추출하고, 데이터의 빠른 수집, 발굴, 분석을

지원하도록 고안된 차세대 기술과 아키텍처"로 정의하고 있다.

- 삼성경제연구소는 "기존의 관리 및 분석체계로는 감당할 수 없을 정도의 거대한 데이터의 집합으로 대규모 데이터와 관계된 기술 및 도구를 모두 포함하는 개념"으로 정의하였다.

그림 10-1 빅데이터(Big Data)

이와 같이 빅데이터란 엄청나게 많은 규모의 데이터이지만 양적인 의미를 벗어나 데이터 분석과 활용을 포괄하고 있다. 초기에는 기술적 측면에서 출발했으나 빅데이터의 가치와 활용효과 측면으로 의미가 확대되는 추세이다.

현재 가장 널리 인정받는 빅데이터의 정의는 가트너의 애널리스트 더그 레이니(Doug Laney)에 의해 2001년 만들어진 데이터 양(Volume), 증가속도(Velocity), 다양성(Variety) 등 세 가지 요소(3V)로 된 것이다.

다음 그림은 리서치 기관 TDWI가 정의한 빅데이터의 3대 요소를 나타낸 것이다.

그림 10-2 빅데이터의 3대 요소

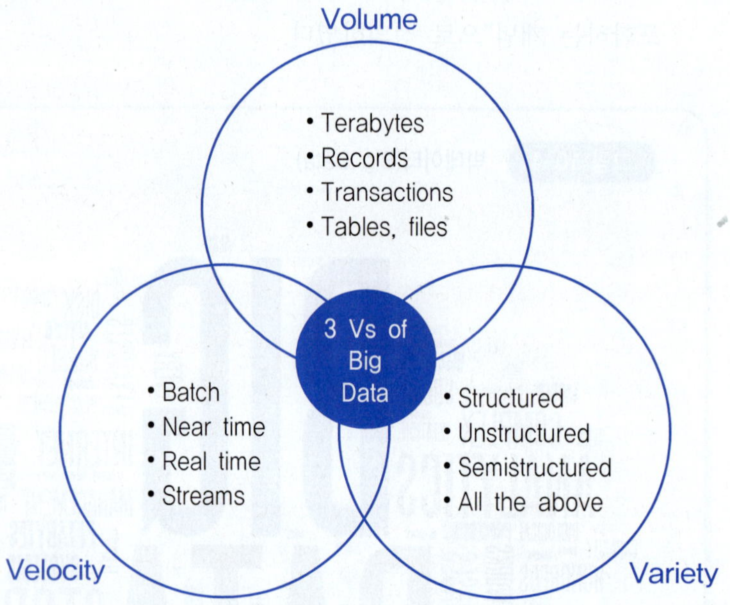

빅데이터의 3대 요소(3V)의 특징을 살펴보면 다음과 같다.

1) 데이터 양(Volume)

일반적으로 수십 테라 혹은 수십 페타 바이트 이상이 빅데이터의 범위에 해당한다. 오늘날 기업의 대규모 데이터 양은 수 테라 바이트 규모이다. 예를 들면 1,000 테라바이트(1페타 바이트) 규모의 시스템이라면 빅데이터라고 말할 수 있다. 페이스북의 경우 회원수만 8억명을 넘고 있으며, 1일 10 테라바이트 정도의 데이터를 처리하고 있다. 이러한 빅데이터는 기존 파일 시스템에 저장하기 어려울 뿐만 아니라, 데이터 분석을 위해서 사용하는 BI/DW 같은 솔루션에서 소화하기 어려울 정도로 급격하게 데이터 양이 증가하고 있다. 이러한 문제를 극복하기 위해서는 확장 가능한 방식으로 데이터를 저장하고, 분석하는 분산 컴퓨팅 기법으로 접근해야 한다.

빅데이터 관련 신기술, 특히 급부상 중인 아파치의 하둡(Hadoop)과 다양한

NoSQL 방식의 오픈소스 데이터 보관, 조작 기술이 빅데이터가 주목받게 된 한 요인이기도 하다. 그럼에도 많은 기업에서는 종래의 RDBMS를 이용하여 대량의 데이터를 이용하고 있다. 예를 들면, Bank of America는 1.5페타 바이트 이상의 DW를 가지고 있으며, 세계적인 슈퍼마켓 체인인 월 마트에서는 2.5 페타 바이트 이상, 인터넷 옥션 사이트 eBay는 6페타 바이트 이상의 데이터를 격납한 DW를 운용하고 있다.

표 10-1 데이터의 구성 단위

이 름	기호	값	
1 킬로바이트(kilo byte)	KB	1,024 byte	$1{,}024^1$
1 메가바이트(mega byte)	MB	1,024 KB	$1{,}024^2$
1 기가바이트(giga byte)	GB	1,024 MB	$1{,}024^3$
1 테라바이트(tera byte)	TB	1,024 GB	$1{,}024^4$
1 페타바이트(peta byte)	PB	1,024 TB	$1{,}024^5$
1 엑사바이트(exa byte)	EB	1,024 PB	$1{,}024^6$
1 제타바이트(zetta byte)	ZB	1,024 EB	$1{,}024^7$
1 요타바이트(yotta byte)	YB	1,024 ZB	$1{,}024^8$

2) 속도(Velocity)

빅데이터의 속도적인 특징은 관점과 상황에 따라 실시간 처리와 장기적인 접근으로 나눌 수 있다. 기존의 데이터 처리와 달리 오늘날 디지털 데이터는 매우 빠른 속도로 생산되고 유통되며 이에 대한 실시간 분석과 처리가 매우 중요하다. 센서나 모니터링에 의한 사물정보, 스트리밍 정보 등의 실시간성 데이터가 계속적으로 생성되고 분석하여 실시간으로 활용한다. 예를 들어 온라인 쇼핑몰에서 고객이 상품을 주문할 경우, 주문한 상품과 유사한 카테고리나 비슷한 성향의 고객이 구매한 상품을 추천한다면 매출을 늘리는데 도움이 될 것이다. 물론 모든 데이터가 실시간 처리만을 요구한 것은 아니다. 수집된 대량의 데이터를 다양한 분석 기법과 표현 기술로 분석을 해야 하는데, 이는 장기적이고 전략적인 차원에서 접근할 필요가 있다.

3) 다양성(Variety)

다양한 종류의 데이터들이 빅데이터를 구성하고 있는데, 데이터의 형태(정형화의 정도)에 따라서 정형(Structured), 반정형(Semi-Structured), 비정형(Unstructed) 데이터로 나눌 수 있다.

- 정형 데이터는 문자 그대로 정형화된 데이터로, 고정된 필드에 저장되는 데이터를 의미한다. 기존의 급여 시스템과 같이 성명, 주소, 연락처 등 일정한 형식을 갖춘 내부 시스템인 경우가 대부분으로서 정보수집이 쉽다. 정형 데이터는 기존의 솔루션을 이용하여 비교적 쉽게 보관, 분석, 처리 작업을 진행할 수 있다.
- 반정형 데이터는 고정된 필드로 저장되어 있지는 않지만, 전자 메일 데이터, XML이나 HTML같이 메타 데이터나 스키마 등을 포함하는 데이터를 의미한다. 또한 각종 센서나 기기에서 생성되는 데이터, 통신로그와 같이 발생 빈도가 매우 높은 데이터 등도 포함한다. 이러한 데이터는 내부 뿐만이 아니라 인터넷 상의 외부에 있을 경우가 빈번하다.
- 기존의 정형 데이터 중심에서 고정된 필드에 저장되어 있지 않은 비정형 데이터의 비중이 높아지고 있다. 유투브에서 업로드하는 동영상 데이터, SNS나 블로그에서 저장하는 사진과 오디오 데이터, 콜센터 로그 통신, 스마트폰에서 기록되는 위치 정보, 유무선 전화기에서 발생하는 통화 내용 등 다양한 비정형 데이터가 존재한다. 빅데이터는 처리의 복잡성이 증대되는 이러한 비정형 데이터도 처리할 수 있어야 한다.

2001년 데이터 양(Volume), 속도(Velocity), 다양성(Variety) 등 세 가지 요소(3V)로 빅데이터가 정의된 이후, IBM은 정확성(Veracity)을 더하여 네 가지 요소(4V)를 정의하였고, 비즈니스 솔루션 업체 SAS는 데이터 가치(Value)에 중점을 두었다.

10.1.2 빅데이터 기술

빅데이터 기술이란 대용량 데이터를 수집, 분석, 가공하여 원하는 데이터를 추출하고 분석하는 것이다. 이미 전 세계 많은 기업에서 빅데이터를 활용하고 있으며 이를 위해서는 먼저 실시간으로 발생하는 대량의 데이터를 어떻게, 어디에 활용할 것인지 기획하는 일부터 시작한다. 예를 들어 인터넷 쇼핑몰을 운영한다면 요즘 젊은이들 또는 중년층이 즐겨 찾는 키워드는 무엇이고, 어느 사이트에서 얼마나 머물며, 실제 구매하는 데는 가격과 상품 평가 중 어떤 요인이 영향을 미치는지 사전에 분석한다. 기획안이 완료되면 실제 분석을 위한 빅데이터 수집, 프로그램 작성, 통계적 분석 작업을 한다. 대용량의 데이터를 처리하는 플랫폼을 통해 빅데이터를 처리한 뒤에는 결과물을 시각화한다. 현재 기업에서 시행하고 있는 빅데이터 분석은 제품개선, 소비자 분석, 동향 예측에 초점을 맞추고 있다. 이러한 특징을 가진 빅데이터의 분석, 활용을 위한 빅데이터 처리 기법은 크게 분석 기술과 표현 기술로 나눌 수 있다.

1) 분석 기술

대부분의 빅데이터 분석 기술과 방법들은 기존 통계학과 전산학에서 사용되던 데이터 마이닝, 기계 학습, 자연 언어 처리 등이 해당된다.

- **데이터 마이닝**(Data Mining) : 대규모로 저장된 데이터로부터 체계적이고 자동적으로 의미있는 패턴, 규칙, 관계를 찾아내는 것이다. 마이닝(Mining)의 사전적 의미는 채굴, 채광, 즉 광산에서 광석을 캐내는 것으로 수많은 데이터로 부터 가치있는 유용한 정보를 찾아내는 것이다.
- **기계 학습**(Machine Learning) : 인공지능의 한 분야로 컴퓨터가 학습할 수 있도록 하는 알고리즘과 기술을 개발하는 분야를 말한다. 컴퓨터에서 기존의 데이터를 사용하여 미래 동작, 결과 및 추세를 예측하는 기계학습은 대용량 데이터의 분석이나 패턴을 찾는데 사용된다.
- **자연 언어 처리**(Natural Language Processing) : 컴퓨터 과학, 인공지능, 언어학이 합쳐진 분야의 자연언어는 인간이 이해할 수 있는 언어(한국어, 영어, 일본어 등)를 말한다. 우리들이 사용하는 언어를 기계적으로 분석해서 컴퓨터가 이해할 수 있는 형태로 혹은 그러한 형태를 다시 인간이 이해할 수 있는 언어로 표현하는 제반 기술이 자연언어처리 기술이다. 현재 웹상에서는 실시간으로 폭발적인 문서들이 생산되고 있는데 이러한 대량의 문서 데이터 처리에 자연언어처리 기술이 필요하며 다양한 비즈니스 기회

를 제공하고 있다. 예를 들면 구글에서는 검색에 의해 축적된 대용량 데이터를 기반으로 광고 비즈니스를 수행하고 있다.

여러 가지 빅데이터 분석 기법들 중에서 오늘날 소셜 미디어 등 비정형 데이터의 증가로 인해 텍스트 마이닝, 오피니언 마이닝, 소셜 네트워크 분석, 군집분석 등이 주목 받고 있다.

- **텍스트 마이닝**(Text Mining) : 비정형 및 반정형 텍스트 데이터에서 자연어 처리 기술과 문서처리 기술을 적용하여 유용한 정보의 추출, 가공을 목적으로 하는 기술
- **오피니언 마이닝**(Opinion Mining) : 텍스트 마이닝의 한 분류로서 소셜미디어 등의 정형/비정형 텍스트의 긍정, 부정, 중립의 선호도를 판별하는 기술
- **소셜 네트워크 분석**(Social Network Analysis) : 소셜 네트워크의 연결 구조 및 강도 등을 바탕으로 사용자의 명성 및 영향력을 측정하는 것으로 특정 사람들이 네트워크 기능에 얼마나 중요한 역할을 하는지를 분석하고 네트워크의 전체적인 연결 관계를 분석하는 기술
- **군집 분석**(Cluster Analysis) : 비슷한 특성을 가진 개체를 합쳐가면서 최종적으로 유사 특성의 그룹을 발굴하는데 사용되는 것으로, 군집에 속한 개체들의 유사성과 서로 다른 군집에 속한 개체 간의 상이성을 규명하는 통계분석 방법

또한, 대규모의 정형/비정형 데이터를 처리하는 데 있어 가장 기본적인 분석 인프라로 아파치 하둡(Apache Hadoop)이 있으며 데이터를 유연하고 더욱 빠르게 처리하기 위해 NoSQL(Not only SQL) 기술이 활용되고 있다. 아파치 하둡(Apache Hadoop, High-Availability Distributed Object-Oriented Platform)은 대용량 데이터를 분산 처리할 수 있는 자바 기반의 오픈소스 프레임 워크이다. 즉, 대규모 데이터 세트를 효율적으로 처리하는데 사용될 수 있다.

그림 10-3 하둡(Hadoop)의 브랜드 로고

NoSQL은 고성능 비 관계형 데이터베이스로서 뛰어난 확장성과 가용성으로 각광을 받고 있다. SQL만을 사용하지 않는 데이터베이스 관리 시스템(DBMS)으로서 RDBMS가 데이터베이스의 거의 전부를 차지할 정도의 현재 상황에서 여러 유형의 데이터베이스를 사용하는 것이다. NoSQL은 RDBMS와 비교해서 스케일 UP(서버 및 스토리지의 대수를 늘려 처리 성능을 향상)에 적합하다. NoSQL은 문서, 화상 등의 비정형 데이터 처리에 적합하다. 그러나 수치 등의 정형 데이터나 데이터의 정확성을 중요시하는 처리에는 RDBMS가 더 적합할 수 있다. 실제 페이스북(Facebook)에서는 모든 데이터 처리를 NoSQL로 하지 않으며 RDBMS도 이용하고 있다. 데이터의 종류나 필요에 따라 RDBMS와 NoSQL을 사용하고 있다.

2) 표현 기술

빅데이터 분석 기술을 통해 분석된 데이터의 의미와 가치를 시각적으로 표현하기 위한 기술로 대표적인 것으로는 R(프로그래밍 언어)이 있다. 통계언어 S-language에 뿌리를 두고 있는 R 프로그래밍 언어는 통계분야에서 가장 인기있는 언어이다. R은 무료 오픈소스로서 프로그래밍 하기가 무척 쉬우며, 오픈소스이기 때문에 허락을 구할 필요 없이 원하는 대로 확장할 수 있고, 강력한 패키지 생태계 및 도표 작성의 이점이 있다.

그림 10-4 R의 브랜드 로고

데이터 시각화(Data Visualization)는 데이터 분석 결과를 쉽게 이해할 수 있도록 시각적으로 표현하고 전달하는 과정이다. 최근 데이터 양이 늘고 다양해졌지만 컴퓨팅 능력과 스토리지 용량의 향상과 더불어 빅데이터 분석 기능도 도약을 거듭하고 있다. 이와 함께 분석결과를 시각화하여 현장에서 실시간으로 보여줄 수 있어야 하며 이를 위한 여러 가지 도구들이 개발되고 있다. 상용도구로는 SAS의 SAS Visual, Oracle의 Oracle Endeca Information Discovery, IBM의 Inforsphere Data Explorer 등 많은 제품들이 있고, 오픈소스로는 Google의 Fusion Tables 및 Chart Tools, JavaScript InfoVis Toolkit 등 수 많은 도구들이 있다. 파이썬(Python), Java, PHP 등의 프로그래밍 언어도 시각화 라이브러리를 사용하여 다양한 시각화를 수행할 수 있으며, HTML, 자바 스크립트, CSS 등도 시각화를 지원하는 패키지로 사용되고 있다.

10.1.3 빅데이터 활용

실제적인 활동에 의해 생성되는 데이터나 정보는 경영자원으로서의 3M(사람, 물건, 자본)과 동등한 가치가 있다. 빅데이터의 활용은 고속의 하드웨어와 고도의 소프트웨어를 이용하는 것이라기 보다는 데이터나 정보를 이용해서 비즈니스에 도움이 되도록 하는 것이다. 즉, 데이터나 정보를 자산으로서 활용하는 것으로서 그 활용범위는 비즈니스의 수 만큼이나 무궁무진하다.

1) 빅데이터 시장

(1) 해외 빅데이터 시장

전세계의 빅데이터 시장은 현재도 성장 중이며, 시장조사기관 마다 규모의 차이는 다소 있으나 공통적으로 높은 성장률을 예측하고 있다. 2017년 IDC의 연구보고서 Worldwide Semiannual Big Data and Analytics Spending Guide에 의하면 빅데이터 시장(인프라, 소프트웨어, 서비스 포함)이 전년대비 12.4% 성장하며 1,508억 달러 규모로 전망하였다. 또한 이 시장은 2020년까지 연평균 11.9% 성장세가 예상되는 가운데 2020년 2,100억 달러 규모에 이를 것으로 전망하였다. 미국 지디넷은 빅데이터 및 분석 시장이 2019년 까지 1,879억 달러 규모(연평균 성장률 50%)로 성장할 것으로 전망하였다.

그림 10-5 IDC의 향후 5년간 시장 전망

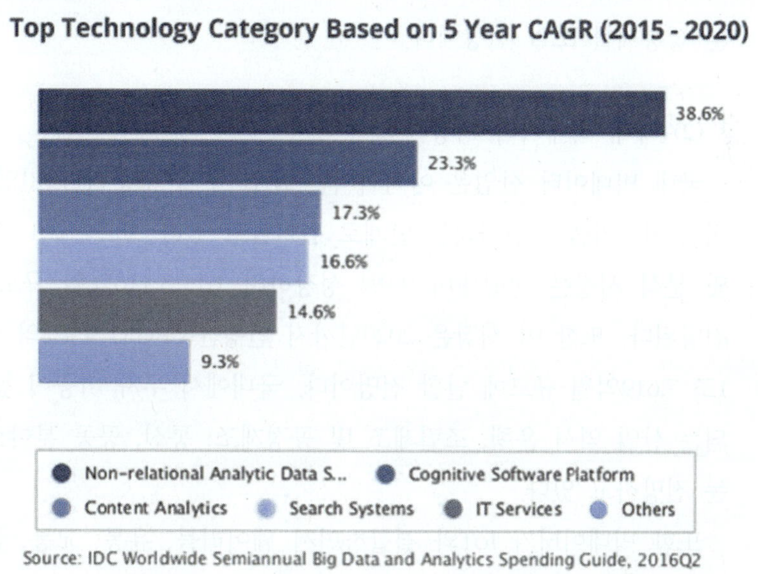

2017년 빅데이터 및 분석솔루션에 대한 투자 비중이 높을 것으로 예상되는 산업은 뱅킹, 조립제조, 공정제조, 정부, 전문서비스 분야다. 이 다섯 개 산업

분야는 올해 빅데이터 및 분석 솔루션에 총 724억 달러를 투자할 것으로 전망되며 2020년에는 1,015억달러 규모에 이를 것으로 예상된다. 가장 빠른 성장세를 보일 산업으로는 연평균 성장률 13.3%가 예상되는 뱅킹 부문이다. 그 다음으로는 헬스케어, 보험, 증권과 자본투자 중개업, 통신부문으로 연평균 12.8%의 성장이 예상된다.

기업 규모별로 볼 때, 대기업(직원 1,000명 이상)은 전망 기간 동안 전체 빅데이터 및 분석시장의 60% 이상을 차지할 것으로 예상되는데, 2018년 1,000억달러를 넘어설 것으로 전망된다. 또한, 중소기업(500명 이하의 직원) 역시 전체 매출의 4분의 1 가량을 차지하며 이 시장 성장에 크게 기여할 것으로 예상된다. 지역별로 살펴보면, 미국은 2017년 788억달러 규모의 투자로 빅데이터 및 분석솔루션의 가장 큰 시장이 될 것이다. 두 번째로 시장 규모가 큰 지역은 서유럽으로 올해 341억달러의 투자가 예상되며, 그 다음으로는 아시아 태평양(일본 제외) 지역으로 136억달러를 투자할 것으로 전망된다. 라틴 아메리카와 아시아 태평양 지역(일본 제외)은 각각 연평균 성장률 16.2%와 14.4%로 가장 빠른 성장세를 보일 전망이다.

(2) 국내 빅데이터 시장

국내 빅데이터 산업은 아직까지는 도입 초기 수준이나 기업 전반에서 실질적인 인프라를 구현하려는 단계로 접어들고 있다. 한편, 2017년 국내 빅데이터 및 분석 시장은 전년대비 9.9% 성장하며 1조 3,116억원 규모에 이를 것으로 전망된다. 또한 이 시장은 2020년까지 연평균(CAGR) 9.4%의 성장세로 2020년 1조 7,619억원 규모에 달할 전망이다. 국내에서 투자 비중이 높을 것으로 예상되는 산업 역시 은행, 조립제조 및 공정제조, 통신, 공공 분야로 한국 IDC에서는 전망하고 있다.

또한 빅데이터가 IoT와 결합하면서 웨어러블, 유통, 교통, 국방, 보안, 의료 등 다양한 분야에 폭넓게 적용될 것으로 전망하고 있다. 제조업 중심의 우리나라는 스마트 팩토리와 같은 인더스트리(Industry) 4.0 구현의 중요한 시장으로 자리 매김 될 것이다.

그림 10-6 국내 빅데이터 기술 및 서비스 시장 전망(단위 : 억원)

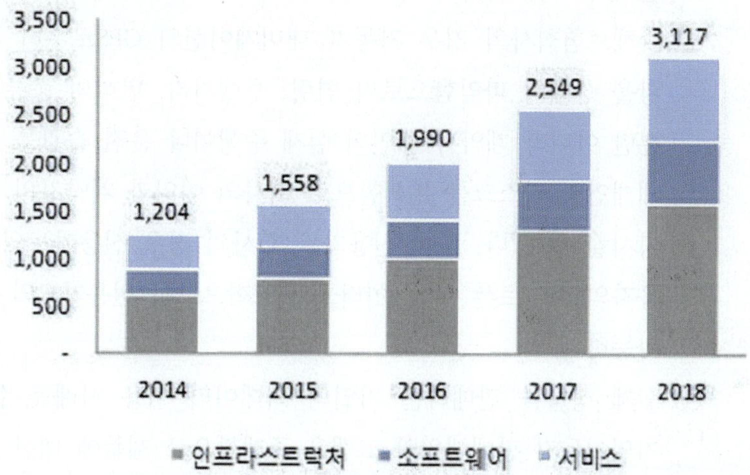

자료 : IDC, 2015.
* Note : 빅데이터 분석 환경 구현을 위해 도입된 인프라, 소프트웨어, 서비스의 총합

2) 빅데이터 활용 예

① 빅데이터의 활용에 대해서 살펴보면, 최초로 빅데이터를 이용한 기업으로서는 웹서비스 사업자이다. 예를 들면, 구글(Google)은 검색과 무료 어플리케이션에 의해 축적된 방대한 데이터를 이용하여 광고 비즈니스를 행하고 있다. 또한 소셜 미디어 회사 페이스북(Facebook)도 방대한 회원 데이터를 기반으로 한 광고, 게임 등의 소프트웨어 판매 수익을 올리고 있다. 뿐만 아니라 아마존(Amazon) 등의 전자상거래 회사에서는 회원 데이터, 판매이력, 클릭스트림(사이트 내에서의 고객 움직임) 등의 데이터를 사용하여 과거의 이력, 상품추천을 통하여 회원 개개인들의 구매의욕을 향상시키기 위한 정보를 제공하고 있다.

② 웹 사업자나 전자상거래 회사뿐만 아니라 다른 업종에서도 빅데이터는 많이 이용되고 있다. 예를 들면, 통신사업자가 휴대전화 등의 통신 로그를 분석해서 특정 고객의 통화선이나 메일 송신선이 어느 통신사업자인

지를 파악하여, 다른 통신사업자로의 교체 가능성을 사전에 파악함으로써 개별 맞춤형 마케팅을 실시하고 있으며, 역으로 친구 소개 캠페인도 실시하고 있다.

③ 손해보험회사의 경우 자동차 내비게이션의 GPS로부터 계약자의 운전상황을 상세히 파악함으로써 연령, 주행거리, 면허의 종류 등과 같은 정보뿐만 아니라 계약자 개인의 실제 주행이나 운전 습관을 파악하여 계약자 개개인의 리스크를 분석함으로 회사의 이익과 계약자의 가격만족도를 향상시킬 수 있다. 또한 신용카드 회사의 경우 신용카드의 이용 장소와 이용자의 스마트폰 GPS데이터를 비교함으로서 신용카드의 부정이용 방지도 가능하다.

④ 실제 상품을 판매하는 기업의 빅데이터 이용 사례를 살펴보면, 어떠한 기업이든지 판매행위와 고객은 존재함으로 제품에 대한 고객의 피드백이나 요구사항의 파악을 원한다. 소매업을 중심으로 실시되고 있는 소셜미디어의 코멘트 정보로부터 기업이나 자사의 상품에 관한 평가정보를 수집하여 마케팅 정책 수립에 이용한다. 대부분의 업종에서 상품기획과 개발에는 빅데이터를 활용하고 있다.

⑤ 사회 인프라에서도 빅데이터는 이용되고 있다. 예를 들면, 도로에 설치되어 있는 센서, 차량에 설치되어 있는 ETC(Electronic Toll Collection)나 GPS(Global Positioning System) 데이터를 이용하여 얻어진 교통량 데이터와 신호기의 제어를 연동함으로써 정체완화, 이동시간 단축 그리고 CO_2 배출량 저감을 실현할 수 있다. 또한 각 병원에 보관되어 있는 카르테나 투약정보 및 여러 가지의 검사 데이터를 통합화 관리함으로서 의료비용의 절감, 의료 실수의 예방 및 원격진료의 보급을 꽤할 수 있다.

⑥ 산업의 IT 도입속도가 늦은 1차 산업의 효율화에도 빅데이터는 유용하다. 예를 들면, 농지에 기상센서를 설치해서 기상 데이터와 수확량 및 품질 등의 데이터 간 상관관계를 파악함으로서 농업 프로세스를 최적화하여 생산성과 수익성을 향상시키는 것으로 활용할 수 있다.

빅데이터를 어떻게 활용해서 어떠한 가치를 창출하느냐는 그 자체가 아이디어, 노하우 및 사업전략으로 기업이 앞으로 생각하지 않으면 안되는 과제이다.

그림 10-7 업종별 빅데이터 활용 범위

금융 · 보험	통신 · 방송	유통 · 소매
• 부정사용판단 • 거래 분석 • 리스크 분석	• 로그 분석 • 네트워크 해석 • 시청률 분석 • 콘텐츠 분석	• 로열티 분석 • 프로모션 분석
제조	**미디어(Web)**	**공공 · 공익**
• 품질 분석 • 수요 분석 • 트레샤빌리티	• 엑세스 분석 • 콘텐츠 분석 • 소셜미디어 분석	• 기상 · 지진 데이터 분석 • 에네르기 소비 분석 • 리스크 분석(방위 · 범죄)

빅데이터는 여러 가지 활용범위를 가지고 있으므로 어떻게 활용해야 할지를 고려하는 것이 중요하다. 간단하게 소셜미디어의 정보를 이용한 마케팅을 행하는 것으로 만족하는 것은 빅데이터의 가치를 잃어버릴 가능성이 크다. 중요한 점은 데이터를 자산으로서 인식하여 사멸되고 있는 자산을 발견하고 활용해야 된다는 방식으로 사고를 새롭게 하는 것이다. 그러나 빅데이터를 활용하는 것으로 모든 것이 순조롭게 되는 것은 아니다. 설령 데이터를 분석해서 매주 판매되는 물품을 파악해도 공급이 적시에 되지 않으면 이용효과가 반감된다. 또한 이익보다 데이터 분석을 위한 비용이 더 소모된다면 이 또한 의미가 없다. 그러므로 이러한 여러 가지 사안들을 고려하여 빅데이터를 어떻게 활용할 것인지를 고려해야 한다.

10.2 인공지능

10.2.1 인공지능 개요

인공지능 분야는 컴퓨터의 발명과 거의 비슷한 시기부터 연구가 시작되었다. 1950년에 Shannon의 체스 기계에 관한 논문이 발표되었으며 1956년에는 다트마스 대학에 모인 연구자들이 인공지능이라는 명칭 아래 인간의 지적 기능을 모방한 기계에 관한 연구를 적극적으로 시작하였다. 그 후 1960년대 초반까지 수학적 정리의 자동증명, 게임 프로그램, 일반 문제 해결 시스템, 수식의 미적분/인수분해를 자동적으로 행하는 수식처리 프로그램 등 수많은 지능적 프로그램이 개발되었다. 1970년대에는 자연언어이해, 지식표현의 문제가 적극적으로 연구되었으며 로봇의 시각과 행동에 관한 연구도 많은 발전이 있었다. 최근에는 인공지능 응용 시스템으로서 전문가 시스템이 개발되어 사회의 여러 분야에 적용되어지고 있다.

그림 10-8 인공지능(Artificial Intelligence)

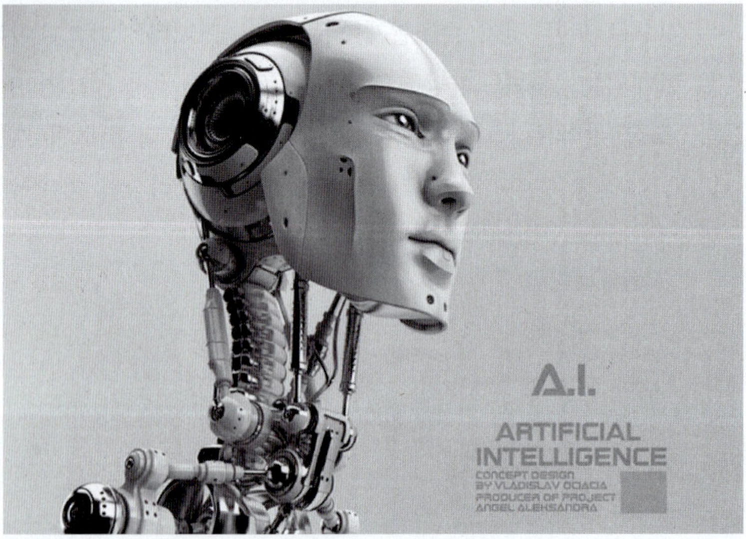

인공지능은 시대의 흐름에 따라 기복은 있지만 전체적으로 착실히 발전해 왔다. 인공지능의 발전을 자극하고 있는 구체적 요소를 크게 분류해 보면 다음과 같다.

① **컴퓨터 하드웨어의 발전 특히 메모리 용량, 처리속도, 가격 등**

컴퓨터 하드웨어의 발전 특히 메모리 가격은 급속히 하락하여 일반인들이 구입 가능하게 되었으며, 처리속도에서도 특수한 컴퓨터를 제외하고도 과거 20년간 10^3 정도 증대하였다. 반면 인건비는 대졸 초임금으로 비교해도 4~6배 정도 상승하였다. 이러한 현상은 고가의 하드웨어 가격으로 인하여 실현 불가능했던 기술들이 실현 가능해졌으며 소프트웨어 개발을 위해 지불해야 하는 비싼 인건비를 하드웨어로 구현함으로써 비용을 절감할 수 있는 새로운 소프트웨어 기술에의 기대가 증대되었다.

② **현행 정보처리 기술에 대한 기대**

정보처리 분야에서는 여러 가지 종래의 기술적 미해결 과제들에 대하여 소프트웨어, 하드웨어 양면에서 활발한 연구가 진행되었다. 그 중 오늘날 가장 커다란 가능성을 가지고 있는 것으로서 인공지능을 들고 있는 연구자 / 실무자들이 증대되고 있다. 그러나 이러한 요구에 부응하기 위해서는 인공지능이 특별한 목적에 한정된 시스템이 아닌 범용적 시스템으로서 개발될 필요가 있다.

③ **응용분야의 고도화, 복잡화, 합리화를 위한 신기술에 대한 기대**

응용분야의 측면에서도 현재 여러 부문에서 기술들이 고도화되고 각 기술들 간의 상승효과에 의하여 고도의 기술사회가 형성되고 있으며 정보기술이 커다란 역할을 하고 있다. 이렇게 시스템화된 사회에 있어서는 각 분야에서 신기술이 개발되더라도 정보기술이 발전하지 않으면 커다란 효과를 발휘할 수 없다. 그리고 관련 기술이 고도화되면 될수록 더욱 고도의 정보 기술이 요구되어 진다.

④ **추론기능의 실현으로 대표되는 신기술에 대한 가능성과 전문가 시스템에 의한 실용성**

인공지능 분야에서는 추론 기능의 실현에 의하여 새로운 정보처리방식이 실현 가능해졌으며 소규모이기는 하지만 전문가 시스템에 의하여 실용성도 증명되었다. 물론 현재의 기술이 최종적인 인공지능이라고 할 수는 없지만 종래의 정보처리 방식에서 한 단계 더 진보된 것만은 틀림없다. 오늘날 우리들은 이러한 기술을 주위로부터의 기대에 충분히 대응할 수 있는 고도의 기술로 확립할 필요가 있다.

10.2.2 인공지능 시스템의 기본구조

인공지능 시스템은 [그림 10-9]와 같이 6개의 요소로 구성되어 진다. 그러나 각 업무별 전문가 시스템을 실현하기 위해서 필수적으로 아래 그림과 같은 구성으로 만 이루어지지는 않는다. 즉 종래의 소프트웨어 구성만으로도 전문가 시스템의 실현은 가능하다.

그림 10-9 인공지능 시스템의 구성

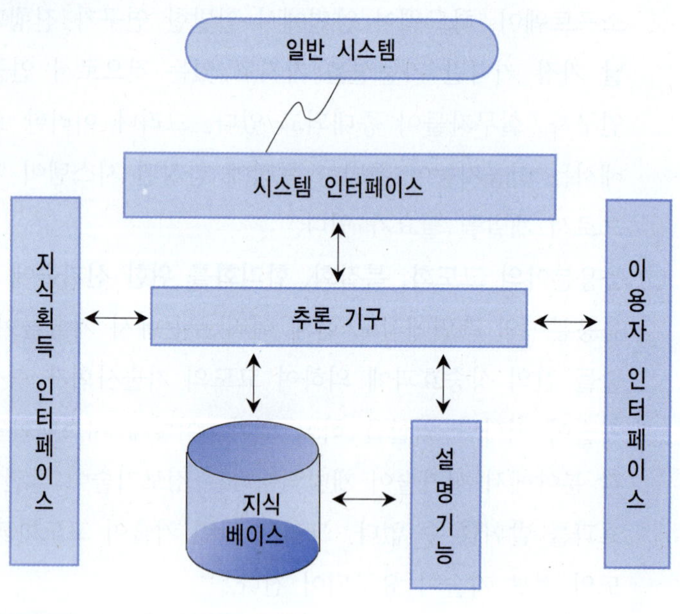

1) 지식 베이스

인공지능 시스템에서 지식을 적절한 표현 방법으로 컴퓨터 메모리에 저장하여 필요에 따라 사용할 수 있게 만들어 놓은 것이 지식 베이스이다. 지식의 컴퓨터 내부 표현을 지식표현이라고 하며 추론방법과 관련하여 인공지능 연구의 중요한 분야가 되고 있다.

지식 베이스의 내용은 시스템이 처리대상으로 하는 문제에 따라 다르다. 그러나 [그림 10-9]와 같은 구성 방식을 채택함으로써 시스템의 유연성을 크게 향상시킬 수 있다. 즉 지식 베이스 내부의 지식을 변경함으로써 시스템의 기능 확장이 가능해진다. 또한 지식 전체를 새로운 지식으로 교환함으로써 별도의 시스템 구축도 가능하다.

2) 추론기구

사용자 인터페이스와 시스템 인터페이스를 통하여 외부로부터 입력된 정보와 지식 베이스 내부의 지식을 사용하여 문제해결을 위한 처리를 수행하는 것이 추론기구이다. 인공지능에서의 추론은 탐색(Searching)을 기호적/형식적으로 수행하는 방법 전반을 지칭한다. 추론과정에서 추론기구는 각 국면에 맞는 적절한 지식을 선정/적용함과 동시에 사용자로부터의 각종 질문에 응답하기 위한 기능을 제어한다. 추론기구는 시스템이 대상으로 하는 문제에 가능한 한 의존하지 않고 독립적으로 개발되어 있다.

3) 설명기능

인공지능 시스템에서는 문제해결에 이용된 지식을 표시해 줌으로써 사용자가 이해하기 어려운 전문지식의 적용방법을 설명하는 기능을 갖추어야 한다. 이러한 설명기능에는 왜 시스템이 질문을 하는가 하는 Why, 시스템의 추론과정을 묻는 How, 조건을 변화시켰을 경우 시스템의 응답을 알아보는 What-if 등의 종류가 있다.

4) 지식획득 인터페이스

전문가로부터 지식을 획득하기 위한 여러 가지 방법들이 고안되어 있다. 그 중 특히 중요한 것으로는 대량의 사실적 지식 또는 데이터로부터 공통되는 문제해결 지식을 자동적으로 추출하는 귀납적 학습기능과 전문가의 지식을 대화적으로 추출하는 인터뷰 기능이다. 이러한 것을 총체적으로 지식획득 인터페이스라고 한다.

5) 사용자 인터페이스

사용자 인터페이스는 인공지능 기술의 적용을 용이하게 하기 위한 개발환경으로서의 개발자 인터페이스, 전문가에게 지식을 제공하는 지식획득 기능으로서의 전문가 인터페이스, 설명기능을 포함한 시스템의 이용을 용이하게 하기 위한 최종사용자 인터페이스로 구분할 수 있다.

6) 시스템 인터페이스

시스템 인터페이스는 다른 프로그램 언어나 소프트웨어 시스템 및 컴퓨터와의 결합방식을 결정한다. 대규모 인공지능 시스템은 기존 프로그램과의 결합으로 형성되며 복잡한 시스템에 인공지능 기법을 내장시키기 위해서는 시스템 인터페이스의 역할이 중요하다.

10.2.3 인공지능의 이용현황

인공지능 기술은 알고리즘에 의하여 해법이 명확히 정해져 있지 않는 문제를 해결하기 위한 유력한 방법으로서 지금까지 각종 분야에 적용되었다. 인공지능의 첫 번째 특징은 전문가의 추론 방법을 시스템이 구현 가능하도록 적용하는 것을 들 수 있다. 규칙에 의한 지식의 표현, 표현된 지식을 이용한 추론 기능으로 문제를 해결하는 것이 인공지능 기술의 전형적인 방법이다. 두 번째 특징으로는 인공지능 기술이 항상 새로운 소프트웨어 기술의 발전에 공헌해 왔다는 점을 들 수 있다. 그렇기 때문에 인공지능 기술은 고도의 소프트웨어 개발 기술이라고도 할 수 있다. 이러한 성질에 의하여 인공지능 기술은 단순히 특정 문제를 해결하기 위한 기술에 국한되지 않고 전문가가 활약하는 광범위한 분야에 여러 가지 형태로 응용되고 있다.

1) 전문가 시스템

전문가 시스템이란 지식 베이스, 추론기구 및 지식 베이스 관리기구로 구성되어져 있으며, 어떤 특정 분야의 전문가 지식을 근간으로 하여 구축된 지식 베이스를 추론기구가 해석하여 추론함으로써 사용자의 문제를 해결하는 시스템이다. 전문가 시스템의 이용 상황은 해외의 경우 하나의 사무소 당 평균 4개의 시스템을 보유하고 있는 것으로 조사되고 있다. 산업별로는 가공 조립 산업, 교육/공무 관련, 정보처리 산업, 기초 자재 산업, 공공 서비스 관련 산업, 생활 관련 산업, 상업 금융관련의 순서로 전문가 시스템을 도입 이용하고 있는 것으로 조사되고 있다. 전문가 시스템의 도입이나 실용화에 있어서의 문제점으로서는 지식획득의 곤란, 지식 엔지니어의 부족, 지식 베이스의 유지 보수 곤란, 전문가 업무의 일부만 지원 가능, 효과에 비하여 개발비용의 과다 소요, 현재의 기술능력 부족 등을 들 수 있다.

2) 기계번역 시스템

기계번역 시스템은 1947년 Weaver에 의하여 아이디어가 제안되었으나 실제 대규모 연구/개발은 1950년대에 시작되었다. 초기에는 자연언어의 복잡성과 언어번역의 어려움을 과소평가하여 많은 어려움에 직면했다. 결국 1966년 미국 정부의 자동언어번역고문위원회(ALPAC)의 기계번역에 관한 부정적 견해의 보고서 제출을 계기로 미국정부로부터의 재정적 원조가 중단되었으며 미국을 비롯한 많은 국가에서 연구를 중단하였다. 그러나 캐나다, 프랑스 등의 연구그룹은 연구를 계속하여 1976년 몬트리올 대학에서 기상통보에 관한 영어-불어 번역 시스템 TAUM-METEO가 개발되어 1978년 실용화되었다. 그 후 계산언어학, 이론언어학, 자연언어처리 등에 관한 연구의 진전에 의하여 1980년대에 들어와서 활발한 연구/개발이 수행되었으며 대표적인 프로젝트로서 일본의 MU 프로젝트, 유럽의 EUROTRA 프로젝트 등이 있다.

3) 지능 로봇

지능 로봇은 고도의 센서 기능, 추론기능 및 자율적인 행동능력을 가진 것을 말한다. 상세한 동작명령에 의하여 작업을 실행하는 것이 아니라 작업 목표를 달성하기 위한 구체적 동작순서나 운동 궤도를 자동적으로 생성하거나 감각기능에 의하여 작업환경을 인식/판단하여 외부의 상태에 적응해서 동작을 수정하는 로봇이다. 국내외의 조사에 의하면 아직까지 지능 로봇을 도입한 산업체는 극히 적은 실정이다. 지능 로봇 도입의 가장 큰 문제점으로는 로봇의 능력 및 기능 부족을 들 수 있다. 또한 안정성, 신뢰성 및 가격적 측면도 지능 로봇 도입을 꺼리는 한 요인이 되고 있다.

4) 화상처리 시스템

농도와 색채의 분포에 의하여 표현되는 정보를 화상이라고 하며 이러한 화상처리에 관한 연구는 문자인식, 인감조회 등의 패턴매칭, 위성화상, 의료화상 등의 해석, 생산 공정에서의 제품관리 등의 분야에서 발전해 왔다. 1980년대 후반부터 이러한 화상처리의 과정에서 인공지능 기술을 이용하는 방향으로 연구가 진행되고 있다. 화상처리 시스템은 위성화상이나 항공사진의 해석 등에서 실용화가 진행되고 있으며, 의료분야에서는 의료사진을 해석하여 치료 지원을 행하고 있다. 또한 자동 주행 로봇의 시각 부분으로서의 고도이용을 목표로 한 연구도 진행되고 있다. 현재 이용 중인 화상처리 시스템의 문제점으로서는 처리속도, 조작성 및 네트워크에의 접속 등을 들 수 있다. 네트워크 이용에 있어서는 멀티미디어 통신 기술의 발달과 더불어 화상처리 시스템도 급속히 보급될 것이다.

5) 음성이해 시스템

음성이해 시스템은 음성 하나하나를 정확하게 인식하는 것을 목표로 하지 않고 음성에 포함된 의미내용을 정확하게 추출하는 것을 목표로 하는 시스템이다. 음성이해 시스템은 하드웨어 기술의 발달과 더불어 최근 급속히 발전하고 있는 시스템이다. 전화를 이용한 간단한 자동응답 시스템, 기계조작을 위한 음성명령 시스템, 음성 워드프로세서 등으로 실용화되고 있다. 음성이해 시스템의 이용분야를 살펴보면 음성응답 시스템, 음성입력 워드프로세서, 음성입력에 의한 기계조작 작업, 전화에 의한 스케줄 관리, 이착륙 경고 시스템 등이 있다. 음성이해 시스템을 도입한 기업체에서 지적하고 있는 문제점은 다음과 같다.

- 인간의 발화(發話)에 비하여 자연스럽지 못하다
- 사전에 등록되어 있지 않은 언어에 관한 미지어(未知語)처리 기능이 필요하다
- 음성을 완전히 이해하기가 어렵다
- 사전에 발화자의 음성을 입력해 놓을 필요가 있어서 사용이 번거롭다

6) 자연언어처리 시스템

인간이 언어를 이해하는 것과 같은 수준으로 기계가 언어를 이해하여 결과를 출력하는 시스템을 자연언어처리 시스템이라고 한다. 자연언어처리 시스템을 구축하기 위해서는 문법, 사전 등의 언어 지식 이외에 우리들 일상 생활에서의 일반적 지식과 문장 속에서 표현하고 있는 상황에 관한 정보가 필요하다. 자연언어처리 시스템의 적용분야로서는 우리들이 일상생활에서 가장 널리 사용하고 있는 워드 프로세서, 문서교정, 데이터베이스 검색, 키워드 추출, OCR 데이터의 판독, 자연언어 인터페이스, 담화이해, 문서자동요약 등을 들 수 있다. 자연언어처리 시스템은 기계번역 시스템, 문자 인식 시스템, 음성이해 시스템 등과 결합하여 필수 불가결한 시스템으로서 사용자의 기대감과 함께 현재 실용화 단계에 접어들고 있다.

10.2.4 인공지능의 현재와 미래

영국 옥스퍼드 대학 인간미래 연구소가 세상의 종말을 이끄는 12가지 시나리오라는 흥미로운 보고서를 펴내었다. 전염병, 기후 변화 등 불가항력적인 위협도 있지만 여러 가지 시나리오 중 가장 유력한 시나리오로 거론된 것이 바로 인공지능(AI)이다. 오늘날 우리들은 인공지능을 미래의 희망과 동시에 위협적인 존재로 인식하고 있다. 그러므로 인공지능이 가져올 파장을 정확히 이해하며 인공지능의 현재 그리고 가까운 미래의 기술적인 진보에 대해 파악할 필요가 있다.

1) 강 인공지능과 약 인공지능

인공지능은 크게 강 인공지능(Strong A.I)과 약 인공지능(Weak A.I)으로 나

뉜다. 강 인공지능은 인간의 지각력과 자아를 가진 것을 말한다. 인간과 같이 생각하며 인식하고 이해하여 추론·가치판단 등을 실행할 수 있는 것으로, 이에 속하는 인공지능은 주어진 과제에 대해 자율적으로 학습하고 의사결정을 내릴 수 있다.

그림 10-10 강 인공지능의 예

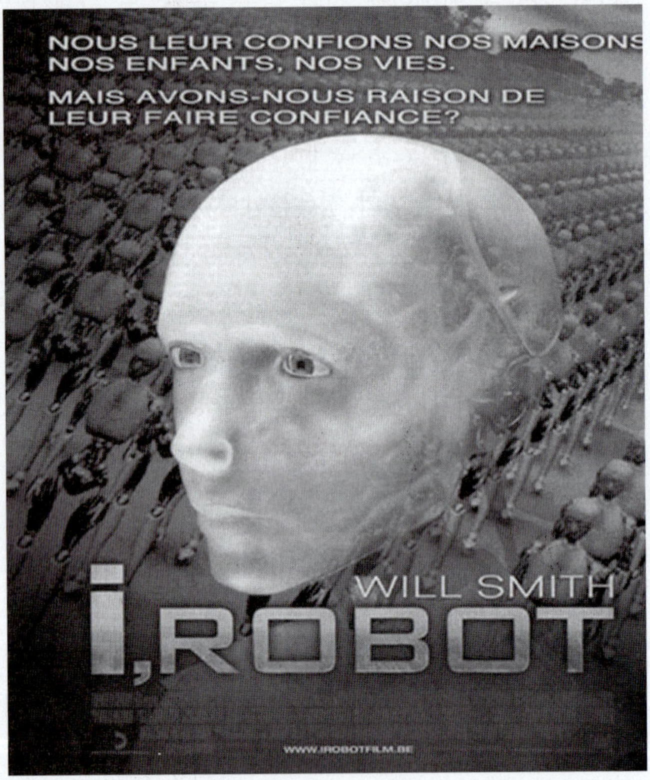

약 인공지능은 강 인공지능처럼 인간의 지능이나 자아를 갖추고 있지 않으며 스스로 문제를 인지 및 해결할 수는 없지만, 주어진 조건들 내에서 가장 합리적인 결론을 내린다. 일정한 범위 내에서는 현재 인간의 능력을 뛰어넘고 있다. 그러나 이에 속하는 인공지능은 프로그램된 것 이외의 것을 처리할 수는 없으므로, 인간의 능력을 보좌하거나 확장시키는 역할로서 기대되고 있다.

그림 10-11 약 인공지능의 예

2) 머신 러닝과 딥 러닝

인공지능은 어떻게 학습할까? 패턴이나 규칙 등을 스스로 학습해서 지식 데이터로서 축척해 나간다. 이를 통해 판단 근거를 발견하고 자신의 규칙을 설정하여 판단을 내리는 것이 가능하다. 인공지능 과학자 겸 미래학자인 레이 커즈와일(Ray Kurzweil)은 2040년경에 인공지능이 인간의 사고 능력을 초월하는 기술적 특이점(TS: Technological Singularity)에 도달할 것이라고 예측하고 있다. 그러나 이러한 기술적 특이점도 인간의 개입 없이 인공지능 스스로 학습능력을 갖추어 발전해 나갈 때 가능할 것이다.

현재 학습을 위한 방법으로는 머신 러닝(Machine Learning)과 딥 러닝(Deep Learning)이 있다. 머신 러닝이란 인간의 지식이나 정보, 경험 등 대량의 데이터를 컴퓨터에 넣어 분석하는 것이다. 이때 대량의 데이터를 이용하기 위해선 모델링이 필요한데, 이걸 사람이 아닌 컴퓨터가 처리한다. 딥 러닝은 사람의 뇌가 어떻게 작동하는지를 단순하게 모델링한 머신 러닝 방법의 하나로 아주 복잡한 모델링까지 가능하여 관련 케이스를 조합해 자율적으로 학습하는 구조

그림 10-12 페이스북이 발표한 DeepFace가 사진 속 얼굴을 인식하는 방법

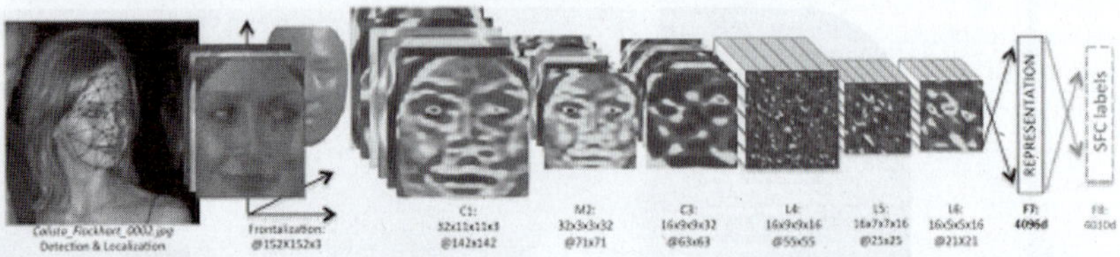

Figure 2. **Outline of the *DeepFace* architecture.** A front-end of a single convolution-pooling-convolution filtering on the rectified input, followed by three locally-connected layers and two fully-connected layers. Colors illustrate outputs for each layer. The net includes more than 120 million parameters, where more than 95% come from the local and fully connected layers.

출처: Facebook AI Research

이다. 즉, 사물을 판단하고자 할 때 판단 근거를 제공받은 다음 기계 스스로 학습하느냐, 인공지능 스스로 판단 근거를 창출하여 자발적으로 학습해 가느냐의 차이이다.

3) 인공지능의 미래

1950년대부터 시작된 인공지능 개발은 기술적인 한계로 한때는 좌절과 시련의 시절을 보내기도 하였지만, 오늘날 빅데이터와 함께 다시금 떠오르고 있는 현대 핵심 기술이다. 과거에는 기계학습에 있어 기술적인 문제들이 있었지만 최근 이러한 문제들이 해결되면서 인공신경망을 시작으로 기술적 성과를 보이고 있다. 인공지능의 역사를 연대별로 간단히 살펴보면 다음과 같다.

① **1950년대** : 다트머스 회의를 통해 인공지능이 정의되고 학문으로 연구되기 시작. 영국수학자 앨런 튜링이 인공지능 컴퓨터 판별기준인 '튜링 테스트' 제시.

② **1960~1970년대** : 연구 개발이 기대와 달리 한계에 봉착함으로써 각국에서 프로젝트가 취소되고 지원이 중단.

③ **1980년대** : 과거에 이론화되었던 개념들의 해법이 등장하면서 인공지능이 다시 각광받기 시작.

④ **1990년대** : 하드웨어가 기술의 발전을 따라가지 못하면서 기술의 성장이 둔화되었으나 퍼지이론과 같은 방법들이 제안되었으며, 산업현장에서 인

공지능 기술들이 응용되기 시작. IBM의 슈퍼 컴퓨터 '딥블루'가 세계 체스 챔피언을 상대로 승리

⑤ **2000년대 이후** : 머신 러닝과 패턴인식 기술이 발달하면서 인공지능이 실제 생활에 본격적으로 적용되기 시작. 네이버, '딥 러닝' 인공지능 기술을 이용한 음성검색 서비스 시작. 페이스북, 사진 속 사람의 얼굴 인식하는 인공지능기술(딥 페이스) 개발. 구글, 비디오게임 작동법 스스로 익히는 인공지능 시스템(딥 Q네트워크) 개발.

그림 10-13 인공지능 발전사

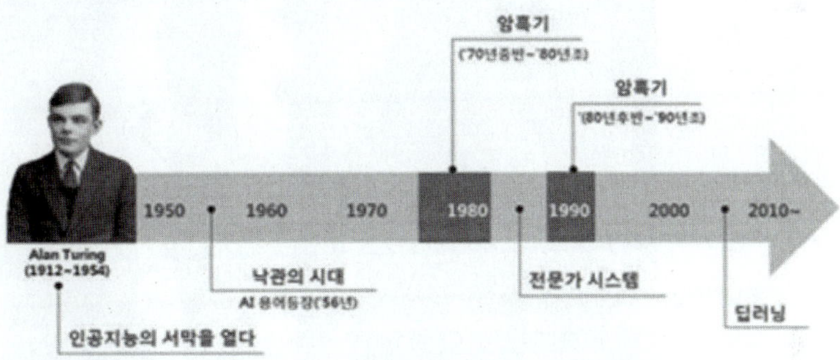

이전에는 인간이 기술 통제력을 잃으면서 인공지능에 의해 역으로 통제되거나 말살될 것이라는 '먼' 미래를 걱정했지만 최근 이러한 주장은 과장된 것이라는 의견에 동의하는 분위기다. 기계의 지능이 인간보다 높아지는 것은 현실적으로 어려우며 그들이 무기를 사용하며 스스로 학습하는 것은 현재 기업들의 개발 방향과 거리가 있다는 것이다. 대신 오늘날의 사회는 인공지능이 가져올 실업문제와 사회 구조 붕괴를 심각하게 우려하고 있다. AI가 발전할수록 앞으로 제조업은 물론 금융, 상담 등 사무직과 의료, 법률, 교육과 같은 전문직까지도 기계가 대체할 것이라는 비관적인 목소리가 커지고 있다. 영국 옥스퍼드 대 연구팀에 따르면 향후 20년 안에 미국을 중심으로 전체 직업의 약 40%가 자동화 로봇으로 대체될 수도 있다고 예측하며 이에 따라 사회 구조의 붕괴가 우려된다고 주장하고 있다.

실제 여러 주장들 속에서 인공지능은 지금부터 어떠한 형태로 발전해 나갈 것인가? 인공지능이란 '스스로 생각하는 컴퓨터'라고 알려지고 있지만, 아직 그러한 인공지능은 완벽하게 개발되지 않고 있다. 인간과 같이 생각하는 컴퓨터와 아직은 미완의 상태로, 현재는 그러한 컴퓨터의 개발 도중에 생겨난 부차적인 산물이다. 예를 들면, 음성인식, 문자인식, 자연언어처리, 검색시스템 등이 인공지능의 연구에서 얻어진 결과물이다. 그러므로 지금부터 딥 러닝 연구 등을 포함하여 진정한 의미의 인공지능이 가능해 질 것이다.

양경문 작

10 연습 문제

1 빅데이터의 세 가지 요소(3V)에 해당되지 않는 것은?

① 데이터 양(Volume) ② 다양성(Variety)
③ 유효성(Validity) ④ 속도(Velocity)

2 다음 중 빅데이터 처리의 순환과정을 바르게 나타낸 것은?

① 데이터 추출 - 저장 - 분석 - 시각화 - 미래 행동의 예측 - 결과의 적용
② 데이터 추출 - 분석 - 저장 - 시각화 - 미래 행동의 예측 - 결과의 적용
③ 데이터 추출 - 저장 - 분석 - 시각화 - 결과의 적용 - 미래 행동의 예측
④ 데이터 추출 - 분석 - 저장 - 시각화 - 결과의 적용 - 미래 행동의 예측

3 1,024 GB를 나타내는 데이터의 구성 단위는 무엇인가?

① 1 메가바이트(Mega Byte) ② 1 테라바이트(Tera Byte)
③ 1 페타바이트(Peta Byte) ④ 1 엑사바이트(Exa Byte)

4 다음 중 데이터의 시각화를 위한 상용도구가 아닌 것은?

① Python ② R ③ Java Script ④ NoSQL

5 사람의 사고 방식을 컴퓨터에게 가르치는 기계학습의 한 분야는?

① 자연언어처리 ② 딥 러닝 ③ 데이터 마이닝 ④ 군집분석

6 인공지능의 발전을 자극하고 있는 구체적 요소에 관한 설명 중 옳지 않은 것은?

① 컴퓨터 소프트웨어의 처리속도, 가격 등
② 현행 정보처리 기술에 대한 기대
③ 추론기능의 실현으로 대표되는 신기술에 대한 가능성
④ 전문가시스템에 의한 실용성

7 인공지능 시스템의 기본 구조에 속하지 않는 것은?

① 추론기구 ② 설명기능
③ 데이터베이스 ④ 사용자 인터페이스

10 주관식 문제

1. 공공거래 장부이며 가상화폐로 거래할 때 발생할 수 있는 해킹을 막는 기술을 무엇이라고 하는가?

2. 인터넷을 통해 서버, 저장소, 데이터베이스, 네트워킹, 소프트웨어 분석 등의 컴퓨팅 서비스를 제공하는 것을 무엇이라고 하는가?

3. 일정한 규칙을 갖고 체계적으로 정리되어 고정된 필드에 저장되는 데이터를 무엇이라고 하는가?

4. 대용량 데이터를 분산처리할 수 있는 자바 기반의 오픈 소스 프레임 워크로서 빅데이터 분석에 많이 사용되는 것은?

5. 텍스트 데이터에서 자연언어처리 기술과 문서처리 기술을 적용하여 유용한 정보의 추출, 가공을 목적으로 하는 기술은?

6. 관계형 데이터베이스 관리시스템(RDBMS)의 데이터를 관리하기 위해 설계된 특수 목적의 프로그래밍 언어를 무엇이라고 하는가?

7. 우리나라의 빅데이터 정책에 대하여 간략히 서술하시오.

8. 전문가 시스템의 구성 및 이용 상황에 대하여 설명하시오.

9. 인공지능의 발전사를 간략히 서술하시오.

참고문헌

Berners-Lee, Tim &Cailliau, Robert(1990년). WorldWideWeb: Proposal for a HyperText Project. [Online] Available: http://www.w3.org/Proposal.html

Cailliau, Robert(1995년). A Little History of the World Wide Web. World Wide Web Consortium. [Online] Available: http://www.w3.org/History.html

http://blog.daum.net/gch4114/267

http://blog.handstudio.net/1504

http://blog.naver.com/richardsky9/221013124624

http://blrunner.com/12

http://hahahoho5915.tistory.com/15

http://hkpark.netholdings.co.kr/web/inform/default/inform_view.asp?menu_id=26366&id=2122&parent_id=2118

http://huniv.hongik.ac.kr/~ginnie/communication

http://jskp.co.kr/xe/NETWORK/2087

http://ledgku.tistory.com/15

http://m.blog.naver.com〉kiho0530

http://m.blog.naver.com〉ygszzang11

http://mindnet.tistory.com/entry/네트워크-쉽게-이해하기-3편-LAN-이란-LAN의-토폴로지

http://paminho.tistory.com/?page=28

http://plaboratory.org/archives/2261

http://sessionk.tistory.com

http://soeiacademy.gooside.com/business.htm

http://syajyo.tamacc.chuo-u.ac.jp/~nao/

http://terms.naver.com/entry.nhn?docId=1691554

http://terms.naver.com/entry.nhn?docId=3431330&cid=58430&categoryId=58430

http://terms.naver.com/entry.nhn?docId=3576327&cid=59088&categoryId=59096

http://the1900.tistory.com/109

http://valentis.pe.kr/Suhdang/Lecture_C/Lecture1-1.html

http://www.boannews.com/media/view.asp?idx=55694

http://www.cctvnews.co.kr/news/articleView.html?idxno=19135
http://www.ciokorea.com/news/21183?page=0,1#csidxa3a01398bdae50eba99a0f3d30f76e2
http://www.hitachi.co.jp/products/it/bigdata/column/column01.html
http://www.hitachi.co.jp/products/it/bigdata/column/column02.html
http://www.itworld.co.kr/news/106021
http://www.jidum.com/jidums/view.do?jidumId=456
http://www.kr.idc.asia/press/pressreleasearticle.aspx?prid=483
http://www.lucy7599.tistory.com/252
http://www.naver.com
http://www.ohnolab.org/~kimoto/researches/ubicomp.html
http://www.perl.or.kr〉perl_iyagi
http://www.tiobe.com
http://www.yonhapnews.co.kr/bulletin/2016/07/12/0200000000AKR20160712109300002.HTML
https://ko.m.wikipedia.org〉wiki〉컴퓨터
https://namu.wiki〉컴퓨터
https://news.kotra.or.kr/user/globalBbs/kotranews/4/globalBbsDataView.do?setIdx=243&dataIdx=148067
https://popntalk.wordpress.com/2013/07/10/big-data/
https://spri.kr/posts/view/19814?code=inderstry_trend
https://www.internetacademy.jp/it/case-study-internet-of-things-iot.html
https://www.joinc.co.kr/w/Site/Network_Programing/Documents/IntroTCPIP
https://www.youtube.com/watch?v=_-6odn2hgRo
https://youtube.com/watch?v=Gm0gU1wrWuw
https://youtube.com/watch?v=Tbj1dUk1xzs

[프로그래밍] 2017년 2월의 프로그래밍언어 순위
2017 시나공, 정보처리기사문제집, 길벗, 2017.
J. Walrand, 양해권 역, 통신네트워크, 대영사, 1996.
OPENBRAIN Technologies, 유비쿼터스 컴퓨팅.
강병영 외, 정보기술과 창업, 삼영사, 2005.
강오한, 정보기술응용, 생능출판, 2016.
강환수 외, 유비쿼터스 시대의 컴퓨터 개론, 인피니티 북스, 2008.
김대수, 컴퓨터개론, 생능출판, 2017.
김범수, 유비쿼터스 인터넷산업, 디지털타임스, 2004.5.
김연희, 데이터베이스개론, 한빛아카데미(주), 2013.
김완석 외 7명, "유비쿼터스 컴퓨팅 기술과 인프라 그리고 전망", 정보처리학회지, 제10권, 제4호, pp. 23-38, 2003.

김의중, 인공지능, 머신러닝, 딥러닝 입문, 위키북스, 2016.
김향미, 최경미 저, 인터넷 활용, 아카데미소프트, 2014.
마쓰오 유타카(박기원 역), 인공지능과 딥러닝, 동아 엠앤비, 2016.
사물인터넷의 국내외 주요 적용사례 분석과 시사점, KDB산업은행.
사사키 도시나오, 『전자책의 충격』, 커뮤니케이션북스.
안중호, 경영을 위한 정보시스템, 홍문사, 1998.
유완영, 강민호, 강철희, 임주환, 이병기, 종합정보통신망기술개론, 기다리, 1990.
윤명현, Ubiquitous Computing 기술개요 및 전망.
은종관, 신병철, 조동호, 김희동, 정보통신공학, 생능출판사, 1998.
이동명 외, 컴퓨터 사이언스, 한빛아카데미, 2017.
이병기, 강민호, 이종희, 광대역 정보 통신, 교학사, 1996.
이상문, 초일류 기업을 위한 경영정보 시스템, 형설출판사, 1998.
이재봉, IT 20개 분야 2003년 평가와 2004년 전망 유비쿼터스, network times, 2004.1.
이재현, 『인터넷과 사이버사회』. 커뮤니케이션북스, 2000.
이재현, 『멀티미디어와 디지털 세계』. 커뮤니케이션북스, 2004.
이재현, 새로운 미디어지형: 출판과 미디어의 변신, 2010.
전산용어사전편찬위원회, 컴퓨터 IT 용어 대사전, 일진사, 2012.
정용찬, 빅데이터, 커뮤니케이션북스, 2013.
정진욱 외, 데이터통신, 생능출판, 2014.
정진욱 외, 정보통신 배움터, 생능출판, 2016.
장경덕 역, 늦어서 고마워, 21세기북스, 2017.
주해종 외, 빅데이터 기획 및 분석, 크라운출판사, 2017.
차동완, 정보통신세계, 영지문화사, 1997.
최윤철 외, 컴퓨터와 IT기술의 이해, 생능출판, 2017.
한국소프트웨어기술인협회 빅데이터전략연구소, 빅데이터 개론, 광문각, 2016.
한국전자통신연구소, 21세기 꿈의 통신 서비스, 정보화시리즈-27, 1993.
한국정보통신 진흥협회, 정보통신 용어 해설집, 진한도서, 1994.
한재민, 경영정보 시스템, 학현사, 1998.
홍의경, 데이터베이스 배움터, 생능출판, 2015.

Fernback, Jan &Thompson, Brad, Virtual Communities: Abort, Retry, Failure? A version of this paper, entitled "Computer-Mediated Communication and the American Collectivity: The Dimensions of Community Within Cyberspace," was presented at the annual convention of the International Communication, 1995.
Mitra, Ananda &Cohen, Elisia, Analyzing the Web: Directions and Callenges., 1999.
Morris M. Mano, Computer System Architecture, Prentice Hall, 2003.
R. G. Winch, Telecommunication Transmission System, McGraw-Hill, 1993.
R. L. Freeman, Telecommunication System Engineering, 3rd ed., John Wiley & Sons, 1996.

Rheingold, Howard, Smart Mobs: The Next Social Revolution. New York: Basic Books, 2003.

W. Stallings, Data and Computer Communications, 5th ed., McMillan, 1997.

W. Stallings, ISDN and Broadband ISDN, McMillan Publishing Company, 1992.

ICOT-JIPDEC AI センター, AI 白書, コンピュータエージ社, 1991.

大須賀, 知識ベース入門, オーム社, 1986.

柴田祐作, 21世紀の経営システムーユビキタス社会の組織と人間はどう変わるかー.

日本情報處理學會, 情報處理ハンドブック, オーム社, 1995.

長尾 外, 岩波情報科學辭典, 岩波書店, 1990.

村永 外, グループワークのための情報共有技術, 日本情報處理學會誌 Vol.34, No.8, pp. 1006-1016, 1993.

春日 外, Data Processing Technician, 駿河學園, 1984.

찾/아/보/기

ㄱ

ㄴ

ㄷ

ㄹ

ㅁ

ㅂ

ㅅ

ㅇ

ㅈ

ㅎ

저자약력

• 강병영

부산대, 경영학박사
한국정보시스템학회 회장 역임
현) 동의대학교 정보경영학부 교수

【저서】
멀티미디어 자작도구와 웹디자인, 도서출판 구덕, 2000
벤처설립과 디지털 경영, 삼영사, 2002
엑셀 2002, 두양사, 2003
정보기술과 창업, 삼양사, 2005
시스템분석과 설계, 이프레스, 2009
디지털 경영과 경영정보론, 두양사, 2011

• 박철제

연세대, 일본 와세다대 대학원(공학박사)
일본 와세다대학 미디어네트워크센터 특별연구원
현대정보기술연구소 책임연구원
미국 University of California Irvine 연구교수
동의대학교 학생처장, 기획처장, 소비조합 이사장 역임
전국대학교 학생처장 협의회 회장 역임
현) 동의대학교 정보경영학부 교수

【저서】
알기쉬운 C와 C++, 벤처설립과 디지털경영, 정보기술과 창업 등

저자와의
협의하에
인지생략

최신정보기술
컴퓨터의 이해

2018년 2월 10일 제1판 1쇄 인쇄
2018년 2월 20일 제1판 1쇄 발행

공저자 강 병 영 · 박 철 제
발행인 김 광 식
조 판 아 람 기 획

07285
발행처 서울특별시 영등포구 선유로3길 10, 617호
도서출판 **탑 북 스**
등 록 2009.12.21 제 2016-000101 호
전 화 02)365-2223 팩스 02)365-2224

정가 24,000원

ISBN 979-11-87343-61-5-93320